幼儿园课程研究

幼儿园三位一体课程的实践和探索

—— 六要素法的运用

史勇萍 霍力岩／主编

北京师范大学出版集团
北京师范大学出版社

图书在版编目（CIP）数据

幼儿园三位一体课程的实践和探索：六要素法的运用／史勇萍，霍力岩主编．—北京：北京师范大学出版社，2016.2（2023.1重印）
ISBN 978-7-303-19907-5

Ⅰ．①幼… Ⅱ．①史… ②霍… Ⅲ．①幼儿园－课程设置－教学研究 Ⅳ．①G612

中国版本图书馆 CIP 数据核字（2015）第 293061 号

图书意见反馈　　gaozhifk@bnupg.com　010-58805079
营销中心电话　　010-58802181　58802123

出版发行：	北京师范大学出版社　www.bnup.com
	北京市西城区新街口外大街12-3号
	邮政编码：100088
印　　刷：	天津市宝文印务有限公司
经　　销：	全国新华书店
开　　本：	787 mm×1092 mm　1/16
印　　张：	25.75
字　　数：	560千字
版　　次：	2016年2月第1版
印　　次：	2023年1月第8次印刷
定　　价：	65.00元

策划编辑：罗佩珍	责任编辑：薛　萌
美术编辑：焦　丽	封面设计：邓　聪
责任校对：陈　民	版式设计：锋尚设计
责任印制：马　洁	

版权所有　侵权必究

反盗版、侵权举报电话：010-58800697
北京读者服务部电话：010-58808104
外埠邮购电话：010-58808083
本书如有印装质量问题，请与印制管理部联系调换。
印制管理部电话：010-58805079

丛书编委会

主　　任：林瑛熙　霍力岩
副 主 任：安　源　吕　颖　黄立志
执行编委：韩　智　张　敏　唐钊雅

本书编委会

主　　编：史勇萍　霍力岩
副 主 编：杨　华　郑　颖　王　赟
编 写 组：张莉雯　李　静　陈扬梅　谭晶洁　金　虹
　　　　　曾小娟　黄小青　李　萧　秦　谊　邓茂婷
　　　　　李　红　黄燕凌　何静霞　王丽娟　陈文卿
　　　　　彭　莉　林美香　张　虹　房阳洋　孙蔷蔷
　　　　　周　彬

丛书序

幼儿园课程是实现幼儿园教育理念和目标的途径或桥梁，没有高品质的课程，就没有优质的幼儿教育。幼儿园进行课程研究和实践的过程，是办园理念提升的过程，是办园特色形成的过程，是文化积淀的过程，是多层面、多因素协同推动教育品质的过程。

基于对高品质幼儿教育的不懈追求，"深投幼教"（深圳市投资控股有限公司幼教管理中心）作为深圳市22所市属公办幼儿园的管理者，一直将创办"全国一流幼儿园"作为自身不懈追求的目标，始终坚持公益导向，积极探索内涵式发展模式。近年来，我们顺应深圳多元化文化背景，赋予幼儿园更多课程决策权，支持各园自主、因地制宜开展课程研究与实践工作。在此过程中，我们根据幼儿园课程特点和需求，引入国内外高校专家资源，组织各类课程培训、课程诊断建构活动和课程论证会，帮助幼儿园掌握更为行之有效的课程实施方法，不断增强课程规划与实施的科学性和合理性，进而提升教育质量和教育内涵。

"深投幼教"所属幼儿园是深圳市最早成立的一批公办幼儿园和首批优质特色示范幼儿园，拥有近三十年成熟办园经验和优质教科研成果，多年来一直在深圳学前教育行业中发挥骨干示范作用。近十年来，在国内外专家团队介入指导、"深投幼教"倾力支持下，各园秉持对学前教育事业的热爱，肩负起促进儿童发展的责任感，吸纳并融合中西方教育思想，不断学习、反复实践，调整优化课程实施方法与路径，开展多种形式的课程研究与实践活动。这是一个漫长而又艰辛的过程，期间园长和教师们遇到过困难、产生过疑惑，但他们凭借创新的勇气和坚守的耐力，在完善和发展过程中收获了一系列具有操作价值的课程建设经验，创造性地构建出一批既立足中国本土文化，又符合世界主流学前教育理念，而且能有效促进儿童发展的幼儿园课程模式，创设出了一个个精彩、多元的教育实践现场，在深圳市、广东省乃至全国的学前教育学术交流活动中获得一致赞誉。

由此，我们在梳理总结深圳市属公办幼儿园课程研究与实践经验的基础上，充分吸收专家团队的专业反馈建议，精心筹划本套幼儿园课程研究与实践方案丛书，用幼儿园课程一线实践者的话语，为大家了解"深投幼教"幼儿园课程提供一个全方位的开放性平台。可以说，本套丛书是对"深投幼教"已有优秀课程成果的筛选与展示、提炼与再创造。丛书所选择的幼儿园课程研究与实践方案，皆以我国《幼儿园教育指导纲要（试行）》和《3～6岁儿童学习与发展指南》为指导，以帮助中国学前儿童主动学习、合作学习为主要价值取向，展示了通过不同方法和路径达成教育目标、且有益有效于儿童发展的课程范式。各园课程方案具有清晰的课程理念和目标，设计了操作性较强的课程内容和组织实施形式，希望能为广大幼教同行开展课程实践提供启迪与参考。

我们要特别感谢北京师范大学教育学部霍力岩教授及其研究团队对"深投幼教"的关注与专业支持。霍教授用自己贴近世界前沿水平的教育主张和教育思想指引着"深投幼教"的课程探索之路。她深入幼儿园课程现场考察与调研，主持课程诊断与指导活动，确保各园课程发展的科学性、适宜性和有效性。在本套丛书的筹备阶段，霍教授用她独到的教育智慧和视角把脉丛书框架，跟进指导编写全程，使"深投幼教"课程研究成果终得以面世。这是高校专家团队、"深投幼教"和深圳市属公办幼儿园"三位一体"伙伴合作，走出以前学前教育大力崇尚借鉴国外课程的窠臼、共同打造具有中国实践特色本土化幼儿园课程模式的探索与尝试。

同时，我们衷心感谢北京师范大学出版社的领导和编辑为丛书的出版发行工作所做的努力。

最后需要说明的是，幼儿园课程并没有既定模式，也没有最完美的课程方案，本套丛书呈现的仅是幼儿园开展课程研究与实践工作时总结的较完整和系统的案例，其中必有不尽完善之处，望能借此抛砖引玉，为广大幼儿园依据自身特点研发园本课程带来一点经验和启发，欢迎广大读者提出批评与建议。

深圳市投资控股有限公司幼教管理中心
2015年11月

推荐序

2006年，我与史勇萍园长初相识。当时，史园长正带领两园老师进行课程探索，希望建构一个具有中国核心价值观的课程。而我也正在思考，如何结合中国社会文化背景和现实状况，构建属于我们自己的发展适宜性的学前教育课程体系。与史园长的想法的不谋而合，使得我更加关注其幼儿园的动态和发展。2007年3月，我与史园长再次见面，史园长带着有些激动的心情述说了幼儿园课程构思，即以中国的"家庭价值观"为根本，吸收西方"自主、自强、自觉精神"，以培养在健康、德行、聪明各方面全面发展的儿童为目标。在课程构思基础上，我与史园长商讨，希望在课程目标方面体现出健康、德行、聪明发展的"三位一体"，而课程名字也暂定为"健康·德行·聪明"三位一体课程。此后，我便与两园所结下深厚的友谊，每学期都会来幼儿园观摩教学活动，与老师们研讨交流，老师们在专业上的成长变化与对教学的认真态度都让我感到震惊与感动！

时至今日，经过了8年的教育深耕和潜心研究，"健康·德行·聪明"三位一体课程已形成了一个完整的体系。

一、独具特色的课程实践模式

认知发展理论认为知识是由人主动构建起来的，个体根据业已形成的经验，通过内心活动和积极思维，能动地赋予事物以意义；自然主义教育指出儿童生活有完全不同于成人生活的需要和特点，有着自己独特的发展价值，教育应该以儿童的内在自然为依据，通过恰当的教育使儿童的身心得以顺利的发展。三位一体课程尊重儿童童年生活的独特价值，秉持尊重儿童主体地位的儿童观，以期通过贴近儿童童年生活、符合儿童认知结构的教育，使儿童在学前教育阶段回归生活。

维果斯基认为，人类一切高级的心理机能都是在交往中产生，强调以儿童的现有水平为基础，教师为其提供支架、创设情境，支持学习者的自主与合作学习，以便儿童自主建构知识意义，实现最优化发展。三位一体课程以儿童为主体，重视教师的支架作用，认为教师应该利用各种有效的方式创设真实情境，引导儿童在情境中通过自主探究、合作学习等方式进行有效的学习。

《3~6岁儿童学习与发展指南》明确提出，关注幼儿学习与发展的整体性，要注重领域之间、目标之间的相互渗透和整合，促进幼儿身心全面协调发展，而不应片面追求某一方面的发展。三位一体课程推行以经验为基点的整合性课程观，一是从儿童的经验出发，尊重儿童的生活经验，认为儿童从入园到离园的全部活动都是课程，梳理出52个一日活动内容；二是强调课程内容的整合性，使传统的五大领域课程要素形成有机结构的"整合课程"，形成了以"我、家庭、幼儿园/社区、家乡、中国、世界"六个维度的专题活动学习内容。

三位一体课程的实施以建构主义和行为主义理论为基础，以儿童为主体，充分发挥老师的指导作用及幼儿园的教育职能，根据儿童的年龄特点和思维发展的认知结构，主要通过专题活动和一日活动两个途径，以综合教学为主，将健康教育、德行教育、聪明教育融合为一体。一方面，通过建构主义方法引导儿童主动构建各种知识概念，培养儿童良好的思维习惯和审美习惯。另一方面，通过行为主义方法培养儿童良好的生活和行为习惯。通过这两方面的培养，促进儿童成为"身心健康会做事、德行美好会做人、聪敏明理会思考"全面发展的人。

二、有效落实《发展规划纲要》和《指南》精神

三位一体课程很好地落实了《国家中长期教育改革和发展规划纲要(2010—2020年)》(以下简称《发展规划纲要》)和《3~6岁儿童学习与发展指南》(以下简称《指南》)的文件精神。《发展规划纲要》中指出"学前教育对幼儿身心健康、习惯养成和智力发展具有重要意义"，而三位一体课程的"健康、德行、聪明"发展目标则先于《发展规划纲要》并和纲要一致。三位一体课程的实施途径一日活动和专题活动亦是在幼儿园有效落实《指南》的有效途径。如，三位一体课程的一日活动中52个活动内容，涵盖了《指南》中健康、语言、社会、科学、艺术五大领域内容，《指南》中的32个目标在一日活动中得到实现，符合《指南》中提出的"幼儿的学习是以直接经验为基础，在游戏和日常生活中进行的"幼儿的学习观。而专题活动强调有意义的学习，追求幼儿"全面发展"的培养，学科之间的统一联系，知识与幼儿生活的联系。专题活动具有较高的综合性，整合了幼儿在健康、语言、社会、科学和艺术等不同的学习，做到了《指南》所要求的综合课程。

三、课程创新之处

特别值得一提的是，在探索的过程中，两园将"三位一体"理念具体化和丰富化，并首创"六要素法"运用于课程中。

（一）三位一体

"三位一体"是课程目标三位一体，在课程内容、课程实施、课程开发的具体化和丰富化过程中也是三位一体。课程内容有健康课程、德行课程和聪明课程三部分，而健康、德行、聪明这种划分是相对的，它们之间相对独立，然而又相互依存，并且互相影响和作用，是三位一体的统一。在教育过程中依据儿童的学习特点进行健康、德

行、聪明三方面的整合处理，以使儿童通过真实而有意义的活动，生动、活泼、主动的学习，进而获得完整的经验，促进身心全面和谐的发展；三位一体课程的实施坚持生活活动、学习活动（包括专题活动）、运动活动的统一，三种活动彼此有机联系实现三位一体课程；三位一体的课程开发坚持幼儿园、家庭、社区共同开发的三位一体的统一，立足于幼儿园及周边社区，并发挥家长的积极性，基于幼儿所接触的环境和生活经验，开发适合幼儿发展的适宜性课程，并积极与高校、政府等合作，吸纳多种人群共同参与课程开发，实现课程的政策话语、理论话语、实践话语等话语体系的统一。

（二）六要素法

"六要素法"是根据康德的知识要素构成论进行简化和改造而来的，是三位一体课程研发过程创新的教学方法。"六要素法"侧重于对儿童进行"构造式"思维培养，它从逻辑思维形式最基本的单位——概念为起点，儿童通过对概念所蕴含的"时间、空间、数量、质量、因果性、必然性"六个要素进行分析和综合的运用，促进儿童主动建构经验知识的自觉性，从而促进儿童逻辑思维发展。课程在充分发挥中国儿童情感和经验思维丰富优势的同时，也弥补中国儿童逻辑思维教育不足之处，培养幼儿"知其然"，也"知其所以然"的良好思维习惯，让儿童更加聪敏明理。"六要素法"就像是一张形成捕获鱼的渔网的纽结，"授人以鱼，莫若授人以渔"，授人以知识，莫若授人以获取知识的方法。

对于教师来说，建构主义理念下的专题教学活动设计和实施，是一件具有挑战的事。不仅仅以知识传授为学习目的，那么老师教什么？怎么教？"六要素法"作为一个思维工具，赋予教学活动一个结构性，是老师设计和组织教学活动的抓手。在专题活动开始探究之前，老师首先要对将要进行探究的概念进行"六要素"分析，从时间、空间、数量、质量、因果性、必然性等方面来思考概念，将概念的时空条件、内涵和外延、因果性和必然性分析清楚，根据幼儿年龄特点、学习特点和学习时间等因素，选择最精华的内容，避免了内容的重复或偏颇，以最少的内容帮助幼儿建立较完整的概念；在探究过程中，教师就时间、空间、质量、数量、因果性和必然性等知识要素分析幼儿经验和设计活动、开展教学，通过提出问题、实地参访、发表、讨论等形式，有针对性地强化经验丰富的部分，弥补经验薄弱的部分，帮助幼儿形成综合性较强的经验知识，让幼儿对事物内部及事物与事物之间的关系进行初步的探求，加深对"概念"的认识，这既是一个促进幼儿自我建构概念的过程，也是施展教师专业引领的过程；专题活动结束后，教师运用"六要素"对幼儿进行综合评量。

四、基于三位一体课程的教师专业发展路径

三位一体课程实行全员教师集体参与、共同开发的模式，每位教师都是课程开发与生成的主体，这其中主要包括教师个体的课程开发模式、年级间的专题小组课程开发模式和跨年级的专题小组课程开发模式，从个体角度、横向年级角度和纵向全园角度，把所有教师纳入三位一体课程开发中来，并且也取得了可喜的成就——教师在园本课程开发中其专业性得到长足发展，形成了基于三位一体课程的教师专业发展路径。三位一体课程中的教师专业发展主要体现在观察能力和支架式指导策略两方面。

观察能力的习得是掌握专业知识、专业技能和培养专业精神的方式方法，是教师专业发展的基础。三位一体课程中的老师在一日活动中主要运用日记描述法、轶事记录法、实况记录法、时间取样法和事件取样法等来观察幼儿。同时，观察方法的运用又促进了教师观察能力的发展和提升。观察是教师提供支架指导的基础，教师根据观察结果，为幼儿提供不同的支架，如情境支架、材料支架、问题支架和示范支架。正如三位一体课程注重幼儿的整合性发展一样，教师的专业化发展也同样注重整合性。教师在实践中必须学会基于观察的支架式指导，将观察能力与支架式指导能力相结合，形成能力共同体。

在当今学前教育当中，不缺热闹、不缺感性的表达，却特别缺理性的思考、理性的表达、理性的研究，在莲花北幼儿园和第九幼儿园我们看到了后者。三位一体课程立足于两园的课程实践，以专业角度生成园本课程，提高了学前教育特别是课程的科学性、系统性和价值性，摒弃了当前学前教育保姆化、小学化和表演化的做法。从文化环境角度，幼儿园在吸收国内外先进课程模式的基础上，结合中国文化传统和发展实情，做到了"中国特色课程"，由此将健康教育、德行教育、聪明教育融合为一体，以实现教育本身所蕴含的德、智、体、美永恒不变本质的目标。课程的实践话语体系建构已经在两园生根发芽，体现了理论者和实践者在汲取外来优秀成果的基础上，对于走中国特色课程模式之路的不懈努力和美好愿景。希望这一话语体系是对当今我国幼儿园课程理论话语和实践话语的一种建构，是一种重视学前儿童发展和学习的理论模型和实践模型。

"健康·德行·聪明"三位一体课程从一棵大树的种子，到生根发芽，长出树干、树枝、树叶，到现在已成长为枝繁叶茂的幼儿园课程体系。我期待着两园教师的再创造和创生，期待着通过这个课程不仅仅让两个幼儿园的孩子受益，让深圳更多的幼儿园有好的学习的榜样，有好的交流的对象，有好的牵手的姐妹；让中国更多的幼儿园，让世界更多的幼儿园有可以讨论的话题，有可以讨论的专题；让我们为中国，为我们将来有中国特色、中国风格的、中国气派的、自己的幼儿园课程模型、自己的学前教育实践模型而不懈的努力！我愿意跟两园教师持续的牵手，我愿意陪伴大家、愿意成为大家背后的那个翅膀，愿意你们成为三位一体课程的真正的翅膀，带起我们的孩子，带起我们其他地方的老师，带起我们中国、带起我们世界学前教育课程研究的一片新天地！

霍力岩

北京师范大学教育学部教授　博士生导师

前 言

学习是什么

要回答这个问题，首先要提出"世界是什么"和"人是什么"这两个问题。

世界是什么？

世界在时间上有开端，在空间上有界限吗？物质是什么？它是无限可分的吗？自然都是遵循必然的因果律，而没有任何偶然的自由因吗？世界有没有绝对第一因的存在？

人是什么？

我是谁？我从哪里来？我会去哪里？人是神造的，还是自然进化而来的？人的思维是大脑的功能，还是灵魂的作用？动物都具有声音语言符号的功能，为什么唯独人掌握了文字语言符号？人是自由的，还是被自然和环境所桎梏？人是感性的动物，还是理性的动物？人是自私的，还是利他的？

"世界是什么"和"人是什么"，也就是"学习是什么"的问题，学习就是探索"世界是什么"和"人是什么"，并且寻求答案的系列行为，"世界是什么"和"人是什么"是科学问题，是人生问题，更是哲学问题。

数学与物理、生物与化学、语言与思维、心理与伦理、历史与文学、艺术与审美等就是探索"世界是什么"和"人是什么"，并且寻求答案的系列学习行为的有机组成部分，它们各自从不同的角度然而又从属于整体的系列行为，来对"世界是什么"和"人是什么"进行探索并且寻求答案。

当将科学问题、人生问题上升到哲学高度，那你的学习将充满无穷的乐趣，而不会感到枯燥无味；你的学习将充满探险的惊喜，而不会觉得平淡无奇。

"西班牙哲学家费尔南多·萨瓦特尔说：哲学是传授一种方法，或者说是一条进行思考的道路，一种看待问题和论证问题的方式。"[1]

人是具有理性的动物，也就是人具有概念、判断、推理的思维能力，而这种思维不管是直觉思维也好，逻辑思维也好，它们都有一个共同的特点，就是人的追求真、

---

[1] 周培植.好的教育：区域教育生态理论的研究与实践.北京：教育科学出版社，2012：75.

善、美的心灵本性会驱使人们的思维从经验世界进入到超验的世界，而会在人们的脑海中出现一些超验的意象或者说是幻象。

这个超验的世界，对于成人来说，就是天堂世界；对于儿童来说，就是童话世界。

对于成人来说，由于经验及经验知识多，而且由于忙于追逐财富、权力、地位，或者忙于柴米油盐醋、房子、子女教育、医疗保障等生计上的事情，大部分人虽然都会有天堂世界的概念，但不会认真地、用心地去思维它。

对于儿童来说，由于经验及经验知识少，反而少了思维上的限制，从而释放出他们的想象力，形成了丰富多彩的意象超验世界——童话世界。由于他们不用为追逐财富、权力、地位而操心，不用为生计而劳力，超验的童话世界仿佛成为了他们精神生活中的不可或缺的一部分。

可惜，由于儿童的语言表达能力的限制，以及我们为他们提供表达机会的平台不多，我们只能片断地、部分地了解他们的超验世界。而现在为我们所熟知的所谓的"童话故事"中所呈现的童话世界，只不过是大人脑海中的童话世界，到底是不是儿童他们自己脑海中的童话世界，我们只能打个问号。

可是我们可以假设，儿童的童话世界离我们的经验世界很远，却因此反而离我们追求真、善、美的心灵本性很近。他们也会进行哲学的思考，因为他们会问一些很哲学的问题："妈妈，我是从哪里来的？""时间总是往前走吗？""天外有天吗？""天有多重，拿什么东西来称它？""为什么1加1等于2，而不是等于3？""人会长生不老吗？""人会说话，小狗小猫会不会说话？"或"孙悟空这么厉害都逃不过如来佛的手掌心，如来佛到底有多厉害？"等。

相信在我们这些成年人的童年时代，多多少少都会有类似问题，只不过是随着岁月的流逝，经验知识的增长，我们将这些问题看作是简单的"小儿科"问题或者看作是毫无现实意义的没有价值的问题，而将它们轻视或者忘却。可是有人却不这样，长大以后他着迷于并且致力于研究和探索被成年人普遍认为想清楚的时间和空间的问题，并因此成为开创现代科学的标志性伟大人物，他就是"相对论"的创立者爱因斯坦。

儿童的这些问题决不是"小儿科"的问题或者是没有意义的问题，它们蕴含着"生命的起源""时空本质""世界秩序是和谐的还是混乱的""人和其他动物的根本区别是什么"或"有限和无限"等哲学问题。儿童也会进行哲学思考，难道我们的教育不应该更要深刻地进行哲学思考吗？

中国的教育能回答"学习是什么"这个问题吗？其实这也是著名的"钱学森之问"：为什么我们的学校总是培养不出杰出人才？钱老在研究他的专业的同时，也特别关注和深入地研究了思维科学，他有不少有关这方面的文章和演讲，而钱老的哲学素养也很高。因此，"钱老之问"的众多原因中应该有以下两个：一是中国学生缺乏系统的逻辑思维训练；二是中国学生缺乏哲学思维的能力。

纵观历史中一些伟大的科学家如牛顿、爱因斯坦等，不仅有严格缜密的逻辑思维，而且还有很强的哲学思维能力，看他们的著作，除了是看他们的物理理论外，还像是看他们的自然哲学理论，牛顿甚至将他那部不朽名著起名为《自然哲学的数学原理》。

认识自然、认识人与人及人和自然的关系、认识自己，是永恒的学习课题，而要想深刻地认识自然、认识人与人及人和自然的关系、认识自己，就离不开哲学的思考。只有通过哲学思考来认识自然、认识人与人及人和自然的关系、认识自己，才是一个充满智慧的人。因为哲学的本意就是"爱智慧"（哲学英文词philosophy来源于希腊文Philosophia，Philosophia是由philo和sophia两部分构成的动宾词组，philein是动词，指爱和追求，sophia是名词，指智慧。希腊文Philosophia的含义是爱智慧）。

按照马克思哲学的定义，哲学是通过对一系列关乎宇宙和人生的一般本质和普遍问题的思考而形成的一门学科。它包括世界观、人生观、价值观三部分，亦即人们通常所说的"三观"的学问。世界观是对自然和社会的客体如何进行认识和探究的学问，它更多的是关乎自然和社会的本来面目是怎样的，亦即何为真的问题；人生观是对人这个主体的存在意义如何进行领悟和如何实现的学问，它更多的是关乎人的情感到底归向何处，什么样的生活才是美好的，亦即何为美的问题；价值观是对人与自然、人与人、人与社会之间关系的伦理道德准则和行为规范如何进行理解和如何践行的学问，它更多的是关乎人的行为如何才是合乎理性的，亦即何为善的问题。

因此，通俗一点说，哲学是一门有关探索"真善美"一般本质的学问，亦可以说是一门智慧地探索"真善美"一般本质的学科。而所谓"充满智慧"的人，就是对"真善美"的现象有着敏锐感知觉、对"真善美"的本质有着进行探究的强烈冲动和欲望，并且对"真善美"的现象和本质都有着卓有成效的实践探索活动的那么一种人。

苏联的爱因斯坦研究专家库兹涅佐夫在《爱因斯坦——生·死·不朽》[1]中写道，"爱因斯坦说：照亮我的道路，并且不断地给我新的勇气去愉快地正视生活的理想，是善、美、真"。正是对"善、美、真"的终生不懈的追求、探索、实践，使爱因斯坦成为被世人所公认的"有大智慧"的伟人。

我们尝试以蕴含着"真善美"的一般本质的哲学作为基础，结合教育学、逻辑学、心理学、伦理学、社会学等，来构建我们的课程体系。我们将"真善美"具体化为"认知的真、情感的美、意志行为的善"，并且根据学龄前儿童的发展水平及由此呈现出的特点，再将"知、情、意"进一步具体化为"健康、德行、聪明"，以此来构建我们的

---

1 ［苏］库兹涅佐夫.爱因斯坦——生·死·不朽.刘盛际译.北京：商务印书馆，1988：176.

"健康·德行·聪明"三位一体课程体系。

"健康"就是身心健康，我们课程的目标是培养儿童"身心健康会做事"；

"德行"就是德行美好，我们课程的目标是培养儿童"德行美好会做人"；

"聪明"就是聪敏明理，我们课程的目标是培养儿童"聪敏明理会思考"。

"身心健康会做事"是指热爱体育运动、热爱生活，行为要体现出内心的善和形象的美，做事要有自信、要有条理。

"德行美好会做人"是指做人要具有美好的情感、宽广的胸怀和崇高的审美情趣等美好德行。

"聪敏明理会思考"是指对外界事物有着敏锐的视觉、听觉、嗅觉、味觉、触觉等五官感知觉能力，并且依据知识的构成要素和逻辑的形式，通过大脑的思考对感知觉到的经验材料，进行组织、整理、分析、判断，从而明白事物的道理。

而以上课程的培养目标的核心是培养儿童良好的生活和行为习惯、审美习惯与思维习惯。

"健康·德行·聪明"三者相对独立，然而又相互依存、相互影响、相互作用，我中有你，你中有我，是不可分割的整体，是三位一体的统一。

"健康"的主要元素是毅力、勇气、自控力、社会交往力等。"德行"的主要元素是热情、乐观精神、感恩情怀、审美能力；"聪明"的主要元素是好奇心和思考力。

一个"聪敏明理会思考"的儿童，在"德行美好"方面，会有利于激发他对他人以诚待人的热忱、激发他触碰和拥抱社会和自然的热情；有利于他的具有宽容的心胸、豁达的态度、乐天的性格、阳光的姿态的乐观精神的形成；有利于他的对自然、父母、他人、社会感恩情怀的建立；有利于他的鉴别和欣赏人、事物、大自然的优美、壮美、崇高的禀性的审美能力的提高。

在"身心健康"方面，一个"聪敏明理会思考"的儿童，会有助于他的实现预定目标的毅力的培养；有助于他的对事物勇于探索原因、开拓领域、发现未知的新东西的勇气的滋养；有助于他对自身的行为进行选择、控制、发展、完善的自控能力的发展；有助于他的社会交往能力的提高。

同样地，一个"德行美好会做人"的儿童，会促进他的"聪敏明理"方面的发展，促进他的"身心健康"方面的成长；一个"身心健康会做事"的儿童，也会影响他在"聪敏明理"方面的进步，影响他的"德行美好"方面的形成。

思考、做人、做事三者间相互依存、相互影响、相互作用，是密不可分的整体。而将三者相对独立地分开，主要是从分析的角度出发，方便从广度上、深度上、高度上挖掘这三者间各自独特的内涵和潜力。

课程的"聪明"部分，主要是从逻辑思维形式最基本的单位——事物的概念为起点，让儿童通过对事物概念所蕴含的以下六个要素：时间、空间、数量、质量、因果性、必然性进行分析和综合的运用，来促进他们的逻辑思维的发展。

课程的"德行"部分，主要是以"我、家庭、园区、家乡、中国、世界"的六个维度的展开，通过六个维度专题活动的进行，由近及远、由具象到抽象，激发儿童的对人、社会、自然的美好情感，拓宽儿童的视野，丰富儿童的思维，促进儿童情感、认知、行为和社会环境之间的互动。

课程的"健康"部分，主要是以一日活动为主，通过制定在一日活动中要达到的"身体有活力、生活有规律、内有善心、外有美感、做事有条理、做人有自信"的六个目标，并围绕六个目标组织一日活动，培养儿童养成良好的日常生活习惯及良好的个人性行为与社会性行为。

课程以马克思主义的理论和实践相结合的哲学思想为基础，在课程实施方面，采用了建构主义方法和行为主义方法。建构主义方法是指充分发挥人的主体能动性，并且依据知识的构成要素，让学习者对经验材料进行组织、整理、分析、综合，从而建构起具有较强的结构性、逻辑性、系统性的知性知识的方法。所采用的建构主义方法吸收了康德的知识要素构成论[1]、皮亚杰的认识发生论、维果斯基的最近发展区理论和社会认知理论[2]等。

行为主义方法是指运用刺激会引起机体的反应的机体的刺激—反应机制，通过行为的刺激—反应的反复训练，让学习者形成具有稳定性、长效性的行为习惯的方法。所采用的行为主义方法吸收了华生的古典行为主义、巴甫洛夫的经典行为主义、斯金纳的操作行为主义、托尔曼的目的行为主义、班杜拉的社会认知行为主义等理论[3]。

课程围绕事物的概念进行，一方面是通过建构主义方法，让儿童主动建构各种事物的概念；另一方面是通过行为主义方法，让儿童养成良好的行为习惯，将各种事物的概念内化。通过生动、活泼、有趣的教育方式，促使儿童从被动学习变为主动学习。在"概念"学习过程中，六要素法[4]运用贯穿于其中。

我们尽自己最大的能力努力使我们的课程具有方法上的科学性、内容内涵上的价值性、涵盖了认知思维、情感培养、行为塑造的系统性，亦即是具有教育的专业性。

我们希望通过课程的"专业性"来解答"学习是什么"这个问题，也就是希望通过我们课程的学习，让儿童在他们的发展水平以及由此呈现出的特点的范围内，探索"世界是什么"和"人是什么"。

---

[1] 详见第二章。
[2] 详见附录二。
[3] 详见附录二。
[4] 详见第二章。

世界是什么？世界无非就是时间和空间，以及在时间和空间中运动着的物质。人是什么？人是在时间和空间中运动着的其中一种物质，可是人在这个世界中是迄今为止所知存在物中最具有智慧的有机体：人有理性逻辑思维能力，人有运用语言、文字、数字、线条、音符、色彩等符号的能力，人运用这些能力去追寻、探索宇宙的奥秘，挖掘自身的潜能，并且运用这些能力来改造世界和人自身；人有老吾老以及人之老，幼吾幼以及人之幼，人间大爱、世间博爱之情怀，有鉴赏世间美好事物的旨趣；人有辨别善恶的信念和实践善的行为意志力。

人赋予了人自身生命及人自身所处的这个世界以意义，也可以说，人生活在这个世界的意义，很大程度上是由人自身建构起来的，有很高的主动性和主体性。我们的课程就是希望提高儿童的学习主动性和学习的主体性，从而领悟学习的意义，这个过程其实就是一个建构人生意义的基础过程。

我们希望让儿童的学习充满无穷的乐趣，不会感到学习枯燥无味；让儿童的学习充满探险的惊喜，不会觉得学习平淡无奇。我们希望激发他们的好奇心与热情，培养他们的思考力、意志力和审美能力。我们希望为他们将来有可能成为牛顿、爱因斯坦式的"充满智慧"的人打下坚实的基础。

同时，我们也希望通过我们课程的"专业性"来纠正社会上对中国学前教育的认知误区。

不可否认的是，中国政府越来越重视教育，但一个不可忽视的现象是，在很长一段时间里中国政府重视教育，主要是把精力和资源放在大学、中学、小学的教育上，而对学前教育似乎不太重视，政府和政府决策官员对学前教育的"专业性"的认知模糊，甚至不少人认为学前教育没有什么科学性、价值性、系统性，亦即是没有教育的专业性可言。由此导致学前教育成为了教育领域内"市场化"改革的优先对象，其结果是大量的公办园民营化，一度学前教育有被彻底"市场化"的危险。只是在2011年国务院颁布《关于当前发展学前教育的若干意见》后，这种危险有暂时解除的迹象。

实话实说，直至当下，学前教育在教育的科学性、系统性、价值性亦即教育的专业性方面，在整个教育领域内是相当弱的。而且因为学前教育的资源分配在地区与地区、地区内部间的"贫富差距悬殊"的现象比大、中、小学突出和严重，因此令学前教育的专业性更加难地普遍地体现出来，只是在一些有条件、有能力的幼儿园体现出来。

我们希望以我们的"专业性"赢得社会对我们幼教工作者的尊重，以我们的"专业性"赢得政府对我们学前教育事业的支持，以我们的"专业性"与世界上先进的学前教育对接。

习近平同志提出了为中华民族伟大复兴的中国梦而奋斗的目标，具体到学前教育领域，幼教工作者应该为实现中国学前教育崛起的幼教梦做出贡献。这也是我们为什么专注于教育的"专业性"，并且通过做教育的"专业性"为老师搭建合理、严谨、科学的教学架构平台，同时，为老师预留自由发挥自己才能的空间，提高教师的专业素养的核心所在。

我们希望通过专注于教育的"专业性"，让儿童最大程度受益。学龄前儿童是"树苗"，他们需要我们的养育和保护。然而学龄前儿童的各种潜能的发展是我们不应忽视的，我们要提供环境与创造机会让他们的各种潜能得到最大限度的释放。学龄前儿童无论是个体和群体都有其独特性，我们要尊重和接受他们的独特性。他们具有童心、好奇心、想象力，我们要珍惜和爱护；他们具备思维力，我们同样要引导和培养。

当我们感受到他们在升旗仪式高唱《义勇军进行曲》那份豪情的时候，当我们看到他们在角色游戏中扮演"医生"为"病人"看病的那种认真的时候，当我们面对他们追问"为什么"的渴望眼神，以及自然流露出的可爱"萌态"的时候，作为老师，我们深深感受到自己身上的那份责任和义务！

三位一体课程实践与探索至今，我们不是"一个人在战斗"，还有上级部门、专家、学者和同行们的支持和帮助。

在此，感谢深圳市投资控股有限公司幼教管理中心领导和各部门一直对我们课程实践与探索的大力支持和倾力帮助。

感谢深圳市教育局、福田区教育局对我们课程实践与探索的肯定。

感谢深圳市教育科学研究院、福田区教研中心对我们课程实践与探索的支持。

感谢北京师范大学学前教育研究所霍力岩教授一直以来对我们课程探索的全程指导和参与，常常在关键时点、关键问题上，给我们提出弥足珍贵的意见。

感谢华东师范大学终身教授朱家雄老师在建构主义理论在实践中的运用方面，给予我们的鼓励。

感谢武汉大学哲学院杨云飞副教授在康德哲学构成论方面，给我们的指导和帮助。

感谢武汉大学哲学院认知学习理学实验室主任赵俊华副教授在认知心理学方面的指导和帮助。

感谢北京师范大学学前教育研究所李敏谊副教授对我们课程探索热情支持和帮助。

感谢台湾陈素月、叶秀香老师，多年来对我们专题活动中的具体方法给予指导和帮助。

感谢深圳教科院刘华老师在一日活动组织与实施中，给予的指导和帮助。

有上级及专家、学者的帮助，深圳市莲花北幼儿园和第九幼儿园全体教职工，为三位一体课程的实践与探索而流出的汗水和付出的心血是有价值的、有意义的，是卓有成效的！

史勇萍

深圳市莲花北幼儿园

目录 CONTENTS

第一篇 三位一体课程理论

第一章 "健康·德行·聪明"三位一体课程简介 　　3
第一节　课程的质量因素：课程理念、目标、内容、实施、评价及课程特色　　3
第二节　课程的数量因素：三位一体课程的核心地位、构成及参与人群　　15
第三节　课程的因果性因素：构建三位一体课程的初衷　　16
第四节　课程的必然性因素：三位一体课程符合学前教育发展趋势　　20
第五节　课程的时间因素：三位一体课程的经验沉淀和实践创新　　22
第六节　课程的空间因素：三位一体课程的施展、深入与推广　　25

第二章 六要素法　　29
第一节　六要素法、六要素构成和构成分析　　29
第二节　"六要素法"的来源　　42
第三节　"六要素法"的学习目的、作用和运用　　58

第二篇 三位一体课程实践

第三章 专题活动　　65
第一节　专题活动的目标内容　　65
第二节　专题活动的开展　　67
第三节　运用"六要素"开展专题活动学习案例　　83

第四章　一日活动　　172

第一节　一日活动的目标与内容　　173

第二节　一日活动常规与组织　　175

第三节　一日活动环境　　191

第四节　一日活动实施　　208

第三篇　三位一体课程与教师专业发展

第五章　基于三位一体课程的教师观察能力的发展　　267

第一节　观察能力的习得是教师专业化发展的基础　　267

第二节　一日活动中教师观察能力的提高　　269

第三节　专题活动中教师观察能力的提高　　294

第六章　基于三位一体课程的教师支架教学能力的发展　　299

第一节　支架教学概述　　299

第二节　教师在一日活动中的支架式指导能力的提高　　301

第三节　基于观察的教师支架指导能力的发展　　329

附　录

附录一　六要素法在幼儿家庭教育中的运用　　355

附录二　认知心理学理论　　381

关键术语　　387

参考文献　　389

后　记　　391

第一篇
三位一体课程理论

健康 HEALTH
身心健康
会做事

德行 MORALITY
德行美好
会做人

聪明 WITTY
聪敏明理
会思考

"健康·德行·聪明"三位一体课程是幼儿园工作的核心,结合幼儿园的实际情况,莲花北幼儿园和第九幼儿园于2007年开始构思并进行实践,至今已经8年,已形成了一个完整的课程体系,从课程理念、课程内容的选择及课程实施都与教育部颁布的《3~6岁儿童学习与发展指南》相符合,更适合两所幼儿园的教育对象。在三位一体课程构建过程中,基于对康德知识论的理解,将康德知识要素简化为"时间、空间、数量、质量、因果性和必然性"六个因素,即"六要素法",并尝试在教学活动中运用。

本篇第一章从"质量、数量、因果性、必然性、时间和空间"六个方面对"健康·德行·聪明"三位一体课程的内涵进行了深入解读,包括课程理念、课程目标、课程内容、课程实施、课程评价和课程特色,并详细描述了三位一体课程在幼儿园的地位、课程建构的原因及课程建构的条件,追溯了幼儿园建设与实施此课程的发展历程,展望了三位一体课程后期的深入与推广。本篇第二章阐释了由"时间、空间、数量、质量、因果性和必然性"六个因素构成的"六要素法",详细说明了"六要素法"的内容结构、"六要素法"的来源和哲学基础、"六要素法"的应用价值及在三位一体课程中的运用。

第一章 "健康·德行·聪明"三位一体课程简介

> 康德曾说,"人只有通过教育才能成为人",而学前教育课程,作为实现教育目的的载体,承担着学前教育价值实现的重任。"健康·德行·聪明"三位一体课程以儿童为主体,以康德知识要素构成理论、建构主义学习理论、认知发展理论和行为主义理论等为理论基础,以"健康、德行、聪明"为学前课程价值的立论基点,将三位一体课程置于联系的、发展的、静态与动态互补、个性与共性相结合的背景中考察,对"健康·德行·聪明"三位一体课程的理念、目标、内容、实施、评价等问题进行了研究,提出了在一日生活和专题活动中建构学前教育三位一体课程。
>
> 本章将借鉴康德的知识要素构成论的逻辑思维,从"数量、质量、因果性、必然性、时间、空间"六个方面的因素对"健康·德行·聪明"三位一体课程进行说明,并从此角度分析三位一体课程的价值取向、课程内容、课程实施与评价、课程特色和生成原因。并基于此,阐明"健康·德行·聪明"三位一体课程的落地保障。

第一节 课程的质量因素:课程理念、目标、内容、实施、评价及课程特色

"健康·德行·聪明"三位一体课程由聪明课程、德行课程、健康课程构成,通过一日活动和专题学习,让儿童在生活和行为习惯、审美习惯、思维习惯三个方面得到教育,促进他们的意志和行为能力、情感能力、认知能力的发展,进而提升儿童的综合素质。本课程不是幼儿园工作的全部,但它是幼儿园工作的核心部分,幼儿园的文化建设及日常管理工作都围绕课程进行,课程实施、文化建设及日常管理构成了幼儿园工作的整体。

一、课程理念

每一种课程都受一定的理念支配,总体而言,"健康·德行·聪明"三位一体课程

的理念是根据儿童的年龄特点和思维发展阶段所形成的认知结构，以儿童为主体，充分发挥幼儿园的教育职能及教师的引领作用，以建构主义方法引导儿童主动构建各种知识概念，以及培养他们养成良好的思维习惯和审美习惯。并且通过行为主义方法让儿童养成良好的生活和行为习惯，使儿童在健康、德行、聪明各方面得到全面发展。

为了更好地阐述"健康·德行·聪明"三位一体课程的理念，特将其核心理念中的价值取向提炼分解出来论述。

（一）尊重儿童主体地位的儿童观

"健康·德行·聪明"三位一体课程尊重儿童的年龄特点和思维发展的认知结构。正如卢梭所言，儿童就是儿童，儿童生活有完全不同于成人生活的需要和特点，有着自己独特的发展价值，不能将儿童生活仅仅看作成人生活的准备，必须将儿童看作儿童，承认儿童生活的独特价值；儿童具有巨大的潜能，教育要促进儿童潜能的发展。建构主义理论秉持儿童是主动认知的，个体根据业已形成的经验，通过内心活动，能动地赋予事物以意义；杜威也曾赋予儿童未成熟状态以积极的意义，他指出儿童未成熟状态就是一种积极的势力或能力——向前生长的力量[1]。三位一体课程尊重儿童童年生活的独特价值，以期通过贴近儿童童年生活、符合儿童认知结构的教育，使儿童在学前教育阶段能在生活中做一个快乐幸福的儿童。

（二）坚持支架式教学的教师观

支架式教学源自维果斯基的历史建构主义，强调人类一切高级的心理机能都是在交往中产生，强调以儿童的现有水平为基础，教师为其提供支架、创设情境，支持学习者的自主与合作学习，以便于儿童自主建构知识意义，实现最优化发展。教师的教学任务也不仅仅只是简单地传递知识、关注怎样"教"的问题，而应该关注儿童怎样"学"的问题，最终要让儿童学会学习。"健康·德行·聪明"三位一体课程所秉持的支架式教学的教师观认为教师应该利用各种有效的方式创设真实情境，引导儿童在情境中通过自主探究、合作学习等方式进行有效的学习。

（三）以儿童经验为基点的整合性课程观

世界范围内有很多国家的课程坚持从儿童经验出发，包括美国、德国、英国、法国等很多国家，这些国家都在积极探索儿童学习的"经验性"特点，其主要目的是让儿童依据自己的兴趣和爱好进行操作探索，开展活动，并在活动中自主建构知识。

---

1 [美]杜威.民主主义与教育/杜威和他的《民主主义与教育》.王承绪译.北京：人民教育出版社，2001:50.

整合性课程摒弃了传统的分科课程，我们认为分科课程割裂了客观世界的内在联系，阻碍了学习者从局部到整体的把握，会打断儿童的思维顺序，忽视儿童的兴趣，不利于儿童形成完整的知识结构，不利于儿童整体的把握世界。《3~6岁儿童学习与发展指南》也明确提出，关注幼儿学习与发展的整体性，要注重领域之间、目标之间的相互渗透和整合，促进幼儿身心全面协调发展，而不应片面追求某一方面或几方面的发展。

"健康·德行·聪明"三位一体课程推行以经验为基点的整合性课程观，一是强调儿童的经验，"由下往上"从儿童的经验出发，尊重儿童的生活经验。二是强调课程内容的整合性，使传统的五大领域课程要素成为一个有机结构的"整合课程"，整体把握幼儿园课程及其组成成分的子科目，避免"由下往上"的片面视角和把课程分离成一门门单科课程，即保障"自下而上"的儿童经验与"自上而下"的整合性和谐统一，避免忽视儿童的经验，也避免完全绝对的从儿童经验出发，不考虑儿童此经验与彼经验之间的相互衔接及其学习内容之间的必然联系，造成儿童获得的知识与经验缺乏内在的整合。三是课程实施的整合性，从责任主体看，保证教师、儿童和家长是课程内容的构建者；从实现方式看，通过一日生活和专题活动、家园共育等方式实现；从儿童活动类型看，更强调游戏、体验与对话在课程中的意义；从发展目标看，强调健康、德行、聪明的结合。

综上，"健康·德行·聪明"三位一体课程的理念包括尊重儿童主体地位的儿童观、坚持支架式教学的教师观和以儿童经验为基点的整合性课程观。

二、课程目标

课程目标来源于何处？著名的"课程评价之父"泰勒提出要从三方面考虑课程目标，包括对儿童的研究、对当代社会生活的研究和学科专家的建议。

对儿童的研究又包括学前儿童身心发展的现状、学前儿童个体的需要、学前儿童的兴趣和个性差异。研究当代社会生活的根本目的在于了解社会政治、经济、文化和科学发展对教育提出了哪些客观的要求；同时也了解在当地社会生活中，哪些领域是最基本的、最重要的，从而在课程目标中突出这些生活领域的要求[1]。学科专家的建议则更多可以参考《幼儿园教育指导纲要（试行）》《3~6岁儿童学习与发展指南》的儿童发展目标。研究儿童、当代社会生活及学科专家建议为"健康·德行·聪明"三位一体课程目标制定提供了重要参考。

---

1 靳玉乐.现代课程论.重庆：西南师范大学出版社，1995:162.

（一）"健康·德行·聪明"三位一体课程总体目标

课程是实现教育目的的手段，其功能是"要将学校的教育目标加以具体化，多层次的设定多样的亚目标，并且选择、组织实现这些目标的手段——内容"[1]。《3~6岁儿童学习与发展指南》指出幼儿的发展目标——以为幼儿后继学习和终身发展奠定良好素质基础为目标，以促进幼儿体、智、德、美各方面的协调发展为核心……建立对幼儿发展的合理期望，实施科学的保育和教育，让幼儿度过快乐而有意义的童年。

"健康·德行·聪明"三位一体课程旨在培养"身心健康会做事、德行美好会做人、聪敏明理会思考"的全面发展儿童，其核心是生活和行为习惯、审美习惯、思维习惯培养。习惯是人的第二天性。良好的习惯在人的发展中起着十分重要的作用。俄罗斯著名教育家乌申斯基指出："不仅在性格的培养方面，而且在智能教育以及用必要的知识充实人的头脑方面，习惯的力量都具有头等重要的意义。"[2]同时，他特别列举了习惯在学习阅读、书写、科学原理和数学等学科中的价值与作用。乌申斯基还在《神经系统中的道德资本》中提出了习惯的核心本质乃人的思维习惯。

此外，在"健康·德行·聪明"三位一体课程的目标设定中，既考虑了具体的教育活动目标，也考虑到潜在的课程目标；既考虑到儿童发展的近期目标，也考虑到儿童发展的中长期发展目标，从而建构起整体的课程目标体系（见图1-1）。

图1-1 "健康·德行·聪明"三位一体课程理念

---

[1] ［日］筑波大学教育学研究会.现代教育学基础.钟启泉译.上海教育出版社，1986:245.
[2] ［俄］康斯坦丁·德米特里耶维奇·乌申斯基.论习惯的培养.见郑文樾编.乌申斯基教育文选.北京：人民教育出版社，1991：166.

（二）"健康·德行·聪明"三位一体课程领域目标

借鉴《幼儿园教育指导纲要（试行）》和《3~6岁儿童学习与发展指南》，"健康·德行·聪明"三位一体课程的目标从横向角度可以划分为健康领域目标、聪明领域目标和德行领域目标，从纵向角度可划分为掌握三大领域的良好习惯元素、方法元素及方法运用的途径，在横纵基础上，又可细分为若干目标（见表1-1）。

表1-1　"健康·德行·聪明"三位一体课程领域目标

目标\领域	健康课程	德行课程	聪明课程
目标	身心健康会做事 培养良好的生活和行为习惯	德行美好会做人 培养良好的审美习惯	聪敏明理会思考 培养良好的思维习惯
良好习惯元素	良好的生活和行为习惯 毅力、勇气、自我控制力、社会交往力	良好的审美习惯 热情、乐观精神、感恩情怀、审美能力	良好的思维习惯 好奇心、思考力、感知觉力、注意力、记忆力和想象力、分析力、判断力、自我意识
方法	六个目标法 身体有活力 生活有规律 内有善心 外有美感 做事有条理 做人有自信	六个维度法 爱自己 爱家庭 爱园区 爱家乡 爱中国 爱世界	六个要素法 概念的时间要素 概念的空间要素 概念的数量要素 概念的质量要素 概念的因果性要素 概念的必然性要素
方法运用的途径	在一日活动中运用	在专题活动中运用	在专题活动和一日活动中运用

"健康·德行·聪明"三者相对独立又相互依存、相互影响、相互作用，我中有你，你中有我，是不可分割的整体，是三位一体的统一。这可以具体地体现在"聪明"元素、"德行"元素、"健康"元素之间的相互依存、相互影响、相互作用上。

1. 健康领域课程

"健康"意指"身心健康会做事"，热爱体育运动、热爱生活，行为体现出内心的善和形象的美，做事有自信、有条理。"健康"的主要元素是毅力、勇气、自控力、社会交往力。一个具有较强的"毅力、勇气、自控力、社会交往力"的儿童，也会影响他的好奇心和思考力方面的增强和进步,影响他的热情、乐观精神、感恩情怀、审美能力方面的形成。

2. 德行领域课程

"德行"意指"德行美好会做人",是指做人要具有美好的情感、宽广的胸怀、优美和壮美与崇高的审美情趣等德行美好。"德行"的主要元素是热情、乐观精神、感恩情怀和审美能力。一个具有"热情、乐观精神、感恩情怀、审美能力"的儿童,会促进他的好奇心和思考力方面的发展,促进他的毅力、勇气、自控力、社会交往力方面的增强和成长。

3. 聪明领域课程

"聪明"意指"聪敏明理会思考",是指对外界事物有着敏锐的视觉、听觉、嗅觉、味觉、触觉等五官感知觉能力,并且依据知识的构成要素和逻辑的形式,通过大脑的思考对感知觉到的经验材料,进行组织、整理、分析、判断,从而明白事物的道理。"聪明"的主要元素是好奇心和思考力。

一个具有"好奇心和思考力"的儿童,会有利于激发他以诚待人的热忱、触碰和拥抱社会及自然的热情;有利于他形成宽容的心胸、豁达的态度、乐天的性格、阳光的姿态、乐观的精神;有利于他对自然、父母、他人、社会感恩情怀的建立;有利于他对人、事物、大自然的优美、壮美、崇高的禀性的审美能力的提升;有利于他实现预定目标的毅力的培养;有利于他对事物勇于探索原因、开拓领域、发现未知新东西的勇气的滋养;有利于他对自身的行为进行选择、控制、发展、完善的自控能力的发展;有利于他的社会交往能力的提高。

做事、做人、思考三者间相互依存、相互影响、相互作用,是密不可分的整体。举一个简单的例子:读中班的儿子生日,父母带他去吃燕窝鲍鱼以示庆祝,可是在路上当儿子看到有小朋友吃着麦当劳的雪糕时,就嚷着要去麦当劳过生日。本来他就对燕窝鲍鱼没有什么概念,却有着几次同别的小朋友在麦当劳高高兴兴、吵吵嚷嚷过生日的经验,对麦当劳无论是认知上还是情感上都要比吃燕窝鲍鱼强烈得多,因此,父母认为吃燕窝鲍鱼很有纪念价值和相当有幸福感,在儿子那里却远远比不上吃麦当劳。对麦当劳的认知、情感、价值判断促使他嚷着要去吃麦当劳的行为的产生。

因此,从一些诸如"好奇心和思考力""热情、乐观精神、感恩情怀、审美能力""毅力、勇气、自控力、社会交往力"等普遍性的原则和准则出发,通过一些具体的行之有效的方法,对儿童的思考、做人、做事进行综合性的培养和教育,对儿童的健康、全面发展很有必要。

三、课程内容

课程内容蕴含着课程目标，它需要解决教什么，什么最适宜学前儿童学习及实现课程目标，即课程内容是课程的主体部分，其适宜与否直接关系着课程目标的实现与否及教育质量的提高与否。因此，"健康·德行·聪明"三位一体课程内容的建构，必须包括引导儿童从实际生活中发现、探究问题的内容、尊重儿童兴趣，发展儿童个性的内容和体现儿童所在家庭、园所、社区文化，富有教育意义的内容[1]。

"健康·德行·聪明"三位一体课程内容包括健康课程、德行课程和聪明课程，健康、德行、聪明这种划分是相对的，它们之间既相对独立，又相互依存，并且互相影响和作用，是三位一体的统一。教育过程中依据儿童的学习特点进行整合处理，以使儿童通过真实而有意义的活动生动、活泼、主动地学习，进而获得完整的经验，促进身心全面和谐的发展。

（一）健康课程

包括身体健康、心灵健康和心智健康三方面的内容。以一日活动（不限于一日活动）为主要途径，采用行为塑造法，让儿童养成良好的锻炼身体习惯和日常生活习惯，以及养成良好的道德行为、个人与社会行为，为儿童以后的个人性和社会性成长，打下扎实的身心健康的基础。

（二）聪明课程

包括语言发展内容和认知发展内容。以科学知识和社会知识的认知专题活动为主，采用建构主义方法。语言发展内容以发展儿童的口头语言表达能力为目标。认知发展内容通过对事物概念的"时间、空间、数量、质量、因果性、必然性"六个要素的分析和综合统一的学习，以帮助儿童进行自我建构事物的概念，形成较为完整的知性知识为目的，为儿童长大后以至他的一生自我追求科学知识的真谛，奠定良好的逻辑思维基础。聪明课程主要通过在专题活动中运用"六要素法"进行教学来实现。

（三）德行课程

以"我、家庭、园区、家乡、中国、世界"六个维度的专题活动为主，采用建构主义方法，对儿童进行爱和美的启蒙教育，为儿童成长和发展奠定良好的情感、审美基础。

---

[1] 杨晓萍. 学前教育回归生活课程研究. 西南师范大学，2002：90—92.

总括而言，"健康·德行·聪明"三位一体课程就是：建构含有"时间、空间、数量、质量、因果性、必然性"六个要素的知性知识；进行"我、家庭、园区、家乡、中国、世界"六个维度的专题活动；实践"身体有活力，生活有规律；内有善心，外有美感；做事有条理，做人有自信"六个目标。在"六个要素""六个维度""六个目标"之间，既相对独立，亦相互依存，又相互作用，是一个统一体。

综上，"健康·德行·聪明"三位一体课程内容体系的建构，以儿童发展为主线，以儿童生活经验为线索，三大领域有机结合，每一领域在目标实现上以儿童发展为宗旨，将健康、德行、聪明等整合在目标的实现中，从而构建"健康·德行·聪明"三位一体课程的整体结构（见图1-2）。

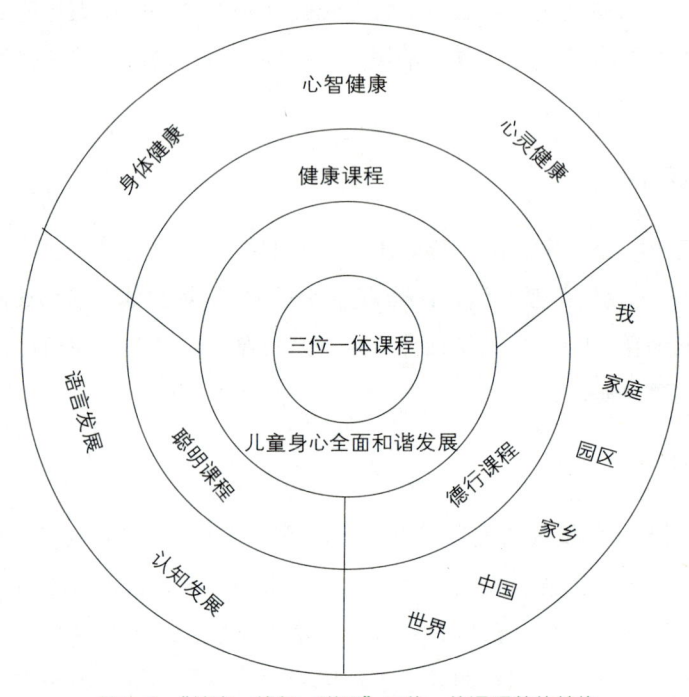

图1-2 "健康·德行·聪明"三位一体课程整体结构

四、课程实施

课程实施一般有三种取向：忠实取向、相互适应取向和创生取向，由于"健康·德行·聪明"三位一体课程秉持的理念包括尊重儿童主体地位的儿童观、坚持支架式教学的教师观和以儿童经验为基点的整合性课程观，这就决定了我们倡导课程的创生取向。"健康·德行·聪明"三位一体课程是儿童、教师、家长实际体验和领悟到的教育经验，预定的课程计划只是师幼、家园共同创造教育经验、获取独特意义体验的资源之一。我们提倡教师积极提供支架式指导，参与创造性、研究性和反思性教学实践中，在课程实施中，密切关注儿童的经验和兴趣，尊重儿童的主体性和创造性，课程的创造必须基于儿童已有的经验，这也预示着在课程实施中，对教师的要求提高，对家长的要求提高，因为创生取向预示着在课程实施中，随时可能根据儿童的兴趣、经验衍生出新的课程，即课程"再设计"。

教师、儿童、家长作为"健康·德行·聪明"三位一体课程的实施主体，其实施途径包括幼儿园的一日活动和专题活动。

（一）一日活动

一日活动是"健康·德行·聪明"三位一体课程实施的重要途径。《幼儿园教育指导纲要（试行）》和《3~6岁儿童学习与发展指南》明确提出，幼儿园要以游戏为基本活动，因此我们认为幼儿园一日活动皆包括游戏。在以游戏为基本活动的指导思想下，我们的幼儿园一日活动包括生活活动、运动活动和学习活动。

其中生活活动主要是让儿童在真实的生活情境（入园和离园、盥洗、午睡、进餐等）中自主、自觉地养成各种生活自理能力，形成健康的生活习惯和交往行为，在共同的生活中能够愉快、安全、健康地成长；运动活动主要有户外自选活动[1]、早操活动和体育游戏（games）[2]等，旨在提高儿童身体素质、身体动作协调能力和环境适应的能力；学习活动包括学习区活动和专题活动。在每一类活动中都包含着许多学习与发展的机会，在一日活动中渗透健康教育非常自然、也有效果，儿童可以在日常生活中通过反复的体验、学习、练习和实践，逐渐习惯有益于健康的行为习惯。如在户外活动时，提醒儿童要排队轮候，避免拥挤受伤；在进餐、穿脱衣服等生活环节可以锻炼儿童的手部动作的灵活性；在学习区活动中，儿童可以学习使用剪刀、胶水等工具。

从入园到离园，一日生活环节多、时间长，而每一个儿童都与生俱来地具有强烈的秩序感，这种秩序感是儿童安全感的来源之一。因此，要做好儿童一日生活的安排，制定科学合理的生活制度，为儿童提供有序的生活，满足其心理的需要。

（二）专题活动

专题活动不同于主题活动，现今幼儿园盛行的主题活动更多是事先设计好的，但专题活动主要是指教师与儿童在生活中围绕大家感兴趣的一个主题共同讨论，在师幼合作研究中发现知识、理解意义、建构认识的一种整合活动。

---

1 户外自选活动一般指幼儿自主选择体育器材，自发的、无规则的体育活动。
2 体育游戏（games）一般是由教师发起的，组织幼儿进行体能锻炼和基本动作学习的体育活动。

三位一体课程中，专题活动以"我、家庭、园区、家乡、中国、世界"的六个维度的内容为主。专题活动的开展主要以建构主义理论为基础，以探究方式进行，通过对"概念"所蕴含的"时间、空间、数量、质量、因果性、必然性"等要素的学习，让儿童主动建构有关的知性概念知识。

　　在专题活动中，我们强调儿童的兴趣与经验，主张以完整的学习促进儿童的整体发展，专题活动更多强调在师幼互动中，不断根据儿童反应对主题进行调整、修订，更强调课程的生成性和弹性，如幼儿园中班儿童对标志很感兴趣，幼儿园旁又有著名的莲花山公园，因此，教师以莲花山公园为专题，带领儿童远足莲花山公园，并从时间、空间、数量、质量、因果性和必然性六个角度为儿童提供支架式指导策略，帮助儿童以莲花山公园为载体了解园内的标志。在实施过程中，随时跟进儿童兴趣和经验调整了解莲花山公园的角度。同时，专题活动包含着多种活动形式，主要有集体活动、小组活动和学习区活动等三种活动形式支撑儿童自主活动、自主探索，建构儿童的整体经验。

五、课程评价

　　教育部在《基础教育课程改革纲要（试行）》中指出"改变课程评价过分强调甄别与选拔的功能，发挥评价促进学生发展、教师提高和改进教学实践的功能"。

　　《幼儿园教育指导纲要（试行）》中也指出评价是"促进每一个幼儿发展，提高教育质量的必要手段"，评价的过程也是教师"自我成长的重要途径"。"健康·德行·聪明"三位一体课程认为发展儿童在"我""家庭""园区""家乡""中国""世界"中，自我主动建构对生活的认识与理解。三位一体课程的评价贯穿于课程的全过程，遵循发展性评价，包括评价的目的在于促进学前儿童发展；评价的内容综合化，实施对学前儿童全方位的考察，包括健康、德行和聪明三方面；评价的方式多样化，既有量化评价也有质性评价，如观察记录、儿童成长记录及个案分析、作品评价等；评价的主体多元化，包括教师对儿童、课程的评价，也包括管理者、家长对课程对儿童的评价；评价过程动态化，注重将终结性评价与形成性评价相结合，坚持质性评价与量化评价相结合。

六、课程特色

　　"健康·德行·聪明"三位一体课程特点是以经验和实践为基础，以经验和实践与理论相结合的哲学思想为指导，方法上借鉴和吸收了建构主义和行为主义理论，在充分发挥中国儿童情感和经验思维丰富的优势的同时，尽量弥补中国儿童逻辑思维教育和训练不足之处。

（一）吸收建构主义与行为主义之精华

"健康·德行·聪明"三位一体课程围绕事物的概念进行，一方面是通过建构主义方法，让儿童主动建构事物概念；另一方面是通过行为主义方法，让儿童养成良好的行为习惯，将事物概念内化。通过生动、活泼、有趣的教育方式，促使儿童从被动学习变为主动学习。正如英国哲学家洛克在《教育片论》中说的："教会儿童诸种事项的正确方法是让他们养成一种对所学事物的喜爱和兴趣，这样他们才肯用功和练习。"[1]

（二）一日活动与专题活动并行实施

"健康·德行·聪明"三位一体课程理念最终要以课程的实践来体现，而课程的实践主要体现在对儿童的认知能力、情感能力、行为能力的训练和培养上。我们的课程本着充分发挥幼儿园的教育职能及发挥老师的引领作用，在课程实施中通过一日活动和专题活动，充分调动儿童的感知觉能力和经验，在儿童的认知能力范围以及最近发展区内，让儿童主动建构各种事物的概念或通过行为习惯的养成内化各种事物概念，以此让儿童通过对事物概念的掌握或体悟，加深对事物的认知，从而达到探求和领悟事物内涵及事物与事物之间的关系，通过运用少数的例子，学会如何"举一反三"获取知识、明白道理，从而让儿童的认知能力、情感能力、行为能力得到全面发展。皮亚杰认为，儿童是主动思考者，他们试图去理解世界。皮亚杰还常把儿童称为小科学家[2]。罗素在《西方的智慧》一书中指出："学习并不是一个发布知识的过程，当然，其中有一些也是必须要发布的……古希腊哲学家早就掌握了真正的教育必须如何进行的方法。教师的作用就是一种引导，引导学生自己领会知识。然而学会独立思考并不是一下子就能达到的能力，它必须要靠本人的努力，而且还要有良师的帮助，以便指导这种努力……由此可见，教育就是在教师的指导下学会独立思考……教育的过程的一个显著特征就是它必须要有师生双方的共同努力。"[3]而师生双方共同的努力将在一日活动和专题活动中得到实现。

（三）运用六要素教学方法

将"聪明、德行、健康"之间既相对独立，又相互依存、相互影响、相互作用形成一个整体的"三位一体"概念落实应用到实际的教学活动中去，我们具体采用了"六个要素、六个维度、六个目标"的教学方法。

---

[1] ［英］约翰·洛克.教育片论.熊春文译.上海：上海人民出版社，2005：146.
[2] 耶鲁大学公开课.心理学导论.第五课 婴儿是如何思考的：思维的发展历程.见网易公开课：http://v.163.com/special/introductiontopsychology/
[3] ［英］伯特兰·罗素.西方的智慧.北京：文化艺术出版社，2005：68-69.

"六个要素"教学方法主要是指从逻辑思维形式最基本的单位——事物的概念为起点,让儿童通过对事物概念所蕴含的以下六个要素:时间、空间、数量、质量、因果性、必然性等进行分析和综合的运用,来促进他们的逻辑思维的发展。

"六个维度"教学方法主要是指以"我、家庭、园区、家乡、中国、世界"的六个维度的展开,通过这六个维度所涉及的各种专题活动的进行,由近及远、由具象到抽象地激发儿童的对人、社会、自然的美好情感,拓宽儿童的视野,丰富儿童的思维,促进儿童情感、认知、行为、社会环境之间的互动。

"六个目标"教学方法主要是指以一日活动为主,通过制定在一日活动中要达到的"身体有活力、生活有规律、内有善心、外有美感、做事有条理、做人有自信"的六个目标,并且通过围绕以上六个目标组织一日活动,来培养儿童养成良好的日常生活习惯及良好的个人性行为与社会性行为。

在教学活动中,"六个要素"贯通到"六个维度"的专题活动和"六个目标"的一日活动中去。在"六个要素、六个维度、六个目标"的学习和活动中,认知、情感和审美、伦理道德行为的元素都会融合在一起。

综上所述,我们从"全面发展"的教育理念出发,根据学龄前儿童的发展水平及由此呈现出的特点,将"全面发展"的教育理念具体化为"聪明、德行、健康"三位一体的概念,并且通过具体采用"六个要素、六个维度、六个目标"的教学方法,将"聪明、德行、健康"三位一体的概念落实应用到教学实践活动中去。

本课程在追求内容的广度、深度、高度的同时,对其又有所限制。

广度:课程的内容,涉及感知觉能力、观察能力、注意能力(无意注意和有意注意)、记忆能力、想象能力[创造性(或称联想性)想象力和再生性(或称回忆性)想象力]、判断能力、推理能力、情感能力、审美能力、意志能力、实践能力。对于以上的各种能力,以让大部分儿童能掌握其最基本的部分为目标。

深度:课程的设计,根据儿童年龄特点,以及认知能力范围和最近发展区来设置,既不低估儿童的潜能,亦不高估儿童的实际能力。

高度:课程设计的目标,以儿童可以理解和接受的思维方式和思想道德原则为标准。

此外,在课程建设中,还广泛吸取了教育生态学理论、加德纳多元智能理论和蒙台梭利"有准备的环境"教学理论及我国教育家陶行知生活教育思想等。

第二节　课程的数量因素：三位一体课程的核心地位、构成及参与人群

一、三位一体课程是幼儿园工作的"牛鼻子"

三位一体课程不是幼儿园工作的全部，却是幼儿园工作的核心部分。幼儿园课程是儿童在幼儿园教育环境中进行的、旨在促进其身心全面和谐发展的各种活动的总和，即《幼儿园工作规程》指出的"有目的、有计划地引导儿童生动、活泼、主动活动的、多种形式的教育过程"。

我国幼儿园现行的课程管理体制是由国家教育行政部门颁布《幼儿园教育指导纲要（试行）》（以下简称《纲要》），规定总的教育目标、教育内容领域和实施原则，再由各地教育行政部门制定执行《纲要》的具体指导意见，而幼儿园则依据《纲要》和地方教育行政部门的具体指导意见，自行决定本园的具体课程和教学方法，即我国幼儿园课程的权利主体和开发主体都是幼儿园，以幼儿园为"本位"。幼儿园课程本来即为"园本课程"或者幼儿园的课程就是"园本课程"。幼儿园课程管理的自主化即开发园本课程是国家课程改革的基本导向之一。幼儿园自主地确定课程，其目的不是为了标新立异、别出心裁和与众不同，而是为了使幼儿园课程更能适合本幼儿园的教育对象，与本幼儿园的实际情况更相符合。基于此，莲花北幼儿园和第九幼儿园开发了"健康·德行·聪明"三位一体园本课程。

二、三位一体课程的构成

基于"以园为本"和以儿童为本，莲花北幼儿园和第九幼儿园在开发"健康·德行·聪明"三位一体园本课程过程中，坚持三"有"原则，一是内容的选择有考虑儿童现有的发展水平及其发展规律；二是内容的选择有尊重儿童身心发展的需要；三是内容的选择有尊重儿童习得生活经验的规律，由近至远，从"我""家庭"出发，至"幼儿园""社区"和"家乡"，最后放眼"中国"和"世界"。

此原则基础上的"健康·德行·聪明"三位一体园本课程由健康课程、德行课程、聪明课程构成，通过一日活动和专题学习，让儿童在生活和行为习惯、审美习惯、思维习惯等三个方面得到教育，促进他们的意志和行为能力、情感能力、认知能力的发展，进而提升儿童的综合素质。

三、参与课程研究实践的园所及人群

在"健康·德行·聪明"三位一体园本课程课程研发过程中,莲花北幼儿园自2007年起全程参与了课程研发,第九幼儿园自2009年起参与课程的研发。两园共计有近60多名教学一线的带班专业教师,教师层次丰富,专业精湛;此外,两园还拥有3位硕士研究生担任教研员,她们在学前教育学、儿童心理学等方面有扎实的理论基础,接受过严格的科研训练;同时,课程研发过程中,得到过国内、省内、市名10多名专家的指导和帮助,他们分别在学前教育领域、心理学领域、哲学领域有很高的造诣。

课程研发的过程中,两园八届近2000儿童及其家庭受益;两园八年中举办多次的教育教学开放活动、同行交流观摩活动等,来园参观交流的同行教师、园长及教科研部门、教育行政部门的领导、专家有近4000人次,三位一体课程得到同行的广泛认同。

无论是儿童、家庭、各领域专家及园所教师,他们都是三位一体课程开发的主体,他们的声音都在此课程中得到体现。本课程虽然不是幼儿园工作的全部,但它是幼儿园工作的核心部分,也是儿童实现个性化和社会化发展目标的核心载体,教师、家庭、社区及社会的力量都作用于此课程,同时,幼儿园的文化建设及日常管理工作都围绕本课程进行。

第三节 课程的因果性因素:构建三位一体课程的初衷

为什么要构建这个课程?也就是说,基于什么来构建这个课程?

我们构建这个课程的理念是"全面发展",教育的方法、手段、理论会随着时间历史的进程和社会环境的变化而变化,但教育本身所涉及所包含的德、智、体、美(亦即是我们通常所说的认知、情感、行为)的本质的东西(亦是我们通常所说的真善美)却是永恒不变的。教育特别是基础教育的最高理念就是要让受教育者的德、智、体、美等方面得到全面发展。

我们坚持"健康·德行·聪明"三位一体园本课程的开发,主要是基于以下三个方面的思考。

一、社会环境的思考

中国崛起的标志是经济的高速发展,而经济的高速发展的标志普遍认为是GDP的增长,GDP是经济发展过程中数量上的增长,按照GDP总量计算,中国已经成为世界第二大经济体,这是作为中国人应该感到骄傲的一件事。

可是如果我们进一步对中国的经济发展的质量进行分析的话，却有不少地方值得我们担忧。经济发展的质量主要指的是经济发展内部结构构成、各种关系对比之间的合理性和均衡性：（1）生产产出与资源消耗量是否合理？（2）产业结构是否合理？（3）收入在不同阶层的分配是否合理？（4）地区间的发展是否均衡？（5）经济发展与政治发展是否均衡？（6）经济发展与社会发展（包括人们的法治意识和道德水平）是否均衡？

中国经济高速发展过程中，存在着以下问题：资源过度消耗、环境污染严重；基建和加工出口产品比例过重、自主创新产品比例偏低；贫富差距急速扩大；沿海城市、大城市发展过快、中西部地区、中小城市发展落后；贪腐现象严重；人们法治意识不强、重金钱利益轻精神道德等。这些问题的存在，影响着中国经济发展的质量，制约着中国经济的可持续发展，也直接或间接地影响着中国教育的质量，制约着中国教育的可持续发展。

中国的教育存在着以下问题：重量的发展不重质的发展；城市与农村间、大城市与中小城市间、富裕地区与贫穷地区间、城市户口与非城市户口间、重点学校和非重点学校间的教育资源分布不均衡；重知识的灌输，不重知识的建构；重高考、中考科目的训练，不重非高考、非中考科目的学习；重知识技能的训练，不重品德的塑造和社会交往能力的培养等。

中国教育界意识到自身存在的问题，并且已经逐步进行改革，颁布了《国家中长期教育改革和发展规划纲要（2010—2020年）》，旨在逐步向培养人的全面发展的目标迈进。

我们将教育重点放在培养儿童良好的生活和行为习惯、审美习惯、思维习惯，就是希望通过全面的、高质量的教育，培养全面的、高质量的未来人才，为社会作贡献。

二、专业环境的思考

中国教育存在以上所说的问题，直接或间接地影响到了中国的学前教育质量。

一段时间以来，学前教育普遍呈现出保姆化、小学化、表演化的现象。或者低估了儿童的潜能，降低了学前教育的门槛，将学前教育机构视为只是吃吃喝喝的保育机构；或者高估和超越了儿童的认知能力，将学前机构视为只是写写算算的培训机构，迎合"望子成龙"的市场需求，"拔苗助长"式地与小学教育同质化；或者将学前机构视为只是唱唱跳跳的舞台，将儿童的成长发展表面化、简单化、片面化。

学前教育普遍呈现出的保姆化、小学化、表演化的现象，让社会和家长对学前教育的概念产生了认知误区，以为学前教育就是吃吃喝喝、写写算算、唱唱跳跳，没有什么教育的科学性、系统性、价值性亦即教育的专业性，如果有钱，甚至没有什么钱，只要能开办，就什么人都可以开办幼儿园或学前培训机构。社会和家长将幼儿园视作儿童保育机构或学前培训机构的认知偏差，也是这些年来，学前教育为什么可以大幅度地被市场化，而且在教育领域逐渐被边缘化的原因之一。教育的科学性、系统性、价值性亦即教育的专业性，这些更为本质性的和更具重要性的东西与学前教育渐行渐远。

温家宝同志2011年2月27日与网友在线交流时（新华网）说："世界都在谈'中国崛起'，人们议论最多的是GDP，但我认为'中国崛起'的标志是在人才、是在教育。"

根据幼儿园的办学环境（地理位置、生源）、办学条件（资金实力、师资力量）、办学目的（营利性、公益性），幼儿园可以办成：（1）类似于让儿童吃吃睡睡的托管机构；（2）类似于让儿童唱唱跳跳的艺术特色教育机构；（3）类似于让儿童说说英语、写写字、算算数的小学化培训机构；（4）让儿童德智体美全面发展的教育机构。

根据我园的办学环境、办学条件、办学目的，我们选择了办让儿童德智体美全面发展的教育机构，即办具有教学方法的科学性、教学内容内涵上的价值性、涵盖认知思维训练和情感培养和行为塑造的系统性的专业性幼儿园，而这些目标将很大程度通过"健康·德行·聪明"三位一体课程实现。

三、文化环境的思考

2014年9月24日，习近平同志出席纪念孔子诞辰2565周年国际学术研讨会并发表讲话，提到："人类已经有了几千年的文明史，任何一个国家、一个民族都是在承先启后、继往开来中走到今天的，世界是在人类各种文明交流交融中成为今天这个样子的。推进人类各种文明交流交融、互学互鉴，是让世界变得更加美丽、各国人民生活得更加美好的必由之路。"

"'独学而无友，则孤陋而寡闻。'对人类社会创造的各种文明，无论是古代的中华文明、希腊文明、罗马文明、埃及文明、两河文明、印度文明等，还是现在的亚洲文明、非洲文明、欧洲文明、美洲文明、大洋洲文明等，我们都应该采取学习借鉴的态度，都应该积极吸纳其中的有益成分，使人类创造的一切文明中的优秀文化基因与当代文化相适应、与现代社会相协调，把跨越时空、超越国度、富有永恒魅力、具有当代价值的优秀文化精神弘扬起来。"

"'文以载道，文以化人'。当代中国是历史中国的延续和发展，当代中国思想文化也是中国传统思想文化的传承和升华，要认识今天的中国、今天的中国人，就要深入了解中国的文化血脉，准确把握滋养中国人的文化土壤。"

"这些思想文化体现着中华民族世世代代在生产生活中形成和传承的世界观、人生观、价值观、审美观等，其中最核心的内容已经成为中华民族最基本的文化基因。这些最基本的文化基因，是中华民族和中国人民在修齐治平、尊时守位、知常达变、开物成务、建功立业过程中逐渐形成的有别于其他民族的独特标识。"

全球文化正逐步趋向多元化，越来越多迹象表明，全球经济一体化给文化带来的不是一元性而是多元性，随着经济的发展，各个国家更加重视本国传统文化的发展与弘扬，世界的未来必将走上各种文化彼此对话和相互融合的道路。

国外著名的高瞻课程、瑞吉欧课程、蒙台梭利课程、多彩光谱课程、发展适宜性课程模式都值得我们借鉴。著名学前教育专家朱家雄教授早在2008年就指出："我国幼儿园课程可以从国外的儿童教育中获取诸多有价值的东西，但是最终不可能与西方国家的课程趋同。"著名学前教育专家霍力岩教授在2009年就指出："研发具有我国核心价值观和民族文化内涵的学前教育理论体系与实践模式，已经成为我们中国学前教育界面临的紧迫而实际的问题。"同时指出："在这样的时代，我们没有理由不与世界各国共享优秀教育资源遗产、资源和机遇，分享世界改革的最新成果并和世界各国教育工作者精诚合作。"

中国优秀传统思想文化和世界优秀文明成果可以为学前教育提供丰富的具有符合中国社会主义核心价值观内涵的教学材料，提供有效的科学性的和系统性的教学实践操作方法，从而可以提高学前教育的专业性的素养。因此，学前教育应该承担起传承中国优秀传统文化及弘扬世界优秀文明成果的责任，为此，我们以"我、家庭、园区、家乡、中国、世界"为维度，通过组织各种专题活动，让儿童认识、体验、理解中国及世界的各种优秀的文化，以及它们其中所蕴含的价值观。"仁爱礼让，尊老爱幼，重视亲情"等中华民族文化精髓，"自主自律意识，理性思维，科学精神"等西方文化特质，都应该是我们弘扬的对象。

在"全面发展"教育理念的范导下，正如在"前言"所说的，我们尝试以蕴含着"真善美"的一般本质的哲学作为基础，结合教育学、逻辑学、心理学、伦理学、社会学等，来构建我们的课程体系，希望能让儿童在德、智、体、美等方面得到全面发展。我们将"真善美"具体化为"认知的真、情感的美、意志行为的善"，并且根据学龄前儿童的发展水平及由此呈现出的特点，再将"知情意"进一步具体化为"聪明、德行、健康"，以此来构建我们的"健康·德行·聪明"三位一体课程体系。

构建和实施"健康·德行·聪明"三位一体课程的原因就是希望将健康教育、德行教育、聪明教育融合为一体，以体现教育本身所包含的德、智、体、美的永恒不变的本质的东西。并且在学前教育的专业性亦即教育的价值内涵性、专业系统性、课程科学性方面进行实践探索。希望基于人自身、人与人、人与自然、人与社会能和谐一致的社会共同体理念，在传承中华民族优秀文化的基础上，吸收西方文明的精髓，让儿童在我们的教育和引导下得以共同分享、共同进步、共同成长。

第四节　课程的必然性因素：三位一体课程符合学前教育发展趋势

"健康·德行·聪明"三位一体课程从最初的理论构思到进行具体实践操作，到今天初步形成体系，从理论的可能性发展为教学的现实性。通过课程学习，儿童综合素质得到提高，课程本身也受到家长的欢迎，得到社会及行内专家的肯定。健康、德行、聪明的综合发展，不仅对儿童本人有利，也对家庭、社会、国家有利。

对照香港教育局1996年发布的《学前教育课程指引》，将课程架构的核心定为：身体、认知和语言、情意和群性、美感四项发展目标；美国幼教协会授权发布的2000年中文版《幼教绿皮书》，将儿童的身心发展分为：对他人的兴趣、自我意识、肢体发展及手眼协调能力、语言发展与沟通、身体及空间与事物的概念、目的性的行动与工具的使用、感情表达等诸方面，亦即身体、语言与认知、社会与情绪等方面的发展；中国教育部公布的《3~6岁儿童学习与发展指南》将儿童的身心发展分为：健康、语言、社会、科学、艺术等方面的发展。本课程涵盖了以上各方面的内容，并且通过具体实践，从当初理念提出的可能性，发展成为现在具有一定成效的现实性内容，有它一定的发展必然性。

本课程虽然由深圳市莲花北幼儿园和第九幼儿园研发，但在课程理念和内容上符合学前教育发展趋势，同时，有着非常深厚的内在开发基础，具有一定的普遍必然性。而园所课程基础扎实、师资基础深厚、文化底蕴丰富为课程研发提供了可能性。

一、园所课程基础扎实

莲花北幼儿园和第九幼儿园依据教育科研基地的学校的职责和要求，紧密结合深圳儿童身心发展特点、成长需要及幼儿园实际情况，全面落实《幼儿园教育指导纲要（试行）》《3~6岁儿童学习与发展指南》的要求，特别是在学前教育课程改革与探索方面，针对目前学前教育在儿童思维培养方面的缺失，研发"健康·德行·聪明"三位一体课程，建设具有学前教育特色的教育科研基地。

幼儿园于2007年开始构思"健康·德行·聪明"三位一体课程，并在2008年开始依次进行了健康课程、德行课程、聪明课程的探索和实践，至今，已初步形成了一个完整的体系，从课程理念、课程内容的选择及课程实施都与国家颁布的教育指南相符合，亦得到社会以及行内专家的肯定。

课程研究沿着"边实践边总结"的方式前进，在全体教职工的共同努力下，做到课程开展有逻辑、有深度、有效果、有始有终，获得了专家、同行和社会人士的认可。

北京师范大学霍力岩教授在给"健康·德行·聪明"三位一体课程诊断报告中写道："幼儿园将健康、德行、聪明三位一体及六要素的课程理论整合到专题活动中，做到了《3~6岁儿童学习与发展指南》所要求的综合课程，课程模型已经基本形成。""莲花北幼儿园已然形成了锐意进取、开拓创新的课程建设文化，园长和教师之间具有强烈的共识。""在对中国传统文化的坚守与西方哲学理论的学习中，莲花北幼儿园最终构建了属于自己的独具特色的'健康·德行·聪明'课程模式，莲花北幼儿园已经形成了非常大气、理性、科学的课程。"

二、园所师资基础深厚

园本课程的现实成效取决于教师，教师的专业水准决定园本教育的水平。构建园本课程内容，教师需要具有较高理论基础和较多实践经验，具有宏观把握课程模式的能力。同时，也需要学前教育专家的指导和帮助，才能构建科学、合理的课程内容，才能在课程内容与儿童发展之间架起桥梁。

（一）园所师资专业精湛

专业精湛的教师是课程有效实施的重要因素，雄厚的师资力量亦是建设教育科研基地的坚实保证。莲花北幼儿园和第九幼儿园现有教职工110多名，专任教师60多人，她们毕业于国内师范大学学前教育、英语、美术、音乐、体育等专业，经验丰富，喜爱儿童。其中，大专以上学历占教师总数的100%，硕士研究生3名。省市级优秀教师8名，省市级讲师团讲师6名，区级优秀教师40人，市级以上论文获奖与发表41篇。在这些教师的专业支持下，莲花北幼儿园和第九幼儿园参与和承担过大量课题研究，积累了丰富的经验，这其中包括成为教育部课题《幼儿园教师培训课程标准——幼儿研究与支持》项目协作园、广东省教育科学课题《幼儿园一日生活作息结构及组织策略的研究》和《幼儿学习环境的适宜性研究》实验园；承担国家教育部振兴行动计划《心理健康与心理筛查》重大课题，并荣获教育部振兴行动计划重大课题学术研讨会一等奖；承担深圳市教育院"十一五"规划重点课题《幼儿园整合性健康教育的实践与探索》、福田区公益性科研课题《"五常法"在幼儿园管理中的实践与探索》《幼儿园科学区活动材料投放与教师指导策略研究》和《幼儿园建构区环境创设与活动指导策略研究》等。

（二）专家持续指导与有关机构的持续支持

莲花北幼儿园和第九幼儿园与北京师范大学学前教育研究所霍力岩教授及其带领的团队形成了研究共同体，从课程开始构思就得到霍力岩教授团队的专业指导。莲幼和九幼两园也与台湾光佑文化公司（学前教育专业出版公司）早在2008年始建立学术交流合作关系，每学期邀请陈素月、叶秀香两位老师到幼儿园进行教学实践的指导和培训。

同时，"健康·德行·聪明"三位一体课程的研究得到了深圳市教育局、深圳市教科研和福田区教育局及举办单位深圳市国资委幼教管理中心的大力支持。深圳市教育局将莲幼纳入市《3～6岁儿童学习与发展指南》实验园，并长期得到深圳市教科院刘华老师的指导；福田区教育经常开展教师专业培训和交流活动，大大提高了教师的专业素养和实践能力；幼教管理中心于2014年将"健康·德行·聪明"三位一体课程纳入教科研经费重点项目，给予专业和经费的支持和资助，邀请天津师范大学梁慧娟博士、肖湘宁老师对两园教师进行专业培训，并到幼儿园进行课程指导，为我们建构"健康·德行·聪明"三位一体课程提供了专业支持。

三、园所文化底蕴丰富

莲花北幼儿园和第九幼儿园分别建园于1994年和1995年，均为广东省一级幼儿园，深圳市首批优质特色示范幼儿园创建单位，均位于"全国第一村"的文明小区——莲花北住宅区内，紧靠风景秀丽的莲花山公园，依托福田中心区和莲花北优秀社区，为儿童提供了充满大自然气息、安全、环保的大环境，也为课程的实施提供了良好的生态环境。

两园共有教学班20个，在园儿童700多人，都来自深圳市普通市民家庭，大数量和同质的样本有助于提高科研项目（课程实施）效果的有效性和可靠性，且提高了科研成果（课程经验）的普适性。

两园坚持走"为孩子创造美好未来，为教职工增加人生价值，为社会举办优质学校"内涵发展道路，办学质量优异，成为高品质、专业型幼儿园。在教育实践中始终以儿童的健康快乐发展为己任，希望中国儿童能够接受到具有价值内涵性、专业学科性、科学体系性的学前教育。

"健康·德行·聪明"三位一体课程符合学前教育发展理念，并在理念基础上，有着强大的园所课程基础、师资和专家支持基础及深厚的园所文化，这都切实保障了此课程开发的必然性。

第五节　课程的时间因素：三位一体课程的经验沉淀和实践创新

幼儿园开发的"健康·德行·聪明"三位一体课程是有基础和依据的，是利用幼园得天独厚的地方、地域特色、自然景观、文物古迹、地名沿革、历史变迁、社会发展，以及民间艺术、民俗风情、名人逸事、语言文化等教育资源，结合已有的课程资源，建构具有个性与群体、自然与社会相适宜，符合《幼儿园教育指导纲要（试行）》要求和儿童健康、德行、聪明全面发展的课程内容。

在2006年以前，莲花北幼儿园和第九幼儿园的课程内容主要分为两部分，其一是由健康、语言、社会、科学和艺术五大领域内容组成的学科教学活动；其二是根据儿童兴趣各班级灵活开展的主题探索活动。这也是国内大部分幼儿园采取的方式。幼儿园力图通过主题探索活动与学科教学活动相互渗透的多元化组织形式达到儿童全面发展的目标。此时，课程内容以学科教学活动为主，主题探索活动为辅。2006年两所幼儿园开始全面进行健康教育课程的探索，特别重视儿童一日活动上所蕴含的教育价值，健康教育逐渐成为幼儿园特色课程，这是三位一体课程的萌芽。三位一体课程先从健康课程在一日生活中的整合性教育开始，一日活动是行为主义理论框架下的教育活动，注意环境刺激、反复刺激、正强化等，最终养成儿童良好生活和行为习惯。

2007年，两所幼儿园开始构思三位一体课程，至今已经8年，期间可以分为三个阶段。

一、第一阶段（2007—2008年）提出理念，分解目标

鉴于中国至今仍旧没有一套具有自己核心价值观的课程，幼儿园在多年实践积累基础上，于2007年提出了"健康·德行·聪明"三位一体课程，课程包括健康、德行、聪明三个方面。

幼儿园课程理念以中国的"家庭价值观"为根本，吸收西方"自主、自强、自觉精神"，以培养在健康、德行、聪明各方面全面发展的儿童为目标。家庭价值观是中华民族之根本，"自主、自强、自觉"是西方个人主义的精华部分，两者结合必能造福个人、造福家庭、造福国家。三位一体课程以培养"健康快乐、德行优良、聪明自信的高素质儿童"为课程目标，并将目标初步分解如下。

健康快乐——动作协调，体质强壮；活泼开朗，积极向上；习惯良好，文明乐群。

德行优良——爱自己、爱同伴；爱父母、爱家庭；爱幼儿园、爱深圳、爱中国、爱世界。

聪明自信——充满好奇心和想象力；喜欢尝试和探索；敢于表达，相信自己。

2007年，幼儿园继续深化健康课程研究与探索，2008年3月引入5S管理，全面提升幼儿园整体学习环境，形成了以"健康教育"为办园特色的优质幼儿园。在这一阶段内，幼儿园对主题探索活动越来越重视，达到与学科教育活动并行的程度。

二、第二阶段（2008—2014年）实践探索，丰富内容

这六年也是幼儿园小班、中班和大班两个循环的实践。

2008年幼儿园开始实施"健康·德行·聪明"三位一体课程，进行具有中国核心价值观的课程实践探索，探索的过程又是积累的过程。

首先，2008年幼儿园开展了深圳市教育科学规划课题《幼儿园整合性健康教育的实践与探索》研究，力争全面整合健康教育。与此同时，幼儿园开始进行从"我、家庭、园区、深圳、中国、世界"六个维度来进行德行课程内容的探索，教师在这六个维度中，寻找儿童的经验、寻找学科知识及观察儿童的发展情况。

六个维度的专题活动开展要求教师支架儿童，但教师设计活动的支架逻辑是什么呢？有的老师运用知识网和活动网来做教学活动设计的"脚手架"，有的老师用"人、事、物、情"关系网来支架。用知识网来架构，教学活动的主要脉络依然是知识，在做自然科学知识网时，老师像个生物学家、动物学家等，在做社会科学知识网时，老师又需要社会知识的储备，以幼师毕业的老师通识水平来说比较难。而"人、事、物、情"不能涵盖概念的所有方面。

其次，专题活动的内容，也就是"我、家庭、园区、家乡、中国、世界"六个维度是以儿童为主体的内容，由近至远，是德行课程的切入点。这六年当中主题活动内容的选择也在不断地进行探索，由根据最初的头脑风暴法来设计主题内容，到根据五大领域的内容来划定主题内容，到根据人、物、关系、情感等对内容进行划分并组织，最后根据六要素来进行主题活动的设计，主题活动内容的选择历经了多起变化。

最后，专题活动是建构主义理念框架下的活动，是聪明课程的切入点，不以掌握系统知识为目标，让儿童在自己的知识经验基础上不断丰富验证和修正，形成新的知识经验，并在这个过程中促进儿童的思维习惯形成。建构主义理念下的教学活动设计和实施，对中国老师来说，是一件具有挑战的事。仅以知识传授为学习目的，那么老师教什么？怎么教？

为了更好地解决这个问题，我们深入皮亚杰建构主义理论学习和研究，并发现皮亚杰是继承和发展了康德的认识论，我们深入研究康德的知识要素构成论，并对知识构成论进行了简化和改造，提出"时间、空间、数量、质量、因果性和必然性"六个要素，并将六要素运用于专题活动，支架老师的活动设计和实施。

主题活动强调的是以某个主题为核心，围绕这个主题来选择活动内容，一般是根据儿童的兴趣来选择的，而专题活动虽也强调儿童的兴趣，但更强调的是对儿童的思维习惯的培养，使用了"六要素法"，活动的内容和目标更具整合性。至此，主题活动更名为专题活动，以和大多数幼儿园开展的主题活动做个区分。这六年中，幼儿园课

程的目标也在探索中不断地完善，由最初的培养"健康快乐、德行优良、聪明自信的高素质儿童"，发展为培养"身心健康会做事、德行美好会做人、聪敏明理会思考"的全面发展儿童，其核心是对儿童生活与行为习惯、审美习惯、思维习惯的培养。

幼儿园将健康、德行、聪明三位一体及六要素的理论整合到专题活动中，课程分为健康、德行、聪明三方面的内容，六要素法贯穿其中，从而做到了《3～6岁儿童学习与发展指南》所要求的综合课程，课程模型已经基本形成。

三、第三阶段（2014—2015年）归纳提炼，整理成文

整理出思维六要素理论、"交流—实操—分享三段式学习活动"组织、"三阶段"专题活动、幼儿园一日活动的"精粹管理法"22条标准、专题活动案例、一日活动54个基本活动等理论与实践经验。

经过三阶段和8年的课程探索与积淀，"健康·德行·聪明"三位一体园本课程已在莲花北幼儿园和第九幼儿园落地生根。

第六节　课程的空间因素：三位一体课程的施展、深入与推广

一、课程落实的具体空间

布朗芬布伦纳认为，自然环境是人类发展的主要影响源，主要由微观系统、中观系统、外观系统和宏观系统组成。环境层次的最里层是微观系统，指个体活动和交往的直接环境，这个环境是不断变化和发展的，对学前儿童而言，其主要接触到微观系统，即家庭、幼儿园和社区。

儿童的生活离不开家庭和社区，其蕴含丰富的教育资源。家庭资源，包括家庭背景、文化传统、经济状况、性格特点、成员结构、民族习俗、受教育程度、专业特长、性格特点、合作意识及对子女教育的期望值。社区资源是指以幼儿园为核心的周围环境中的资源，包括所在的街道办事处与所辖派出所范围内的各种社区教育和文化娱乐场所、文物古迹、自然景观及与儿童有关的企事业单位。

家庭和社区资源具有较大的潜力，最容易挖掘和调动，鼓励家庭与社区人员积极参与园本课程内容构建活动，发挥家庭教育和社区教育的合力作用，共同为儿童发展服务。深圳市莲花幼儿园和第九幼儿园位于深圳福田区莲花北社区，在深圳属于成熟社区，社区管理较好，居民多是普通市民。入园儿童多为普通市民的儿女。社区里有多层楼宇、高层楼宇、中小学、幼儿园、银行、邮局、中心文化广场、超市、菜市

场、大型医院、社康中心、餐厅、发廊、游泳池等社会基本单位，社区还有各式各样的树木、花卉和草地等自然物质。莲花北社区在空间上为本课程的开展提供了丰富的社会资源和自然资源。

同时，莲花北幼儿园和第九幼儿园家长工作良性循环，家长资源丰富，如从事不同职业、有不同背景、不同特长、不同受教育水平，并且绝大多数家长愿意开展家园合作，促进园本课程更好实施，促进儿童全面发展。如在幼儿园中三班举办的"青青世界蝴蝶农场活动"春游专题活动中，家长发挥了重大作用，包括为活动出谋划策，制定家庭通信卡；提前春游踩点，熟悉春游环境、路线、集合地点，同时与导游反复练习，明确春游内容和目的，确保导游与儿童的实际互动；梳理春游注意事项和春游小提示，保证儿童活动安全；制作精美食物，与组员文明愉悦分享食物；承担财务工作，帮助儿童购买门票等。家长在此次专题活动中承担安全护使者，负责儿童的全程安全和细节的指导工作；承担生活老师角色，帮忙满足儿童生活方面的需求；在参访过程中扮演引导者角色，与儿童亲密积极的互动。同时，也作为观察者和友伴者，促进儿童探究的兴趣和交往能力的发展。

二、课程内部的深入研究

三位一体课程有很大的研究空间，需要深入地去实践与研究，如：聚焦课程的目标与内容，探讨包括如何将课程目标更好地体现到课程内容中和课程内容如何更好地实现课程目标，实现"自上而下"和"自下而上"的相辅相成；还可以以单个活动进行的评量案例为积累，积累三年的评量资料后，再横向纵向贯通分析，从中看到儿童发展的过程；还可以在课程与教师专业成长方面梳理出有益的经验，为专业老师成长培养提供有效的方法等方面深入的研究。

三、课程外部的普及运用

"健康·德行·聪明"三位一体课程具有一定的普适性，课程可以推广到更多的幼儿园去，通过更多幼儿园的运用，丰富经验，增加操作性，如内容方面，六个维度具有一定的普适性，"我、家庭、园区、家乡、中国、世界"可以根据各地各幼儿园所在的空间调整，如"我、家庭、北京某幼儿园、北京某社区、北京、中国、世界"等。通过不同地方的不同类型幼儿园的运用，为课程积累更多的有益经验。

未来，我们还可以在虚拟空间上建立专题活动交流空间，旨在让全国各地的老师在移动互联网的帮助下，进行专业交流，共享课程，分享成长。

以上内容借鉴了康德的知识要素构成论的逻辑思维，从"数量、质量、因果性、必然性、时间、空间"六个方面的因素对"健康·德行·聪明"三位一体课程进行说明。

简而言之，在三位一体课程的质量维度上，我们秉持尊重儿童主体地位的儿童观、坚持支架式指导的教师观和以儿童经验为基点的整合性课程观，以期通过在一日活动和专题活动中开展健康课程、德行课程和聪明课程，培养"身心健康会做事、德行美好会做人、聪敏明理会思考"的全面发展儿童。

在三位一体课程的数量维度上，我们视三位一体课程为符合实现莲花北幼儿园和第九幼儿园儿童全面性和个性化发展的核心课程，并坚持儿童、家庭、各领域专家及园所教师全面共同参与课程开发，以确保课程内容的选择实现三"有"原则，即课程内容选择有尊重儿童现有的发展水平及其发展规律；有尊重儿童身心发展的需要；有尊重儿童习得生活经验的规律，由近至远，从"我""家庭"出发，至"幼儿园""社区"和"家乡"，最后放眼"中国"和"世界"。

在三位一体课程的因果性维度上，我们讲述了研发本课程的初衷。其一是我们看到社会大环境下儿童的发展出现片面化、技能化、不均衡化等问题，我们希望儿童通过全面的、高质量的教育，实现整合性的全面发展，为社会发展作贡献；其二是我们站在专业角度，看到当今学前教育普遍呈现出保姆化、小学化、表演化的现象，学前教育在教育的科学性、系统性、价值性即教育的专业性方面在整个教育领域内是相当弱的，这促使我们从专业角度生成园本课程，提高学前教育特别是课程的科学性、系统性和价值性，摒弃保姆化、小学化和表演化行为与现象，为学前教育行业的专业性贡献自己的一分力量；其三是从文化环境角度，我们知道国外著名的蒙台梭利课程模式、高宽课程模式、瑞吉欧课程模式、多彩光谱课程和发展适宜性课程模式，等等，但正如朱家雄老师所言的"我国幼儿园课程可以从国外的儿童教育中获取诸多有价值的东西，但是最终不可能与西方国家的课程趋同"，我们也认为在借鉴、学习国外优秀课程模式的同时，更要结合本国文化传统和发展实情，做"中国特色课程"，由此我们生成了三位一体课程，将健康教育、德行教育、聪明教育融合为一体，以实现教育本身所包含的德、智、体、美的永恒不变的本质的目标。

在三位一体课程的必然性维度上，我们相信三位一体课程符合学前教育发展趋势，其原因有二。其一，在理念与目标上，无论是中国的《3~6岁儿童学习与发展指南》、香港的《学前教育课程指引》，乃至美国的《幼教绿皮书》，都坚持儿童发展的整合性和全面性目标，我们的课程理念与国内外学前教育发展理念完全吻合，并且三位一体课程涵盖了国内外儿童发展目标的各方面内容；其二，基于理念与目标，我们的三位一体课程有着非常深厚的内在开发基础，而且园所课程基础扎实、园所师资专业精湛、专家持续支持与指导和园所文化底蕴丰富提供了研发课程的可能性。因此，从课程理念、课程目标乃至课程实施方面都使得我们三位一体课程的开发是必然的。

在三位一体课程的时间维度上，我们陈述了三位一体课程的经验沉淀和实践创新，包括三个阶段，第一阶段（2007—2008年）提出课程理念、分解课程目标；第二阶段（2008—2014年）实践探索课程并丰富课程的内容；第三阶段（2014—2015年）归纳提炼课程的实践并将其整理成文。

在三位一体课程的空间维度上，我们讲述了三位一体课程的施展、深入与推广。前期，我们课程的开发主要集中在莲花北幼儿园、第九幼儿园，及两所幼儿园所在的社区及儿童家庭，并坚持幼儿园、家庭、社区、教师、幼儿共同开发课程；今后，我们需要在三位一体课程内部进行即聚焦课程本身、儿童发展、教师专业成长等方面深入研究；最后，我们希望通过在莲花北和第九幼儿园的园本课程的探索，增加课程的可操作性，包括六要素的课程生成方法、虚拟空间上的专题活动交流空间等，我们期待三位一体课程得到更多同行的认可并将本课程推广到更多的幼儿园。

第二章　六要素法

> 在实施"健康·德行·聪明"三位一体课程中，特别运用了"六要素"教学方法，并且贯穿在整个教学过程中，在各种教学方法中，"六要素法"是三位一体课程研发过程创新的教学方法。

第一节　六要素法、六要素构成和构成分析

一、什么是六要素法

"输入式"知识传授是中国教育的优势，体现在"知其然"及经验积累上；"构造式"知识建构的培养是中国教育劣势，而"构造式"知识建构正是西方教育的长处，体现在"知其所以然"及逻辑分析上。

美国著名心理学家理查德·尼斯贝特在他所著的《思维的版图》中写道："在美国，因果关系是最起码的逻辑。西方人似乎更多地关注因果归因"[1]。"西方的父母头脑里充满了名词，他们把物体指给孩子们看，说这些物体的名字，并告诉孩子们这些物体的属性……对具有共同属性的物体进行命名就是使婴儿学习具有这些共同特征的物体构成的范畴。对具有共同特征的物体进行命名就会使婴儿关注各种特征，从而使他们根据类似的属性来构建其他的范畴"[2]。"西方人更倾向于从可以归入各个范畴的静止的物体来看这个世界"[3]。"北美人一进幼儿园就开始了阐述观点并加以论证的训练'这是我的机器人，他很好玩，因为……'辩论的传统与法律和科学方面的修辞风格是一致的。科学论文的修辞的构成有：对要阐述的观点的概述、对相关基本理论的描述、具体的假设，对所采用的方法和论证的陈述，对所采用方法的证据的说明，对该证据为什么可以支持这个假设的论证，对可能的抗辩进行驳斥，再回头参照基本原理，对该论文所涉及的领域进行评论。对于美国人来说，这种修辞是从幼儿园到大学逐渐形

---

1 [美]理查德·尼斯贝特.思维的版图.见汪丁丁作序.脑与人生.北京：中信出版社，2006：80.
2 同上书，94.
3 同上书，102.

成的。在成为研究生时，这已经成为他们的第二天性"[1]。

"健康·德行·聪明"三位一体课程尝试在教学活动中运用"六要素法"，对儿童进行"构造式"思维的培养，在充分发挥中国儿童情感和经验思维丰富的优势的同时，尽量弥补中国儿童逻辑思维教育不足之处。在中国传统的、良好的"输入式"的知识传授基础上，帮助儿童建立起良好的"构造式"思维习惯，通过上述两者相结合，形成既要"知其然"，也要"知其所以然"的良好思维习惯，让儿童更加聪敏明理。

"六要素法"是以逻辑思维形式最基本的单位——概念为起点，让儿童通过对事物概念所蕴含的时间、空间、数量、质量、因果性、必然性六个要素进行分析和综合的运用，提高他们主动建构经验知识的自觉性，从而促进儿童逻辑思维发展的一种思维培养方法。

二、"六要素法"的六要素构成

（一）时间

过去、现在、将来的时间单位：某年、某月、某天、昨天、今天、明天……
季节：春、夏、秋、冬
节日：春节、国庆节、元旦、中秋节、清明节、儿童节……
日历的时间单位：年、月、日、星期几……
钟表的时间单位：时、分、秒、早晨、下午、晚上……
事件的前后顺序：首先、然后、再、接着、最后，第一、第二……
时间的间隔：短、长、新、旧、年轻、年老、一会儿……
时间的长度：几年、几月、几天、几小时、几分钟……
运动速度：快、慢、米/秒……

（二）空间

空间位置：在某处……
空间位置的方位：上下、左右、前后、里面、外面、中间、底部、顶部、旁边、东南西北……
物体之间距离的量度：千米、米、厘米……
物体之间距离的比较：远、近……
物体和人的运动方向：向前、向后、向上、向下、朝里、朝外……

---

[1] [美]理查德·尼斯贝特. 思维的版图. 见汪丁丁作序. 脑与人生. 北京：中信出版社，2006：46.

（三）数量

指概念的外延，亦即概念所指对象（特别是对象所涉及的个体数量和种类）。

1．划分所指对象

将概念所指的对象，按一定的标准，从大类（属概念）中划分出若干小类（若干种概念），从而揭示出大类（属概念）中包含的若干小类（若干种概念）。如果所指对象数量众多，就要采用此法。

2．列举所指对象

将概念所指的对象全部列举出来，如果所指对象数量不多，就采用此法。

3．数数和计算

对概念中涉及的需要数数和计算的，在1~100范围内进行数数的学习和练习，在20以内进行加减运算的学习和练习。

（四）质量

指概念的内涵，亦即概念所反映事物或事件的特有属性。

1．具体属性

指通过感知觉器官（听觉、视觉、嗅觉、味觉、触摸觉）感受到的事物或事件的属性（结构、特性、强弱度、形状、比较等）。

结构：整体的组成部分。

物质特性：材质、固体、液体、气体等。

感觉特性：颜色、气味、味道、声音等。

物质特性和感觉特性的强弱度：质量、软硬度、冷热度、色彩度、香浓度、味浓度、声响度等。

物体形状和量度：圆形、三角形、正方形、长方形、椭圆形等。

物体比较：大小、长短、高矮、宽窄、深浅、粗细等。

物质特性和感觉特性的强弱度的比较：轻重、冷热、香臭、软硬等。

2．抽象属性

指事物或事件的性质、功能与用途和关系等。

性质：礼貌、诚实、正直、好坏、美丑、善恶、勇敢和害怕等。

功能与用途：事物或事件起到什么作用，具体表现在哪。

性质程度：非常、很、一般等。

关系：父子、母女、朋友、伙伴、同学、师生、军民、党群等。

关系程度：好、坏、紧密、疏远等。

（五）因果性

指事物或事件的结果和原因：因为……所以……为什么等。

（六）必然性

事物或事件是可能的，还是现实的，是必然的还是偶然的；有可能的、不可能的、现实存在的、现实不存在的、一定会的、永远会的等。

我们通过感官感知觉到的事物或事件，必定是在时间和空间中发生的和存在的。这些发生的和存在的事物或事件一定有其自身的特有属性，亦即内涵（质量），以及有其一定的外在的限制范围，亦即外延（数量）。它们的发生和存在有其内部原因（因）和外部原因（缘），由这些内部原因（因）和外部原因（缘）相互作用产生的结果，构成了事物或事件的因果关系。而这种因果关系的内在本质性也就是规律性，则构成了事物或事件的必然性。

因此，时间、空间、数量、质量、因果性、必然性因素是我们认识事物，并且使我们的经验成为系统知识的基本要素。在认识事物过程中合理运用这六个基本要素，可以使儿童更好地建立时空观，揭示概念的内涵，把握概念的外延，理解事物或事件的因果关系，进行初步的逻辑推理。

对六个要素的运用，不仅仅是以知识学习为目的，而且是以思维训练为主要目的。六要素就像是一张形成捕获鱼的渔网的纽结，"授人以鱼，莫若授人以渔"，授人以知识，莫若授人以获取知识的方法。教授儿童对六个要素的运用，就是教授一种让儿童主动获取知识的方法，这是可以而且能让儿童主动建构经验知识的关键所在，也是训练和培养儿童良好的逻辑思维及良好的心智的必要条件。

三、六要素构成分析

（一）时间和空间

"六要素法"是概念学习的方法，"六要素法"中的"时间"和"空间"是指"概念"发生和存在的时间和空间条件。

我们通过感官感知觉到的事物或事件，必定是在时间和空间中发生的和存在的，也就是说，事物或事件在什么时候发生和存在？是过去已经发生和存在？现在正在发生和存在？将来会发生和存在？在什么地方发生和存在？

也就是说，时间和空间是我们通过感官感知觉到事物或事件的必要条件。可是，我们通常所说的"概念"所指称的事物或事件，不仅是有我们通过感官感知觉到的一切可能经验范围内的事物或事件，比如说"汽车""国庆"等，而且还有并不通过我们的感官去感知觉，而是纯粹通过我们的思维或想象而构造出的超出人类一切可能经验范围之外的事物或事件，比如说"神仙""哪吒闹海"等，而它们并不受时间一维和空间三维的人类经验的限制，"可以"上天入海、腾云驾雾、穿墙入室……

因此，进行"概念"学习，首先就要搞清楚"概念"的时间、空间条件。它是受"时空"限制的"经验"概念？还是不受"时空"限制的"超验"概念？

这一点对于儿童的"概念"学习尤其重要，因为儿童一般具有较强的泛灵化的倾向，有时会将通过思维或想象而构造出的"超验"事物或事件当作真实发生和存在的"经验"事物或事件。要让儿童意识到"经验"和"超验"的区别，一方面，这样可以避免诸如一些儿童模仿"超人"飞行的悲剧事件发生；另一方面，这样不仅不会妨碍儿童想象力的发挥，而且还会激发起他们挣脱"经验"的束缚，在他们的脑海里进行丰富的无拘无束的时空漫游。

时间有开端吗？空间有界限吗？时空是绝对的还是相对的？几千年来，古今中外不少思想家和科学家对这个"时空之谜"进行了大量的研究和探索，并且在近现代涌现出了牛顿、爱因斯坦、霍金等在"时空之谜"研究领域做出重大贡献的伟大科学家。爱因斯坦说："为什么恰好是我创立了相对论呢？当我给自己提出这样一个问题的时候，我以为原因是：一个正常的成年人完全不考虑什么空间和时间问题。照他看来，这个问题他在小时候就想清楚了。我呢，智力发育如此缓慢，以至于当我已经长大的时候，空间和时间还盘踞在我的头脑中。自然，我就能够比儿童时期发育正常的人对问题钻得更深入一些。"[1]

"时空之谜"是永恒的、美丽的、诱人的，它以前是、现在是、将来也必定是激发热爱科学的人们探索宇宙奥秘的原动力。

要激发起儿童对"时空之谜"的浓厚兴趣，首先我们要让儿童构建起基本的扎实的时空观。在"六要素法"中，通过对事物或事件的时间要素中的"过去、现在、将来的时间单位""季节和节日""日历和钟表的时间单位""事件的前后顺序""时间的间隔""运动速度"，对空间要素中的"空间位置和空间位置的方位""物体之间的空间距离""物体和人的运动方向"等的学习和训练，儿童可以建立起良好的基本和扎实的时空观。

通过以上的"时间"要素的学习和训练，能加强儿童的时间观念，儿童能清楚事情是在什么时候发生，事情发展的先后次序，意识到什么时候该做什么，什么时候不该做什么，这对儿童认识事物的秩序性，有条理地去做事情，都有很大的帮助。通过

---

1 [苏]库兹涅佐夫.爱因斯坦——生·死·不朽.刘盛际译.北京：商务印书馆，1988：121-122.

以上的"空间"要素的学习和训练，能增强儿童的空间意识，儿童能意识到我们生活在这个世界的空间不是局限在自己的周围，而是向城市、国家、地球、宇宙伸延，这会扩展儿童的心胸和开阔儿童的眼界。

在以上的"时空"要素的学习和训练的过程中，儿童的脑里可能会浮现出许多问题或疑惑。比如："为什么时间都是往前走的，它会往后走吗？""天空到底有多大，天空的外面还有天空吗？"这就在他心里洒下了他日后自觉去探索宇宙的奥秘的种子，促进他好奇心的形成和持续的保持。好奇心是科学之母，是进行科学探索的力量源泉。

（二）数量、质量、因果性和必然性

"六要素法"是概念知识学习的方法。概念知识的表述和表达要凭借判断的形式"S是P"来做出。康德认为，知性是一种凭借概念作出判断的思维活动，判断是一切知识的细胞，一切知识都是基于判断之上的，也可以说，知识就是判断。

要进行概念的学习，首先概念的外延和概念的内涵是必须要清晰的，"六要素法"中的"数量"是指概念的外延或者说概念的适用范围、概念所指对象；"质量"是指概念的内涵或者说内容、概念所反映的事物或事件的特有属性；而"因果性"是指概念产生和形成的原因；"必然性"是指对"概念"存在的模态的判断。

概念的外延是指"S是P"中主词"S"的外延，概念的内涵是指"S是P"中谓词"P"的内涵，概念的因果性是指"S是P"中"主词S与谓词P"的因果关系，概念的必然性是指"S是P"中判断词"是"的模态。

比如说，对于"幼儿园教育"的概念，就要凭借"幼儿园教育所指的是什么"和"幼儿园教育是怎么样的"的判断来表述：幼儿园教育是基础教育的一部分，它指的是对3~6岁，在幼儿园上学的学龄前儿童所实施的教育（外延）；幼儿园教育是教授什么的（内涵）。据此，人们还会问：为什么幼儿园教育要教授这些东西（因果性）；幼儿园教育教授的这些东西是一成不变的，还是允许变化创新（必然性）。

概念的学习，其实就是一种如何对概念所指称的事物或事件的数量、质量、因果性、必然性等要素进行判断的方法的学习，通过对事物或事件的数量、质量、因果性、必然性等要素进行分析、判断、推理，最后将它们综合、统一起来，形成较为完整和统一的该事物或事件的知识。概念的学习既是一种概念分析的学习，也是一种判断训练的方法，它可以促进儿童分析和综合、判断、推理能力的发展。

1．数量

"六要素法"中的"数量"是指"概念"所指称的事物或事件的外延，亦即是概念的表述形式"S是P"中主词"S"的外延。

要想掌握好概念，就一定要明确概念的外延或者说概念的适用范围，也就是说要明确概念"所指的对象是什么？""有哪些？"亦即通常所说的对事件和事物进行分类。

"六要素法"中，通过"划分所指对象"和"列举所指对象"来明确概念所指的对象或进行分类。

划分所指对象，就是将概念所指的对象，按一定的标准，从大类（属概念）中划分出若干小类（若干种概念），从而揭示出大类（属概念）中包含的若干小类（若干种概念）。划分的标准可以是按时间、空间、结构、材质、颜色、形状、性质、关系等。例如，"人"按年龄划分，可划分为老年人、中年人、青年人、少年、幼儿、婴幼儿；按性别划分，可划分为男人、女人；按肤色分，可划分为白种人、黄种人、黑种人、棕种人。

列举所指对象，就是将概念所指的对象全部列举出来。例如，"中国直辖市"有北京市、上海市、天津市、重庆市。

将概念所指对象进行划分、列举，可以更全面地、更有序地掌握概念，可以更好地分析属概念和种概念、种概念和种概念之间的关系、联系、区别，从而找寻出一些规律。并且可以避免混淆概念，错误地运用概念，还可以更好地辨别他人的言语中有没有偷换概念的情况出现。

根据《3~6岁儿童学习与发展指南》有关算术技能学习的要求，"六要素法"对概念中涉及的需要数数和计算的，要求在1~100范围内进行数数的学习和练习，在20以内进行加减运算的学习和练习。

2．质量

"六要素法"中的"质量"是指"概念"所指称的事物或事件的内涵，亦即是概念的表述形式"S是P"中谓词"P"的内涵。

要想掌握好概念，一定要清楚概念的内涵或者说概念的"内容是什么"，也就是说，要明白概念所谓的是什么，了解概念所指称的事物或事件所具有的特有属性，也就是我们经常所说的"知其然"。它包括了对概念所指称的事物或事件的现象描述，以及对事物或事件的实在性程度的度量和比较。

（1）具体属性

通过感知觉器官（听觉、视觉、嗅觉、味觉、触摸觉）感受到的事物和事件的属性。

① 事物和事件的现象描述

结构：整体的组成部分。将组成整体的各个不同部分分解、呈现出来，例如"树"是由树根、树干、树枝、树叶四部分组成的。

物质特性：材质、固体、液体、气体等。

感觉特性：颜色、气味、味道、声音等。

形状：圆形、三角形、正方形、长方形、椭圆形等。

② 事物和事件的实在性程度的度量和比较。

物体各种物理性、化学性程度的度量：色彩度、香浓度、味浓度、声响度、重量、软硬度、冷热度等。

物体大小的测量或丈量：长度、高度、宽度等。

物体与物体间的比较：大小、长短、高矮、宽窄、深浅、粗细、轻重、冷热、香臭、软硬等。

（2）抽象属性

事物或事件的性质、功能和用途、关系等。

① 事物和事件的现象描述

性质：礼貌、诚实、正直、好坏、美丑、善恶、勇敢和害怕等。对事物或事件的性质进行评定描述。

功能与用途：事物或事件起到什么作用，具体表现在哪。

关系：父子、母女、朋友、伙伴、同学、师生、军民、党群等。对事物或事件所涉及的对象间的血缘关系或社会关系进行判定描述。

② 事物和事件的程度的评量

性质程度：非常、很、一般等。对事物或事件的性质的程度进行评量。

关系程度：好、坏、紧密、疏远等。对事物或事件所涉及的对象间的血缘关系或社会关系的程度进行评量。

"质量"要素的学习过程，是一个唤醒旧经验、产生新经验的丰富经验和积累经验的过程。而经验有亲身参加实践活动而获得的直接经验，有从书本、媒体（网络、电影、电视等）或别人那里得来的间接经验。当今社会资讯发达，课外培训机构普遍，而不少家长也愿意在孩子的学习上投入资源，因此，现在的儿童在知识的广度（知道许多种类的知识）和深度（知道某种类知识的内容）方面，都有很大的进步，但在知识的高度（在知道知识的表象、内容基础上，找寻表象、内容所蕴含的规则、规律）方面有所欠缺。

如何在儿童的知识学习的广度和深度都有进步的基础上，在知识学习的高度上有所突破？通过"六要素法"中的"质量"要素的学习，可以在这方面上提供帮助。而这并不是说，通过"六要素法"中的"质量"要素的学习，儿童一定就能找寻表象、内容所蕴含的规则、规律，而是说，通过"质量"要素的学习，让儿童对知识的内容有一个较全面的了解，让儿童明白知识是有规则、有规律可循的，从而来培养儿童的科学思维。特别是在"对事物或事件的实在性程度的度量和比较"的学习，为儿童的"量化"科学思维的形成打下良好的基础。

"六要素法"中的"数量""质量"要素都与量有关。"数量"是外延的量，亦即概念所指对象是什么、有多少，亦即数的量。"质量"是内包的量，亦即感知觉到的事物或事件的实在性的程度是多少，亦即质的量。我们若要对事物或事件进行科学的认识，就必须要对事物或事件的外延和内涵加以"量化"。科学发展史已经证明，"量化"是使经验成为科学知识的必要基础。"量化思维"与"逻辑思维"是"科学思维"的两大基础，结合具有丰富的经验内容的具象思维，具有无限可能性的想象思维，具有"苹果砸在牛顿头上"的启示式的顿悟思维，形成了"科学思维"的整体。

在"数量、质量"要素的学习中，由于儿童甚至是老师或成年人的知识水平所限，要对儿童实施精确的、全面的"量化"学习是不现实的，可是，我们可以通过一些简单易懂的，在儿童理解能力范围内的"量化"训练，来培养儿童的"量化思维"，为儿童的科学思维的形成打下良好的基础。

概念的内涵和外延的关系是互相联系，相互制约的。概念的内涵所谓的是概念所指对象的特有属性，而概念的外延所指的一切对象都是具有概念的内涵所谓的特有属性。确定了概念的内涵，就会制约概念的外延；确定了概念的外延，也会制约概念的内涵。

概念的内涵和外延之间存在反比关系，概念的内涵增加，也就是说概念的内容增加，概念就越具体，则概念的外延就缩小，也就是说概念所指对象就减少；概念的内涵减少，也就是说概念的内容减少，概念就越抽象，则概念的外延就增大，也就是说概念所指对象就增加。比如说，"广东人"增加了"深圳"的内容，变成"广东深圳人"，则所指的对象就减少；若将"广东深圳人"的"深圳"去掉，变为"广东人"，则所指的对象就增加。

根据儿童具象思维丰富的特点，在概念学习中，尽量选取较为具体的概念，将目光聚焦到较为少的对象上，缩小范围进行较为细致和详尽的学习，尽量让儿童描述他们的所见所闻。例如，将"深圳"具体化为"深圳地铁""深圳图书馆""深圳公园""深圳美食"等，以便儿童收集资料，丰富经验，从而提高儿童学习的兴趣。

3. 因果性

"六要素法"中的"因果性"是指"概念"所指称的事物或事件产生和形成的原因，亦即是概念的表述形式"S是P"中"主词S与谓词P"的因果关系。

探索和寻找事物或事件因果关系的方法有"演绎法""归纳法""类比法""假设和猜想法"等。"演绎法（deduction）"亦即"演绎推理"，它是从一般到特殊的推理，它从一般性的前提出发，通过推导即"演绎"，得出具体或个别结论。它有直接推理三段论、假言推理、选言推理、联言推理、关系推理等形式。"归纳法（induction）"亦即"归纳推理"，它是根据一类事物的部分对象具有某种性质，推出这类事物的所有对象都具有这种性质的推理，是从特殊到一般的过程。它有完全归纳推理和不完全归纳推理（包括简单枚举推理和科学归纳推理）和概率推理等形式，其中科学归纳推理又有被称为"穆勒五法"的"求同法、求异法、求同求异法、共变法和剩余法"。"类比法（analogy）"亦即"类比推理"，它是根据两个或两类对象有部分属性相同，从而推出它们的其他属性也相同的推理。它是从特殊推向特殊的推理，它把不同的两个（两类）对象进行比较，根据两个（两类）对象在一系列属性上的相似，而且已知其中一个对象还具有其他的属性，由此推出另一个对象也具有相似的其他属性的结论。"假设和猜想法"亦即根据已知的科学事实和科学原理，对所研究的自然现象及其规律性提出的推测和说明，这种方法在哲学中也被称为"溯因推理"（abduction）或最佳说明推理（inference to the best explanation），它往往是结合"演绎法""归纳法""类比法"等来进行运用。

　　人们在探索和寻找事物或事件因果关系的过程中，都会自觉或不自觉地运用上述方法。西方人的传统是，在研究事物时多运用"演绎法""科学归纳法""科学假设"，而且偏重于实验分析和定量分析，思维偏重于以亚里士多德为代表的形式逻辑的同一律，这对自然科学而言比较具有严谨性和确定性，但这些方法对于普通人而言比较枯燥。而中国人的传统是，在讲道理时喜欢运用"类比法"和"归纳法"，而且偏重于经验积累和定性分析，思维偏重于以《易经》为代表的辩证逻辑的变化律，这些对于大众而言比较直观，可理解性强，领悟的时效快，但这对于自然科学而言不够严谨。五四运动后，中国人高举"科学"的大旗，向西方学习，科学水平不断提高。但在这个过程中，中国人侧重于被动地"输入"已有的科学知识，而忽略了主动"建构"知识的思维能力的培养，知识创新意识不够，也就是说，中国人严谨和科学地运用"演绎法""科学归纳法""科学假设"的能力及运用形式逻辑的能力仍有待提高，而这是创新的必要基础。

　　对于学龄前儿童而言，他们在寻求"为什么"的答案时，往往运用如下方法。（1）"猜想法"。例如，当老师和大人问儿童某个问题"为什么"时，常常听到儿童回答"我猜是……"，或者虽没有说"我猜是……"，可答案明显是猜想的。例如，东方卫视《潮童天下》2013年12月15日播出的节目中，主持人问一位6岁的小妹妹："十二生肖动物是谁排列的？为什么当初不把鸭子、喜鹊都排在里面？"，这位小妹妹回答："因为这个是上天的内容，我们人类又不了解上天的。"主持人问："那你告诉我，你猜想一下十二生肖是在多少年之前就安排好的？"小妹妹回答："当我们大家都没有出生的时候，天上的玉帝就安排好了。"（2）"简单类比法"。例如，当妈妈问宝贝女儿"小狗小猫需不需它们的爸爸妈妈的爱"时，她一般会回答"需要"，她是以人类的爱去类比动物的爱。（3）"简单枚举法"。例如，老师问小朋友"鸟为什么会飞？"小朋友一般会回答是因为鸟有翅膀，并会举出具体的例如燕子、海鸥、老鹰等有翅膀会飞的鸟来证明。

（4）"简单演绎法"。尤其值得注意的是，儿童往往会根据他们所知道的常识或知识不自觉地运用"演绎法"进行推理，虽然这只是初步和简单的，可是这种基础的逻辑思维能力却是值得我们重视的。例如，他们在动物园看到一只老虎被关在笼子里，他们明白老虎被关的原因是它会吃人。他们的推理是"三段论式"的，其过程如下：凡老虎都会吃人，这是一只老虎，它会吃人。又例如，老师问小朋友："我们为什么要吃东西喝水？"小朋友会回答："不吃东西喝水我们会很快饿死渴死的"，这是运用了"充分条件假言推理"的"如果人不吃东西喝水，那么他就很快会饿死渴死的"推理形式。中班大班的儿童也会进行一些简单的关系推理，例如：10元等于10个1元相加；20元大于10元，所以10元小于20元；20元大于10元，10元大于5元，所以20元大于5元等。

但是他们甚少会有意识地用到严密的"演绎法"和科学的"归纳法"、科学的"假设"进行更进一步的因果关系探索。这一方面是因为儿童的思维特点所致。另一方面是因为儿童对知识的理解能力和知识水平有限所致，许多事物或事件的形成的成因或原理，会超出他们的理解能力和知识水平，他们只能根据一些简单浅显易懂的常识或知识来进行推理。因此，我们不能要求让他们去寻求完全、精确、深入的答案，而是根据儿童的理解能力和知识水平，引导他们寻求通俗易懂、大概的解释就可以了。甚至可以多让儿童根据他们的理解说出原因，进行解释和证明。对"因果性"要素的学习，主要是培养儿童凡事皆问"为什么"的"溯因"习惯，而且通过"猜想法""简单类比法""简单枚举法""简单演绎法"的运用来积累寻找事物因果关系的经验，为以后严谨和科学地运用"演绎法""科学归纳法""科学假设"及运用形式逻辑去探索和寻找事物的因果关系打下基础。

4．必然性

"六要素法"中的"必然性"是指对"概念"所指称的事物或事件存在的模态的判断，亦即是概念的表述形式"S是P"中判断词"是"的模态。

事物或事件是可能的，还是现实的，是必然的还是偶然的。事物或事件是已经在某个时空点中发生或存在的，或是正在发生或当下仍然存在的，就是现实的。事物或事件的产生或发生，是具有规律性的，那就是必然的；事物或事件的产生或发生，是不具有规律性的，那就是偶然的。规律性指的是事物或事件的产生或发生具有因果性而且其因果关系是具有内在的、本质的联系。它主要体现在一些诸如"人总是会死"之类的自然法则，以及有一定条件限制的物理、化学、生物等科学定律和社会历史发展规律等上面。而科学定律要求要能以数学公式来描述和表达，要符合形式逻辑中的同一律、矛盾律、排中律等思维规律，而社会历史发展规律要符合辩证逻辑中的矛盾对立统一规律、量变质变规律、否定之否定规律等，这些都是规律性的元素。事物或事件还未产生或发生，但有条件将来有可能会产生或发生的，就是可能的。

在必然性和可能性之间，存在着复杂的关系。规律性的元素除了一些自然法则及数学公式和静态的形式逻辑思维规律具有显明的普遍性和确定性，从而必然性显明外，其他元素的普遍性和确定性都会受到条件的限制，从而蕴含着可能性：人们所熟知的一些因果关系内在的、本质的联系有可能还有更深层次更深刻的内在的、本质的联系，等待人们去发现和挖掘；而随着人们对自然、社会、人本身认知的发展和深入，以及科学定律和社会历史规律本身所涉及的对象呈现出来的现象，有可能会随着时空条件和质料条件的变化而变化，科学定律和社会历史规律有可能需要修改、补充和完善；而动态的辩证逻辑规律所显示出的可能性更是明显。总而言之，事物的规律性亦即事物的必然性为事物发展的可能性预留了巨大的空间。

判断事件或事物发生或存在的可能性、现实性、必然性，是我们认识事物一个不可或缺的步骤。对于学龄前儿童而言，由于现代资讯信息业发达加上家长的重视，不少儿童很早就开始接触科学知识，因此他们对于理解事物或事件的现实性不会太困难。可是毕竟年龄的关系，学龄前儿童理解能力和知识水平有限，要让他们找寻事物或事件的产生或发生的规律性，判断事物或事件的产生或发生的必然性相当困难，这需要老师或成年人的帮助和引导。对于学龄前儿童而言，还有一个关键的地方，尽管现代的儿童比较早熟，可是毕竟他们的童心和好奇心不容易泯灭，而且他们的想象力非常丰富。因此如何让儿童保持住他们这种可贵的童心和好奇心，如何引导他们丰富的想象力朝向有意义的方向发展，成为了学前教育的一个重要课题。要完成好这个课题，就需要有好的教学方法。而让儿童在事物或事件产生或发生的可能性方面进行探讨，则是一个行之有效的方法，而且通过这种教学方法，可以激发儿童的"创新"意识。著名幼儿教育家皮亚杰认为："'认知的可能性'在本质上意味着发明和创造。认知的发展也可以说是'向新的可能性开放'"。[1]

人们常说"一切皆有可能"，如果仅仅理解为"什么都是可能发生的"，那就过于主观随意性和感性了。如果理解为"凡有可能发生的都有可能发生"，并且认真分析有什么是有可能发生的，有可能发生的条件是什么等，那么，"一切皆有可能"才会被赋予一种时空和条件的客观限制性和理性，从而才会有一种去探索去实践的"创新"现实意义。

从"地心说""日心说"到现代天体物理学、大爆炸理论，从牛顿的"绝对时空"到爱因斯坦的"相对时空"，从牛顿"经典力学"到现代"量子力学"就是基于时空和条件的客观限制性和理性的"可能性"基础上，理论不断创新的过程，并且这种理论创新促进了科学技术的进步和发展。

人们也常诟病中国"山寨"太多，而科学创新不足，现在中国政府也十分重视这个

---

[1] ［瑞］让·皮亚杰.可能性与必然性.熊哲宏主译.上海：华东师范大学出版社，2005：17.

问题，大力提倡科学创新。中国的社会形态受到世界特别是西方社会文明发展潮流的影响和冲击、推动，由农业化社会发展到工业化社会，现在逐步进入到信息化社会，社会形态的发展其中一个重要而关键的因素就是科学创新，谁具有科学创新的能力，谁就拥有领导世界潮流发展的权力。

如何才能科学创新？科学创新不能是胡思乱想，科学的创新一定是在已有科学知识的基础上进行。耶鲁大学天文系本科课程主任Charles Bailyn在耶鲁大学公开课《天体物理学之探索和争议》第9课和第11课中说："爱因斯坦狭义相对论是牛顿运动定律的延伸与推广，它能够替代牛顿运动定律并包含了牛顿运动定律。十年后爱因斯坦又提出了广义相对论，它则是牛顿万有引力定律的推广……重要的是，它没有'推翻'牛顿的理论，虽然相对论确实是一次前所未有的变革，但牛顿理论依然成立，只不过是牛顿理论并非一般性理论，它只是在特定的条件下才适用，而相对论则是更为一般的理论，牛顿理论只是相对论在某特定条件下的子集而已……如何判断论文有没有价值？如果作者告诉你，所有已知的科学都是错误的，我这个是革命性的，那这篇论文没有什么价值……爱因斯坦没有说牛顿是错的，因为'牛顿是错的'不是事实，革命性的东西不是这样的。能涵盖旧理论的新理论才是革命性的……你的新理论必须涵盖旧理论中正确的部分，并且比它们走得更远。"[1]

苏联的爱因斯坦研究专家库兹涅佐夫写的《爱因斯坦——生·死·不朽》中写道："爱因斯坦的天才就表现在善于把各种彼此相去遥远的概念联系起来、组合起来，有时是等同起来。在思想家头脑中，每一个概念（在更早阶段上是形象）的周围都存在着潜在联系的云或力场，它们抓住了其他的概念，有时改造这些概念，把这些概念和该概念联系在一起，引起新概念的产生和某些旧概念的湮灭。这种云的巨大力量，这种场的强度，这些力的作用半径——就是天才的标志。"[2]

传说的牛顿被从苹果树上掉落的苹果砸到脑袋而突然悟出万有引力的故事如果是真的话，那么假设牛顿被砸之前没有丰富的数学和物理学知识，他的头被苹果砸了，他会悟出万有引力吗？显然不能！

中国的基础教育在已有科学知识的学习方面是居于世界前列水平的，虽然在创新方面不足，可是如果有丰富的基础知识，那么创新就像只是隔了一层"纸"，要捅破这层"纸"，首先就要有创新意识，判断和推测事物的现实性、必然性、可能性及类似对"时空之谜"的"好奇心""量化思维""溯因习惯"等都对创新意识的形成起着很重要的作用。

---

[1] 耶鲁大学公开课.天体物理学之探索和争议.第9课和第11课狭义相对论和广义相对论.见网易公开课：http://v.163.com/special/frontiersandcontroversiesinastrophysics/
[2] [苏]库兹涅佐夫.爱因斯坦——生·死·不朽.刘盛际译.北京：商务印书馆，1988：57.

"六要素法"中的"必然性"要素的学习,主要就是要注意培养儿童的"创新意识",在学习过程中让儿童尝试去判断和推测"在什么条件或因素下,事情是不会发生的或必定会发生的","事情虽然到目前为止还未发生,但在一定条件下,将来可能或者必定会发生","丢掉目前已有的某个或某些条件或者没有某个或某些条件,事情将会变糟","改善或改变目前已有的某个或某些条件或增加某个或某些新的条件,事情将会变得更好更合理"等。

综上所述,在概念的"六要素法"学习中,对"时间、空间"要素的学习,可以激发起儿童对"时空之谜"的好奇,撒下今后探索宇宙奥秘的种子;对"数量、质量"要素的学习,是要培养儿童的"量化思维",打下科学思维的良好基础;对"因果性"要素的学习,可以让儿童养成"溯因习惯",成为今后进行科学探索提供行为的驱动力;对"必然性"要素的学习,可以培养儿童的"创新意识",成为将来进行科学新发明实践的引擎。

概念是思维的基础,断定概念存在的时空(时间和空间)条件,掌握概念的内涵(质量)和外延(数量),知悉概念的来源(因果性),推测概念的动态(必然性),可以帮助儿童对事物进行快速和准确的判断,并进行合理的推理。通过对概念"六要素"的学习和运用,可以让孩子更加得聪敏明理。

第二节 "六要素法"的来源

一、康德的知识要素构成论

"六要素法"来源于康德的知识要素构成论。康德认为:"人对具体事物的认识在时间上开始于经验,却并不因此就都产生自经验。因为很可能即便我们的经验知识,也是由我们通过印象所接受的东西和我们自己的认识能力(通过仅仅由感性印象所诱发)从自己本身提供的东西的一个复合物。"[1]

也就是说,经验知识是由我们的认知对象(客体)刺激我们的感官所产生的感性印象,以及仅仅通过由感性印象所诱发的我们作为主体的认识能力这两个东西,所共同组成的一个复合物。只是由于我们没有经过长期训练,而不会注意到这一点,或者不善于将这个复合物分离。

康德所指的复合物中的两个东西,其实就是感性直观和知性概念(知性概念亦称为范畴)。感性直观和知性概念(范畴)构成了我们经验知识的要素。概念没有以某些方

---

[1] [德]伊曼努尔·康德.纯粹理性批判.李秋零译注.北京:中国人民大学出版社,2011:28.

式与它们相应的直观，或者直观没有概念，都不能提供知识。思想无内容则空，直观无概念则盲。因此，使思维的概念成为感性的（即把直观中的对象赋予概念），以及使对象的直观成为知性的（即将它们置于概念之下），这两者是同样必要的。也就是说，两者同等重要，没有一方优于另一方。无感性就不会有对象被给予我们，无知性就没有对象被思维。[1]

直观就是与对象直接发生关系所凭借的方式，以及一切思维当作与对象发生关系的手段。对于人类而言，与对象直接发生关系所凭借的方式只能是感性，感性亦即被对象刺激，从而获得表象的能力。也就是说，唯有感性才给我们提供直观，借助于感性，对象才能被给予我们[2]。康德特别强调的是人的思维能力的有限性，即我们仅能够对于事物被给予的表象进行思维，单凭知性我们并不能认识事物。我们没有知性直观的能力，并不能直接通过思维而直观对象。知性直观是通过认知对象而直接给出对象本身的能力，在康德看来，也许只有上帝（假如上帝是存在的）才具有这样的能力。[3]

直观通过知性被思维，从知性产生出概念。不过，一切思维，无论它是直接地，还是间接地，都必须最终与直观，从而与感性发生关系，因为对象只能以感性直观的方式被给予我们[4]。也就是说，知性只能思维，不能直观；而直观只给予我们对象，却不思维。直观给予我们对象，而知性对被给予的对象进行思维，它们两者的结合才能产生出知识。

由于对象只能以感性直观的方式被给予我们，因此知性通过对被给予的对象进行认识，也只是对对象刺激我们的感官所呈现出的现象（也有译作显象）进行认识，而不是对对象本身（物自体）进行认识。对对象本身（物自体）可以思维，但不能认识。对对象本身（物自体）进行认识，只能通过知性直观，而人只有感性直观，而没有知性直观，只有假定的全能全知的，可以只凭借概念就能认识并创造事物的上帝才有知性直观。人是受感官限制的有限的理性存在者，而不是全能全知的无限的上帝，因此，人不能对对象本身（物自体）进行认识，追问对象本身的意义在于可引导我们追求知识的整体性，而在调节我们行为的道德伦理规范中，也在实践意义上体现了对象本身（物自体，比如自由意志）的规律。

（一）时间和空间

在现象中，与人的感觉相应的东西称为现象的内容（质料），而把使得现象的杂

---

1 [德]伊曼努尔·康德.纯粹理性批判.李秋零译注.北京：中国人民大学出版社，2011：76.
2 同上书，52.
3 同上书，114
4 同上书，52.

多能够在某些关系中得到整理的东西称为现象的形式[1]。而这现象的形式就是时间和空间，现象的杂多在时间和空间中得到整理。现象的内容（质料）亦称直观的材料、经验性直观；现象的形式（时间和空间）亦称直观的形式、纯直观。

时间和空间纯直观形式是我们认识现象的必要条件，也就是说是我们的经验可能性的必要条件。借助外感官，我们把对象表象为外在于我的，它们全都在空间之中。在空间中，它们的形状、大小和相互之间的关系得到规定，或者是可规定的。借助于内感官，一切属于内部规定的东西都在时间的关系中被表象出来。[2]

也就是说，我们通过感官感知觉到的事物和事件，必定是在时间和空间中发生的和存在的。

（二）范畴

1．范畴是什么

上面说了，人对具体事物的认识在时间上开始于经验，也就是人们常说的感性认识。下面说一说，人对具体事物的认识却并不因此就都产生自经验，它还有另一个来源：知性思维活动，也就是人们常说的理性（康德将理性划分为涉及经验的具有概念和判断功能的狭义理性亦即知性，以及在此基础上的具有推理性质的广义理性）认识。

康德认为，感性直观以印象的感受性为基础，它所依据的是刺激，它是一种直观能力。而知性以思维的自发性为基础，知性不是直观能力，知性是一种凭借概念作出判断的思维活动，它是在一个共同的表象之下整理不同的表象的行动统一性，它是一种功能。人的知性的知识，是一种凭借概念的知识。[3]在康德看来，知性所凭借的概念就是范畴（亦称为知性概念）。范畴（Kategorie），来源于希腊文，它本来的意思是"规定范围""划定界限"。我们中文的翻译则取自于《尚书》中讲的"洪范九畴"，"洪范"就是"大的规范"，"畴"就是"区域"，"范畴"就是指那些大的概念，或者说最高的纯粹的概念，它与一般的概念不一样的地方就是它能够放之四海而皆准。康德所讲范畴的通常含义就是指那些具有最高普遍性的概念，它们能运用于每一个事物之上[4]。

2．范畴表及范畴表的来源根据

康德所说的范畴（知性概念）有四组十二种（详见表2-1）[5]。

---

1 李秋零译本将"现象（德文 Erscheinung，英译一般为 appearance）"译为"显象"。
2 ［德］伊曼努尔·康德．纯粹理性批判．李秋零译注．北京：中国人民大学出版社，2011：54．
3 同上书，86-87．
4 邓晓芒．《纯粹理性批判》讲演录．北京：商务印书馆，2013：85．
5 ［德］伊曼努尔·康德．纯粹理性批判．李秋零译注．北京：中国人民大学出版社，2011：93．

表2-1 范畴表

量的范畴	单一性、复多性、全体性
质的范畴	实在性、否定性、限定性
关系的范畴	实体与偶性（属性）、原因与结果、共联性（行动者与承受者之间的交互作用）
模态的范畴	可能性—不可能性、存在—不存在、必然性—偶然性

而康德的这四组十二种范畴，是从亚里士多德那里继承和发展而来的，亚里士多德专门写过《范畴篇》，他通过对我们日常语言的考察，通过对各种概念的对比和抽象，从中找到了十个最具有普遍性的概念，即"实体""数量""性质""关系""处所""时间""状态""姿态""能动""受动"。后来又加了"对立""同时""在此之前""运动""具有"等概念，这就是亚里士多德意义上的范畴。康德认为，亚里士多德所寻到的范畴并不完备，只是较为任意的罗列，而这是由于亚里士多德缺乏寻找范畴的恰当线索与标准。康德通过分析构成一切知识之单元的判断的结构，形成了形式逻辑判断表。康德对它们进行了根本性的改造，形成了表2-2的形式逻辑判断表。[1]

表2-2 形式逻辑判断表

判断的量	全称的、特称的、单称的
判断的质	肯定的、否定的、无限的
判断的关系	定言的、假言的、选言的
判断的模态	或然的、实然的、必然的

逻辑判断表构成了康德寻找范畴表的引线，因为通过命题进行判断和通过范畴对于事物的表象进行纯粹综合，都是知性的机能。康德认为，从结构上看，这两种机能具有一致性。所以，借助对判断表的分析，我们就可以得到范畴表。而且，既然判断表是对于知识的基本单元（判断或命题）的完备分析，则相应的范畴表也是完备的。

亚里士多德认为世界本身是由范畴构成的，范畴是世界本身的逻辑结构形式。康德接受了亚里士多德对于范畴具有基础地位的见解，但不满足于亚里士多德诸范畴的任意性。康德认为，他由"形式逻辑判断表"而引申出的"范畴表"中的四组十二种范畴，是完备的。这些范畴，是人作为主体对客体现象进行认识所必须有而且一定会有的认知结构，具有客观有效性的逻辑结构形式。总之，这十二种范畴是我们认识一切经验知识的必要条件。

---

[1] 邓晓芒.《纯粹理性批判》讲演录.北京：商务印书馆，2013：90.

为什么康德要对亚里士多德的范畴进行根本性的改造，并形成了形式逻辑判断表，并从形式逻辑判断表引出了范畴表？因为康德要使亚里士多德的范畴成为一个逻辑体系，将所有的范畴构成一个有机体系，在数量上不多也不少，没有一个范畴是多余的。亚里士多德也有这个意思，但最终没能做成，康德继承了这个思路。康德将亚里士多德的形式逻辑和范畴结合起来，完成了形式逻辑判断表，而康德这样做的目的是为了将形式逻辑判断表里面所隐含的范畴揭示出来，因为每一种判断类型都对应着一个范畴，而康德要从形式逻辑判断里面所揭示出来的范畴，是形式逻辑的形式关系下面所隐藏的一种认识之网的纽结，它是用来捕捉经验对象的，如果它不用来捕捉经验对象，那么它是没有意义的，而形式逻辑的判断是可以不管经验对象而仍然有它的意义的[1]。因此康德对亚里士多德的范畴进行根本性的改造，并形成了形式逻辑判断表并从形式逻辑判断表引出了范畴表的目的是建立起一套先验逻辑判断表。

3. 如何运用范畴进行经验判断

康德的范畴表可以理解为是先验逻辑判断表，亦可以理解为是经验知识判断表，范畴表中的每一种范畴都对应着一个判断类型。康德认为，知性是一种凭借概念做出判断的思维活动，判断是一切知识的细胞，一切知识都是基于判断之上的，也可以说，知识就是判断，对经验的判断要依靠这个范畴表。

那么，范畴表中的每一种范畴对应着的每一个判断类型是什么呢？因为范畴要应用于经验才有意义，而范畴和经验性直观是完全异类的，决不能在任何直观中遇到，例如因果性，不可以通过感官被直观。那么，把感性直观归摄在范畴之下、从而把范畴运用于经验是如何可能的，也就是说范畴能够被运用的感性条件是什么。这就必须有一个第三者，它一方面必须与范畴同类；另一方面必须与现象同类，并使范畴运用于现象成为可能。而满足这两个条件的就是"时间图形"。一种先验的时间规定就它是普遍的并且依据一种验前规则而言，与范畴（构成时间规定的统一性的范畴）是同类的。另外，就杂多的任何经验性直观而言，时间规定又与现象是同类的。因此，范畴应用于现象凭借先验的时间规定就成为可能，先验的时间规定作为知性概念的图形促成经验性直观被归摄在范畴之下。

（1）运用范畴进行经验判断的感性条件——范畴的时间图形[2]

量：时间的序列

量的时间图形包含和表现着在对一个对象的相继把握中时间本身的产生，也就是说，我是在直观的把握中产生出时间本身。作为一个范畴的量的纯粹图式是数，数是

---

[1] 邓晓芒.《纯粹理性批判》讲演录.北京：商务印书馆，2013：85-89.
[2] [德]伊曼努尔·康德.纯粹理性批判.李秋零译注.北京：中国人民大学出版社，2011：150-153.

对一个又一个同类的东西的连续相加。亦即由单一到部分到全体。

质：时间的内容

作为质的图形包含和表现着感觉（知觉）与时间的充实。实在性在范畴中是与一般感觉相应的东西，因而是其表明某种在时间中存在的东西。否定性则是其表明一种在时间中不存在的东西。而限定性是表明从实在性到否定性的一种过渡，它把任何实在性都表现为一个量（程度上的）。也就是说，每一感觉都有一种程度或大小，每一感觉凭借这种程度或者大小，能够就一个对象的同一个表象而言或多或少地充实同一时间，直到这感觉在无中停止。

关系：时间的顺序

作为关系的图形包含和表现着种种知觉在一切时间中的相互关系。实体的图形是实在物在时间中的持久性，该实在物在其他一切都变易的时候保持不变。因为时间并不流逝，而是可变的东西的存在在时间中流逝。因此，时间本身是不变的和常驻的，现象中与它相应的是存在中不变的东西，即实体，而且只有根据实体，现象的相继和同时才能按照时间予以规定。因果性的图形是实在物只要设定，任何时候都有某种别的东西接踵而至，因此，该图形就在于杂多的演替，而这演替要服从某种规则。共联性的图形就是一个实体的规定和另一个实体的规定按照一条普遍的规则的同时并存。

模态：时间的总和

模态各范畴的图形包含和表现着作为一个对象是否属于及如何属于时间本身。可能性的图形是各种不同表象的综合与一般时间的种种条件的一致，是一个事物在某一不确定时间里表象的规定。现实性的图形是在一定时间中的存在。必然性的图形是一个对象在一切时间中的存在。

（2）运用范畴进行经验判断的原理[1]

范畴的"时间图形"使范畴运用在经验上成为可能，并据此从中得出了范畴表中每一种范畴对应着的判断，亦即引申出了运用范畴进行经验判断的原理：量的范畴对应的是直观的公理；质的范畴对应的是知觉的预测；关系的范畴对应的是经验的类比；模态的范畴对应的则是一般经验性思维的公设。这四种原理，其中量、质原理是数学性原理，因其具有直观的确定性；关系、模态原理是力学性原理，这类原理体现的是推论的确定性。[2]这些原理，正是人们通常概括康德的认识论原则"人为自然立法"这一表述中所说的"法"。诸原理的内容具体如下。

---

1 [德]伊曼努尔·康德.纯粹理性批判.李秋零译注.北京：中国人民大学出版社，2011：160-196.
2 同上书，160.

量：直观的公理

量的时间图形包含和表现着在对一个对象的相继把握中时间本身的产生，也就是说，我是在直观的把握中产生出时间本身。量的时间图形应用在经验判断上的原理是：一切直观都是广延（外延）的量。

广延的量就是把各个部分的表象在其中使整体的表象成为可能的量，也就是数的量。一条线，无论它怎样短，如果不在思想上画出它，也就是说，不从一个点产生出所有的部分，并由此记录下这一直观，我就不能表象它。任何时间，哪怕是极为短促，也都同样是这种情况，在其中我只是思维从一个瞬间到另一个瞬间的相继进展，由此通过所有的时间部分及其增添最终产生出一个确定的时间量。因为一切现象就形式而言都包含着一个空间和时间中的直观，一切现象都以这直观为基础，因此，任一现象作为直观都是一个广延的量，也就是说，它占有多大的空间，它经过多长的时间，不在空间和时间中的现象是不存在的。

质：知觉的预测

作为质的时间图形包含和表现着感觉（知觉）与时间的充实。质的时间图形应用在经验判断上的原理是：在一切现象中，作为感觉对象的实在的东西都有强度（内包）的量，即一种程度，也就是质的量。

现象除了以空间和时间作为必要的形式条件外，还包含着一般而言某个客体的质料，也就是说包含着人的主体受到客体的刺激而感觉到的实在的东西。任何感觉，从而还有现象中任何实在性，无论它多么小，都有一种程度，也就是说，有一个还总是能减弱的强度的量，在实在性和否定性之间有可能的实在性和可能更小的知觉的一种连续的联系。每一种颜色，例如红色，都有一种程度，无论这程度怎样小，都永远不是最小的；热、重力的要素等，到处都是这种情况。感觉虽然是瞬间的，但知觉可以在一定范围内预测这种程度（质的量）的变化。

关系：经验的类比

作为关系的时间图形包含和表现着种种知觉在一切时间中的相互关系。关系的时间图形应用在经验判断上的原理是：经验唯有通过知觉的一种必然结合的表象才是可能的。

经验是一种经验性的知识，也就是说，是一种通过知觉规定一个客体的知识，因此，经验是知觉的一种综合。而这种知觉的综合源于人的自我意识的统一性，自我意识的统一性使得知觉与知觉的按照一定的规则来结合是必然的。康德主张，经验的类比是从运动变化的方面对知觉与知觉的相互关系进行认定，这种认定可以给出经验知识的统一性，而这需要遵循一定的原则，经验的类比所涉及的正是经验的统一性从知觉中产生所应当遵循的诸种规则。

第一类比：实体的时间图形是实在物在时间中的持久性。实体的时间图形应用在经验判断上的原理是实体的持久性原理：无论现象如何变易，实体均保持不变。实体的量在自然中既不增多也不减少。现象的一切时间关系都唯有在与持久的东西的关系中才能被规定，这持久的东西就是现象中的实体，也就是说，是现象的实在的东西，它作为一切变易的基底永远是同一种东西。因此，既然实体在存在中不会发生变化，所以它的量在自然中也既不能增多也不能减少。而一个实体的种种规定无非是实体的种种特别实存方式，它们叫作属性。实体是属性的必要条件，属性唯有在实体这个条件下才能得到规定。

第二类比：因果性的时间图形是实在物只要设定，任何时候都有某种别的东西接踵而至。因果性的时间图形应用在经验判断上的原理是根据因果性规律的时间相继的原理：一切变化都按照原因与结果相联结的规律发生。

我知觉到种种现象相互继起，也就是说，在某一时间有事物的一个状态，之后其反面曾存在于前一个状态中。因此，我真正来说是在时间中联结两个知觉。而联结要通过想象力来进行，想象力能够以两种方式联结上述两种状态：通过纯然的感觉及通过因果关系的概念，来想象和设定两种状态一个在先，一个在后。通过纯然的感觉来想象和设定的相互继起的现象的客观关系是未定的，而只有通过因果关系的概念来想象和设定两个相互继起的状态中何者必须在先，何者必须为后，这样两个相互继起的状态才具有必然性和客观性。因此，只有通过我们使现象的相继及一切变化从属于因果性的规律，经验亦即现象的经验性知识才是可能的。

第三类比：共联性的时间图形是一个实体的规定和另一个实体的规定按照一条普遍的规则的同时并存。共联性的时间图形应用在经验判断上的原理是根据交互作用或者共联性规律并存的原理：一切实体，就其在空间中能被知觉为同时的而言，都处在无一例外的交互作用之中。

如果在经验性的直观中一事物的知觉能够与另一事物的知觉交互继起，这些事物就是同时的。这样，我可以首先对月亮进行知觉，然后对地球进行知觉，或者也可以反过来首先对地球进行知觉，然后对月亮进行知觉，由于对这些对象的知觉彼此能够交互继起，我就说它们是同时实存的。

模态：一般经验性思维的公设

模态各范畴的时间图形包含和表现着作为一个对象是否属于及如何属于时间本身。模态各范畴的时间图形应用在经验判断上，是一般经验性思维的公设。公设相当于数学里的公理，这里就是设定有关量、质、关系的范畴只能运用在可能经验范围之内，而不能超出可能经验的范围之外去运用。

可能性的时间图形是各种不同表象的综合与一般时间的种种条件的一致，是一个事物在某一时间里表象的规定。可能性的时间图形运用在经验判断上的公设是：凡是与经验的形式条件（按照直观和概念）一致的，就是可能的。

也就是说，凡是可能的东西，都不能违背时间、空间的直观形式条件，以及量、质、关系等范畴。我们想猜测或者研究某一事物的存在，如果我们不从经验出发，或者不按照现象的经验性联系的规律前进，则就是在行华而不实之事。

现实性的时间图形是在一定时间中的存在。现实性的时间图形运用在经验判断上的公设是：凡是与经验的质料条件（感觉）相关联的，就是现实的。

质料的条件就是经验的感觉、知觉的印象，也就是说，你感觉到的东西，都是现实的。真正的现实性必须要有可靠的经验材料，要有感觉作为基础。[1]

必然性的时间图形是一个对象在一切时间中的存在。必然性的时间图形运用在经验判断上的公设是：凡是其与现实的东西的关联被按照经验的普遍条件规定的，就是必然的（必然实存的）。

经验的普遍条件指的是可能经验的形式条件和质料条件。如果一个关联能够同时满足这两种条件，那它就是必然的，就能够在一切时空中有效。[2]

以上四种原理，其中量、质原理是数学性原理，亦称为建构性原理。关系、模态原理是力学性原理，亦称为范导性原理。

4．范畴就是"人为自然立法"中人所立的认知法则

康德的认识论可概括为：人为自然立法。理性只洞察它自己根据自己的规划产生的东西，它必须以自己按照不变的规律进行判断的原则走在前面，强迫自然回答自己的问题，必须不让自己仿佛是被自然独自用襻带牵着走。理性必须一手执其原则（唯有依照其原则，协调一致的现象才能被视为规律），另一手按照其原则设想出来的实验走向自然，虽然是为了受教于自然，但却不是以一个学生的身份让自己背诵老师希望的一切，而是以一个受任命的法官身份迫使证人们回答自己向他们提出的问题。[3]

康德从知识的必要条件，也就是从知识具有普遍必然性方面来构建他的认识论的。自然的一切现象，就其联结而言都从属于范畴，自然依赖于范畴，把它们当作自己必然的合规律性的根据。也就是说，范畴是我们认识的必要条件。但是，这不等于说，范畴也是我们认识的充分条件，也就是说，没有范畴我们就不可能形成经验知识，可是要形成经验知识，单单靠范畴是不够的。就连仅仅凭借范畴为现象先天地规定规律的纯粹知性能力，也推及不到更多的规律，而仅仅推及一般而言的自然作为空间和时间中的种种现象的合规律性所依据的那些规律。特殊的规律由于涉及被经验性地规定的现象，所以由此并不能完备地推导出来，尽管它们全都从属于范畴，为此还

---

1 邓晓芒．《纯粹理性批判》讲演录．北京：商务印书馆，2013：178-179.
2 同上书，179.
3 [德]伊曼努尔·康德．纯粹理性批判．李秋零译注．北京：中国人民大学出版社，2011：12-13.

必须有经验，以便一般而言认识这些特殊的规律。[1]

（三）时空和范畴是构成经验知识的必要要素

"时间和空间"是感性直观的必要条件，"范畴"是经验知识的必要条件。人对具体事物的认识在时间上开始于经验，却并不因此就都产生自经验，它还依赖于人的知性活动，知识是感性直观和知性活动相结合的产物。其中，时间和空间是感性直观逻辑上的前提条件，直观的一切杂多材料都从属于空间和时间的形式条件。范畴从知性方面包含着一切经验的可能性的根据，是经验的可能性的原则，这些原则又是对空间和时间中一般而言的现象的规定。感性直观（时空、杂多材料）和知性概念（范畴）是构成我们一切经验知识的必要要素。

二、"六要素法"是康德知识要素构成论的简化和改造：内容、合理性与意义

（一）"六要素法"来自对康德知识要素构成论的简化与改造

"六要素法"的六个要素就是来源于康德知识要素构成论中的"时空和范畴"。经验知识的必要条件是"时空和范畴"，而作为进行概念学习的方法的"六要素法"的六个要素，由于是来源于"时空和范畴"的，因而"六要素法"的六个要素也是儿童通过概念学习，形成经验知识的必要条件。

"六要素法"保留了康德知识要素构成论中的感性直观的必要条件"时间和空间"的要素，由于"六要素法"是概念学习的方法，因此，"六要素法"中的"时间"和"空间"是指"概念"所指称的事物或事件发生和存在的时间和空间条件。

而对四组十二种"范畴"，"六要素法"进行了简化和改造，选取了数量、质量、因果性、必然性的要素。

"六要素法"的"数量"要素对应于康德"范畴表"中的"量"的范畴；"六要素法"的"质量"要素对应于康德"范畴表"中的"质"的范畴，同时将康德"范畴表"中的"关系"范畴中的"实体与属性"挪到"质量"要素这里；"六要素法"的"因果性"要素对应于康德"范畴表"中的"原因与结果"的范畴；"六要素法"的"必然性"要素对应于康德"范畴表"中的"模态范畴"，由于"模态范畴"的"可能性—不可能性、存在—不存在、必然性—偶然性"相互间具有动态发展的联系，因此"六要素法"的"必然性"要素涵盖了"可能性""存在（现实性）""必然性"。

---

[1] ［德］伊曼努尔·康德.纯粹理性批判.李秋零译注.北京：中国人民大学出版社，2011：124.

从上述对于"六要素法"与康德知识要素构成论的对照说明中，我们可以发现，前者对于后者进行了一定程度的简化和改造。这种简化和改造，主要体现在我们并未对康德要素论的所有基本概念（比如全部十二个范畴）进行一一对应的重述，而是取其大端（着眼于吸收其时空、量、质、因果性和模态这一基本框架），并做了一定程度的调整。

按照六要素的次序，这些调整主要包括：（1）我们扬弃了康德哲学中时空与范畴之间的异质关系，不再如康德那样坚持时空形式仅限于作为被动的接受条件，而范畴体现了主动的思维能力，坚持这两者具有类别上的差异（感性—知性），而是将时空与诸范畴作为同类别的要素来对待；（2）质量要素除了体现康德范畴表中质的范畴这一类别，还主要体现了康德范畴表中第三大类关系范畴中的实体—属性范畴；（3）"因果性"要素抓取并聚焦于康德关系范畴中原因与结果范畴，不处理其他关系范畴。

（二）"六要素法"的合理性：从改造康德认知要素论的角度看

这些调整是否合理？这需要一番说明。这关系到"六要素法"本身的合理性与完备性，并非一个无关紧要的问题。

第一，在时空与范畴的关系方面，我们不再坚持康德式的二元区分（感性—知性），这应该说是现代哲学（乃至于某些科学，比如心理学、伦理学等）改造并发展康德哲学的一个惯例，这种改造的合理性在于，只要我们不再坚持康德原初的理论目的，则无须保留康德为这一目的所作出的特殊设置，即感性—知性的严格二分。

康德之所以提出大量的二元区分，比如现象—本体、感性—知性、形式—质料、自律—他律，等等，主要是为了建构一种先天的、普遍主义的知识理论和道德理论。就知识领域而言，康德发现，如果我们按照常规的见解和路径，从对象（事物自身）角度出发来解释知识的合理性，那么就很难摆脱休谟式的怀疑论，很难避免知识仅在偶然的意义上为真这样的结论。这是因为，既然是主体以对象为中心来建立知识，那么知识的可靠性，就纯然取决于哪些对象以何种方式在何种条件之下偶然地被给予了我们，取决于这些对象如何重复地或"有规律地"出现，从而使我们在经验中逐渐获得对其相对稳定的认知。但在康德看来，这样一种知识是后天的、偶然的，并不满足科学所应有的普遍性和必然性的要求。在道德哲学领域中，情况也是类似的。如果我们的道德规范建立在现实中人们如何行为、事实上我们如何能够获取幸福等经验材料之上，那么这些规范必然是偶然的，由我们的主观目的和各种外在的社会条件所决定，不可能由此获得普遍的道德原则。

为了应对这些困境，康德尝试了一种不同的理论路径，即假设主体才是知识和道德赖以确立的尺度，而非对象，这种理论坐标的颠倒就是康德著名的"哥白尼式的革命"。在知识领域中，为了保证这种设定的有效性，康德进而设定了我们所认知的并非事物本身，而仅仅是事物的现象。而与这种现象—本体的二元区分相应的，正是康德对感性和知性异质性的区分。感性（及其形式时空）只是接受表象的能力，知性只是思维感性所提供的材料的能力，这样，我们的认知就被限制在了现象总体或可能经验的范围之内，我们不可能认知事物自身。但由于认知的形式是由理性主体自身提供的，因此认知的可靠性则不再依赖于事物，不再取决于经验的偶然性，而是取决于理性自身的先天的结构性和规律性。通过上述方式，康德实现了哲学中的一场革命。感性与知性在种类上的二分、现象与本体的二分等理论设置，正是为此而服务的。

但如果我们并不以康德式的宏大理论目标作为任务，则完全可以在保留康德的基本认知框架的情况下，扬弃感性与知性，在此是时空和范畴，在类别上的差异，而将其作为同类的认知要素来对待。这正是"六要素法"所采用的处理方式。"六要素法"的理论目标是为儿童的思维训练提供一个完备的框架，而不以认知或道德的先天普遍合理性为目的，从而无须保留康德式的二元论。

这同样是20世纪很多康德主义传统的哲学家和科学家在从事理论工作时常见的一种做法。比如，德国新康德主义哲学家卡西尔（Ernst Cassirer，1874—1945）在其代表作《符号形式的哲学》中考察时空、因果性等符号形式在神话、艺术、科学等领域的表现与演进时，就不再固守康德式的对时空和范畴类别上的二分[1]；又如，著名政治哲学家罗尔斯（John Rawls，1921—2002）的社会正义理论，以康德的定言命令学说为原型，但明确抛弃了康德哲学中的先验成分；再如，著名心理学家科尔伯格（Lawrence Kohlberg，1927—1987）在采用康德式的他律道德与自律道德等术语来考察道德心理发展的阶段时，同样放弃了康德对于他律和自律之间的质料—形式的二分法。[2]这也可以为我们改造康德认知要素论的合理性提供佐证。

第二，质的要素，除了涵盖康德本人在第二类质的范畴中所讨论的知觉的程度这种类性质（比如事物色彩的浓度、软硬的程度、声响的程度等），我们还纳入了康德在第三类关系范畴中实体—属性关系中所讨论的事物的其他性质，比如事物具有何种特质、性状、关系等，这种做法的合理性在于：康德关于实体—属性范畴的论述，无论从其判断形式的缘起，还是从其实质性的内容来看，都适合放入事物的性质这一论域中来处理。

康德的第三类关系范畴之实体—属性、原因与结果、共联性（也可译作"协同性"），就其所对应的判断形式而言，分别关涉定言判断、假言判断和选言判断这三类

---

[1] 叶秀山. 思·史·诗——现象学和存在哲学研究. 北京：人民出版社，1988：4-62.
[2] [美] 劳伦斯·科尔伯格. 道德发展心理学——道德阶段的本质与确证. 郭本禹等译. 上海：华东师范大学出版社，2004：第二章.

形式。而这些判断形式又各自处理同一个判断之中主项与谓项之间的关系、作为结果与根据的不同判断之间的关系，以及知识被划分的不同环节（多个不同的判断）之间的关系，也就是说，第一种判断形式考察的是同一个判断内部的关系，而后两者判断形式则涉及两个或多个判断之间的关系。[1] 就此而言，虽然同样是关系范畴，实体—属性范畴所对应的判断形式，与原因与结果和共联性范畴所对应的判断形式，显然存在着特殊的差别。[2] 相应于此，实体—属性范畴所涉及的事态，（从原则上看）是同一事物的性质，这与原因和结果相比，也是颇为特殊的，后者涉及（至少）两个事物之间的前后必然相继的关系，而共联性更是涉及更多事物之间的交互作用。这样，无论从对应的判断形式来看，还是从范畴所指向的事态来看，至少就仅仅涉及一个判断和一个事物而言，实体—属性范畴与质的范畴之间，无疑具有亲缘性。因此，我们将其纳入质的范畴，无疑有其正当性。

另外，即便抛开逻辑和哲学的考量，哪怕只是从日常语义的角度，我们也很容易理解，把事物的内涵的量即程度、事物的不同性质及诸性质的关系等内容，从总体上作为事物的性质来处理，应该是恰当的。

第三，就"因果性"要素仅仅聚焦于康德关系范畴中原因与结果范畴而不处理其他关系范畴这一点来说，这种处理方式的合理性也非常容易理解。这是因为，其一，如上所述，实体—属性范畴出于判断形式和事态两方面的考虑，已纳入质的要素；其二，共联性范畴无非是因果性范畴的扩展，所以聚焦于因果性范畴，实际上已经把共联性范畴纳入了考虑。

让我们回顾第三类比即事物根据共联性规律并存的原理即可知。这个原理的表述是："一切实体，就其在空间中能被知觉为同时的而言，都处在无一例外的交互作用之中"，这个原理的意义无非是表明一切事物处在交互因果关系之中，或者说共联性无非是因果性的扩展。所以，借助于因果性范畴和共联性范畴（亦即交互因果性范畴），我们给出了对于世界之整体统一性的哲学描述，即整个世界处在复杂的因果关系的平衡之中。

从哲学上看，现代科学世界观的核心见解，就是从（机械）因果性的角度来理解整个宇宙。这与古代哲学家对待世界的基本观念有所不同。以亚里士多德为例，他所提出的解释世界生成变化的模型，包括四种因素，即形式因、质料因、动力因和目的

---

[1] [德]伊曼努尔·康德.纯粹理性批判.邓晓芒译.北京：人民出版社，2009：60.
[2] 在《逻辑学讲义》中，康德本人也强调了不同的判断形式之间的差异，特别是定言判断与假言和选言这两种判断之间的差别，提出我们并不能如逻辑学家通常处理的那样，将后两者还原为前者，而应当注意到其中体现出来的知性的不同的逻辑功能。参见：[德]伊曼努尔·康德.逻辑学讲义.许景行译.北京：商务印书馆，2010：101-103.

因。而在现代哲学和科学的诸理论中，一般都把目的因等形而上的、甚至具有宗教意味的要素剔除出去了，而侧重于从可以量化的因果解释的角度来处理问题。[1]就此而言，以"因果性"要素（追问事物如何发展而来的因果链条）来作为六要素的核心内容，无疑是适当的。这对于训练儿童的科学思维，应具有重要的意义。

（三）"六要素法"的意义：从逻辑思维形式与儿童思维能力训练的角度看

由于"六要素法"是概念学习的方法，而要进行概念的学习，首先概念的外延和概念的内涵是必须要清晰的，因此，"六要素法"中的"数量"要素是指"概念"的外延或者说概念的适用范围、概念所指称的事物或事件的对象有哪些；"质量"要素是指"概念"的内涵或者说内容、概念所反映的事物或事件的特有属性，它包括了对概念所指称的事物或事件的现象描述，以及对事物或事件的实在性程度的度量和分析；而"因果性"要素是指"概念"产生和形成的原因和因果关系；"必然性"要素是指对"概念"所指称的事件或事物存在的模态亦即"可能性""存在（现实性）""必然性"的判断。

众所周知，康德的"范畴表"的四组范畴，每一组都采用了"三分法"，这蕴含着很强的辩证法元素，它深刻地影响了黑格尔的哲学思想，黑格尔的代表作《逻辑学》，体现了其哲学的核心和灵魂，这一著作的结构与逻辑进展脉络与康德的"范畴表"及范畴的"三分法"有着密切的不可或缺的关系。李伟民先生在《黑格尔对康德逻辑范畴辩证法思想的继承和发展》[2]一文中对此做了较为详细的介绍，现摘录部分内容如下。

> 康德认为，第二类范畴是关系和样式（模态）这两组范畴，关系这一组范畴属于对象与对象之间的关系，而样式（模态）这一组范畴则属于对象与认识主体的关系。在这两组范畴里有"相依性"和"对立性"的关系。康德的范畴的"相依性"思想，被黑格尔吸收为《逻辑学》第二部分"本质论"范畴联系的原则。而黑格尔的整部《逻辑学》所揭示的实际上也就是范畴间的相互联系，黑格尔的范畴辩证法实际上也就是揭示范畴之间相互联系的辩证法。黑格尔还从康德的某些范畴具有矛盾对立的思想中，看到了矛盾在事物和范畴中存在的普遍性，而且在对范畴矛盾的内容认识的深度上比康德前进了一大步，把概念的矛盾看作是概念内在的本性，而且在矛盾内在的对立中还包含着统一。正是由于这种内部的对立统一的矛盾本性，才使范畴的发展、过渡和转化成为可能和现实。
>
> 康德认为，逻辑范畴表中的第一类范畴包括量和质两组范畴，这两组范畴的

---

[1] 对于现代科学世界观成型的经典描述，参见：[荷兰]E.J.戴克斯特霍伊斯.世界图景的机械化.张卜天译.河南：河南科学技术出版社，2010.
[2] 李伟民.黑格尔对康德逻辑范畴辩证法思想的继承和发展.广西大学学报（哲学社会科学版），1988（2）.

特点在于与直观对象相关,因此,"在量的范畴和质的范畴里,只有一种从'一'到'全',或从'有'到'无'的过渡"(康德《未来形而上学导论》)。在这里,康德已经发现范畴之间的过渡性关系,已经显示出范畴某种发展思想的萌芽。黑格尔非常重视康德范畴过渡性的思想,他明确指出他的《逻辑学》第一部分"存在论"的范畴是过渡性的。范畴的过渡性成为了黑格尔建造他的辩证逻辑体系第一部分"存在论"的一个重要原则。黑格尔在揭示范畴的过渡性关系中,深刻阐明了范畴的普遍运动、发展和转化,其根源在于范畴内在的矛盾。例如,黑格尔认为,"质"由于内在矛盾,经过一系列表明"质"的特征的范畴,向着它的对立面"量"的转化,于是就出现了"量"的规定性,"量"的内在矛盾的发展,又逐渐充实"质"的因素,并促使"量"转化为"质",但不是简单地回复到最初的"质",而是进到新的范畴"度"。"度"是有质的限量,是一定质与一定量的对立统一。在"度"中,"质"和"量"有区别,有联系,"度"又由于量的变化而超出质的范畴成为"无度",但"无度"本身还是一种"度",也是一定质与一定量的统一,但已是新的质和新的量的统一。这样就形成了质与量的互相转化的无限发展。黑格尔由此深刻地揭示了范畴的过渡性包含着范畴的运动、发展和转化等深刻的内容。

黑格尔还将康德逻辑范畴排列的三段式(三分法)发展为范畴"正、反、合"辩证发展的普遍规律。在康德的范畴表里,每一组都是由三个范畴组成的。康德认为这是有意义的。他说:"其尤宜注意者,则每一类中之第三范畴,常由第二范畴与第一范畴联结而生"。康德看到的第三范畴不仅包含着有第一、第二个范畴的东西,而且有着新的因素,所以成为前两个范畴的综合。黑格尔全面继承这一逻辑排列的三段式思想,把它作为构造《逻辑学》的最基本的方法和最基本的逻辑范畴发展的模式。在黑格尔那里,逻辑范畴都是动态的、发展的,若说范畴体系有固定不变的东西的话,就是他构造体系的三段论模式是不变的。黑格尔的《逻辑学》的范畴都是按三段式的形式排列起来的,例如,全书由"存在论—本质论—概念论"构成;"存在论"又有"质—量—度"三段式结构;"本质论"又有"本质—现象—现实"三段式结构;"概念论"又有"主观性—客观性—理念"三段式结构。黑格尔不仅将康德的三段式普遍化,而且更着力于挖掘三段式的深刻内容。在黑格尔看来,概念的三段式结构的深刻内容在于概念自身运动发展表现为肯定(正)—否定(反)—否定之否定(合)的过程,范畴概念的内在否定性是范畴概念运动发展的灵魂,概念在完成这一辩证运动时所达到的综合概念,又成为进一步发展的起点,范畴概念总是处在螺旋式曲折上升的前进运动中,这反映了范畴概念由抽象到具体、由简单到复杂发展的辩证法。

从李伟民先生的文章中，我们看到了康德的"范畴表"及范畴的"三分法"对黑格尔哲学思想的深刻影响。后来恩格斯从黑格尔的《逻辑学》中总结和提炼出来了辩证法的三大规律：对立统一规律、量变质变规律、否定之否定规律，从而使辩证法的规律变得更加清晰了。

黑格尔的辩证法和恩格斯总结出来的辩证法的三大规律对于研究事物发展变化方面及探求事物的本质方面，起着很重要的指导作用。然而由于上面所说的辩证法有着很强烈的思辨色彩，普通成年人想要掌握这种辩证逻辑也甚难，对于学龄前儿童而言，那就更是难上加难了。因此，从基本的形式逻辑的概念、判断、推理开始学起，遵循形式逻辑的四大思维规律同一律、不矛盾律、排中律、充足理由律进行思维，对提高人们的逻辑思维能力会有很大帮助，并为人们进行辩证逻辑思维打下牢固的基础。

"六要素法"学习的目的就是培养儿童的概念、判断、推理逻辑能力，促进儿童遵循形式逻辑的四大思维规律同一律、不矛盾律、排中律、充足理由律进行思维，同时在"必然性"要素学习过程中，尝试让儿童领悟事物的发展变化，培养儿童的"创新"意识，为儿童今后进行辩证逻辑思维打下牢固的基础。

"六要素法"运用在概念学习中，在"时间和空间"要素方面，主要是要激发起儿童对"时空之谜"的好奇心和兴趣；在"数量""质量""因果性"要素方面，主要是要让儿童打下学好经验知识所必须要有的"量化思维""溯因习惯"基础；在"必然性"要素方面，主要是要启发儿童的"创新意识"。

我们（无论是成年人或未成年人）每天都会耳闻目睹一些事物，经历一些事件，在其过程中都会对这些事物或事件形成一定的概念，可对这些概念的认知，许多人大多停留在感知觉的模糊和不明确的感性认识阶段，甚少有人对这些概念进行深入的理性分析，或者有人想进行深入的理性分析，却不知从何处入手，或者有人进行了深入的理性分析，可分析方法却不到位或不全面。但是，通过"六要素法"的学习，会对以上问题的解决提供很大的帮助。

对儿童来说，要对事物做出较为深入的理解，更是一件困难的事情。但这种理解的尝试，对于培养儿童的思维能力，是极有意义的。"六要素法"可以在这方面提供便利。在老师和家长的帮助下，儿童通过"六要素法"的学习，会对思维能力的提升较有助益。"六要素法"的学习和训练，可以让儿童循着一条较为简便、快捷、全面的途径，将对概念的认知从感知觉的层面上升到知性的层面，将儿童"日用而不知"的概念所普遍而且必然蕴含的六要素"日用而知"起来，从而可以让儿童能更好地掌握事物或事件的概念，使这些事物或事件的概念在儿童的脑中变得更为清晰和明确，从而最终达至训练儿童的良好的思维能力的目的。

第三节 "六要素法"的学习目的、作用和运用

一、"六要素法"的学习目的

正如在本文"前言"所说的，学习是什么？要回答这个问题，首先要提出"世界是什么？"和"人是什么？"这两个问题。"世界是什么？"和"人是什么？"也就是"学习是什么？"的问题。学习就是探索"世界是什么？"和"人是什么？"并且寻求答案的系列行为。

数学与物理、生物与化学、语言与思维、心理与伦理、历史与文明、艺术与审美等就是探索"世界是什么？"和"人是什么？"并且寻求答案的系列学习行为的有机组成部分，它们各自从不同的角度然而又从属于整体，来对"世界是什么？"和"人是什么？"进行探索并且寻求答案。

中国的教育能回答"学习是什么"这个问题吗？其实这也是著名的"钱学森之问"："为什么我们的学校总是培养不出杰出人才？"钱老在研究他的专业的同时，也特别关注和深入地研究思维科学，他有不少有关这方面的文章和演讲，而钱老的哲学素养也很高。因此，钱老之问的众多原因中应该有以下两个：（1）中国学生缺乏系统的逻辑思维训练；（2）中国学生缺乏哲学思维的能力。

著名的美国哲学家、教育学家约翰·杜威在他的著作《我们如何思维》中说，教育有责任让受教育者养成牢固而又有效的习惯，来区分哪些信念是经受过检验的，而哪些还仅仅是人们的猜想、推测和论断；要以真诚、活泼和开朗的态度接受那些确有根据的结论，并在个人工作习惯中掌握适当的方法，对自己遇到的各种问题进行相应的探索和分析。倘若一个人没有这样的态度和习惯，那么不论他见闻多广，他也不是一个真有教养的人。他缺乏基本的思维素质。这种习惯并不是与生俱来的（不论想要有这些习惯的愿望多么强烈）。自然环境和社会环境又不足以迫使人们养成这种习惯，因此教育有重大责任为培养它们创造条件。培养这些习惯，就是思维训练。[1]

概念的"六要素法"学习，就是一种思维训练方法，目的就是要培养儿童牢固而又有效的和良好的思维习惯，良好的思维习惯将伴随着儿童将来一生的成长，并且终身受益。

---

[1] ［美］约翰·杜威.我们如何思维.北京：新华出版社，2010：24.

二、"六要素法"的作用

在概念的"六要素法"学习过程中,具体地可以培养和提高儿童的感知觉力、注意力、想象力、分析力和综合力,促进儿童判断力、推理能力及自我意识的发展,而以上这些能力是良好的思维习惯所必需的。

(一)感知觉力

通过学习活动实践,刺激和调动儿童的感知觉器官,丰富儿童的视觉、触觉、听觉、嗅觉、味觉、运动觉等经验,提高他们的感知觉的敏锐性和接受性。

(二)注意力

"六要素法"是要将目光聚焦在某个概念上,围绕着这个概念来组织材料进行学习的。材料有老师进行组织的,而更多的是由儿童在学习活动过程中自己去组织的。儿童组织材料的过程,就是他们有意识的"自觉注意"的过程,而"自觉注意"对于儿童的思维来说很重要。

著名哲学家李泽厚先生说过,"对儿童来说,形成对自己活动的自觉注意,是在社会环境和教育下所形成的能力。所以从婴儿起培养这种与本能需要无关的注意力是重要的教育内容,它与人类的另一特有能力——自制力也密切相关"[1]。

"自觉注意"对儿童保持好奇心,不断去寻找和发现新问题起着很大的作用。当通过经常性的"六要素法"学习,形成了一定的对概念的"时间、空间、数量、质量、因果性、必然性"要素的"自觉注意"的能力时,他们就会时常有这样的问题:"这是什么?""它会是什么样子的?""它为什么会是这样子的?""它还会是什么样子的?"等。

"自觉注意"也会促进儿童观察力的发展。有意识的注意力的集中,会促使儿童在观察事物时更认真、更细致、更全面。

(三)想象力

想象力有回忆性想象力(亦即记忆)和创造性想象力(亦即联想),"六要素法"的学习过程,就是儿童发挥想象力、丰富经验的过程。在学习活动过程中,儿童会将过去的经验、当下的经验体验、未来的可能经验的猜想联结起来,进行想象力的回忆和创造。这也就是皮亚杰所说的,儿童建构知识过程中的经验的同化、顺化、平衡过程。在学习活动过程中,如果新经验与旧经验相符合,便将新经验纳入旧经验的认知

---

[1] 李泽厚. 批判哲学的批判. 北京:人民出版社,1984:180.

结构中；如果新经验与旧经验不相符合，便改变旧经验的认知结构或重组新的认知结构，这样在自我调节过程中，儿童便对知识有了一个新的认识。

"六要素法"的学习，有助于锻炼儿童的记忆力。儿童通过学习活动，一方面可以唤醒和刺激起已有的与活动对象有关的经验回忆，另一方面可以加深对新得到的经验的记忆。

"六要素法"的学习，可以激活儿童的联想力，亦即创造性想象力。学习需要经验素材，而经验从获得的时间划分有过去的经验、当下的经验、未来的可能经验；从获得的途径划分有亲身参加实践活动而获得的直接经验，从书本、媒体（网络、电影、电视等）或别人那里得来的间接经验；从经验的层次划分，有未经整理的具体经验和经过整理、概括的抽象经验。这些经验不是孤立的，而是相互间有联系的。在学习中，儿童会将这些经验素材有意识或无意识地进行联结，这个过程就是想象力创造的过程。

（四）分析力、判断力、综合力

概念学习的"六要素法"就是将事物概念所蕴含的要素分解为"时间、空间、数量、质量、因果性、必然性"，然后分别对各个要素进行学习。对各个要素的学习，其实就是对各个要素的内容和关系进行观察、比较、判断的一个过程，在这过程中，儿童的分析能力、判断能力将会得到促进和提高。而这些要素之间并不是孤立的，正如各种经验之间并不是孤立的一样，这些要素内部之间以及要素与要素之间是相互联系的，最终，儿童会将这些要素联结、综合起来，统一到一个概念之下，而这种统一活动是自发的，通过"六要素法"的学习，儿童的综合能力也会得到提高。

（五）自我意识的发展

由于儿童的智力发展水平和经验知识水平所限，"六要素法"的学习需要老师首先搭建好"六要素"学习的"架构"，对于学习的内容做到心中有数，目的是在恰当的时间和空间对儿童进行恰当的引导。在学习过程中，让儿童尽情发挥，既要使儿童不盲从，要有自己的分析和判断、推理，也要避免儿童想当然的极端的"自我中心"，充分发挥儿童主体建构知识的能动性，促进儿童自我意识的发展。

三、"六要素法"的运用

根据康德的知识要素构成论进行简化，从静态上，以"时间、空间、数量、质量、因果性、必然性"作为儿童建构概念知识的六个基本要素；根据皮亚杰的儿童认知发展理论，从动态上，对"时间、空间、数量、质量、因果性、必然性"六要素中的内容，依据儿童的不同年龄阶段的认知特点和所能达到的认知程度，由老师引导，让儿童对其进行建构。"对皮亚杰儿童认知理论，在对不同发展水平儿童能力的估计、发展的阶段，能否训练儿童在较高水平上进行推理、文化与教育等问题上，存在着争论"[1]。"最近的理论观点强调，与皮亚杰的理论相比，婴儿与年幼儿童有更多的认知能力"[2]。因此，本课程充分发挥老师搭建"脚手架"的作用，利用语言和学习环境、艺术等其他"脚手架"工具，力图最大限度调动儿童的思维主动性和积极性进行知识建构，让儿童能达到维果斯基最近发展区理论中的上限水平，使儿童形成更为系统的、逻辑的、合理的概念[3]。在儿童通过活动和实践，积累感性经验，逐步消除自我中心化的基础上，通过对六个要素的运用，让儿童的认知水平从感性认知逐步发展至知性概念的建构上，促进儿童自我意识的萌发和发展。在大体上保持儿童泛灵性、好奇心、想象力的童心童真前提下，对儿童进行初步的逻辑推理的理性启蒙。例如，在2~3岁儿童阶段，发展儿童的"客体永久性"概念；在3~4岁，发展儿童的"活动概念化"；在4~5岁，发展儿童的"直觉推理"；在5~6岁，发展儿童的"初步逻辑推理"。[4]

对六个要素的运用，不仅仅是以知识学习为目的，而且是以思维训练为主要目的。六要素就像是一张形成捕获鱼的渔网的纽结，"授人以鱼，莫若授人以渔"，授人以知识，莫若授人以获取知识的方法。六个要素的运用，就是一种获取知识的方法。

"六要素法"可以广泛应用在幼儿园的教学活动中和日常管理中，在这里，我们将着重介绍"六要素法"在幼儿园专题活动和一日活动中的实践运用。

---

1 [美]约翰·W.桑特洛克.儿童发展.上海：上海人民出版社，2009：197.
2 同上。
3 见附录二：维果斯基最近发展区理论。
4 见附录二：皮亚杰认识发生论。

第二篇
三位一体课程实践

健康 HEALTH 身心健康 会做事

德行 MORALITY 德行美好 会做人

聪明 WITTY 聪敏明理 会思考

"健康·德行·聪明"三位一体课程的实施以建构主义和行为主义理论为基础,主要通过专题活动和一日活动两个途径,以综合教学为主,采用"行为塑造法"和"六要素法",将健康教育、德行教育、聪明教育融合为一体,发挥幼儿园的教育职责及教师的引领作用,充分调动幼儿的感知觉能力和经验,在幼儿的认知结构及最近发展区内,让幼儿主动建构各种知性概念或通过行为习惯的养成内化各种概念,以此让幼儿通过对概念的掌握或体悟,加深对事物的认知,从而达到探求和领悟事物内部及事物与事物之间的关系,通过运用少数的例子,学会获取丰富的社会和科学知识的方法的目的,从而让幼儿的行为能力、情感能力和认知能力得到全面发展。

"健康·德行·聪明"三位一体课程的一日活动分为生活、运动和学习三类活动,其中学习活动包括学习区活动和专题活动,生活、运动和学习区活动是每天开展的活动,专题活动则根据幼儿兴趣及探究需要而非每天进行。在"健康·德行·聪明"三位一体课程中的一日活动中的学习活动主要指学习区活动,而专题活动对幼儿的发展和其他活动一样重要,尤其在幼儿思维习惯的培养方面。因此,在本书中将专题活动与一日活动并列。

本篇以"六要素法"作为思维工具，讨论了如何通过专题活动和一日活动两个途径来实施"健康·德行·聪明"三位一体课程，并运用大量的案例来阐释"行为塑造法"和"六要素法"的实践过程。

第三章　专题活动

"健康·德行·聪明"三位一体课程中的专题不同于主题（theme or topic）及方案（project）。专题活动包括对"我、家庭、幼儿园/社区、家乡、中国、世界"六个维度的应知应会内容的学习活动，以及在这六个维度上聚焦进行的深入探究活动。专题活动强调幼儿自主性的学习，重视幼儿的兴趣和内在学习动机，但也不忽略教师在其中的主导作用。在专题活动过程中，教师运用"六要素法"来把握学习内容，适时适度地给予幼儿支持和帮助，激发幼儿自主探究，帮助幼儿建构概念，使幼儿在活动中保持广泛的兴趣和高度的热情，从而促进幼儿思维能力乃至对幼儿终身发展具有预测意义的学习品质的发展。

专题活动符合《3～6岁儿童学习与发展指南》和《幼儿园教育指导纲要（试行）》的整合理念。《3～6岁儿童学习与发展指南》指出在实施时应把握四个原则：（1）关注幼儿学习与发展的整体性；（2）尊重幼儿发展的个体差异；（3）理解幼儿的学习方式和特点；（4）重视幼儿的学习品质。《幼儿园教育指导纲要（试行）》也明确提出，幼儿园教育活动的组织应注重综合性。专题活动具有较高的综合性，整合了幼儿在健康、语言、社会、科学和艺术等不同领域的学习。专题活动的开展运用个别探究、团体讨论、调查验证、环境展示、经验发表等多种方法，给幼儿提供了一个多样化的学习方式。此外，专题活动让幼儿的学习空间得以扩展，给幼儿提供了获得直接经验的机会，让幼儿在幼儿园的学习与家庭、社区及社会产生联系，发挥家庭教育和社区教育的合力作用，共同为幼儿发展服务。

专题活动更多代表了一种教育价值取向，它强调有意义的学习，追求幼儿"完整人格"的培养、学科之间的统一联系、知识与幼儿生活的联系。在本章中，将介绍"健康·德行·聪明"三位一体课程专题活动的目标内容、实施过程及案例，从中我们可以了解专题活动的内涵及专题活动是如何开展的。

第一节　专题活动的目标内容

专题活动主要是通过"我、家庭、幼儿园/社区、家乡、国家、世界"六个维度来展开的，每个维度的专题活动学习内容分为应知应会部分和探究点。应知应会内容是指幼儿需了解和掌握的，主要根据《3~6岁儿童学习与发展指南》和课程目标来选择，属预设内容；探究点主要是指各维度的聚焦点，主要由幼儿的兴趣点、幼儿的话题、幼儿的问题等引发，属生成内容（见表3-1）。

幼儿通过专题活动的学习，建构对"我、家庭、园区、家乡、中国、世界"的认知，激发对人、社会、自然的美好情感，如自我意识、友情、亲情、校园情、家乡情、民族情、国家情、对世界和平的珍惜等，感受人性美、艺术美、自然美，培养审美能力，养成良好的生活和行为习惯、审美习惯。

同时，专题活动中运用"六要素法"，对幼儿进行逻辑"构造式"思维的培养，在充分发挥中国幼儿情感和经验思维丰富的优势的同时，尽量弥补中国幼儿逻辑思维教育不足之处。在中国传统的、良好的经验"输入式"的知识传授基础上，帮助幼儿建立起良好的逻辑"构造式"思维习惯，通过逻辑"构造式"和经验"输入式"这两者相结合，让幼儿更加聪敏明理。

表3-1　"六个维度"专题活动的内容举例

内容维度	应知应会的内容 （在本章第二节有详细分析）		聚焦点 （2008年以来由幼儿的兴趣、问题、话题引发的聚焦点）
我	我的名字、我的年龄、我的属相、我的性别等		我的小脚、我的小手、我的身高、我的五官、我的物品、鞋子、袜子、我换牙了
家庭	爸爸妈妈的电话、家庭地址、家人称呼等		我家书房、我的家人、做客、我家厨房
园区	幼儿园	幼儿园名称、园歌、园徽、班级、建园日等	探究楼梯、厨房、生态园、幼儿园里的植物、幼儿园的大人和孩子、游泳池、操场、幼儿园的班数及人数、玩具
	社区	社区配套设施、社区名称、社区规则、我家到社区医院/超市/游泳池……的路线等	社区广场、游泳场、邮局、社区的人、小学、叮当达书店、超市、医院、社区的树
家乡（深圳）	深圳市花、市树、名胜、名人、特产等		深圳地铁、京基100、大梅沙、莲花山、深圳的马路、汽车、交通标志、深圳地图
中国	全称、国庆日、国旗、国徽、国歌、四大发明、56个民族、十二生肖等		百家姓、万里长城、茶、老乡、造纸（再生纸）、服饰、脸谱、中国汉字、民间游戏（翻绳）、大熊猫、中国乐器
世界	世界珍稀动物、常见国家国旗、世界名胜古迹、人种、世界各地时间等		丹麦童话、世界礼仪、不同肤色的人种、各种文字、大象、考拉、火山、世界美食、神奇的生物、大洲和大洋

第二节　专题活动的开展

专题活动的实践建立在建构主义理论的基础上。建构主义认为，知识不仅可通过教师传授得到，还可通过他人帮助来获得。学习者在一定的情境即社会文化背景下，借助其他人（包括教师和学习伙伴）的帮助，利用必要的学习资料，通过意义建构的方式而获得。在专题活动中，创设建构性的学习活动情境，充分发挥老师搭建的"脚手架"作用，力图最大限度调动幼儿的思维主动性和积极性进行知识建构，让幼儿在其中进行自主探索，发现知识，理解意义，促进其在注意力、观察力、记忆力、想象力及语言力等方面的发展，进而发展问题解决能力、逻辑推理能力和创造性思维等能力。

专题活动的开展分为三个阶段，三个阶段没有严格划分，每个阶段之间可以交叉或重叠。在探究过程中，教师运用"六要素法"思维工具分析幼儿经验和设计活动、开展教学，通过学习区活动、团体讨论、调查验证、环境展示、经验发表等方法帮助幼儿建构完整的概念。

一、专题开展思维工具——"六要素法"思维

"六要素法"作为一个思维工具，贯穿在专题活动始终。

教师首先对每个专题维度（即概念）进行六要素分析，从时间、空间、数量、质量、因果性、必然性六个方面分析每个概念的内涵和外延，即可能的学习内容，然后教师根据《3～6岁儿童学习与发展指南》和课程目标来选择和确定适宜的学习内容，即我们前面提到的应知应会内容，详见"我、家庭、幼儿园/社区、家乡、中国、世界"六个维度专题活动课程设计表（六个维度应知应会内容分析）。其中，家乡对于两园绝大多数幼儿来说，他们的出生地深圳就是他们的家乡，而祖籍是他们的老家。六个维度的具体内容可以根据各地各幼儿园所在的空间进行调整，如可以调整为"我、家庭、北京某幼儿园/北京某社区、北京、中国、世界"等，通过不同地方的不同类型幼儿园的运用，为课程积累更多的有益经验。

在发现和聚焦探究点之后，教师会对聚焦点进行六要素分析，聚焦点内容的学习根据幼儿年龄特点、学习特点和学习时间等因素选择最精华的内容，避免内容的重复或偏颇，希望以最少的内容帮助幼儿建立较完整的概念。确定聚焦点内容后，教师用六要素来统整教学活动，帮助幼儿建构完整的概念。这在本章第三节有详细介绍。

我们相信，"六要素法"为幼儿园的教学活动搭建了一个合理的、符合逻辑的、科学的平台。同时，这个平台上预留了发展空间，老师可以充分发挥自己的聪明才智，游刃有余地开展专题学习活动，更好地促进幼儿的发展。在专题教学活动中运用"六

要素法",能够帮助幼儿更好地建立时空观,揭示概念的内涵,把握概念的外延,理解事物和事件的因果关系,进行初步的逻辑推理。

表3-2 小班"我"专题活动课程设计(应知应会部分)

一、"我"六要素分析		
时间	1. 我的生日,我的年龄	
空间	2. 我的出生地 3. 五官及身体的位置	
数量	4. 五官的数量 5. 手(脚)及手(脚)指头数量	
质量	6. 我的名字、我是男/女孩 7. 我的样子(如身高、体重、短发、双眼皮、肤色、穿裙子等) 8. 我的器官(五官、身体外有手脚等,身体里有心肺以及爱护自己的身体等) 9. 自己的事情自己做 10. 我的情绪	
因果性	11. 我是从哪里来的 12. 为什么我掉牙了 13. 为什么我要刷牙洗脸洗手洗澡换衣服 14. 为什么我要锻炼身体 15. 为什么我不能挑食 16. 为什么我要注意安全 17. 为什么我要轮候和排队 18. 我喜欢……为什么	
必然性	19. 我还会长大 20. 假如我有翅膀,我可以……	
二、"我"专题活动内容			
活动序号	活动名称	学习区活动名称	六要素指向
1	谈话:我三岁了	科学区:我几岁了	1
2	亲子作业单:我的身份证	科学区:我是男孩,你是女孩	2、6
3	律动:身体音阶歌 律动:头发、肩膀、膝盖脚 律动:小手爬 歌曲:《大拇指》	科学区:镜子里的我	3、4、5
4	语言游戏:五官在哪里	美工区:贴五官	
5	健康活动:爱护五官		

续表

6	谈话：我长高了	美工区：漂亮的花裙子	7、8
7	绘本：《今天穿什么》		
8	故事：《手妈妈》	美工区：有趣的手印、手指点画	8
9	团体讨论：我的小手真能干 儿歌：《别说我小》	科学区：夹珠子、扣纽扣	9
10	谈话：我生气了 歌表演：《表情歌》 舞蹈：《幸福拍手歌》	科学区：笑脸娃娃	10
11	谈话：妈妈的肚子怎么这么大 绘本：《我从哪里来》	科学区：从小到大的照片排序	11
12	故事：《没有牙齿的大老虎》 儿歌：《漱口歌》	科学区：漱口流程排一排	12
13	团体讨论：牙齿喜欢吃什么 故事：《小猪洗澡》	科学区：穿衣服流程图	13
14	故事：《我生病了》 统计：我喜欢的运动 儿歌：《天天锻炼身体好》	科学区：小动物生病了 娃娃家：宝宝不挑食	14、15
15	团体讨论：不要跟陌生人走 谈话：和小椅子做朋友	晨会观赏	16
16	故事：《小羊过桥》 团体讨论：我会排队和轮候	科学区：排排队	17
17	谈话：我喜欢的……	科学区：我喜欢的……	18
18	绘本：《我》		19、20

表3-3 "家"专题活动课程设计（应知应会部分）

一、"家"六要素分析	
时间	1. 家人（爸爸、妈妈）的爱无时不有 2. 家人的属相和生日，家人长幼顺序 3. 什么时候搬进这个家，住了几年 4. 从家里到幼儿园要花多长时间
空间	5. 家人（爸爸、妈妈）的爱无处不在 6. 家庭地址 7. 我家的平面图（布局）
数量	8. 我家有爸爸、妈妈、爷爷、奶奶等，共有几口人 9. 我家有几样植物和几只动物（宠物） 10. 我家有玩具、家具、餐具、电器等，它们的数量，按形状、颜色、大小、轻重、高矮、宽窄、材料、功能分类 11. 卧室、客厅、厨房等的数量
质量	12. 家的功能 13. 家人姓名、性别、高矮 14. 爸爸妈妈职业、电话号码 15. 爸爸、妈妈真能干（家人喜欢……或擅长……） 16. 相亲相爱一家人（尊敬长辈、爱护子女、兄弟姐妹和睦、家里的事情大家做） 17. 家是温暖的、安全的
因果性	18. 家人（爸爸、妈妈等）为什么爱我 19. 我为什么爱家人（爸爸、妈妈等） 20. 我爱我家，为什么
必然性	21. 我会一直住在家里吗 22. 我家还可以有些什么家具、玩具、电器，让我们生活更方便

二、"家"专题活动内容			
活动序号	活动名称	学习区活动名称	六要素指向
1	歌曲：《我的好妈妈》 歌表演：《爱我你就抱抱我》	科学区：给家人排排队	1
2	作业单：我的家人 　　　　　家族树 统计：家人的属相		2、8、14
3	亲子作业单：我和家在一起的日子	科学区：涂格子 （一年一个格子）	3

续表

4	亲子游戏：数一数，家到幼儿园有多远	科学区：数格子（一个格子表示一分钟）	4
5	亲子作业：我的家	建构区：我的家	5、6、7
6	绘画：我的家		
7	谈话：我家有几口人（全家福）	科学区：数一数我家有几个人	8
8	绘画：我的妈妈		
9	谈话：我家有什么	科学区：家私家电、玩具分类	9、10、11
10	绘画：我最喜欢家里的……	科学区：爸爸的领带排序 　　　　妈妈的裙子排序	
11	绘本：《我的家你的家》	建构区：我家的厨房 科学区：客厅里有什么（分类）	
12	谈话：家是什么		12
13	诗歌：《家》		
14	亲子作业单：爸爸妈妈了不起	科学区或娃娃家：电话簿（家中电话以及特殊电话等）	13、14、15、17
15	音乐：《大鞋和小鞋》		
16	故事：《我家是个动物园》		
17	手指游戏：《拇指歌》		
18	谈话：夸夸我的爸爸妈妈		
19	歌表演：《办家家》 歌曲：《我有一个家》		
20	歌曲：《幸福一家人》	娃娃家：我来做爸爸，你来做妈妈 科学区：找一找，哪些地方注意安全（找到画个圈）	16—20
21	谈话：我也来做小帮手		
22	亲子绘画：设计亲子服装		
23	创编儿歌：《家》		
24	谈话：家中的危险物品		
25	谈话：我会一直住在家里吗		21、22
26	谈话：我的房间还可以增设什么呢		

表3-4　"幼儿园"专题活动课程设计（应知应会部分）

一、"幼儿园"六要素分析	
时间	1. 幼儿园成立日期，成立几周年
空间	2. 幼儿园的地理位置 3. 幼儿园各设施、班级和功能室的位置 4. 幼儿园各楼层布局或平面图 5. 班级平面图、逃生路线图 6. 从家到幼儿园的路线
数量	7. 幼儿园楼层 8. 幼儿园年级数、班级数、人数 9. 幼儿园有小朋友、老师、医生和其他工作人员（分类） 10. 幼儿园玩具、运动器械、图书等分类
质量	11. 幼儿园名称、园旗、园歌、园徽、园服、园训等 12. 幼儿园有教室、音乐厅、美工室、办公室、医务室、厨房等，它们的名称、功能、大小等 13. 幼儿园有前花园、后花园、生态园、发现王国等户外游戏区域 14. 幼儿园老师、医生、厨师、清洁工、保安、司机等的工作 15. 幼儿园的动植物，它们的名称、结构、形状、颜色、高矮等 16. 幼儿园的活动（游戏、晨会、玩沙、做操、学习区活动、运动会等）
因果性	17. 你爱幼儿园吗
必然性	18. 幼儿园将来还会变成什么样 19. 还可以有什么活动 20. 有什么玩具

二、"幼儿园"专题活动内容			
序号	集体或小组活动	学习区活动	六要素指向
1	团体讨论：我的幼儿园（幼儿园的建成日期、成立几周年、名称、园训、园徽、园旗或标志等） 发现：找一找哪里有园徽、园旗	建构区：搭建我心目中的幼儿园 数学区：点数幼儿园几岁了 语言区：观察园徽、园旗 绘本《我爱幼儿园》《啊哈！幼儿园》	1、2、3、7、8、11、18
2	团体讨论并访问：幼儿园有哪些人，他们的工作内容是什么（利用调查表记录种类）		9、14
3	团体讨论并参访：幼儿园的功能室（功能是什么，在哪里）	益智区：各功能室的幼儿表征图	3、12、16
4	绘画：我喜欢幼儿园的……（某人、某处或某个玩具）	语言区：同伴分享我最喜欢的……	10、17
5	绘画：我的幼儿园（整个幼儿园的平面图或整体建筑）	语言区：绘本《我上幼儿园》	4

续表

三、"幼儿园"专题活动内容			
序号	集体或小组活动	学习区活动	六要素指向
6	绘画/手工：幼儿园园徽、园旗或标志等	美工区：绘画：设计标志、旗帜、园徽 手工：用橡皮泥做园徽、园旗	11
7	绘画：幼儿园的生态园/发现王国		13
8	绘画：从我家到幼儿园的路线图	语言区：绘本《叮咚！公共汽车》	2、6
9	团体讨论/统计：幼儿园里的树（利用调查表来统计）	美工区：绘画：美丽的大树	15
10	分类、统计：幼儿园有多少老师、幼儿或后勤人员	益智区：分类：将幼儿园工作人员图片进行分类（材料：幼儿园工作人员工作照片）	8、9
11	测量：教室或操场（长宽）（利用记录单记录步数或其他）		5
12	观察并讨论：我班的位置	建构区：搭建高层建筑物	4
13	调查：楼层的秘密（幼儿园到底有几层楼）		4、7
14	团体讨论：未来的幼儿园	美工区：绘画：未来的幼儿园	18
15	学唱园歌：快乐小天使	角色区：模仿老师与幼儿入园情景	11

表3-5 "社区"专题活动课程设计（应知应会部分）

一、"社区"六要素分析	
时间	1. 社区建成的日期，建成几周年
空间	2. 社区的地理位置、幼儿园在社区中的位置 3. 社区布局或平面图 4. 我家在去社区医院等处的路线 5. 我家的邻居（左邻右舍，楼上楼下等） 6. 社区周边路名，附近的建筑和景点 7. 从幼儿园到附近的设施路线
数量	8. 社区里的居住设施（居民楼）数量 9. 社区的配套设施的分类、数量：学习设施（居民子女读书学习的地方：如中学、小学、幼儿园等）；生活服务设施（为居民生活提供服务的地方：如社区医院、银行、邮局、小商店、超市、菜市场、餐厅、停车场等）；文化活动设施（居民进行文化体育活动的场所，如图书室、文化广场、游泳池、儿童游乐场等） 10. 社区人数、居民户数等 11. 为社区服务的人的分类（清洁工、保安等）

续表

一、"社区"六要素分析	
质量	12. 社区的名称 13. 社区各种配套设施的名称、功能 14. 社区里的植物和动物（宠物），它们的名称、构成、形状、颜色、高矮 15. 社区里的各种标识，它们的名称、功能等 16. 社区里的活动（长者晨练等）
因果性	17. 为什么社区要有标识 18. 为什么社区要有配套设施 19. 为什么社区要有保安和清洁员
必然性	20. 社区还需要什么标识 21. 社区还可以增加什么设施 22. 社区还可以有什么活动

二、"莲花北村"专题活动内容

序号	活动名称	学习区活动名称	六要素指向
1	团体讨论：莲花北村（莲花北村的建成日期、几周年了，及你所了解的莲花北村）	建构/美工区：莲花北村	1、2、9、11、12、13、16、18、19
2	参访：莲花山（去莲花山的路线、莲花山上有什么）	科学区：收集树叶，观察叶脉、形状；收集石头，观察石头的形状	2、3、6、7、14、15
3	调查与绘制：莲花北村平面图（莲花北村里有哪些路、社区周边有哪些路、社区里有什么建筑、学校、设施等）	益智区：用建筑物/景点（模型或文字）来拼成社区模型/平面图，区分东南西北等方位 绘本：《来！大家一起修马路》	2、3、6、7、8、9、13
4	团体讨论：莲花北村里的学校（有哪些学校、分别是什么位置）		9、13、18
5	调查、统计：为莲花北村服务的人（种类、工作内容）		11、13、19
6	参访：莲花北村里的超市（超市的位置、数量等）	角色区：我来做保安/超市收银员/小导游等	6、9、13、18
7	团体讨论：莲花北村的进出口（有几个进出口、在哪里）		9、13、15、18
8	参访：莲花北村的游泳池（游戏池的位置、开放时间、针对人群、游泳池的形状、大小）	美工区：绘画：我心中的游泳池	9、13、18
9	参访：中心广场（位置、功能）		13

续表

二、"莲花北村"专题活动内容			
10	绘制从我家到幼儿园的路线图（还可选择其他地方）		4、7
11	团体讨论：莲花北村有哪些配套设施？还可以增加什么设施	绘本《公园里的声音》	8、9、13、18、21
12	团体讨论：莲花北村里有什么标识？（图案、名称、功能等）还可以增加什么标志		15、17、20
13	调查并团体讨论：莲花北村过年、中秋等怎么装扮小区？有什么活动		16、22
14	绘画：停车场	美工区：设计停车场	9、13、15

表3-6　"深圳"（家乡）专题活动课程设计（应知应会部分）

一、"深圳"六要素分析	
时间	1. 深圳建立经济特区以前是一个小渔村 2. 深圳建立经济特区的日期，已经建立多少周年
空间	3. 各区在深圳的位置 4. 深圳在广东省 5. 深圳的旁边有东莞、香港等
数量	6. 深圳的人分类（按职业分、年龄分、性别分、户籍分等） 7. 深圳人口总数 8. 深圳有10个区：福田区、罗湖区、盐田区、南山区、宝安区、龙岗区、光明新区、坪山新区、龙华新区、大鹏新区
质量	9. 深圳经济特区（鹏城），是座移民城市 10. 深圳的市长 11. 深圳的市花等植物 12. 深圳的著名建筑、景点、美食 13. 深圳的地铁、机场、码头、道路 14. 深圳的气候 15. 深圳的当代文化、传统风俗、方言
因果性	16. 深圳也叫鹏城，为什么 17. 深圳……多，为什么 18. 鹈鹕等鸟，为什么冬天飞来深圳
必然性	19. 深圳还可以更美丽吗？我们怎么做 20. 深圳还可以更干净吗？我们怎么做 ……

续表

	二、"深圳"专题活动内容		
序号	集体或小组活动	学习区活动	六要素指向
1	团体讨论：深圳（有哪几个区并在地图上找出这几个区和自己的位置、是经济特区、建立经济特区的时间）	益智区：深圳地图拼图	2、3、4、5、8、9
2	团体讨论并欣赏图片：深圳著名建筑	建构区/美工区：深圳著名建筑 绘本《100层的房子》	12
3	亲子作业单，并团体讨论分享：深圳美食/特产	角色区：深圳美食餐厅	12
4	收集、团体讨论：深圳和邓小平、市长是谁	语言区：了解深圳名人"对深圳影响较大的人"	10
5	家庭亲子游后，团体讨论：我所知道的深圳著名景点	建构区：深圳著名景点	12
6	音乐欣赏：《春天的故事》		1、2、9
7	绘画：美丽的深圳	美工区：深圳好玩的东西	11、12、13、14、15
8	绘画：未来的深圳		19、20
9	团体讨论/绘画：深圳的大海（大海里的鱼、贝壳、珊瑚）	绘本《海洋的奥秘》	
10	团体讨论：深圳交通（了解交通工具的种类、地铁线路）	建构区：建构地铁线路	13
11	团体讨论：深圳的邻居有谁（周边城市）	益智区：中国地图	4、5
12	深圳的四季（深圳的四季与其他地方有什么不同、为什么鸟儿冬天要飞来深圳）	绘本：与四季相关的《下雪的节日》	14、18
13	深圳的城中村（定义、有哪些城中村）		1、9、15
14	团体讨论/绘画：深圳市花、市树	美工区：绘画/手工（市花、市树）	11
15	视频：过去的深圳		1、9、15、16
16	团体讨论：如何爱护深圳		19、20

表3-7 "中国"专题活动课程设计（应知应会部分）

一、"中国"六要素分析	
时间	1. 中华人民共和国成立日期，成立周年 2. 中国历史：中华民族有5千年历史，古代中国（清以前）、现代中国（民国到今） 3. 中国计算时间的方法：二十四节气、十二生肖
空间	4. 中国在亚洲的位置，中国地图 5. 中国的邻国
数量	6. 中国人口总计约13亿多，是世界上人口最多的国家 7. 汉族为主，还有少数民族，一共有56个民族 8. 中国由23个省、5个自治区、4个直辖市、2个特别行政区（香港、澳门）、台湾地区组成
质量	9. 中国全称、国旗、国徽、国歌、国家主席、总理 10. 天安门广场升旗仪式、阅兵式 11. 中华民族是勤劳、勇敢的民族 12. 中国人的外貌特征：黑头发、黑眼睛、黄皮肤 13. 中国的汉字 14. 中国国粹：京剧、武术、书画 15. 中国菜（用筷子、菜系等），中国茶 16. 中国节日 17. 著名建筑、著名景点 18. 中国四大河流（长江、黄河等）、五岳（泰山等） 19. 民间游戏、民间艺术 20. 中国礼仪（拱手礼等） 21. 中国的珍稀动物（国宝熊猫等）、植物 22. 古代四大发明 23. 中国的货币 24. 中国人的文化
因果性	25. 为自己是中国人感到自豪，为什么 26. 我爱吃中国菜，我爱……为什么
必然性	27. 怎样能让中国人生活得更美好 28. 怎样能让中国更强大

二、"中国"专题活动名称			
序号	集体或小组活动	学习区活动	六要素指向
1	团体讨论：我是中国人（肤色、服饰、语言、文化）	美工区：绘画中国人 欣赏/装饰：旗袍、中山装 语言区：我的家乡话/地铁上的语音提示	12、27

续表

	二、"中国"专题活动名称		
2	收集、分享：中国的世界之最	语言区：图片介绍，中国之最连线 建构区：作品建构	4、15、16、17、18、19
3	认识首都——北京/黄河/长江	益智区：在地图上找出首都——北京、黄河、长江	2、17、30
4	认识人民币（以前、现在）	数学区：认识人民币的不同面值/兑换 美工区：人民币上有什么	4、23、29
5	团体讨论、视频分享：现在中国的辉煌	阅兵式/"神舟"飞船上天	2、18、30
6	团体讨论分享：中国名人	语言区：介绍我知道的名人/图片名字找对应	2、27
7	PPT/照片分享：中国著名旅游景点、建筑	美工区：绘画/手工制作：最喜欢的景点/建筑	2、12、17、27、30
8	视频/图片分享：中国菜 或食客分享：来品尝川、粤、湘菜等	结伴过家家品尝川、粤、湘菜等	2、16、28、30
9	统计：百家姓 统计：班级幼儿姓氏调查	语言区：认识百家姓/百家姓的故事	2、27
10	分享：我的家乡在哪里 统计：咱们是老乡（统计班级幼儿的籍贯）	科学区：地图上标出我的家乡/统计/谁的家乡离我家乡最近最远/老乡统计	4、7、28
11	口诀：十二生肖 舞蹈：十二生肖 调查：班级幼儿的属相调查	益智区：排序 语言区：绘本《到底谁厉害》《十二生肖》	15、27
12	视频：中国茶道 实物分绍：了解茶叶种类	科学区：观察茶叶——形状/颜色/粗细 品茶/泡茶/敬茶/品茶 表演区：欣赏《中国茶》/唱歌/动作创编	2、16、28
13	欣赏：京剧（视频） 绘画：画京剧脸谱	表演区：《中国京剧真叫棒》 美工区：绘画：脸谱	2、15、27
14	认识/绘画：五星红旗/国徽/国歌	语言区：五星红旗、国徽上面图案颜色代表什么？ 表演区：《中华人民共和国国歌》	1、10、30
15	儿歌：二十四节气	语言区：朗诵儿歌 益智区：节气名称配景观图	2、3、29

续表

	二、"中国"专题活动名称		
16	亲子收集，并团体讨论：中国有哪些传统节日	益智区：一年节日排序	2、24
17	诗歌：《我爱天安门》 绘画：天安门	欣赏模型/图片：天安门（对称设计特点） 美工区：绘画：天安门	10、11
18	诗歌：《我去台湾岛》	语言区：朗诵诗歌/有节奏朗诵歌谣	2、8
19	歌谣：《我是中国人》	科学区：标出台湾岛在地图上的位置/仔细观察中国地图形状	2、12、27
20	儿歌：《中国地图像雄鸡》	益智区：拼中国地图	4、27
21	音乐欣赏：五十六个民族	美工区：表演服装设计/制作	7、12、27
22	打击乐：《大中国》		
23	音乐欣赏：《龙的传人》	表演区：自导自演	2、18、27
24	视频欣赏：中国功夫		7、15、20
25	舞蹈欣赏：掀起你的盖头来	表演区：感受体验新疆舞的节奏特点/蒙古舞的豪放、活泼	7、20
26	舞蹈欣赏：蒙古舞		
27	手工：新疆帽 　　　西藏裙	美工区：绘画：八角帽的等分和装饰/西藏裙的颜色搭配	
28	欣赏：皮影戏	科学区：探究皮影的制作	
29	手工：花样多多剪窗花	美工区：剪窗花	12、19
30	手工：做陶器	美工室：陶艺制作	
31	手工：包饺子	美工区：包饺子	12、16、20、28
32	亲子收集了解：四大名著/四大发明/中国的国宝、国花	专题展板展示 语言区：欣赏了解 美工区：绘画手工	2、12、22、27
33	欣赏：中国汉字	语言区：汉字的演变	2、4、14
34	谈话：中国礼仪	角色区：模仿、表演中国传统礼仪使用	12、13、20
35	家长支援：中国书法（擅长书法的家长来展示书法）		14、15
36	民间游戏：翻绳/跳竹竿/抬花轿等	户外、餐后	2、19
37	晨会不放入教学中，这里以班级教学活动为主	小主持人：分别介绍祖国的大好河山、辉煌成就（视频或图片支持） 表演：中国功夫……	

表3-8 "世界"专题活动课程设计（应知应会部分）

一、"世界"六要素分析	
时间	1. 地球分成24个时区，世界各地时间不一样 2. 地球已经有40亿～50亿岁
空间	3. 地球绕着太阳转，月亮绕着地球转 4. 几个常见国家的位置
数量	5. 世界四大洋七大洲 6. 世界的总人口，人口最多的是中国 7. 世界约有224个国家和地区 8. 世界有四类人种（白种人、黄种人、黑种人和棕种人）
质量	9. 地球是圆的，有海洋、陆地、森林、草原、河流、高山、冰山等，有的地方炎热，有的地方寒冷等 10. 世界珍稀动物、植物 11. 几个常见国家国旗、货币、语言和文字、礼仪、艺术、国花、服饰 12. 世界著名建筑、景点、美食、名人、童话故事
因果性	为什么要环保 为什么要和平
必然性	假如你可以到宇宙飞行，你想……

二、"世界"专题活动内容			
序号	集体或小组活动	学习区活动	六要素指向
1	认识：各国不一样时间	数学区：算一算各国时间差	1、7
2	以绘本引入团体讨论：地球的奥秘	科学区：观察地球仪/世界地图	1、2、3、4、5
3	演示：公转与自转：地球绕着太阳转月亮绕着地球转	科学区实操：地球绕着太阳转月亮绕着地球转 语言：绘本《地球的奥秘》	
4	地图查找：七大洲四大洋	语言：绘本《认识世界》 益智区：拼图	5
5	资料（PPT/照片）分享：/世界人口有多少？/世界约有多少个国家和地区	语言区：资料（照片）	6、7
6	欣赏歌曲：《世界大团结》	表演区：模仿不同国家的人	11
7	语言：说说不同肤色的外国朋友	美工区：画不同肤色的人 益智区：地区与人对应	8
8	视频：地球有什么	作业单：记录地球上有什么（海洋、森林、火山、高山）	2、9
9	亲子资料收集：世界各国国花/国旗/国宝	语言区：国花找对应 绘本《世界国旗》 美工区：手工各国国花、国旗设计 益智区：国旗分类	11

续表

	二、"世界"专题活动内容		
10	亲子资料收集、分享：世界标志性建筑/各国国都/服饰	建构区：世界标志性建筑物 美工区：图片欣赏、临摹绘画 语言区：绘本《环游世界名城》	8、12
11	欣赏/临摹：凡·高作品	美工区：临摹名画	
12	名曲欣赏：《天鹅湖》	表演区：天鹅湖	
13	作品收集：安徒生童话、故事	语言区：图书分享、讲童话	8、11、12
14	绘本：《爱迪生的发明》	科学区：小实验 语言区：了解爱迪生 绘本：爱迪生的发明	
15	谈话：我是环保小卫士	语言区：和平鸽的故事	
16	视频："神舟"飞天视频	绘画：宇宙飞船 未来的世界	1、3、9、14、15、16

二、专题活动开展的三个阶段

专题活动的开展分为三个阶段，三个阶段没有严格划分，每个阶段之间可以交叉或重叠。在专题活动的每一个阶段中，教师都会用"六要素"分析幼儿的经验，统整探究活动（见表3-9）。

表3-9　专题活动开展的三个阶段

阶段	幼儿活动	教师作用和方法	
		作用	方法
第一阶段 了解旧经验 发现兴趣点	用讲述、绘画、建构等方式进行表述与概念相关的经验	了解旧经验 发现幼儿探究兴趣	1. 在活动中观察、倾听幼儿 2. 创设环境、提供刺激物 3. 用六要素分析梳理幼儿旧经验
第二阶段 丰富新经验 探究新问题	通过团体讨论、调查、访问、实验、实地参观、查收资料等途径解决问题，积累新经验	帮助幼儿丰富新经验，聚集新问题，并支架幼儿解决问题	1. 抛有价值的问题，发起讨论或行动 2. 提供适宜的材料，引起操作实践 3. 引导幼儿解决新问题（迁移经验、同伴合作等）
第三阶段 统整发表 运用概念	用讲述、绘画、建构等方式对探究成果进行发表，将新经验运用于生活实践中	引导幼儿表达建构的概念，将新经验运用在生活中	1. 帮助幼儿用多种方式表达自己已经建构的概念 2. 引导幼儿关注真实生活情景中的问题，并让幼儿讨论和操作解决 3. 用六要素对幼儿掌握的概念进行评量

（一）第一阶段：了解幼儿经验，找准兴趣点，确定专题活动内容

在"我、家庭、园区、深圳、中国和世界"六个维度的专题活动中，首先就每个维度的大范围进行"应知应会"内容的学习；然后根据幼儿具象思维丰富的特点，尽量选取较为具体的概念，将目光聚焦到较为少的对象上，而且是幼儿感兴趣的对象上，缩小范围进行较为细致和详尽的学习，尽量让幼儿描述他们的所见所闻。例如，将"深圳"具体化为"深圳地铁""深圳图书馆""深圳笔架山公园""深圳美食"等，以便幼儿搜集资料，丰富经验，从而提高幼儿学习的兴趣。

1. 教师引导

教师有目的地进行"应知应会"内容学习的过程中，有意识地留意和观察幼儿的言语和行为，看哪些事物是多数幼儿感兴趣的。或者直接征询或调查幼儿的兴趣点，挑选多数幼儿感兴趣并且可操作性空间大的事物作为专题活动需要深入探究的内容。或者教师根据以往的教学经验和教学效果，直接确定专题活动聚焦内容。在确定专题活动具体内容后，教师对专题活动聚焦内容进行"六要素"分析。

2. 幼儿建构

在确定专题活动具体内容后，教师组织幼儿，就这个具体内容（比如"深圳的美食"）让幼儿"肆无忌惮"地畅所欲言，如通过绘画、演讲等方式，让他们宣泄对深圳美食的怀念，对深圳美食的梦想，也就是说要唤醒他们已有的经验，激发他们探索新经验的兴趣、热情、想象力，而教师对幼儿的言行主要是倾听、观察、记录。

（二）第二阶段：运用"六要素法"有意识地进行探索活动

在探究过程中，教师就时间、空间、质量、数量、因果性和必然性等知识要素分析幼儿经验和设计活动、开展教学，通过提出问题、实地参访、发表、作品展示、讨论等形式，有针对性地强化经验丰富的部分，弥补经验薄弱的部分，帮助幼儿形成综合性较强的经验，让幼儿对事物内部及事物与事物之间的关系进行初步的探求，加深对"概念"的认识，为幼儿主动建构"概念"打下逻辑基础，这既是一个促进幼儿自我建构概念的过程，也是施展教师专业引领的过程。

1. 教师引导

在第一阶段的活动进行后，教师要进行梳理，看看幼儿在哪一方面的经验比较丰富，在哪一方面的经验比较缺失；对哪一方面的热情比较高涨，对哪一方面的关注度比较缺乏。然后对照分析出来的"六要素"，看看在"时空之谜""量化思维""溯因习惯"或"创新意识"哪一方面可以深入探索，哪一方面需要加强认知。然后依据教学时间、教学地点、教学步骤、教学方式、教学内容、教学目标等制订教学计划安排，准备必要的道具和资料，布置相关的创设环境。

2．幼儿建构

制订教学计划安排，准备必要的道具和资料，创设相关的环境后，专题探索活动进入第二阶段，这个阶段是依据"六要素法"的有意识的探索活动，让幼儿充分发挥他们的主体建构性，让他们放开手脚进行探索，让他们放开思想进行创造。教师只是充当支持幼儿进行探索活动的"脚手架"，亦即根据幼儿对探索活动的理解和实践能力水平，提供不同程度的指导支持。如果幼儿的某一方面的理解和实践能力水平较高，提供指导就少一点；如果幼儿的某一方面的理解和实践能力水平较低，提供指导就多一些。

（三）第三阶段：对活动进行综合总结

对活动进行综合总结，是帮助幼儿依据"六个要素"进行自我建构事物的概念，形成较为完整的知性知识的重要一步，同时通过对活动进行综合总结，可以促进幼儿的语言表达能力的发展，以及促进幼儿"举一反三"的思考能力的提高。

1．教师引导

专题探索活动结束后，教师要汇集、分析、梳理探索活动过程的重点、难点、亮点、盲点，逐一对照"六个要素"，对探索活动的效果进行评量。教师无论是对探索活动过程，还是对探索活动的效果，都要做到心中有数。然后组织幼儿对专题探索活动进行总结。

2．幼儿建构

在总结过程中，让部分有代表性的幼儿用语言来对此次专题探索活动进行表述，表述的内容要有"六个要素"，如果缺了哪一个，教师要适当提醒。

在以上活动的三个阶段中，要尽可能地结合活动的具体内容，通过讲故事、看图阅读、美术、音乐、影视、家园互动、社会活动等方式，融合进情感与审美、行为塑造的元素。

第三节 运用"六要素"开展专题活动学习案例

"六要素法"来源于康德的知识构成论哲学，众所周知，康德哲学晦涩难懂，即使是要初步了解他的哲学，也需要一定的哲学、心理学、逻辑学、数学、物理学、天文学等基础知识。"六要素法"对康德的知识构成论进行了简化和改造，力求通俗易懂，但即使如此，要自如地将"六要素法"运用到教学活动中，仍需要一个理解过程，需要一定的经验积累。

在本节，主要与大家分享一些我们在实践中运用"六要素法"开展专题活动的案例。这些案例都来自于具有丰富教学实践经验的老师,是他们实践"六要素法"的宝贵经验,例如用"时间、空间、数量、质量、因果性和必然性"六要素来分析"聚焦点"的学习内容,在每个阶段用六要素来统整教学活动,引导幼儿进行深入探究,建构完整的概念。希望通过案例能让读者对"六要素法"有更加深入的理解和认知。

一、专题活动案例

在三位一体课程实施以来,经过六年两轮的教育教学,专题的案例有很多,不胜枚举,每一个案例都围绕专题进行,幼儿的思维能力得到了有效培养。由于书籍篇幅有限,而专题活动开展时间长,活动多,不能将全部活动都呈现给读者。所以在此只选择了专题开展的11个案例,并且在内容上有所删减,尽量保持案例的精华部分,完整呈现出"健康·德行·聪明"三位一体课程具体是如何实施的。

在列举的11个案例中,"鞋子""我的家""幼儿园的厨房""小学""京基100""中国汉字""火山"7个案例是对各个专题聚焦点的探究活动,主要由幼儿的兴趣点、幼儿的话题、幼儿的问题等引发。而"十二生肖"和"老乡"2个案例是一个专题活动过程中的一小部分,是以中国特有的文化为载体的探究活动,活动具有"文化适宜性"。"等分"则是由幼儿的学习区活动引发的探究活动,而且"等分"对于幼儿来说又是比较抽象的概念,是对科学领域的研究,活动具有单一领域性。"十二生肖""老乡"和"等分"这三个活动虽然没有全部运用"六要素法",但比较典型,因此,也列在其中和大家分享。

(一)鞋子

设计、执行、记录:李国丽、董兰兰老师
班级:第九幼儿园小三班
时间:2014年10月

1．发现和聚焦探究点

情景一:学习区活动结束时音乐响起来,娃娃家和建构区的幼儿收拾好玩具后,都在穿鞋子。浚峰光着脚跟我说:"老师,我的鞋子不见了,找不到了。"

情景二:午饭结束,幼儿换拖鞋进睡房,几名幼儿在鞋架上找拖鞋,添添说:"怎么都是同一边的鞋啊,另外一边的鞋子在哪里啊?"

情景三:放学前,保育老师孙老师检查小朋友是否穿反鞋,发现浚峰、琬兹、姗姗经常穿反鞋。

情景四:午睡起床后,鞋架上堆满了凌乱的拖鞋。

教师判断

以上四种情景经常发生在小三班幼儿入园第一个月。这是小班幼儿第一次离开父母,来到幼儿园开始集体生活,此时的幼儿刚刚适应集体生活,但生活自理能力还较弱,经常发生穿错鞋、穿反鞋,不知如何正确取鞋、放鞋,整理鞋架的情况。

有研究表明:2~4岁是幼儿生活自理能力和良好生活习惯初步养成的关键期。抓住关键期,既能起到事半功倍的效果,同时还能培养幼儿生活自理能力,对幼儿来说也会受益终身。

小班第一学期的专题是《我》,而鞋子是幼儿生活中最熟悉最常见的物品,鞋子与幼儿息息相关,可以开展许多与鞋子相关的活动。

基于以上原因,教师认为开展"鞋子"专题活动非常具有教育价值。

2. 六要素教学内容分析

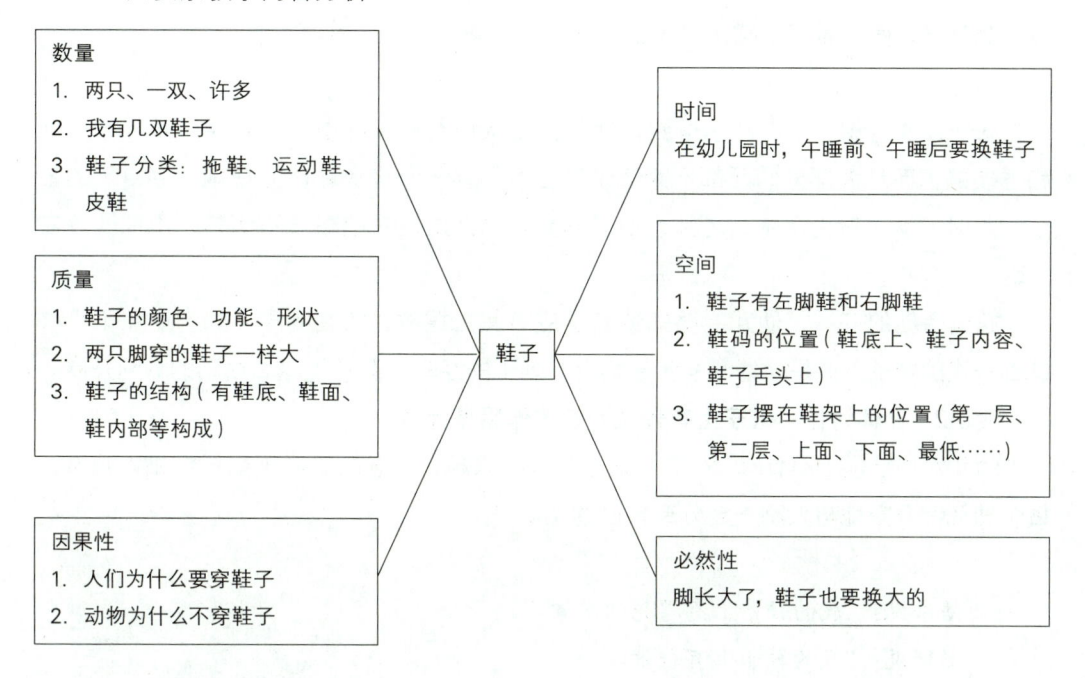

```
数量                                          时间
1. 两只、一双、许多                            在幼儿园时,午睡前、午睡后要换鞋子
2. 我有几双鞋子
3. 鞋子分类:拖鞋、运动鞋、
   皮鞋

质量                                          空间
1. 鞋子的颜色、功能、形状                      1. 鞋子有左脚鞋和右脚鞋
2. 两只脚穿的鞋子一样大        鞋子           2. 鞋码的位置(鞋底上、鞋子内容、
3. 鞋子的结构(有鞋底、鞋面、                    鞋子舌头上)
   鞋内部等构成)                             3. 鞋子摆在鞋架上的位置(第一层、
                                                第二层、上面、下面、最低……)

因果性                                        必然性
1. 人们为什么要穿鞋子                          脚长大了,鞋子也要换大的
2. 动物为什么不穿鞋子
```

3. 六要素教学建构活动

第一阶段:了解幼儿旧经验

活动1 团体讨论:整理鞋架

幼儿把自己的拖鞋放在鞋架上,鞋架上的鞋子堆成几层,很乱(如图3-1)。

李老师问:"这样放鞋子合适吗?"

雨辰说:"好乱啊。"

姗姗说:"现在我都找不到自己的拖鞋了。"

李老师问:"那怎样放才能找到自己的拖鞋呢?"

雨晨说："我把鞋子放第一层，这样我睡觉时拿鞋就知道放在哪里。"

雨晨的话提醒了其他小朋友。大家争先恐后地说也要放第一层。

那么，第一层到底可以放几双鞋呢？

李老师与小朋友一起整理，结果发现：两只鞋子背靠背上下平放，一层能放6双鞋子。

于是，李老师提议：第一组的放第一层，第二组的放第二层……这样鞋架很快就整齐了。

在整理鞋架的过程中，幼儿知道了自己的鞋子放在第几层，同时掌握了摆放鞋子的方法，这样就不会错。

图3-1 摆放幼儿拖鞋的鞋架

从幼儿的讨论中，老师了解到，幼儿都能认识到鞋子乱堆放在鞋架上是很不美观和方便的，而且大部分幼儿都不太清楚这么多的鞋子怎样放才能方便地找到自己的鞋子。同时，从一日生活中，老师也能了解到，幼儿对左右的概念不清楚，不能区分左右鞋。

通过活动的开展，幼儿能够知道鞋子应该怎么摆放，放在哪里，如何避免不小心拿到一边的鞋子。这是让幼儿初步建构有关鞋子的经验，有利于以后活动的顺利开展。

活动2　团体讨论：鞋子上有什么？它的作用是什么？

幼儿对"鞋子上有什么"？这个话题特别感兴趣，大家纷纷脱下鞋子仔细地观察，每个幼儿都开心地与大家一起分享自己的发现。

浩浩说："我的鞋子上有漂亮的图案。"

珊珊说："我的鞋子上有鞋带。"

小欢说："我的鞋子上有我的名字。"

若兰说："我的鞋子上有像迷宫一样的花纹。"

欧阳说："我的鞋子上有数字。"

老师说："那你们知道数字的作用是什么吗？"

辉辉说："鞋子上的数字可以让我们跑得快。"

峻昊说："鞋子上的数字可以让鞋子变得漂亮。"

当他们问李老师数字有什么作用时，李老师摇摇头说："我也不知道，你们回家问问爸爸妈妈，明天告诉李老师吧。"

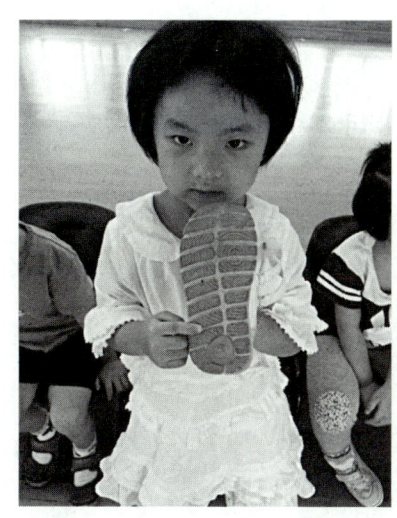

图3-2　幼儿在寻找鞋码

第二天提问时，幼儿把手举得高高的，告诉李老师："那是鞋码，不同大小的脚穿不同的鞋码。"

通过与爸爸妈妈的讨论，不少小朋友都明白了鞋子上的数字是鞋码，不同的鞋码代表不同大小的鞋子，脚大就要穿大码的鞋子，脚小就要穿小码的鞋子。还有小朋友来告诉老师："等我长大了，就可以穿爸爸的大鞋子了。原来，随着我们长大，脚也会长大，我们的鞋码也在变大。"

在团体讨论活动中，老师发现，幼儿都具有敏锐的观察能力，都能发现鞋子的小秘密，同时也能用语言跟同伴分享自己的发现，勇于跟同伴分享自己的新发现，也是幼儿自信心的外现。当幼儿观察到鞋子上有数字时，老师提出问题"数字的作用是什么"，这个问题激发着幼儿们的思考，他们大胆地猜想，在猜想中发挥自己的想象力。这个过程实际上就是在不断提升幼儿的观察能力和思维能力。

当幼儿反问老师鞋子上的数字有什么作用时，老师并没有急于回答他们，而是让他们把这个疑问带回家和爸爸妈妈一起讨论，增加了亲子之间的交流、互动。

活动3　团体讨论：你穿过什么鞋？在幼儿园穿什么鞋子合适？

雨晨上午穿小皮鞋在滑滑梯时摔了一跤，幸好没有扭伤脚。从这件事上幼儿们知道了穿小皮鞋容易滑倒。继而引出话题"你穿过什么鞋？"

珊珊说："我穿过拖鞋和白胶鞋。"

吱吱说："我穿过洞洞鞋和运动鞋。"

雨晨说："我穿过小皮鞋和靴子。"

张羽说:"我家有棉鞋和雨鞋。"

智霖说:"我家也有,还有凉鞋。"

老师说:"那为了不容易摔倒,在幼儿园里穿什么鞋子最合适呢?"

浩浩说:"穿运动鞋,妈妈说运动鞋安全又舒服。"

瑜瑜说:"也可以穿白胶鞋,因为老师每天都让我们穿。"

浩浩说:"不能穿小皮鞋,很滑的,上次过年我穿皮鞋就滑倒了,屁股都弄疼了。"

大家听浩浩说完个个都哈哈大笑起来。

鞋子与幼儿息息相关,幼儿从一出生就开始接触鞋子。老师发现,不少幼儿都对鞋子有一定的了解,知道鞋子有很多种类,有拖鞋、运动鞋、皮鞋、靴子、棉鞋、雨鞋等。但是幼儿对鞋子的了解只停留在颜色、款式和用途等方面,较为粗浅。

用六要素分析幼儿已有经验。

时间——初步了解什么时候穿什么鞋子。

空间——幼儿知道将两只鞋子背对背放在一起,最省地方,能放下更多的鞋子;知道鞋子里面、外面、舌头上都有可能写上鞋码。

质量——知道鞋上的数字是码数,不同的码数代表不同大小的鞋子。

数量——知道将自己的鞋子放在鞋架第几层;知道鞋子有不同种类,如颜色不同、款式不同和用途不同等。

因果性——知道为什么会在不同的时间穿不同的鞋子。

必然性——知道随着年龄的增长,脚也会长大,鞋子也变大,对应的鞋码也会增加。

在第一阶段,幼儿在时间、空间、数量、质量、因果性和必然性方面对鞋子有不同的经验,但是各方面经验都比较粗浅,在第二阶段中,老师会根据幼儿的经验和兴趣,适当引导幼儿对各方面多进行深入探究。

➔ 第二阶段:深入探究,建构新经验

活动1 调查验证:鞋码在哪里?

在团体讨论中幼儿发现鞋子上有鞋码,于是董老师引导幼儿统计鞋码会在哪里。老师请幼儿仔细观察自己的鞋子,让鞋码在鞋底的幼儿站在一起,让鞋码在鞋舌的幼儿站在一起,让鞋码在鞋垫上的幼儿站在一起,最后大家一起点数分别有几人,记录下来。

最后统计出:鞋码在鞋底的共有11人,鞋码在鞋垫上的共有8人,鞋码在鞋舌的共有5人。通过统计幼儿发现:鞋码大部分是在鞋底下,较少在鞋舌上。

幼儿在找鞋码的过程中,发现鞋码会在鞋底、鞋垫、鞋舌上,提升了幼儿的空间感知能力，空间概念也得到了发展。同时，幼儿能正确地表达"我的鞋码在哪里"，锻炼了其语言能力。在老师的指导下通过点数数出有多少人，比较出最多人数和最少人数，其计数水平能得到一定的提高。

活动2　调查验证：我的鞋码是多少？

每个幼儿的脚都不一样大，鞋码也不一样。老师引导幼儿看一看自己的鞋子上的鞋码是多少。

最后幼儿开心地讨论起来：

> 张羽说："我的鞋码和多多的一样，都是27码。我们的鞋子一样大。"
> 子恒说："知道了鞋码，小姨可以在网上帮我买新鞋子咯。"
> 俊浩说："我的鞋码是27码，等我长大了我就可以穿爸爸44码的鞋子了。"
> 语新说："我的鞋码是也是27码，妈妈知道了我的鞋码，以后不用带着我到店里试鞋了。"

教师引导幼儿去看一看自己的鞋码是多少，并让幼儿记住自己的鞋码，这是引导幼儿去进行有意注意的过程，同时，记住自己的鞋码，对小班幼儿来说是一项小小的挑战，锻炼了幼儿的记忆力。在知道自己的鞋码后，幼儿间的交流更能促进幼儿新经验的建构。

活动3　个别探究：数学区——鞋子配配对

> 李老师把几双幼儿的鞋子打乱，问："怎样快速找到同一双鞋？"
> 圆圆说："可以找一样名字的鞋。"
> 兹兹说："可以找一样码数的鞋。"
> 峰峰说："可以找一样图案的鞋。"
> 李老师继续说："看来小朋友们已经知道了怎样快速找到同一双鞋子，那我们的数学区里面有许多许多的小鞋子，需要小朋友们去帮它们找到自己的另一半哦！"

图3-3　学习区材料——鞋子配对

教师在数学区里投放多种多样的卡通小鞋子，吸引幼儿去将它们配对。幼儿可以根据自己的兴趣来玩这个小游戏。通过不同的款式、颜色，幼儿可以将小鞋子配对好，这个过程锻炼了幼儿的观察能力、分类能力。

活动4　个别探究：美工区——手工制作拖鞋

老师在美工区投放各种形状的纸，鼓励幼儿在美工区制作小拖鞋。

欧阳说："两只鞋子的颜色、花纹要一样，这样才是一双。"

小拖鞋是幼儿生活中天天都会接触到的，幼儿对自己的拖鞋非常熟悉，同时拖鞋的制作相对容易。在制作拖鞋的过程中，幼儿也渐渐了解到两只鞋子要一模一样才能组成一双，包括款式、颜色、花纹都要是一样的。这样，幼儿对鞋子的概念就更加清晰了。这个过程中幼儿的逻辑思维在发展。

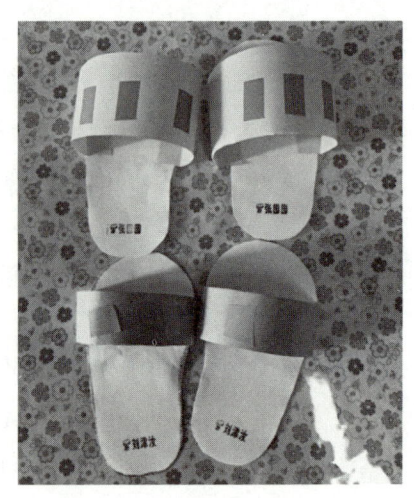

图3-4　幼儿展示自己做的小拖鞋

同时，幼儿动手制作拖鞋，也是一个创造力、想象力发展的过程：可以自己选择不同材质、颜色的纸；怎样做才更简单；在小鞋子上加上些什么才能让它更漂亮呢？

活动5　调查验证：穿大鞋和小鞋

老师带了自己的运动鞋，请幼儿分别穿自己的运动鞋与穿老师的运动鞋跑步，让幼儿感受谁的鞋子更舒服。

幼儿试后都说：穿着大鞋子跑步一点也不舒服，一拐一拐的，只有穿自己的鞋子跑步最舒服，不容易掉下来。

穿着大鞋子走路是什么感觉呢？相信不少幼儿在家都尝试过穿上爸爸妈妈的鞋子。设计这个活动，幼儿对大鞋、小鞋的感觉更加丰富，也明白了最合脚的鞋子才是最舒服的、最安全的。

用六要素分析幼儿第二阶段的经验
时间——清楚什么时候穿什么鞋子。
空间——知道鞋码可能会在鞋底、鞋垫、鞋舌上。

图3-5　穿上老师的鞋子来跑步

数量——学会简单的统计方法，如点数。

质量——知道并能记住自己的鞋码；学会区分左右脚；知道鞋子里外的结构，并能说出名称，如鞋舌。

因果性——幼儿在第一阶段就已经知道为什么要在不同的季节穿不同的鞋子。

必然性——对长大时脚也会长大、对应的鞋码也会变大有了更深的体会。

▶ 第三阶段：概念在生活中的运用，发表探究成果

经验发表1：整理鞋架

现在我们班级里的鞋架上，总是摆放着整整齐齐的鞋子。偶尔有个别幼儿鞋子摆放得不整齐，其他幼儿发现后，总会帮忙摆放得非常整齐。

经过前两阶段的学习，几乎所有幼儿都能正确取放鞋子，班级的鞋架总是非常整齐。

经验发表2：穿鞋子比赛

大部分幼儿都掌握了穿鞋子、整理鞋子等基本技能，老师计划举行一次穿鞋子比赛，通过比赛活动，让幼儿再次体验拥有这些技能的成就感。

图3-6 整齐的鞋架

在穿鞋比赛中，小欢在第一组比赛中获得第一名。

李老师问她："怎样才能快速穿鞋？"

小欢开心地说："把左脚鞋和右脚鞋放好，再穿就很快了。"

李老师告诉了其他的幼儿，他们也都开始按照小欢说的方法重新再穿鞋，果然这个办法真好，班上所有的小朋友都能够快速正确穿好鞋。

图3-7 穿鞋子比赛

在比赛活动中，幼儿为自己能够"又快又正确"穿好鞋子感到开心和高兴。同时，让一些幼儿分享经验，也是同伴学习的好机会。

用六要素分析幼儿第三阶段的经验

经过前两个阶段，幼儿从时间、空间、数量、质量、因果性、必然性方面对鞋子

有了深入的认知,第三阶段是幼儿在"质量"上发展更进一步的体现,老师组织了穿鞋子比赛从"质量"上对幼儿提出了更高的要求,不再停留在学会穿鞋子,正确穿鞋子上面,而是如何把鞋子穿得又快又好。

4. 幼儿的学习与发展

让入园才一个多月的幼儿对"鞋子"的概念有一个较为完整的认识,需要根据他们的年龄特点和认知水平,依据"概念"的"六要素"来设计活动。在"质量"上,让幼儿说说鞋子的具体属性,例如形状、结构、材质、颜色、图案等,从感性上加深对鞋子的认知;让幼儿进行鞋子鞋码大小的比较,培养最基本的量化(质量)思维;让幼儿讲讲鞋子的功能,期间会触发他们爱护鞋子的意识,也会自然而然地明白"我为什么要穿鞋子"的"因果性"的道理。在"数量上",让幼儿按用途对鞋子进行简单的分类,例如洗澡时和睡觉前穿的鞋、运动时穿的鞋、平常穿的鞋等,统计一下自己各类鞋各有多少双?总共有多少双?这也是在培养最基本的量化(数量)思维。在"时间和空间"上,让幼儿懂得什么时候、什么地方该穿什么类的鞋,并且引导他们将脱下的鞋摆到适当的地方和适合的位置。在"必然性"方面,让幼儿明白,随着身体的发育,鞋子也会从鞋码小的换成鞋码大的。虽然只是一个"鞋子"概念的学习,可是通过六要素法的学习启发,幼儿多多少少会举一反三至衣服、帽子、玩具、学习用具等概念的认知上。现从《3~6岁儿童学习与发展指南》各领域的学习和思维能力的角度来对幼儿的学习和发展进行分析。

(1)从《3~6岁儿童学习与发展指南》各领域的学习来看幼儿的发展

① 健康

生活习惯与生活能力。在帮助下能穿脱衣服或鞋袜。幼儿在一日生活中每天都会穿脱鞋子,已经不需要帮助就能自己穿脱鞋子了。

② 语言

倾听与表达。别人对自己说话时能注意听并做出回应;能听懂日常会话。每一个活动的正常开展都是建立在幼儿能认真听并能听懂的前提下,例如老师提问:怎样才能快速穿鞋?这样放鞋子合适吗?那怎样放才能找到自己的拖鞋呢?鞋子上有什么数字,数字的作用是什么?同时,幼儿对老师所提出的问题都做出了相应的回应。

愿意表达自己的需要和想法,必要时能配以手势动作。幼儿愿意回答老师的问题,并能表达出自己的想法。

阅读与书写准备。喜欢用涂涂画画表达一定的意思。幼儿在记录鞋子的码数、统计鞋码位置的人数时都需要用到简单的数字记录。

③ 社会

人际交往。愿意和小朋友一起游戏;为自己的好行为或好活动成果感到高兴;自己能做的事情愿意自己做。知道要将鞋子整理整齐，在穿鞋子比赛中能够积极参与，并努力争取最快穿好鞋子。

社会适应。在提醒下能遵守游戏和公共场所的规则。幼儿在老师的提醒下能将鞋架整理整齐，并养成习惯，将鞋子摆放整齐。

④ 科学

亲近自然，喜欢探究。对感兴趣的事物能仔细观察，发现其明显特征。幼儿能发现鞋子的不同、鞋码在哪里。

数学认知。体验和发现生活中很多地方都用到数。鞋子的鞋码、统计等都用到数。

能手口一致地点数5个以内的物体，并能说出总数。在统计过程中，此时小班幼儿的点数已经能数到10，并能在老师的指导下数到20。

能注意物体较明显的形状特征，并能用自己的语言描述。能感知物体基本的空间位置与方位，理解上下、前后、里外等方位词。鞋子的形状、款式、鞋码的位置都涉及这些内容，但是幼儿的水平已经远远超出这些目标。

⑤ 艺术

表现与创造。喜欢进行艺术活动并大胆表现。经常涂涂画画、粘粘贴贴并乐在其中。在手工制作小拖鞋过程中，幼儿能够自主选择来到美工区、并能发挥自己的想象力，愉快制作小拖鞋。

从《3~6岁儿童学习与发展指南》各领域的对照可以发现，幼儿大多数已经达到目标要求，多数幼儿都能超前发展。

（2）从思维能力角度来看幼儿发展

① 观察力

幼儿在老师的提示下能仔细观察自己的鞋子，发现其款式不同、颜色不同、大小不同、有鞋码等特征。

② 言语能力

在每次的团体讨论活动中，幼儿非常积极参与到谈话中，认真听老师提出的问题，并做出相应回应。幼儿也能用简单的方法来记录，表达自己想说的话。

③ 想象力

手工制作拖鞋的过程就是幼儿想象力展现并培养的过程。

④ 问题解决能力

当看到鞋架很乱时幼儿发现很难找到自己的鞋子，此时幼儿开始想办法解决这个问题；幼儿愿意跟爸爸妈妈讨论为什么鞋子上有数字；穿鞋子比赛时发现怎样又快又好地穿鞋子。

⑤ 空间概念

"鞋码在哪里"活动中幼儿能够用"鞋垫上、鞋底、鞋舌上"等词语表达鞋码在哪里；整理鞋架活动中，幼儿知道了"层"的概念。

（二）我的家

设计、执行、记录：曾小娟、李华老师

班级：第九幼儿园小一班

时间：2014年10月

1．发现与聚焦探究点

家是幼儿感到最亲切的生活环境，幼儿在家庭中享受父母及家人无微不至的关怀。但是幼儿对"家"的概念还比较模糊，仅限于自己的爸爸妈妈叫什么、自己的家里有什么玩具等，对父母工作性质、对家人之间的关系和对家庭环境有很少的认知。

在幼儿最喜欢的"娃娃家"角色游戏中，家庭成员的角色往往只有有爸爸、妈妈和孩子的角色，游戏情节仅限于爸爸妈妈照顾孩子（爸爸妈妈喂孩子吃饭、哄孩子睡觉、给孩子洗澡），对于家庭中的其他活动经验较少。

老师希望通过开展"我的家"探究活动，丰富幼儿对"家"的认知，让幼儿认识自己家人及与家人的关系，感受家人一起生活的甜美，体验父母对自己的爱，知道爱家人并尊敬他们，并能用适当的语言、行为等多种方式表现出来。

2．六要素教学内容分析

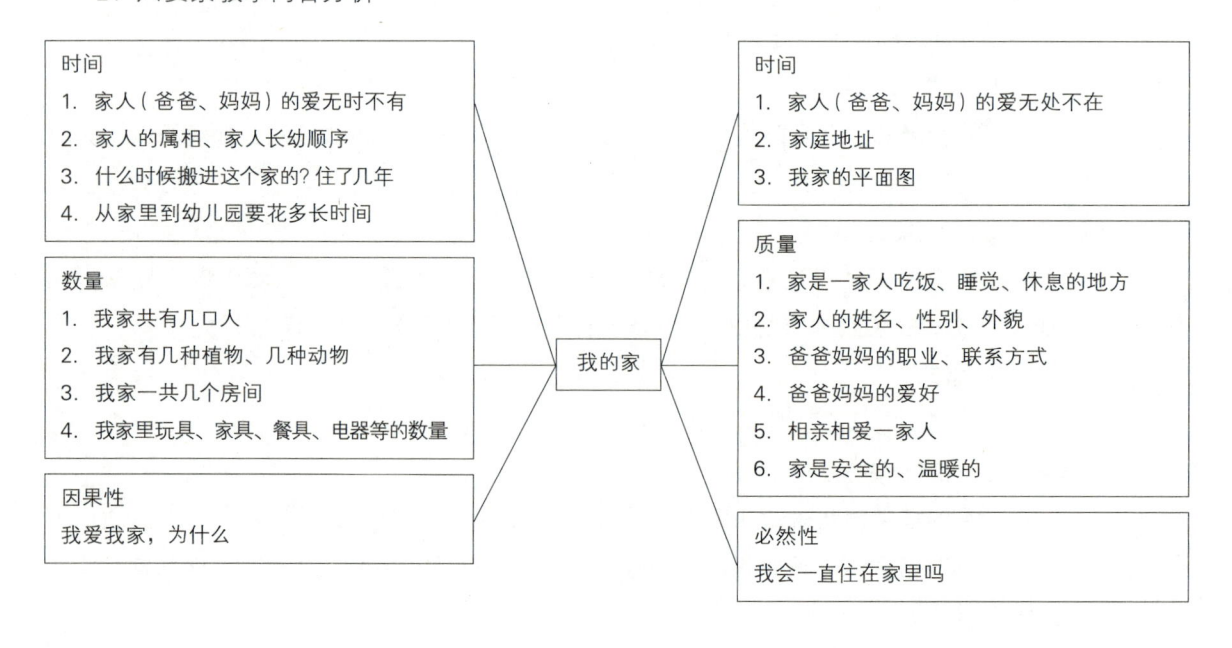

时间
1. 家人（爸爸、妈妈）的爱无时不有
2. 家人的属相、家人长幼顺序
3. 什么时候搬进这个家的？住了几年
4. 从家里到幼儿园要花多长时间

数量
1. 我家共有几口人
2. 我家有几种植物、几种动物
3. 我家一共几个房间
4. 我家里玩具、家具、餐具、电器等的数量

因果性
我爱我家，为什么

我的家

时间
1. 家人（爸爸、妈妈）的爱无处不在
2. 家庭地址
3. 我家的平面图

质量
1. 家是一家人吃饭、睡觉、休息的地方
2. 家人的姓名、性别、外貌
3. 爸爸妈妈的职业、联系方式
4. 爸爸妈妈的爱好
5. 相亲相爱一家人
6. 家是安全的、温暖的

必然性
我会一直住在家里吗

3. 六要素教学建构活动

▶ 第一阶段：了解幼儿旧经验

活动1　团体讨论：家是什么？为什么要有家？

老师问幼儿："家是什么？"

欧阳尊说："家就是有床睡觉的地方。"

鞠然说："我觉得家是房子，我家是正方形的。"

方庚说："家就是可以打电话的地方。"

王舒说："我觉得家就是房间，有桌子、椅子、沙发、电脑，好多东西的就是家。"

CC说："家就是有爸爸妈妈。"

桐桐说："家就是我4:30放学后回去的地方。"

……

老师继续问："那小朋友们知道为什么要有家吗？"

欧阳说："没有家就没有睡觉的地方。"

博嘉说："有家才能玩玩具。"

芮芮说："没有家就没饭吃。"

通过谈话，老师了解到幼儿对家已有不少经验，知道了家里有爸爸妈妈（人），还有很多的物品（物）、家是可以睡觉、玩玩具、吃饭（功能）的地方，但小班幼儿对家的概念还是比较模糊。在谈话中我们可以看得出幼儿易受他人影响，跟其他幼儿说一样的话，如：我的家也是长方形的等，体现了小班的年龄学习特点"模仿"。

活动2　团体讨论：分享亲子调查表"我的家"

为了让幼儿进一步了解自己的家，老师设计了亲子记录单"我的家"。

老师让幼儿来讲一讲记录单里的内容：

方庚说："我们家住了五个人，我和我爸爸妈妈睡大的一个房间，我的爷爷奶奶睡小的一个房间。大房间睡三个人，因为这里放了三个枕头，小房间是两个枕头。"

涛涛说："我们家有爸爸妈妈，一共住了三口人，我们家有三个房间，还有一个玩具房间，我最喜欢在我家的客厅里面玩了，妈妈在厨房给我做好多好吃的。"

宏宏说："我家住莲花北，离幼儿园很近，只需外婆陪我走到幼儿园就好。"

CC说："我们家住了5个人，有我、爸爸、妈妈还有阿姨。我们家还有一条大狗狗，它也是我们家的人。"

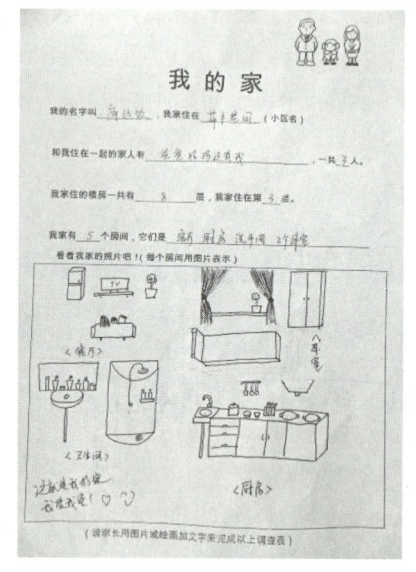

图3-8 "我的家"亲子记录单　　　　　　　　图3-9 幼儿分享记录单内容

方庚能根据爸妈绘出的平面图讲解，还能看出房间和床的大小做比较；浠浠在分享调查表时，能通过平面图告诉大家他们家的布局，知道家里面有客厅、厨房、睡房、洗手间；通过宏宏的分享可以知道他对家和幼儿园的距离有一定的认识，在他看来不需要坐车就是很近；CC在分享作业单时，觉得家里的狗狗也是一个人，说明CC是一个很有爱心的孩子。还有幼儿在谈论时可以根据相片数出家里几口人……

幼儿在分享《我的家》调查表时，都表现得很大方和熟悉，能清楚地表达家在哪里，家里有几口人，家的布局等。

用六要素分析幼儿已有经验

时间——知道每天早上8:00上幼儿园，4:30放学回家。

空间——知道自己家的地址、楼层、家里的布局。

数量——知道家里房间的数量、物品的数量、家人的数量。

质量——能表达家的形状（正方形、长方形）；理解客厅、厨房等功能；房间的大小对比；房间有哪些设施设备等。

因果性——为什么要有家？每个幼儿的回答都不一样。

必然性——幼儿明白每一个人都要有自己的家。

➡ 第二阶段：兴趣点深入探究，幼儿建构新经验

在第一站中，老师通过谈话、分享知道幼儿对自己的家有了初步的认识，丰富了关于家的基本信息（这是幼儿应知应会的）的认知。为了能更为深入了解、观察幼儿对于家的兴趣和需求，接下来我们组织开展了参访活动。

活动1　团体讨论：参访前的准备——做客

初步确定去欣妤、嘉宏两家进行参访。在参访前，老师引导幼儿一起讨论有关"做客"的问题。老师分别抛出三个问题：

（1）老师："作为小主人，邀请客人到你家后，你应该怎么做？"

欣妤说："小主人要热情招待小朋友，要说'你好'。"
欧阳尊说："小主人要说'欢迎你们''请进''请坐''请喝水'。"
王舒说："给客人吃水果。"
秋桐说："要和他（客人）一起玩游戏。"
鑫泽说："做个有礼貌的小主人。"

（2）老师："作为小客人，你到别人家做客，你应该怎么做？"

鞠然说："给他家人送东西。"
瑞瑞说："要给叔叔阿姨问好，走时要说再见。"
陈智说："给我东西吃要说谢谢。"
明圳说："要把垃圾丢到垃圾桶。"

（3）老师："猜一猜，他们家会有什么人和什么东西？"

桐桐说："他们家肯定有爷爷奶奶。"
舒舒说："他们家有狗。"

"如何做个小客人"和"如何做个小主人"这两个问题是生活中常常会碰到的问题，属于幼儿的社会性发展内容；在和幼儿的谈话中，老师发现幼儿对"小主人""小客人"比较了解，知道小客人要有礼貌，要问好，要说"谢谢""再见"等礼貌用语，还不能乱丢垃圾。而小主人要热情招待客人，要用"请""欢迎"等词，要做个有礼貌的小主人。

第三个问题的回答上，老师发现幼儿在猜想别人家有什么人和物品时，往往会认为自己家有的东西别人家也应该会有，这是小班幼儿"自我中心"的体现。

活动2　参访前的准备——发邀请函

通过团体讨论活动，幼儿知道要做个热情、有礼貌的小主人、小客人。欣妤和嘉宏将自己做的邀请函分别发给其他幼儿，最后统计一下去欣妤、嘉宏家的幼儿分别有多少人。

欣妤、嘉宏在发邀请函时会说"欢迎你来我家"，幼儿可以选择去谁家参访。

图3-10　小主人发邀请函　　　　　　　　　图3-11　小主人统计人数

欣妤、嘉宏用点数邀请函的方法统计小客人的人数，最后确定去欣妤家有16人，去嘉宏家有14人。

通过发邀请函活动，让幼儿明确身份"我是小主人""我是小客人"；统计人数部分是让幼儿体会计数的作用，让数学运用到生活中。

活动3　调查验证：参访幼儿的家

在老师的带领下，正式的参访活动就要开始了，幼儿分别来到了欣妤、嘉宏的家。

幼儿在进门时都能主动地向欣妤和她的妈妈问好："阿姨好。"

欣妤和妈妈说："欢迎你们来到我家。"

欣妤妈妈准备了丰盛漂亮的小点心招待幼儿。

幼儿好开心，纷纷说："谢谢阿姨。"

吃完点心后，大家一起参观了欣妤的家。

慧慧说："欣妤家的餐厅好漂亮啊，是粉红色的墙。灯也很漂亮。"

欣妤带着大家来到厨房，向大家介绍道："这是我们的厨房，厨房里有好多的东西：有锅、抽油烟机、消毒柜、冰箱、微波炉……"

在参观完欣妤的家后，大家来到阳台上，不少幼儿都站在阳台上往下看，发现好高。

欣妤说："当然高啊！因为我们家住16楼。"

宏宏说："我家就没有这么高，我家住5楼。"

浠浠说："我家住12楼，有电梯的。"

圳圳说："我家住在30楼，比这个还要高呢！"

图3-12　幼儿来到欣妤家，互相问好

图3-13　幼儿在欣妤家阳台上

在这次的参访活动中幼儿亲身体会了当小客人的愉快。更加清楚作为小客人应当怎么做：要尊重小主人，不随便拿东西，除非得到主人的允许；不带走小主人家的物品；要礼貌地当好小客人，不乱丢垃圾，爱护别人家的物品，让家里保持得漂漂亮亮干干净净的，玩过的玩具要放回原处等。

欣妤和宏宏也体会了当小主人愉悦的心情；都能大胆地向其他人介绍自己的家；仔细地介绍各个房间，如厨房、睡房、客厅、阳台、洗手间，以及房间的功能。

活动4　环境展示：统计表——我家住几楼

在参访活动中，老师发现幼儿对楼层特别感兴趣，有关楼层的对话持续了一路。

嘉嘉说："我家比欣妤家还要高，要坐电梯才能上去，我们家住在28楼。"

致致说："哇，28楼，真的好高啊。"

圳圳说："我的家更高，在30楼呢！"

嘉嘉说："那你家比我家高2楼哦。"

方庚说："我们家可以坐电梯也可以走楼梯哦，因为我们家不高，我们家就住在2楼。"

……

看到这种情景，于是老师组织幼儿开展了统计楼层的活动。老师准备了统计表，让每个幼儿将自己家的楼层写在上面。

最后，通过点数、记录，幼儿发现明圳家最高，在30楼，方庚、浩羲的家在2楼，是最低的。其中住在7楼的幼儿最多，有4个。

图3-14　楼层统计表

在本次的统计活动，老师发现幼儿已经非常熟悉自己家的楼层，还能通过分类统计有哪些幼儿的家在同样的楼层。在统计过程中，幼儿清楚地知道明圳是住得最高的，在30楼，而方庚和浩曦是住得最低的，他们住在2楼，其中住在7楼的是最多的，有4家。

《3～6岁儿童学习与发展指南》中提出"3～4岁的幼儿能手口一致地点数5以内的物体"。但是老师发现有的幼儿可以直接说出我家住在7、16、30楼，而且可以在图上指出楼层的位置。有些幼儿用点数的方法可以比较自己家的楼层和其他幼儿家的楼层之间的距离，如嘉嘉说"那你家比我家高2楼哦"，幼儿的表现超出指南的要求和老师的预期，这也说明幼儿完全是在生活中理解数的含义，也就是说数概念是在幼儿的生活中发展起来的。

活动5　个别探究：美工区——画房子

一次区域活动中，几个幼儿选择来到美工区。他们在画房子。

涵涵说："我画的是我家的高楼，我住在7楼。"

这张很特别的房子是方庚的作品，她说："中间红红的是莲花山，周围是我家的楼房。"

图3-15　涵涵在画高楼

图3-16　涵涵的作品

涵涵的绘画能力较强，能画出三角形和长方形的屋顶，高高的楼房，楼房上有窗户。可以看出涵涵对笔控制得很好，能画出简单的各种图形。

方庚的想象力非常丰富，画出的房子非常特别。当老师提出画房子时，她先画出莲花山，之后她才画出房子。在

图3-17　方庚的作品

她的已有经验里,她知道自己的家在莲花山旁边。

图3-18 幼儿在建构区搭建房子

图3-19 幼儿搭建的洗手间

活动6　个别探究:建构区——建房子
小班的幼儿渐渐地学会了合作,能够一起搭建房子了。

圳圳还在楼房边搭了个洗手间,圳圳跟大家介绍:"左边是马桶,右边是洗澡的花洒。"他还示意按一下马桶,嘴里发出"哗"的流水声。

活动7　调查验证:亲子调查——《家庭树》
为了让幼儿更清楚地了解自己的家人,老师布置了一个小调查:调查自己的家人,了解他们。

乐乐说:"我叫乐乐,这是我的爸爸,我爸爸是警察,他喜欢打羽毛球。这是我妈妈,我妈妈是牙科医生,帮人看牙,她喜欢在家里做饭。我的外婆也是医生,她是校医。我外公是音乐家,会拉小提琴。"

介绍完后,乐乐还很熟练地念出爸爸妈妈的电话号码。

很多幼儿能熟练介绍爸爸妈妈的名字,但有些幼儿对爸爸妈妈的职业不熟悉,例如有些幼儿是这样介绍的:"爸爸妈妈在公司上班。"这是因为有些爸爸妈妈的工作跟幼儿解释起来不太容易,幼儿也不能理解这些职业到底是做什么的。针对这种情况,不能

图3-20 幼儿依据家庭树介绍家人

强求幼儿记住，幼儿能理解多少是多少。有许多幼儿不但记住了爸爸妈妈的名字、职业和爱好、电话号码，还能熟练地说出外公外婆的职业、兴趣爱好等。

活动8　团体讨论：夸夸我的家人

一天希希来到幼儿园后很不高兴，她说："妈妈总玩手机，不陪我玩。"老师告诉她："妈妈上班也很辛苦，要学会赞美妈妈。"老师将这一情景告诉全班幼儿，于是大家决定来夸夸自己的家人。

慧慧说："我的爸爸妈妈很棒，会给我冲凉。"
小智说："我的妈妈很能干，在家打扫卫生。"
锐锐说："我的爸爸妈妈最棒，会做饭。"
尊尊说："我爸爸会画画、写字，是最棒的。"
笑笑说："我妈妈做的蛋炒饭真好吃。"
桐桐说："爸爸妈妈晚上给我讲故事，还陪我睡觉，爸爸妈妈真好。"
涵涵说："爸爸妈妈经常陪我玩，我喜欢爸爸妈妈。"
博博说："妈妈做的蛋糕真棒。"
瑞瑞说："我的爷爷和外公会炒菜和做饭。"
嘉嘉说："我的爷爷会给我抓蝌蚪玩。"
笑笑说："我的外公会给我讲故事。"

最后老师说："小朋友们，你们的爸爸妈妈都是非常棒的，他们都非常爱你们，他们每天的工作很辛苦，我们要学会理解他们，时常夸夸他们，把爱说出来。"

用六要素分析幼儿第二阶段的经验

时间——知道参访时间。
空间——知道自己的家在几层。
数量——统计出班级中各个幼儿家住几层；统计小客人的人数。
质量——了解各个房间的功能、知道家中物品的作用；搭建房间和楼房。
因果性——感觉到因为有家有爸爸妈妈，所以很幸福。
必然性——知道没有家，我们就没有遮风挡雨，休息的地方；因为爸爸妈妈很爱我，我要用自己的方式去感谢他们。

➡ 第三阶段　概念在生活中的运用及发表探究成果

经验发表1：爱的甜甜话

老师引导幼儿回顾爸爸妈妈上班的辛苦。并请幼儿回家后跟爸爸妈妈说声"爸爸妈妈，你们辛苦了！我爱你们"，并为爸爸妈妈做一件力所能及的事情。

经验发表2：亲子律动《伊比呀呀》

家长开放日当天，让家长与幼儿跟着音乐活动一起做压压、捏捏、推推、碰碰、啦啦的亲子互动。幼儿与家长在一起玩亲子游戏，增进亲子间的情感。

经验发表3：主题晨会——我爱我家

5月4日，举行了一场主题晨会"幸福的一家人"，让幼儿获得的关于"家"的经验得到发表。晨会活动邀请了爸爸妈妈作为表演嘉宾，和幼儿一起表演节目。以下是晨会主要内容。

图3-21 亲子律动

主持人：

家是什么？

家，是一盏灯、一个屋檐、一张柔软的床。

家，是有了床，累了，困了，可以睡上甜甜的觉，做个美美的梦。

家，是有了屋檐，不再担心风吹和雨打。

家，就是太阳，你的笑容，是温暖的阳光。

佳曈说："大家好，我是小一班的吴佳曈，这学期我们年级开展了'我爱我家'的主题活动，我们每个小朋友都有一个幸福的家，家人爱我，我爱他们。我家有爸爸、妈妈、爷爷、奶奶、小姑，还有我，我们在一起很幸福。"

欧阳说："大家好，我是小一班的欧阳尊，在这次的主题晨会中，我知道了每个家都是跟幼儿园一样，有睡房、厨房、客厅，还有好多的玩具。"

奕涵说："大家好，我是小一班的曾奕涵，我知道每个爸爸妈妈都用不同的方法来爱我们，我也想对爸爸妈妈说：谢谢爸爸和妈妈，让我有一个幸福的家。"

幼儿唱："我有一个幸福的家，

幸福的家，家有帅帅的爸爸，

漂亮的妈妈，还有一个可爱的乖娃娃。

我有一个幸福的家，幸福的家。

爸爸爱妈妈，妈妈爱爸爸，

爸爸妈妈疼爱乖娃娃。"

妈妈唱："幸福一家人，

快乐的一家人，

无论是甜还是苦，

图3-22　晨会现场一　　　　　　　　　　图3-23　晨会现场二

有爱就是幸福的一家人。"
爸爸唱:"幸福一家人,
快乐的一家人,
只要心与心相连,
就是相亲相爱的一家人。"

通过主题晨会,幼儿更深入地了解了家庭的结构,认识了家里人的关系,还感受到是爸爸妈妈给了他们一个幸福的家,而这个家充满着满满的幸福。

在第三阶段,各个活动深化了幼儿对家的认识和情感,知道了有家人的爱是世界上最幸福的事情,还能懂得感恩家长对自己的养育,知道自己会长大,大人会老去的必然性,懂得了珍惜家人、爱护家人。

用六要素分析幼儿第三阶段的经验

时间——了解了生日的含义:自己出生时妈妈最痛苦。
空间——能在晨会活动中很快找到自己的站位,并能随时调整。
数量——清楚家里有几个人;能够三人一起配合进行家庭表演。
质量——知道家人会变老:头发会变白、牙齿会掉等现象。
因果性——知道因为有爸爸妈妈和我,这个家才会很幸福。
必然性——知道随着自己的长大,家人会变老。

4. 幼儿的学习与发展

"我的家"是一个知识认知的概念,更重要的是一个情感认知概念,它蕴含着丰富的情感元素和人文元素,因此,将"我的家"活动侧重在"质量"要素上"家是一个安全、温暖、幸福的港湾";侧重在"时间"要素上的"家人的爱无时不有";侧重在"空间"要素上的"家人的爱无处不在"等几个方面的内容上。当幼儿在活动中说出以上几个方面的种种事例时,"我爱我家"的情感已然生成,并且似乎是不证自明的,然而他们也会看到爸爸妈妈脸上偶然显露的疲态，也会看到爷爷奶奶、外公外婆头上的白发，他们也会意识到自己将来也会成为爸爸妈妈，因此，他们会更珍惜家。此外，在"我的家"的知识认知方面，要特别关注"时间"要素方面的"爸爸妈妈的生日"，提醒在爸爸妈妈生日时要"表示表示"；也要关注"空间"要素方面家庭住址，"质量"要素方面的爸爸妈妈的工作单位和电话号码等，主要是万一走失或其他特殊情况发生时有联系信息，但也要提醒幼儿在平常情况下，不要将以上信息透露给陌生人。

《我的家》专题活动开展以来，幼儿获得了连续的、整体性的发展。

（1）从《3~6岁儿童学习与发展指南》各领域的学习来看幼儿的发展

① 健康

具备基本的安全知识和自我保护能力。幼儿能够记住爸爸妈妈的电话号码，在必要时可以保护自己。

② 语言

幼儿能够认真听且能听懂日常会话。在参访幼儿的家活动中，会使用礼貌用语，都能做到主动地问好、必要地感谢他人等；能够向他人说明各个房间和物品的功能；能够清楚地介绍自己的家人。

③ 社会

社会适应。遵守基本的行为规范，在参访活动中，幼儿知道不经允许不能拿别人的东西。乐于参与集体活动；具有初步的归属感。通过三阶段的活动，幼儿基本上都了解了家、家庭的含义，知道和自己一起生活的家庭成员及与自己的关系，体会到自己是家庭中的一员。同时幼儿能感受到家庭生活的温暖，爱父母，亲近与信赖长辈。能够说出自己的家在哪里，知道家庭的楼层。

④ 科学

数学认知。体现和发现生活中很多地方都用到数；能感知和区分房间的大小，对房间的大小进行比较；能用数词描述家里的人数和房间数；理解数的意义和数量关系，知道自己家的基本空间位置和方位；能够手口一致地点数20以内的数，并能说出总数，如统计出班级中各个幼儿家住几层；统计小客人的人数；能用各种形状的积木搭建出物体的造型。

⑤ 艺术

感受与欣赏。关注生活环境中美的事物，能关注其色彩和形态。如在参访幼儿的家时，有的幼儿能发现餐厅是粉红色的，非常漂亮。

表现与创造。能用三角形和长方形等形状符号进行创作，表达自己观察到或想象的房子。

（2）从思维能力角度来看幼儿发展

① 观察力

幼儿能够通过观察家的平面图发现房间有大有小；能发现餐厅是粉红色的，非常漂亮；在画画时，幼儿能将自家旁边的莲花山也画出来。这些都是幼儿敏锐的观察力的体现。

② 言语能力

幼儿能够认真听且能听懂日常会话。在参访幼儿的家活动中，会使用礼貌用语，都能做到主动地问好、必要地感谢他人等；能够向他人说明各个房间和物品的功能；能够清楚地介绍自己的家人。通过这些活动，幼儿的言语能力得到了快速的提高。

③ 想象力

在分享亲子记录单时，幼儿将家中的宠物也算作是一个人，不仅是其爱心的体现，这是幼儿泛灵论的体现，也说明幼儿具有丰富的想象力，将宠物当作自己的小伙伴来看待。

④ 问题解决能力

当别的幼儿因为妈妈不陪自己而闷闷不乐时，幼儿能够劝说"妈妈很辛苦，我们要常常夸夸他们"，使幼儿不再生闷气了，这体现了幼儿的问题解决能力。

⑤ 空间概念

体会到"左""右""中间""层"等空间方位词的含义；从房子的形状上来感知"长方形""正方形"等。

（三）小四班为什么在三楼

设计、执行、记录：金虹、王丽娟老师

班级：第九幼儿园中四班

时间：2013年10月

1．发现和聚焦探究点

当参观到三楼时，幼儿们发现了一个新问题——为什么小四班在三楼这么高的地方？为什么小四班不和其他的小班一起放在一楼呢？

2．推测原因

发现小四班在三楼这个问题后，幼儿开始推测原因。

乐乐说："一楼没有教室了。"

（乐乐的推测得到很多幼儿的认可。）

小雅说："小四班教室很小。"

幼儿的推论都有道理，因为每层楼只有三个教室，而且小四班教室面积比其他教室小。老师对于幼儿的推测没有做出判断，也没有告诉幼儿答案。而是带幼儿到小四班进行实地调查，对小四班的教室结构、幼儿人数等因素进行调查，引导幼儿主动深入研究。

3．寻找答案

对比幼儿园的其他教室，幼儿发现了小四班的教室比较小，怎么才能验证这个发现呢？

幼儿试着手拉手，来测量小四班教室的长度和宽度。然后去测量了大三班教室的长度和宽度，结果发现：大三班的教室有12个幼儿手拉手那么宽，小四班的教室有8个幼儿手拉手那么宽。证实了幼儿的推测：小四班的教室小多了。

图3-24　幼儿用手拉手的方法测量小四班教室的长度和宽度

"为什么小四班在三楼"的问题似乎还未解决，老师提出问题："我们怎么才能知道两个班的人数呢？"引导幼儿继续探究。

心雨说："我们去问问他们班的老师就知道了。"

小宁说："我们去数一数他们班的小朋友。"

这个时候正是户外活动时间，幼儿都在户外，数起来不太方便，老师启发幼儿："还有没有其他办法能知道一个班一共有多少小朋友？"

在大家七嘴八舌的讨论中，发现了很多方法：可以去数数他们的杯子，数数他们的椅子，数数他们的柜子上一共有多少盒笔，数数有多少毛巾，等等。

幼儿分成两组分别去大三班和小四班数人数。分别发现：小四班有29人，大三班有39人。

图3-25 幼儿尝试用点数椅子的方式得出幼儿人数

图3-26 幼儿尝试用点数毛巾的方式得出幼儿人数

教师运用追问的方式,激发幼儿继续探索。在活动中,幼儿运用了用非正式测量工具(手拉手的长度)来比较小四班和大三班教室的大小,并点数代替物(幼儿的毛巾、椅子等)来发现小四班和大三班的幼儿人数。

4．得出结论

经过反复的测量和比较,幼儿发现:小四班的教室比大三班的小;小四班的人数也比大三班的少。如果把小四班改成大三班,那么大三班的小朋友一定会觉得非常挤。

5．解读活动

幼儿园是幼儿生活的重要场所,幼儿园中的人、物品、教室分布、场地位置等与幼儿密切联系,幼儿园自身就是一个探索场。"小四班为什么在三楼?"一次利用户外活动时间进行的实地参访活动中幼儿发现的问题,经过幼儿的推论、调查验证,最终得出答案。在此过程中,幼儿的观察力、推理力及问题解决力等逻辑思维方面的能力都得到锻炼。

同时,幼儿发现问题,提出问题,老师并没有直接告诉幼儿答案,而是让幼儿带着好奇与探索欲,通过观察、推断、测量验证(非正式工具测量)等方式主动寻找答案,幼儿的科学探究精神亦得到激发和启蒙。

(四)幼儿园的厨房

设计、执行、记录:李红、张燕云老师

班级:莲花北幼儿园中一班

时间:2014年10月

1．发现和聚焦探究点

→ 幼儿的讨论

在参观幼儿园的过程中,幼儿依旧对厨房充满兴趣,幼儿们议论着厨房门口警戒线的作用,猜测厨房里面的秘密……

路默说:"幼儿园厨房应该和我们家的厨房一样大。"
邹娴说:"比家里的大一点点吧。"
李想说:"应该和我们班一样大。"
溢迦说:"厨房里面有煤气,很臭,我们小朋友不能进去。"

⊙ 教师判断

厨房门口有警示线,防火门常常关闭着,不允许幼儿进去,因为教工餐厅在里面,老师可以进去。经常会有幼儿在厨房门口逗留,有些幼儿还试图打开防火门往里面探个究竟。因此,对幼儿来说,幼儿园的厨房是一个非常"神秘"的地方,激发他们去探索。

在平日生活里,厨师叶伯伯经常到教室询问幼儿吃饭情况,其他工作人员不经常和幼儿接触,幼儿对他们也不熟悉。借助此活动,可以让幼儿认识厨房工作人员,了解他们的工作,体会他们的辛劳!

2. 六要素教学内容分析

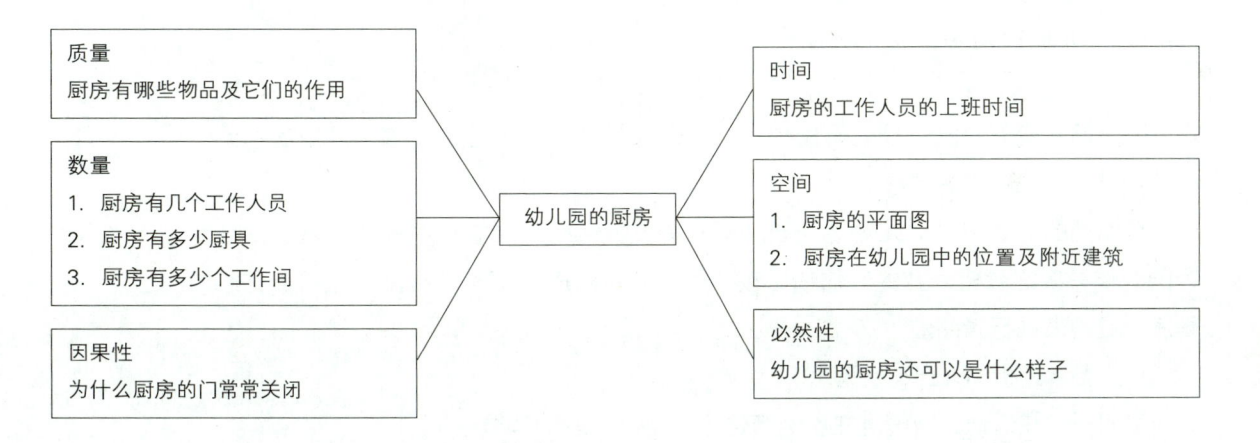

质量 厨房有哪些物品及它们的作用		时间 厨房的工作人员的上班时间
数量 1. 厨房有几个工作人员 2. 厨房有多少厨具 3. 厨房有多少个工作间	幼儿园的厨房	空间 1. 厨房的平面图 2. 厨房在幼儿园中的位置及附近建筑
因果性 为什么厨房的门常常关闭		必然性 幼儿园的厨房还可以是什么样子

3. 六要素教学建构活动

⊙ 第一阶段:了解幼儿已有经验

活动 团体讨论:说说幼儿园的厨房

老师首先组织"说说幼儿园的厨房"团体讨论,了解幼儿对厨房的认知经验。

老师说:"我们每个人家中都有厨房。我们一起来说说每个人家的厨房是怎样的吧?"

诗恩说:"我们家的厨房有很多碗,还有筷子。"
羿希说:"我家的厨房不是很大,但是有一个大冰箱。"
黄怿说:"我们家的有一个微波炉,还有电饭煲。"
欣岄说:"我家也有电饭煲,还有煲汤的煲,砧板,菜刀呢。"
鹏博说:"我家有大锅、锅铲、水池、水龙头,我还帮助妈妈洗过碗。"
浩榕说:"我也帮爷爷摘菜,拿鸡蛋。"
郑涵说:"我也帮妈妈端菜,添饭。"
老师说:"我们幼儿园也有一个厨房,你们觉得我们幼儿园的厨房会是什么样的?"
晋珲说:"幼儿园厨房门都是关着的。"
可安(转向晋珲)说:"厨房很重要,我们不能随便进去,所以要关门。"
旭洋说:"里面有叶伯伯。"
黄怿说:"幼儿园厨房里应该也有煮饭和炒菜的锅,跟我家的厨房一样。"
佳悦说:"有很多的菜是给我们小朋友吃的。"
馨文说:"还有洗菜的地方。"
书睿说:"还有我们吃饭的碗和勺。"
依尧说:"小一班的旁边就是厨房。"
欣岄说:"厨房旁边有沙池。"

因为幼儿没有见到过幼儿园厨房,所以老师先请幼儿回忆自己家中的厨房,为幼儿谈论幼儿园的厨房做铺垫。

从幼儿的谈话中,幼儿对幼儿园的厨房的位置、门口的警戒线等外观及经常在吃饭的时候去教室看望幼儿的叶伯伯比较熟悉,关于厨房内部有什么都根据"自己家的厨房"经验来进行猜测。

用六要素分析幼儿已有经验

空间——知道幼儿园厨房在沙池旁边(一楼小一班的旁边等)。

质量——对幼儿园的厨房有多大,幼儿能结合自己家的厨房进行比较。

数量——能根据家里的厨房推测幼儿园厨房里有许多物品。

幼儿没有从时间、因果性、必然性因素来谈论厨房,在接下来的活动,老师会加强幼儿对在这三个因素方面的学习。

➡ 第二阶段:深入探究,建构新经验

活动1 调查验证:实地参访——厨房小侦探

为了满足幼儿的好奇心,丰富幼儿对厨房的认知经验,老师为幼儿提供了一次"亲密接触厨房"的机会。老师和厨房人员商定好时间,决定在下午厨房当天工作全部完成后请幼儿参观厨房。

参访前，老师请每位幼儿带上一张白纸和记录笔，提醒幼儿可以将"看到的厨房"记录在纸上。

参访活动开始了，老师带领幼儿首先查看了厨房门口的张贴的《厨房平面图》，发现幼儿园厨房一共分为点心房、消毒间、主副食品库房、教工餐厅、洗碗间、更衣间、配餐间和烹调间等，对每个房间都进行参观。

厨房里的物品吸引着幼儿，他们用绘画的方式记录了每一种物品，

明瀚和妍熙还对厨房里的厨具和餐具进行了统计和比较，发现幼儿园厨房里有5个铲、2个冰箱、2个消毒柜、4个锅，并记录了下来。

活动2　经验发表：我看到的厨房

参访回来后，老师组织了一次团体讨论活动，让幼儿回忆自己参访厨房的经验并和大家分享。分享活动也是同伴学习的好机会，幼儿可以通聆听同伴的经验分享，丰富自己对厨房的认知。

幼儿根据自己的记录认真回忆着厨房的样子。

妍熙说："幼儿园的厨房和我家的厨房不一样，有很多的房间，有烤面包、洗碗煮菜的转得我都晕了，太多房间了。"

可安说："煮饭炒菜的地方最大。"

鹏博说："幼儿园的厨房很大很多。"

溢迦说："厨房里面有煤气，很臭所以我们小朋友不能进去。"

瀚通说："厨房在沙池和小一班的中间。"

明瀚说："我发现厨房里的锅铲比我家里的多，我家只有一个，幼儿园的厨房有五个。"

妍熙说："我们家有一个冰箱、一个消毒柜，幼儿园有两个冰箱、两个消毒柜，而且好大。"

晴儿说："厨房工具最多的是碗、勺子、筷子，最少的是打蛋机、面粉搅拌机、烤箱等。"

昕愉说："我看到食品库里有许多瓶酱油整整齐齐地摆放在铁架上的第二层，许多鸡蛋放在铁架下面的第一层，等等。"

滋椿说："厨房除了有叶伯伯外，还有王叔叔、刘伯伯、李阿姨和肖阿姨，一共5个人。"

浩榕说："厨房炒菜的锅很大，家里炒菜的锅很小，是因为幼儿园里小朋友多，所以要大的锅来煮。"

子昂说:"叶伯伯切菜的刀有很多,有切肉的、有切菜的,有切水果的,还有砍骨头的。"

馨文说:"幼儿园煮饭是用蒸饭机煮的,我妈妈是用电饭锅煮的。"

若宸说:"厨房里的消毒柜也很大,里面有桶、我们吃饭的碗、勺还有筷子。"

活动3　环境展示:厨房是这样的

团体讨论活动结束后,老师将幼儿的来记录进行整理并展示在主题墙上。

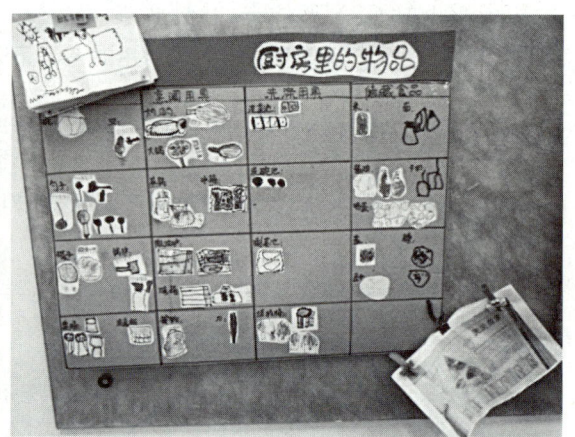

图3-27　厨房物品统计结果展示

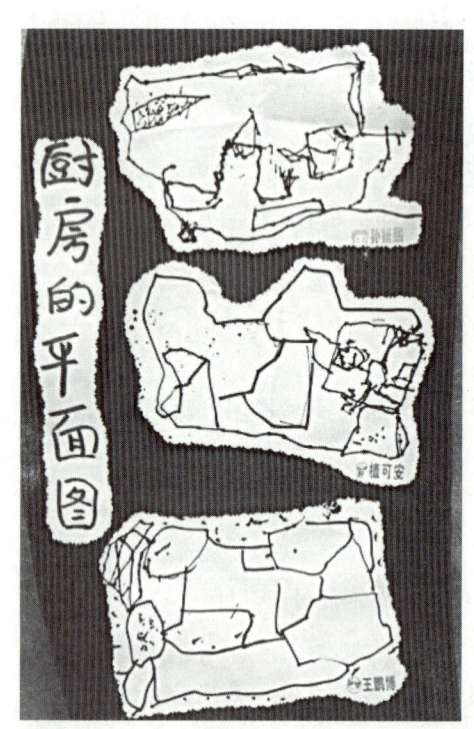

图3-28　环境展示"幼儿记录的厨房平面图"
上图:幼儿园的厨房和我家的厨房不一样,有很多的房间,有烤面包、洗碗煮菜的转得我都晕了,太多房间了
中图:煮饭炒菜的地方最大
下图:幼儿园的厨房很大很多

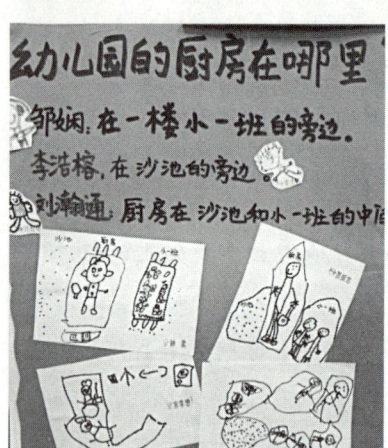

图3-29　"厨房位置"记录结果展示 　　图3-30　"厨房工作人员"记录展示(幼儿:中间这间是厨房,叶伯伯拿着锅在炒菜)

活动4　团体讨论：幼儿的新问题。

参访活动结束后，幼儿又产生了很多新的问题。

韬宇说："厨房的叔叔阿姨是几点上班的？"
妍熙说："面包是怎样做出来的呢？"
欣朏说："每天叶伯是怎样给我们小朋友煮饭煮菜的？"
黄怿说："厨房的叔叔去哪买那么多的菜给我们呀？"
馨文说："叶伯伯每天要煮多少次饭菜才够我们小朋友吃呀？"
若宸说："我很喜欢吃幼儿园的豆沙包，厨房的叔叔阿姨怎样做的呢？"
昕愉说："切生肉与熟肉的刀一定要分开吗？"
可安说："厨房为什么要用蒸饭机煮饭？"

针对幼儿的这些问题，老师没有给出幼儿答案，而是反问幼儿怎么解决这些问题。幼儿提议去问厨房的叶伯伯。

活动5　调查验证：访问叶伯伯

老师邀请叶伯伯来为幼儿解答问题。

问题一：切生肉与熟肉的刀一定要分开吗？

叶伯伯说："切生肉和熟肉时要用不同的刀和砧板，因为生肉的汁里什么都有，可能有寄生虫，所以厨房里要准备这么多的刀和砧板。切肉专用刀、切熟食用刀等。如果切生肉和熟肉的刀不分开刀和砧板，那么我们吃了就会生病。"

问题二：厨房为什么要用蒸饭机煮饭？

叶伯伯说："因为幼儿园有几百个小朋友，厨房每天都要做很多的米饭，所以要用蒸饭机煮饭，不能用小的电饭锅。"

问题三：面包是怎样做出来的呢？

叶伯伯说："李阿姨在面包房里做面包，她把做的面团放在盘子里然后放在烤箱里，烤箱有好多层，和我们家的烤箱不一样。"

问题四：厨房的叔叔阿姨是几点上班的？

叶伯伯说："厨房的叔叔、阿姨要早上5点来做包子，很辛苦。"

在分享过程中，老师也给幼儿讲述了一些关于厨房里的安全知识：不去摸电源插头；不能自己开煤气灶；微波炉在烤东西时，手不能去碰；电饭煲煮饭时，不能揭开盖子等。

用六要素分析幼儿第二阶段的经验

时间——通过采访知道厨房的叔叔阿姨几点上下班。

空间——参观完厨房后,对厨房的工作间及物品的位置有了大致的了解。

数量——运用统计、比较(和家里的厨房比较)的方法,了解幼儿园厨房里的物品哪些很多哪些少;对物品进行分类,并用各种符号进行记录。

质量——幼儿会较准确地表述厨房里的物品名称及所在的位置。

因果性——幼儿参观厨房后,又提出很多新问题,通过采访专家的方式寻找到了答案。

必然性——幼儿问题"切生肉与熟肉的刀一定要分开吗?"属必然性因素的学习,带着这个问题,幼儿采访了叶伯伯,得到了答案。

➡ 第三阶段:应用新经验

幼儿通过参观厨房和采访厨房的工作人员,对厨房的空间结构、厨房里的物品及工作人员的工作内容都有了较全面的认识,激发了他们建构厨房和扮演厨房工作人员的活动。

经验发表1:建构区活动——建构厨房

建构区的幼儿认真地建着厨房,长长的通风管、炒菜间、面包间、洗碗间、储物间,有模有样。

经验发表2:角色区活动——扮演厨师

幼儿在角色区里模仿厨房的工作人员炒菜,厨师也会在美工区制作"面条""饺子""汤圆"等食品后,送到角色区招待客人。

图3-31 幼儿在建构区搭建厨房

图3-32 幼儿在角色区扮演厨师

图3-33 幼儿在美工区制作"食物"

在《幼儿园的厨房》整个探究活动中，幼儿在时间、空间、数量、质量、因果性和必然性等因素方面都得到了学习和发展。在活动开始阶段，幼儿主要是根据自己家的厨房经验从空间、数量和质量方面推测幼儿园的厨房。在深入探究阶段，教师带领幼儿参观厨房、访问叶伯伯等方式，丰富了幼儿关于幼儿园厨房的经验，使幼儿在时间、空间、数量、质量、因果性和必然性等因素方面的学习都获得了发展。

4．幼儿的学习与发展

幼儿园的厨房因为门常常关闭而显得"神秘"，这激发起幼儿要去探究幼儿园厨房秘密的好奇心。好！那就满足他们吧。在"质量"要素上，让他们了解厨房的物品和它们各自的作用。在"数量"要素上，让他们了解有多少个叔叔阿姨为幼儿园的老师和幼儿的健康饮食而辛勤工作；在"时间"要素上，让他们知道厨房叔叔阿姨的上班时间比他们上幼儿园时间早；在"空间"要素上，让他们参观厨房后，画出厨房的平面图；在"必然性"方面，让他们通过在建构区搭建厨房模型和在角色区扮演厨师的活动，建构他们自己心目中的"厨房"的概念。这样，幼儿园厨房的秘密就被解开了。

（1）从《3~6岁儿童学习与发展指南》来看幼儿发展

① 健康

因为认识更多的厨房师傅，增进了感情，吃起师傅们做的饭菜心情也特别好，增进了幼儿食欲。

初步了解了生食和熟食要区分操作，生食不能直接吃等健康饮食知识。

手的动作灵活协调。在美工区制作厨房的"食物"活动中，幼儿用搓、揉、捏等各种方式对橡皮泥进行加工，手部动作得到了锻炼发展。

② 语言

倾听与表达。在团体讨论活动中，幼儿都能够针对老师或同伴提出的问题进行深入讨论并表达自己的想法，且对同伴有积极回应。

阅读与书写准备。具有书面表达的初步技能，在参观厨房过程中，幼儿能够用绘画、写数字等方式记录自己看到的厨房。

③ 社会

人际交往。能与同伴友好相处，在角色游戏中，能够相互协商分配角色，如炒菜的厨师、做面点的厨师等角色，使游戏顺利开展。

④ 科学

感知形状与空间。大部分幼儿都知道厨房在哪里，能使用"旁边、下面、中间"等方位词说出幼儿园厨房的位置，用绘画的方式把幼儿园厨房的位置画出来。

感知和理解属、量及数量关系。幼儿会用数词描述事物的位置。如，幼儿描述"我看到食品库里，有许多瓶酱油整整齐齐地摆放在铁架上的第二层，许多鸡蛋放在铁架下面的第一层"；能通过数数比较两组物体的多少，如"我们家有一个冰箱，一个消毒柜，幼儿园有两个冰箱，两个消毒柜，而且好大"。

⑤ 艺术

表现与创作。喜欢进行艺术活动并大胆表现，在参观幼儿园的厨房后，幼儿在建构区搭建"幼儿园的厨房"，厨房的炒菜间、面包间、洗碗间、储物间都在作品中得到体现；在美工区通过角色扮演来表现自己对厨房工作人员的认识。

（2）从思维能力角度来看幼儿的发展

① 观察力

观察细微。在参观幼儿园厨房过程中，幼儿观察到厨房的物品及物品的数量进行点数，如有5个铲、2个冰箱、2个消毒柜、4个锅、23个水龙头。

② 记忆力

在参观后的团体讨论中，幼儿能够根据自己的参观记录，正确回忆并与大家分享自己看到的厨房。

③ 言语能力

专注倾听，表达流利，用词准确。在每次的团体讨论或者分享活动中，幼儿都能够针对老师或同伴提出的问题进行深入讨论并表达自己的想法，且对同伴有积极回应。

阅读与书写准备。具有书面表达的初步技能，在参观厨房过程中，幼儿能够用绘画、写数字等方式记录自己看到的厨房。

④ 问题解决能力

善于发问，主动探索。在幼儿提出新的问题后，老师没有给出幼儿答案，而是让幼儿思考这些问题应该怎么解决？幼儿提议去问厨房的叶伯伯。

（五）小学

设计、执行、记录：黄燕凌、王辰如老师

班级：莲花北幼儿园大班年级

时间：2013年5月

1．发现和聚焦探究点

4月，是小学一年级新生报名的时间。报了名的幼儿经常在一起交流，"你上哪所小学？""我上新莲，你呢？"对于幼儿来说，"小学"是一种新的经验，他们对小学生活充满好奇与向往。同时，也有一丝丝焦虑，因为一些幼儿听说小学生有很多作业要完成。

幼小衔接是幼儿园教育内容中重要的一部分，除了在一日活动中培养幼儿良好的学习习惯和行为规则外，让幼儿了解小学校园以及小学生生活也是幼小衔接中重要的内容。因此，"小学"专题是大班幼儿需开展的一个探究活动。

2．六要素教学内容分析

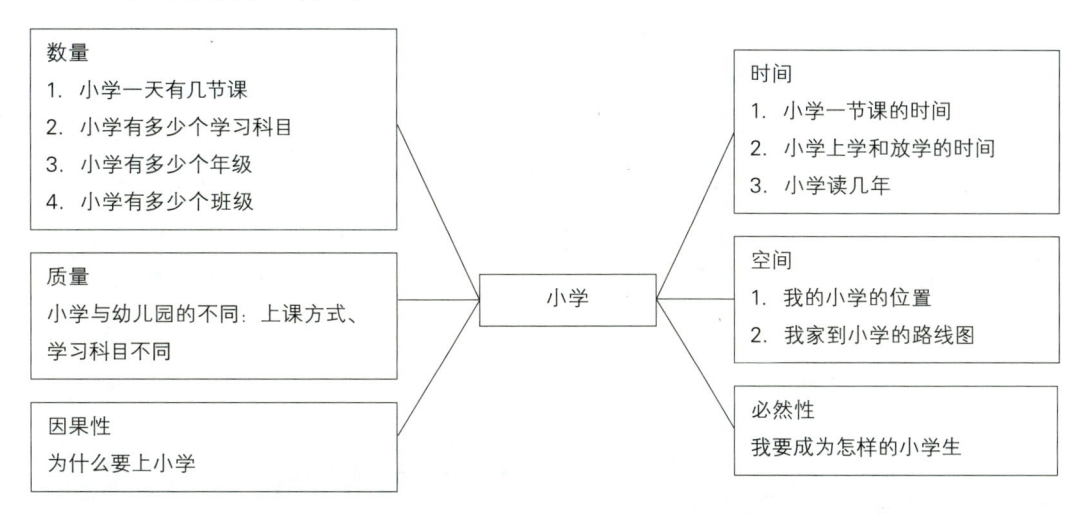

```
数量
1. 小学一天有几节课
2. 小学有多少个学习科目
3. 小学有多少个年级
4. 小学有多少个班级
```

```
质量
小学与幼儿园的不同：上课方式、学习科目不同
```

```
因果性
为什么要上小学
```

```
小学
```

```
时间
1. 小学一节课的时间
2. 小学上学和放学的时间
3. 小学读几年
```

```
空间
1. 我的小学的位置
2. 我家到小学的路线图
```

```
必然性
我要成为怎样的小学生
```

3．六要素教学建构活动

➡ 第一阶段：了解幼儿园旧经验

活动1　团体讨论：我上哪所小学？

专题探索从"我上哪所小学？"开始。

子歆说："我上新莲小学，爸爸妈妈要我就近读新莲小学的。"

钰绮说："我妈妈说新莲小学很难报上名的，要有很多资料的。"

敬一说："我妈妈是新莲小学的老师，校长说我可以到他们学校上学。"

雨熙说："我上新莲小学。"

曾程说："我读新莲小学，妈妈说那里的老师讲得好，同学学习认真。"

思辰说："我读百花小学，因为那里是我的户口所在地。"

百韬说："我读园岭实验小学，我姐姐就在那里读。"

家铭说："我读彩田小学，因为那里接送方便。"

小涵说："我上新莲小学，它在幼儿园的后面。"

子怡说："我上景莲小学。"

雨辰说："我读新莲小学，我们班很多小朋友都在新莲上学，我想和他们一起上学。"

媛媛说："原来我们班报新莲小学的人有这么多啊！"

老师说："是啊，我们统计一下吧。"

老师将全班幼儿分为第1组和第2组两个大组，由幼儿对每个组分别统计，最后再进行总计，主要统计新莲小学、景莲小学和荔园小学的人数，其他小学就归为其他类。

幼儿分别对"第1组"与"第2组"中新莲小学、景莲小学、荔园小学及其他学校的人数进行统计，再将第1和2组中报同样小学的人数加起来，就能统计出班级里报同一所小学的人数了。如：第1组中报新莲小学的有8人，第2组中有10人，10人+8人＝18人，全班中有18人读新莲小学。最后，统计出来读新莲小学的幼儿有18人，景莲小学有7人，荔园小学幼儿4人，9人在其他小学。老师将统计结果用柱状图展示出来。

这里培养的是幼儿能理解数与数之间的关系，并用"加"或"减"的方法来解决问题的能力。柱状图展示能够帮助幼儿更直观的进行了解和感知学校的名称、数量，综合了数数、统计、排序的数学知识。

图3-34　幼儿统计"我上哪所小学"　　　　图3-35　"我上哪所小学"统计结果

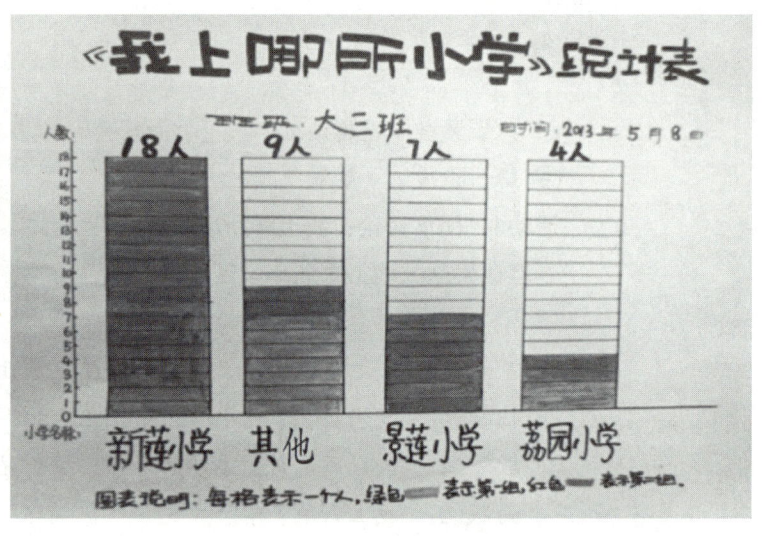

活动2　团体讨论：小学是什么样子的？

老师说："你们知道小学有几个年级吗？"

晴晴说："听妈妈说有六个年级。"

老师说："那一个年级有几个班呢？"

扬扬说："三个班吧！跟我们幼儿园一样。"

小美说："小学生每天都要上课，一节课有60分钟，晚上还要写作业，第二天要交作业。"

闲闲说："不是60分钟，是40分钟，我姐姐就是新莲小学的学生，他们放假要写作业的。"

菲菲说："小学有一张课程表。"

茜茜说："小学生中午回家吃饭。"

朵朵说："小学生是要考试的，发试卷考试。"

朵朵说："小学的操场很大，里面有足球场、有草地。"

瑄瑄说："比我们的幼儿园大很多。"

炎峰说："操场里面还有椭圆形的跑道呢。"

芩芩说："小学生的课桌和我们不一样，都是两个人坐一张桌子。"

老师请幼儿将自己知道的小学的样子画出来。

铭铭向老师提出了一个提议："我们想去真正的小学看一看，看看刚才我们说的是不是都是对的。"

<u>用六要素分析幼儿已有经验</u>

时间——幼儿对小学每节课的时间有初步的认识，但还在争议；知道小学生中午回家吃饭；知道小学晚上要写作业，第二天要交作业。

数量——知道小学有六个年级；用统计方式了解班级幼儿读各类小学的人数等。

质量——了解小学生座位和幼儿园不一样；小学操场很大；小学有寒暑假作业；小学操场有跑道。

➡ 第二阶段：深入研究，建构新经验

活动1　调查验证：参访小学

老师联系了幼儿园旁边的新莲小学作为参观的地点。在参访前，老师和幼儿讨论了参访小学要做哪些准备。

幼儿认为在去参访前，首先要给小学校长写一封信，征求校长的意见。信的内容是：

亲爱的校长和老师：

我们是莲花北幼儿园大三班的小朋友，我们想在2013年5月15日去新莲小学参观？可以吗？

信的落款处是所有幼儿的签名和日期。

在老师的帮助下，幼儿还做了信封。在信封上分别写下了收信人和寄信人姓名、地址及邮编。

在信的内容中，幼儿用图画和符号替代自己不会写的字，如，用"弯腰"的图画表示"尊敬的"三个字，用"眼睛"的图画表示"参观"两个字，还用新莲小学的校徽表示"新莲小学"。

其次，对参访时要带的物品，以及参访中的安全和礼仪进行了讨论。教师将幼儿

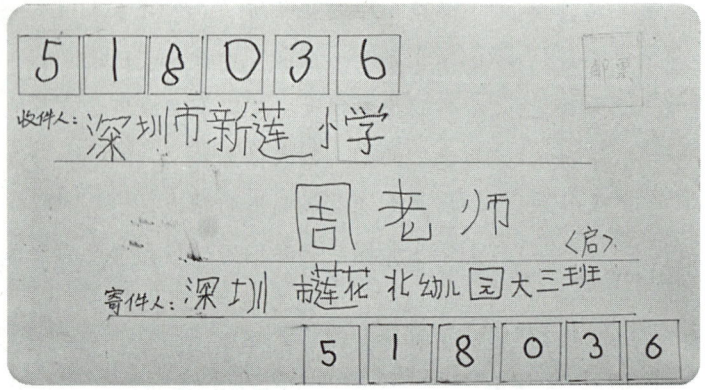

图3-36 幼儿给新莲小学周老师写的一封信

讨论出的结果进行分类记录。

参访要带的物品：照相机、手表、记录单和笔。

参访成员：根据幼儿自己想参观的内容分为两组区。

参访中的安全守则和礼仪：幼儿对出发前、途中以及参访时三个时间段进行了讨论。如在出发前，要做到按时来园不迟到并注明时间；在途中，要做到不掉队；在参访时，因为小学生都在上课，因此要做到不大声喧哗等。

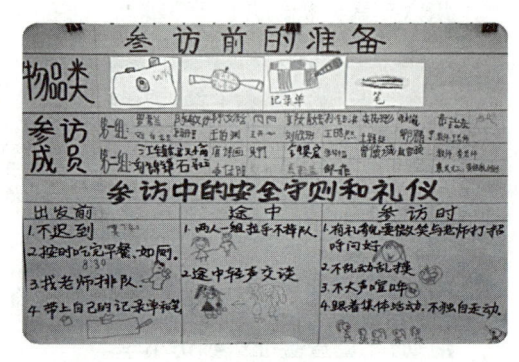

图3-37 参访前的准备讨论结果记录表

老师请幼儿带上自己画的小学，参观的时候和真正看到的小学比较一下，是不是一样的？

做好了准备工作，开始了参访活动，也是幼儿的实地调查验证活动。幼儿的猜测在参访中一一得到了验证和修正。

活动2 经验发表：一年级一班在哪里？

左边这幅图画是彤彤参访前画的小学，只有一栋教学楼，一年级在一楼，二年级在二楼，依此类推。幼儿进行直觉推理，根据幼儿园教室的分布来推测小学教室的分布。

右边这幅图画是彤彤参访后发现的教学楼分布，原来新莲小学1、2、

参访前所画教学楼分布　　参访后所画教学楼分布

图3-38 参访前后所画的教学楼分布

3、4年级在同一栋教学楼，而5、6年级则是在另外一栋教学楼的一、二楼。在整个过程中，幼儿通过观察，了解了小学教学楼的空间关系，并修正了自己已有经验。

活动3　经验发表：幼儿园和小学的不同

当老师抛出"小学和幼儿园有什么不同？"的话题时，幼儿积极发表自己的看法。

佳佳说："我知道，小学的沙池是用来跳远的，幼儿园是给我们小朋友玩玩具的。"

境境说："我知道小学的洗手间是分开的，幼儿园是连在一起的，因为我经常到新莲小学那里踢球。"

桂桂说："小学人很多，幼儿园小朋友少。"

元元说："小学生是要拉像箱子一样的书包去上学，而幼儿园不用，有时候住得远的还可以坐校车上幼儿园。"

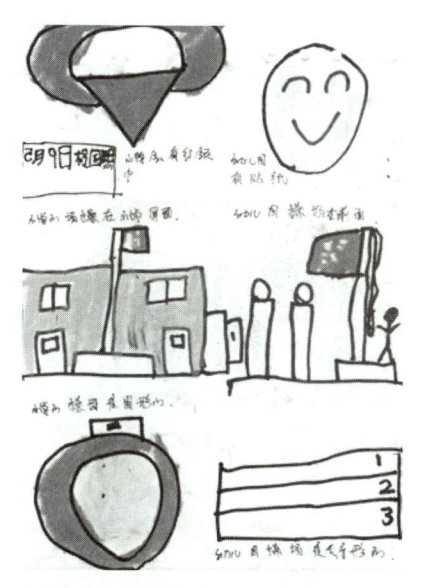

图3-39　熙熙记录的"小学和幼儿园有什么不同"

为了能够方便幼儿记录"幼儿园和小学的不同"，引导幼儿将记录纸进行六等分能记录三个地方的不同。

下图中熙熙所记录的"小学和幼儿园有什么不同"，左列画面代表的是小学，右列画面代表的是幼儿园。最上方绘画的是：上小学后优秀的小学生可以戴红领巾，在幼儿园老师会用贴纸奖励我们；中间部分绘画的是：小学的操场是在升旗台的后面，而幼儿园的操场是在升旗台的前面；下面部分绘画的是：小学的操场是圆形的，而幼儿园是长方形的。

活动4　经验发表：小学的操场有多大？

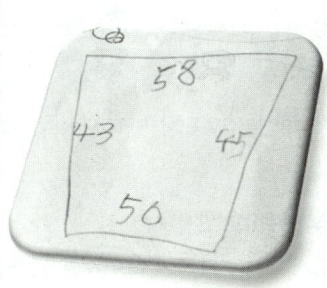

图3-40　幼儿在用"脚步"测量小学的操场

图3-41　幼儿用绳子测量幼儿园的操场

涵涵在参访小学时通过脚步测量新莲小学操场，结果得出操场的四条边分别是"58步、56步、43步、45步"。老师还组织幼儿使用了绳子、做操的管子等工具，测量了幼儿园的操场，与小学操场进行比较。幼儿感叹：小学的操场真大啊！

活动5　经验发表：课间十分钟能做什么

图3-42　彤彤观察到在课间十分钟里，小学生在下棋

图3-43　小杰观察到在课间十分钟里，小学生在玩健身器材和打乒乓球

图3-44　豆豆观察到在课间十分钟里，小学生在操场奔跑

在参访小学中，幼儿对小学生课间休息非常感兴趣，了解到哥哥姐姐课间休息时间只有短短十分钟，"这短短十分钟能玩儿什么呢？"幼儿纷纷产生了疑问，下面图画分别是彤彤、小杰、豆豆绘画的"课间十分钟"，彤彤观察到课间十分钟小学生有的在棋类区下中国象棋；小杰观察到的小学生有的在玩健身器材和打乒乓球；豆豆观察到的则是小学生很开心地在操场奔跑嬉戏。原来十分钟可以做这么多事情啊！幼儿初步感知时间与事情之间的关系。

活动6　经验发表：小学生的一日生活

参访的时候，新莲小学的老师给了我们一张小学生的一日生活作息表。老师和幼儿一起查看小学生一日生活作息表，发现：小学生上午有四节课，下午有三节课，小学生上一节课要40分钟呢！

参访小学后，老师和幼儿一起将教室布置成小学生的教室，幼儿作息表也按照小学生进行，每次活动时间也逐步延长到40分钟。

图3-45　老师和幼儿一起将教室布置成了小学生教室

在学习区里，老师还投放了"时间操作练习"的材料，让幼儿通过操作了解整点、半点、分钟的计算方法。

活动7　经验发表：我家到小学的路线图

希希在家长的帮助下一起绘制了"我家到小学的路线图"，来到幼儿园后迫不及待地跟大家分享起来："我家到学校很远的，这是我们家旁边的高架桥，这是我要上的小学……是我和爸爸妈妈一起走了好几遍、认真观察和记录后，才画出来的，我很熟悉这些路，以后我也能自己一个人上学了。"

大家看了希希的路线图都非常感兴趣，回家后也和爸爸妈妈一起研究自己家到小学的路线图并绘制出来，带到幼儿园和大家分享。

老师在学习区及时投放了学习材料《走迷宫》，让幼儿了解如何在不同的线路上找到正确的目的地，以及线路的多样性和变化性。这些路线图，包含了幼儿对前后、左右、远近、中间、旁边、东南西北等空间关系的理解和认识。

图3-46 幼儿在操作时钟，了解整点、半点、分钟的计算方法

有效地结合家长的帮助和学习区的学习操作，促使幼儿对空间关系有了进一步的感知和认知。

用六要素分析幼儿第二阶段的经验

时间——幼儿对小学生的一日作息有了初步的了解；感受课间十分钟能做的事情。

空间——了解小学教室分布；绘制了从家到小学的路线图。

图3-47 幼儿画的"从我家到小学的路线图"，老师将其展示在教室环境中

质量——了解小学与幼儿的不同，如在奖品、操场、升旗台都与幼儿园不同；用非正式测量工具，如脚步、绳子等测量小学和幼儿园的操场。

⊙ 第三阶段：应用新经验

活动1　团体讨论：为什么要上小学？

老师在语言区放了一本图书《小阿力的大学校》，这本图书引起了我们对"为什么上小学"的思考。

小卓说："上小学可以戴红领巾，那样会很自豪！"
希希说："上小学可以跟爸爸妈妈一起骑单车。"
宏宏说："上小学可以跟同学们一起打篮球。"
鸿鸿说："上小学后可以跟好朋友一起踢足球，我很喜欢。"

老师还在角色区创设"我是小学生"的角色扮演环境，让幼儿充分体验小学生的学习生活，消除幼儿对小学生活的担忧，使幼儿对上小学产生了期待和向往。老师通过团体讨论、书籍阅读、学习区材料等方式有效地消除幼儿对小学生活的担忧，激发幼儿对上小学的期待和向往，达到了明显的效果。

活动2　团体讨论：我想成为怎样的小学生？

珈珈说："就要上小学了，我想成为一名很好的小学生，可以戴上红领巾。因为妈妈一直希望我这样子，我还有个妹妹，我要做个好榜样给妹妹学习。"

霏霏说："我喜欢唱歌和跳舞，我以后想成为一个跳舞很厉害，唱歌很棒的小学生，可以参加学校的舞蹈队和合唱队，经常出去表演。"

扬扬说："妈妈说，上小学以后会有很多作业要做和很多知识要学习，我想在放假的时候多认真学习和练习写字，这样才能做个优秀的小学生。"

晴晴说："上小学后可以认识到更多的好朋友，我要做个学习棒棒的、身体壮壮的，大家都喜欢的学生，不断努力，争取年年拿到'三好学生'的奖状！"

用六要素分析幼儿第三阶段的经验

"小学"专题运用了"六要素学习法"，是沿着"时间、空间、质量、数量、因果性和必然性"这六个要素展开的。老师通过组织各种活动，就时间、空间、质量、数量、因果性和必然性等知识要素设计活动、开展教学，通过提出问题、实地参访、发表、讨论等形式，让幼儿对事物内部及事物与事物之间的关系进行初步的探求，加深对"小学"的认识，为幼儿主动建构"小学"概念打下逻辑基础，这既是一个促进幼儿自我建构概念的过程，也是施展教师专业引领的过程。

4．幼儿的学习与发展

即将毕业的大班幼儿很快要进入"小学"这个崭新的世界，他们充满期待也满腹问号"幼儿园和小学有什么不同？"那么，带领他们走进小学，具体观察、比较、分析幼儿园和小学到底在什么地方不同。通过实地参访，让幼儿了解幼儿园和小学的上学放学时间、上课时间、上学年限、上课方式、学习科目和内容、场地设施、班级人数等都有不同，并且通过参访后的团体讨论，让幼儿思考"为什么要上小学？"和"在小学我可以做什么？我能做什么？"的问题。

通过探究活动，幼儿获得完整的"小学"经验，在各领域获得了发展。

（1）从《3~6岁儿童学习与发展指南》来看幼儿发展

① 健康

动作发展。具有一定力量和耐力，参访活动中，幼儿从幼儿园步行到新莲小学，并对新莲小学的两栋教学楼进行参观，两栋教学分别是6层楼和5层楼。

测量小学操场时，小朋友们围着操场走了一圈，这一圈大概有400米，幼儿的腿部力量得到锻炼。符合《3~6岁儿童学习与发展指南》建议的鼓励幼儿多步行。

② 语言

倾听与表达。认真倾听并能听懂常用语言，在"为什么要上小学"分享的活动中，学习轮流发表，学习聆听，学习比较别人和自己想法的差异。具有文明的语言习惯，在写信过程中，能够结合情境（书面语言以及信件语言）使用合适的语言。

阅读与书写准备。具有书面表达的愿望和初步技能。在参访活动开始前，幼儿能主动要求给新莲小学校长写一封信，用文字和符合表达自己的参观小学的愿望。

③ 社会

人际交往。能与同伴友好相处，幼儿能运用协商、合作等方式进行探究活动。例如，一起做统计和分类，一起去访问小学生等。

社会适应。喜欢并适应群体生活后，通过图书阅读和心情分享，抒发上小学的心情和感受，对小学生生活充满积极情绪和美好向往。

④ 科学

科学探究。具有初步探究能力，如通过观察比较，发现幼儿园和小学的不同和相同。

数学认知。感知形状与空间的关系。如，幼儿制作的"我家到小学的路线图"、运用上北下南的地理方位知识；感知和理解数、量及数量的关系，在"我上哪所小学"活动中，幼儿用数字记录每所小学的人数，并将最终统计结果用柱状图表示；通过用非正式的测量工具对小学和幼儿园的操场进行测量，并得出小学操场比幼儿园操场大的结论。

⑤ 艺术

表现与创造。具有初步的艺术表现与创造能力，如，在角色区开展"我是小学生"的角色扮演活动，模仿小学生上课和小学教师。

（2）从思维力角度分析幼儿的发展

① 观察力

参访过程中，幼儿更主动去观察新莲小学与幼儿园的相同和不同，寻找问题的答案。

② 言语能力

幼儿能主动要求"仿写"、阅读小学的相关书籍，集体制作写给新莲小学校长的一封信，并且学习用"沟通""倾听""分享"等语言表达的技能，组织和思考自己该如何表达等。

③ 问题解决能力

参访小学前，幼儿将自己的问题用绘画的形式记录下来，并由幼儿讨论按照问题的类型进行了分组，在实地参访时，以小组的形式去寻找问题的答案；参访回来后，我们让幼儿做问题的"统计和分类"。

④ 逻辑推理能力

幼儿会去解释他们所看到情形，并做推论。例如，小学的操场很大。因为小学生很多。幼儿在讨论"我为什么上小学"时，回答："我们上完小班就要上中班、上大班，所以我们上完幼儿园就要上小学、上中学、大学。"参访前，他们议论："我们幼儿园小班在一楼，小学的一年级也应该在一楼。"他们在使用类推的方法，进行猜测。

（六）京基100

设计、执行、记录：谭晶洁、徐梦圆老师

班级：莲花北幼儿园中一班

时间：2014年10月

1．发现和聚焦探究点

→ 幼儿兴趣

《深圳》专题开展以来，幼儿有了丰富的关于"深圳"的经验，"深圳"也成了幼儿谈论最多的话题。有一天，一铮告诉老师，他知道深圳最高的山是梧桐山。这样的话题立即引起其他小朋友的热议。

乐天说："深圳最好吃的水果是荔枝和芒果。"

宇轩说："深圳最美的景点是世界之窗。"

佳宝说："深圳的车子是最多的，其他城市都见不到这么多的车子。"

若一说："深圳最高的楼是京基100。"

提到京基100，幼儿纷纷发言，有的说京基100在罗湖，有的说京基100里面有好多好玩好吃的地方，有的说京基100是世界第一高楼……幼儿对京基100的建成时间、地理位置、高度及里面的服务项目等都成了幼儿热议的话题。"京基100"成为幼儿"深圳"话题中的焦点和最想去探索的地方。

→ 教师判断

京基100是幼儿感兴趣的话题。"深圳京基100"是深圳第一高楼，因此也成了最受幼儿瞩目的建筑物，幼儿对"深圳京基100"既熟悉又充满神秘和好奇。

京基100与幼儿生活紧密联系。京基100集购物、娱乐和商务一体的高楼，很多幼儿平时都有跟着爸爸妈妈去京基100购物、吃饭、游玩等经历，是幼儿日常生活的一部分。

京基100具有教育价值。京基100是深圳标志性建筑，幼儿对京基100深入探究，有助于幼儿建立对深圳（家乡）归属感。京基100的高度、形状、作用和内部空间结构都是可探究的内容。

因此，京基100具有探究价值。于是，老师和幼儿及家长一起开始京基100之旅……

2．六要素教学内容分析

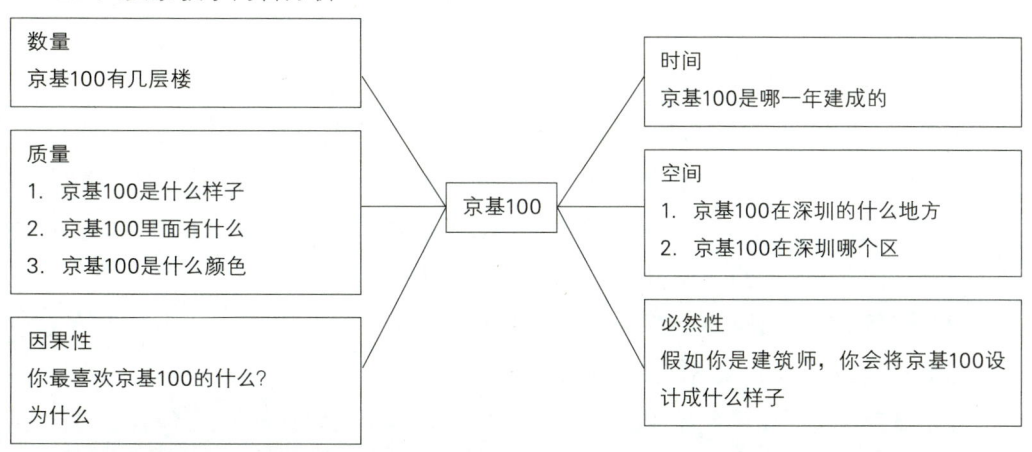

```
数量                              时间
京基100有几层楼                    京基100是哪一年建成的

质量                              空间
1. 京基100是什么样子      京基100   1. 京基100在深圳的什么地方
2. 京基100里面有什么                2. 京基100在深圳哪个区
3. 京基100是什么颜色

因果性                            必然性
你最喜欢京基100的什么？             假如你是建筑师，你会将京基100设
为什么                             计成什么样子
```

3．六要素教学建构活动

▶ **第一阶段：了解幼儿旧经验**

团体讨论：京基100是什么样子的？

为了进一步了解幼儿关于京基100的已有认知经验，老师组织了一次团体讨论活动。老师提出"京基100是什么样子的？"开放性问题，让幼儿畅所欲言。

> 智妍说："我去过京基100，站在最上面往下看好吓人啊。"
>
> 悦悦说："京基100是我去过最高的楼。"
>
> 政达说："京基100里面有很多好吃的，我最喜欢吃里面的自助餐。"
>
> 千昀说："我从家里去京基100是坐4号罗宝线。"
>
> 佳宝说："在京基100上面能看到全深圳。"
>
> 朗程说："我家阳台远望京基100感觉京基100很小。"
>
> 小雅说："京基100像一把锋利的刀。"
>
> 宇轩说："京基是灰色的。"
>
> ……

从幼儿的谈论中，老师发现大部分幼儿都去过京基100，对京基100的谈论都是来自于自身的直接感知。谈论的内容有关于京基100的高度、形状、颜色等粗初浅的经验。

老师把幼儿的讨论记录下来,并留出空白地方,便于以后进行记录,活动结束后形成一个关于京基100的完整经验展示出来。

用六要素分析幼儿已有经验

时间——幼儿对京基100建成的时间有所了解。

空间——幼儿知道京基100在深圳罗湖区,并能够在深圳地图上找到京基100的位置。

数量——知道京基100有100层。

质量——关于京基100的高度、形状、颜色等粗浅的经验,能够用很高、漂亮等描述。

因果性——知道"之所以叫京基100,因为它有100层"。

必然性——在探究第一阶段,幼儿在时间、空间、数量、质量、因果性等方面对京基100有了初步经验,但在必然性方面还比较弱。老师会在下阶段的探究中,追随幼儿的兴趣点的同时,有意识地加入对"必然性"的探究。

➡ 第二阶段:兴趣点深入探究,幼儿建构新经验

活动1 团体讨论:从不同角度看京基100

在团体论讨中小雅说京基100像一把锋利的刀,这个话题立刻引起了其他幼儿的关注,连续几天都在谈论这个话题。于是老师找来不同角度拍摄的京基100的图片放在语言区。幼儿开始关于图片的解读。

达达说:"从下往上看京基100,京基像一个巨大的巨人。"

霖霖说:"从飞机上往下看京基100像一个蚂蚁,一点点。"

乐乐说:"正面看京基100像一个火箭。"

欣宜说:"远看京基100,京基100好像一把锋利的刀。"

千昀说:"侧面看京基100,就知道京基100是立体的了,立体就是同时能看到京基的很多面墙。"

健成说:"夜晚看京基100,京基100就变成彩色的了,像一个多彩的舞台。"

源昊说:"云雾中的京基100是朦朦胧胧的,就是一会看得见一会看不见,好像飞机在天上云中飞一样。"

图3-48 幼儿将从不同角度看到的京基100画出来,老师将幼儿作品展示在环境中

老师还请一些幼儿用其他方式表达他们看到的京基100。

老师和幼儿一起谈论图片中的京基100，并鼓励幼儿产生联想，用自己的语言进行描述。老师还鼓励幼儿用其他方式表达自己所看到的京基100。

活动2　团体讨论：京基100是什么颜色的？

京基100是灰色的，这个答案从来没想过会有争议。可是有一天，老师听到幼儿这样的声音。

建成说："京基100是棕色的。"

轩轩说："京基100是灰色的。"

成成说："京基100是黑色的。"

……

老师提出疑问："为什么小朋友说的答案都不一样呢？"

浩予说："老师，我知道了，不同的时间、不同的天气看到的京基100就会有不一样的颜色。"

果果说："有灰霾的时候京基100是白色的。"

佳宝说："阴天看京基100是黑色的。"

沁轩说："晴天的时候京基100看起来是银灰色的。"

千昀说："雨天打雷的时候京基100就变成棕色的了。"

昊昊说："京基100晚上看是彩色的，会发光。"

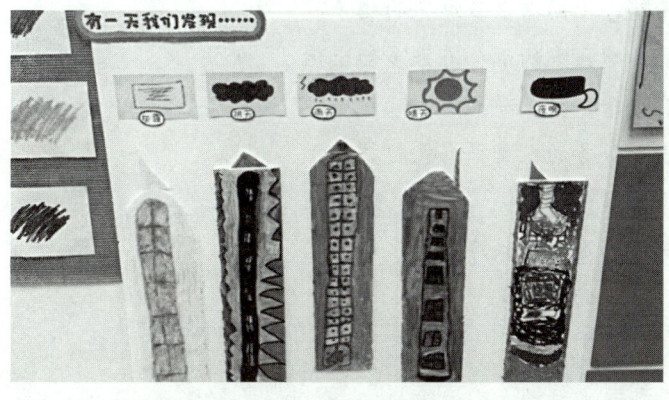

图3-49　幼儿用绘画方式表现"在不同天气状况下看到的京基100"

在谈论京基100有着不同颜色的时，幼儿将"不同角度看京基100"的经验迁移到谈论中，并进行推理出观看京基100的时间和天气可能会导致人们看到的京基100的颜色有差异，这是幼儿逻辑思维发展的重要表现。

活动3　调查验证：实地参访京基100

关于京基100的专题展开后，幼儿从同伴、书本上、网络上等间接方式了解到有关京基100的知识，感到非常兴奋，好奇心促使他们想再次去参访京基100，验证他们的新经验。老师和家长沟通了专题活动的进展以及幼儿的学习状态。于是，在家委会的组织下，利用周末时间开展了亲子参访活动。参访后，幼儿又有了一些新发现。

辰辰说："站在京基100最顶层好惊险、好刺激、好好玩。"

悦悦说："我很喜欢看京基100门前的喷泉，能喷出好多花样。"

一文说："站在京基100最顶层感觉一伸手就能摸到地王大厦。"

小琼说："为什么有的小朋友说京基100是世界第十高楼呢？那里明明写着京基100是世界第八高楼。"

这些问题在激发着幼儿的思考，这个过程实际上就是在不断提升幼儿的思维能力和观察能力。

活动4　团体讨论：你最喜欢京基100的什么？

幼儿参访之后的谈论还是很多关于京基100的高度、形状等"外表"，关于京基100的"内部"，很少有幼儿谈论。于是，老师决定再开展一次团体讨论，用"你最喜欢京基100的什么？为什么？"唤起幼儿关于京基100其他方面的经验。同时，用因果性的问题，培养幼儿凡事皆问"为什么"的溯因习惯。

一文说："我喜欢京基100里面的裙子店，里面有很多漂亮的裙子。"

天天说："我喜欢京基100门口的喷泉，喷出来的水会有很多的变化。"

缙溪说："我喜欢京基100的厕所，有音乐，很干净。"

老师说："我喜欢京基100的文化，里面服务的人都很有礼貌。"

若一说："我喜欢京基100里面的游乐园。"

泽霖说："我喜欢京基100的餐厅，那里的人很守秩序。"

臻臻说："我喜欢去京基100看电影，那里的椅子很舒服。"

通过团体讨论活动，每个幼儿也从同伴那里了解到关于京基100"内部"的秘密。老师把幼儿谈论的内容分成了五大类：娱乐、美食、休闲、购物和其他（"其他"就是把不确定的类别都归到"其他类"），这是概念学习的重要过程。

用六要素分析幼儿第二阶段的经验

空间——能够使用"从下往上""从上往下""正面""远看""侧面"等空间方位词在来描述观察京基100的位置。

数量——将京基100的功能分为娱乐、美食、休闲、购物和其他五类。

质量——京基100的功能有娱乐、美食、休闲、购物和其他。

因果性——在"你最喜欢京基100的什么"活动中，幼儿用完整的句子表达了因果关系。

必然性——在不同位置、不同时间和天气中看到的京基100是不一样的。

> 第三阶段：概念在生活中的运用及发表探究成果

经验发表：我来设计京基100

在谈论"你最喜欢京基100的什么？为什么？"这个话题中，若一说："京基100的楼顶太尖了，我觉得它可以是半圆形的。这样看起来比较像城堡。"若一的观点引起来其他幼儿的注意。

臻臻说："我觉得京基100可以建成像金字塔一样。"

霈霖说："京基100还可以建成长方形的，远看起来就像一个长方包，别人肚子饿了，一看到长方包就会来京基100了。"

图3-50　幼儿在设计自己心中的京基100

老师意识到幼儿已在自己经验的基础上开始了批判和创新意识，为了保护幼儿这种思维，老师提出"京基100还可以是什么样子的？"让幼儿发挥想象力，自己来设计京基100。

每个幼儿都有自己心目中的"京基100"，他们在建构区、美工区、益智区运用搭建、拼接、制作等多种形式去进行创作。他们或单独进行，或合作创作，他们因为意见不统一而引起冲突，又为了共同目标进行协商和解……

用六要素分析幼儿第三阶段的经验

在第一阶段和第二阶段，幼儿从时间、空间、数量、质量、因果性方面对京基100有了深入的认知，在必然性方面有初步的感知。在此基础上，在探究的第三阶段，老师利用"我来设计京基100"活动，一方面是让幼儿对已有经验进行统整和发表，一方

图3-51　幼儿在专题墙上设计京基100

图3-52　幼儿在益智区搭建京基100

面对"必然性"因素进行了强化,让幼儿意识到"京基100还可以有更多的设计和造型",激发幼儿的创新意识,培养幼儿的想象力和创造力。

4．幼儿的学习与发展

每一个城市都有一些标志性的建筑,而对这些标志性建筑的了解或者身处这些标志性建筑之中体会其种种美妙之处,都会无意识中增强对这个城市的归属感。京基100是深圳的标志性建筑,许多幼儿都曾经去过,但对其认知仅停留在那里吃喝玩乐的浅层印象中。通过"京基100"专题活动,可以认幼儿从更深层去认识京基100,从而增强幼儿对深圳这个城市的归属感。通过活动,让幼儿知道和明白京基100是什么时候建成的、地理位置、共有多少层楼、长什么样的、内部功能分类、有什么好吃好玩的、喜欢它的原因等,并在最后通过"我来设计京基100"的活动来启发幼儿的创新意识。

在《京基100》专题活动中,幼儿的学习是连续的、整体性的。

(1)我们可以从《3~6岁儿童学习与发展指南》各领域的学习来看幼儿的发展

① 健康

手的动作灵活协调。幼儿画京基100、在搭建京基100中,都表现出手部动作的灵活与协调。

② 语言

倾听与表达。在每次的团体讨论活动中,幼儿都非常积极地参与到谈话中,并认真听取同伴的观点。

具有初步的阅读理解能力。老师在语言区投放关于不同角度拍摄京基100的图片,幼儿主动去阅读图片,并用比喻的语言与同伴分享图片内容,还将在语言区看到的内容画出来。

③ 社会

喜欢并适应群体生活。幼儿与爸爸妈妈一起,参加实地参访京基100的亲子活动。

④ 科学

数学认知——感知形状与空间关系。在"不同角度看京基100"活动中,幼儿能够使用"从下往上""从上往下""正面""远看""侧面"等空间方位词在来描述观察京基100的位置,用非常形象的比喻描述每个位置看到的京基100的形状,并画了出来。

科学探究——具有初步的探究能力。幼儿在认真观察语言区中不同角度拍摄的京基100照片,并对其进行比较,发现了站在不同位置,就会看到不一样的京基100。并对平时听说京基100是世界第十高楼和京基100门前写着"京基100是世界第八高楼"产生的疑问和探究兴趣。

⑤ 艺术

具有初步的艺术表现与创造能力。在"我来设计京基100"活动中,幼儿在建构区、美工区、益智区运用搭建、拼接、制作等多种形式去进行立体的、平面的表征和创作。

(2)从思维能力角度来看幼儿发展

① 观察力

幼儿会主动去观察语言区京基100的图片;在实地参访中,幼儿还观察到京基100广场上喷泉的变化和"京基100是世界第八高楼"。

② 言语能力

倾听与表达。在每次的团体讨论活动中,幼儿非常积极参与到谈话中,并认真听取同伴的观点;在"你最喜欢京基100的什么"活动中,幼儿用完整的句子表达了因果关系。具有初步的阅读理解能力。老师在语言区投放关于不同角度拍摄京基100的图片,幼儿主动去阅读图片。

③ 想象力

在"不同角度看京基100"活动中,幼儿用生动形象的语言描述从不同角度看到的京基100;在"我来设计京基100"活动中,幼儿在建构区、美工区、益智区运用搭建、拼接、绘画和制作等多种形式去进行立体的、平面的表征和创作。

④ 问题解决能力

幼儿将"不同角度看京基100"的经验迁移到谈论中,并进行推理出观看京基100的时间和天气可能会导致人们看到的京基100的颜色有差异;参加亲子活动去实地参访京基100,验证从同伴中、书本上学习到的间接经验。

⑤ 空间概念

"不同角度看京基100"活动中,幼儿能够使用"从下往上""从上往下""正面""远看""侧面"等空间方位词在来描述观察京基100的位置。

(七)十二生肖

设计、执行、记录:曾小娟、文佳老师

班级:第九幼儿园大班

时间:2014年2月

活动1 团体讨论:我的属相

涵涵带来许多礼物与班上幼儿分享,庆祝她的6岁生日。

涵涵说:"大家好,我今天6岁了,我是属猪的。"

丫丫说:"我也属猪。"

玄玄说:"我属鼠。"
杰杰说:"我妈妈说我属猪。"
子译说:"我属鼠,我妈妈属虎。"
琪琪说:"我和我妈妈都是属鼠,可是我妈妈比我大。"
涵涵的介绍引起了其他幼儿的热烈讨论。
老师说:"原来我们大一班小朋友有属鼠和属猪的,还有小朋友的妈妈属虎。除了鼠、猪和虎三种属相,还有什么属相呢?"
菲菲说:"还有牛,我爸爸属牛。"
罗德说:"我不知道我爸爸属什么。"
圣杰说:"还有小白兔。"
妍妍说:"应该还有小花猫和小狗。"
涵涵说:"老师,为什么琪琪妈妈比她大,可是她们都属鼠呢?"
奥奥说:"对呀,怎么是这样呢?"

对于幼儿的讨论和问题,老师没有直接告诉他们答案,而是建议幼儿进行调查询问,寻找答案,解决问题。

活动2　调查验证:家人的属相

老师和幼儿一起设计了调查表,调查的内容有家人的年龄和属相,十二生肖都有哪些动物,属相相同的家人。

通过调查,幼儿知道了一共有12个属相,每一种属相都有一个对应的动物。相同的属相有不同的年龄,他们会相差12岁、24岁等,中国的属相是十二年一轮回。

活动3　统计:属猪和属鼠的人数

对幼儿的调查表再次进行讨论,幼儿确定了班上的小朋友只有猪和鼠两个属相。

老师说:"有多少人属猪,还有多少人属鼠呢?"

于是幼儿对属相进行统计,将以前用柱状图统计方法迁移到本次活动中。

淇奥说:"我会5个5个数数,比1个1个数起来快很多。"

很多幼儿赞同说:"我也会5个5个数。"

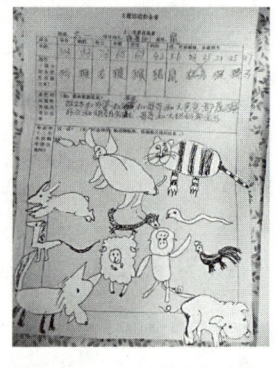

图3-53　十二生肖调查表　　图3-54　幼儿属相统计表

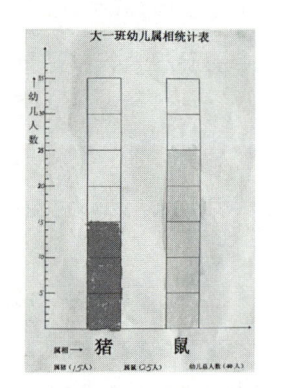

"5，10，15…"老师请所有幼儿一起数。

很快将属鼠和属猪的人数统计出来：属鼠的有25个人，属猪的有15个人。并计算出属鼠的比属猪多10人。幼儿的数学认知能力在运用中得到进一步发展。

🟢 个别探究

语言区：教师在语言区投放《十二生肖》图文对应的材料、《十二生肖》儿歌的材料，通过对材料的操作，加深对十二生肖的顺序的理解，帮助幼儿阅读和认识汉字。

美工区：每个幼儿画出自己喜欢的生肖动物，老师把幼儿画好的动物拼在一起形成"十二生肖画"。

数学区：老师将"十二生肖画"放在数学区，把与属相对应汉字和数字提供给幼儿，幼儿可以进行排序，加深对十二生肖顺序的理解。

在学习区，幼儿通过与材料的互动继续延伸对生肖的兴趣和探索。

🟢 经验发表：十二生肖晨会

通过晨会活动，幼儿将"十二生肖"的经验与同伴分享，对十二生肖的经验进行统整。

分享的内容有：十二生肖是中国特有的文化；十二生肖的排列顺序；与十二种动物有关的成语和律动操。

幼儿的记忆力和语言表达能力及表现力都在活动中得到了锻炼。

🟢 分析

"十二生肖"是中国特有的文化，也是中国特有的计算年龄的方法，与每个人息息相关。

图3-55 十二生肖画

图3-56 "十二生肖"图文对应

图3-57 二生肖演出活动

以中国本土文化作为学习内容，是让幼儿了解自己国家、认识国家的最好媒介，培养幼儿热爱祖国的情感。从幼儿的经验来看，幼儿对"十二生肖"既熟悉又有很多疑问。教师和幼儿一起带着问题出发，调查验证、发现关系（十二生肖之间的顺序及十二年一轮回的规律），找寻答案的过程，有助于幼儿分类、统计、推测、验证等科学探究和数学认知能力的发展。

1．分类、统计

幼儿能自主分类统计属鼠和属猪的人数，并计算出人数差额。

2．简单推理

在十二生肖家庭调查表中发现奶奶和自己都是属鼠，推测出12年一个轮回的规律。

3．提出问题

团体讨论中得知琪琪和妈妈都是属鼠后，提出为什么妈妈比琪琪大？

（八）老乡

活动1　调查分享：说说我的家乡

设计、执行、记录：曾小娟、文佳老师

班级：第九幼儿园大班

时间：2014年9月

在国庆节前夕，幼儿在谈论假期回老家的事情。幼儿之间互相询问"你的老家在哪里呢"？他们七嘴八舌地议论起来。

谦予说：国庆节我和奶奶一起去新疆。我是新疆人。

圣杰说：新疆好远噢，我是陕西人。

罗德说：我也是陕西人。

子涵说：我也是陕西人，我们三个都是陕西老乡。

老师利用幼儿"老乡"的话题开展活动，借此帮助幼儿了解中国有很多省份，还可以促成统计、分类等认知行为的发生。

在国庆节放假前，老师和幼儿一起设计了《我的家乡》调查表，让幼儿利用假期时间通过实地调查或询问家长完成调查任务。调查的内容有家乡的名称、风俗、名胜古迹和特产等。

假期回来后，老师组织了一次"说说我的家乡"分享活动，很多幼儿根据调查结果，介绍了自己的家乡民俗风情、名胜古迹及家乡特产，有的幼儿还带来家乡的特产跟大家分享。幼儿对和自己家乡一样的同伴的介绍非常感兴趣。

昊昊说：我是汕头人。

老师说：汕头属于哪个省呢？

昊昊说：广东省。

桐桐说：我也是广东人，我老家在广州。

老师说：你们是广东老乡。

活动2　自主活动：找找我的家乡

设计、执行、记录：金虹、王丽娟老师

班级：大班

时间：2014年9月

教师将中国地图贴在了专题墙上，提醒幼儿在餐后活动或学习区活动时间在地图上找找自己的家乡，并标志出来，希望从空间视觉上让幼儿感知概念"老乡"。

幼儿对"找家乡"活动似乎非常感兴趣。期间，对自己能够在地图上找到自己的家乡及发现有和自己同乡的同伴等都感到非常兴奋。

活动3　统计活动：我们是老乡

设计、执行、记录：金虹、王丽娟老师

班级：大班

时间：2014年9月

老师开展了"统计每个省份的幼儿人数"的活动。老师首先请广东省的幼儿站起来，让幼儿数一数广东省的幼儿人数。

昊昊说：我会用2个2个数，2，4，6，6个广东人。

老师说：美森生病了，今天没有来，他也是广东深圳人。

昊昊说：我知道了，6+1=7；我们大一班广东省人有7个。

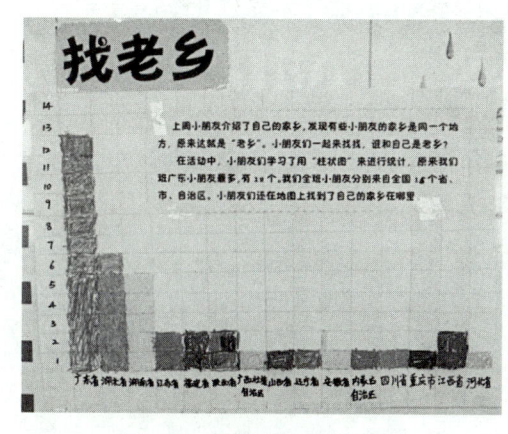

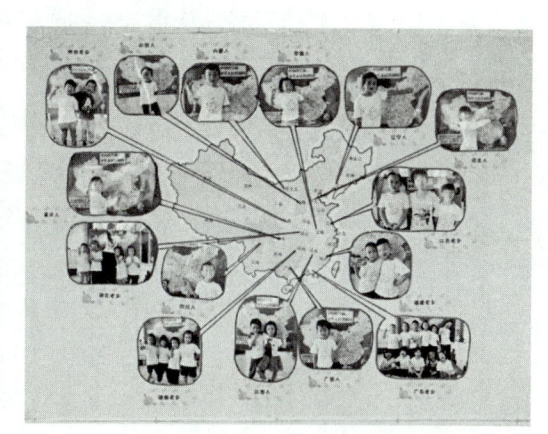

图3-58　各省份幼儿人数统计　　　　图3-59　各省份幼儿合影

老师请幼儿对每个省份的幼儿人数都进行统计，并对一共来自多少个省份进行了统计。老师拿出准备好的记录单，和幼儿一起进行各省人数的记录及省份的记录。

老师还为每个省份的幼儿拍了合影，并和中国地图一起展示在专题墙上。

幼儿基本上是出生在深圳的"深圳人"，但是他们的爸爸妈妈却是来自各个省份的

"深圳移民",很多幼儿有跟随爸爸妈妈回"老家"的经历,对"我的家乡"有粗浅的认知。同时,"老乡"是中国特有的文化,也是中国人常用的在异乡结交朋友的方式,在深圳这样的移民城市更加凸显。老师开展"说说我的家乡""找找我的家乡"及"统计老乡人数"等活动,引导幼儿了解、认识自己的家乡,丰富幼儿对自己家乡的经验。同时,帮助建构"老乡"这一概念。

在活动中,幼儿对"中国有这么大""有这么多省份""各地方还有不同的民俗风情及不同的旅游胜地"等有了粗浅的感知,激发了幼儿对专题"中国"的好奇心和探究欲。

此外,教师借助真实情境,引导幼儿学习数概念。如,在统计老乡人数活动中,引导幼儿用柱状图统计表对每个省份的人数进行统计记录,并用不用颜色表示。对于每个省份人数的比较,幼儿也一目了然。

(九)中国汉字

设计、执行、记录:王丽娟老师

班级:第九幼儿园大班

时间:2014年12月

1. 发现和聚焦探究点

➡ 幼儿兴趣

"中国人"专题活动进行"生肖"调查,有人说:"我妈妈属马,这个马字我认识。"景锐说:"十二生肖的字我都认识!"雨桐大声说:"这有什么了不起,我会认很多字,我都能自己看书了!"大家都开始讨论起汉字来。

看到这一幕,老师提出问题:"关于我们中国的汉字,你有什么发现?你知道些什么?还想知道些什么?"引导幼儿进行讨论。

幼儿说:"我发现我们的字和英语是不一样的。"

"我不知道怎么写字,我还不会写。"

"我想知道怎么才能认识很多字。如果认识很多字就能自己看书了。"

"我想知道我们中国的字是怎么来的?"

……

➡ 教师判断

汉字是幼儿非常感兴趣的话题。幼儿对能认识汉字感到非常骄傲,在日常生活中看到自己认识的汉字时都会兴奋地读出来。同时非常好奇汉字是怎么来的,汉字为什么有这么大的作用,对汉字表现出强烈的兴趣。

汉字是中国宝贵的文化,在人们的生活中无所不在。汉字是在我们日常生活内容重要的一部分,它给人们的生活带来了很多便利。了解和认识汉字是了解中国文化的切入点之一，培养幼儿的民族自豪感。同时，认识汉字有助培养幼儿形象思维能力。

了解汉字对幼小衔接具有重要意义。对于即将进入小学的书面语言学习期，为了和小学的学习做好衔接，让幼儿初步感知汉字的发展变化、培养幼儿对汉语文字特征的敏感性，在观察和想象的过程中体验发现的喜悦，为进入小学的书面语言学习做好准备。

大班的幼儿已经开始对汉字感兴趣，开展汉字专题活动，让幼儿了解汉字，非常具有教育价值，对幼小衔接具有重要意义。所以了解中国汉字非常具有探究价值。

2．六要素教学内容分析

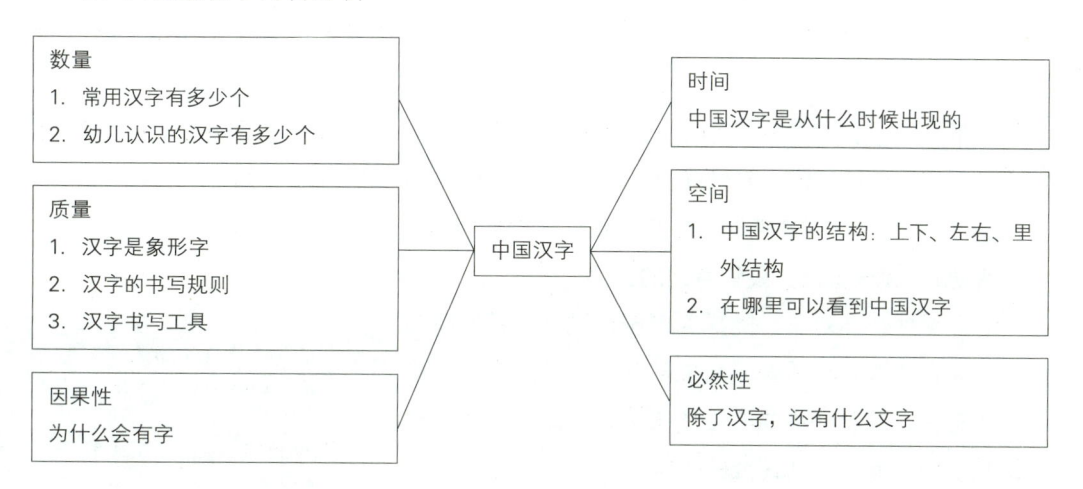

```
数量
1. 常用汉字有多少个
2. 幼儿认识的汉字有多少个

质量
1. 汉字是象形字
2. 汉字的书写规则
3. 汉字书写工具

因果性
为什么会有字
```
↓
中国汉字
↓
```
时间
中国汉字是从什么时候出现的

空间
1. 中国汉字的结构：上下、左右、里外结构
2. 在哪里可以看到中国汉字

必然性
除了汉字，还有什么文字
```

3．六要素教学建构活动

▶ 第一阶段：了解幼儿旧经验

环境展示——汉字演变过程与各国文字

老师收集了部分比较典型的汉字的演变资料，展示在教室中。象形文字的小卡片吸引了许多幼儿来观看。幼儿在观察时，指着甲骨文的"月"说："这个月字真的很像月亮啊！"

子乔发现了老师展示的各国文字，对同伴说："快来看，这是什么字？这个'你好'我认识。其他的是什么字？好好玩哦！"

老师将汉字的演变、各国的文字通过图片展示的方式呈现在教室中，幼儿发现环境新变化，对图片内容进行探究，通过图片

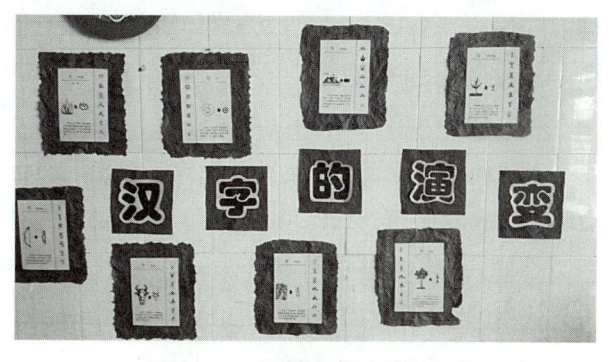

图3-60 环境展示"汉字的演变"

内容来了解文字的生成与演变,以及各国文字的区别。老师通过观察来了解幼儿有关汉字的经验。

用六要素分析幼儿已有经验

时间——知道汉字是由象形文字演变而来的,也就是说最早的汉字是象形文字;了解汉字依次是怎么演变的。

空间——汉字主要是在中国使用。

质量——知道象形文字是用事物的外形特征来帮助记忆的。

因果性——知道汉字的作用非常大,生活离不开汉字。

必然性——知道汉字不是世界上唯一的文字,每个国家都有每个国家的文字,并且都不一样。

在第一阶段,幼儿对汉字的旧经验少之又少,但幼儿对汉字非常感兴趣,所以为了方便后续活动的开展,老师通过环境展示让幼儿有机会建立新经验。

▶ 第二阶段:兴趣点深入探究,幼儿建构新经验

活动1 调查验证:我们身边的文字

老师根据幼儿对汉字的探究愿望,设计《我们身边的文字》调查表,引导家长协助幼儿一起观察文字在生活中的运用,寻找各种媒介上的文字,让幼儿对文字有更深的认识,激发幼儿探究的兴趣。

在调查的过程中,幼儿发现生活中很多地方都有汉字,发现自己原来认识很多字,并感到认字是个很有意思的活动。

调查表展示在教室墙面上,幼儿们互相介绍自己的调查表,介绍自己认识哪些字。

看到这一幕,老师问:"小朋友发现中国的汉字真多,那猜一猜中国到底有多少汉字?"看到幼儿都不知道,于是老师告诉大家:"中国常用汉字大概有2500多个,比较常用的有7000多个。"所有幼儿都吃惊地说:"汉字真多啊。"

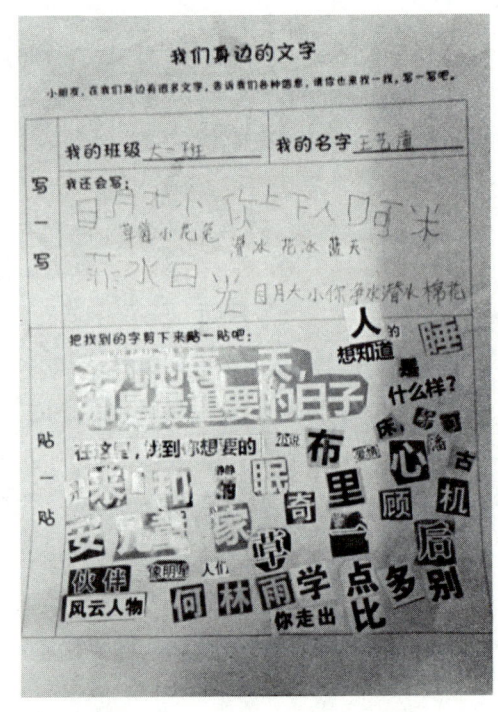

图3-61 调查表:我们身边的文字

老师通过调查表引导幼儿关注汉字会出现在生活中什么地方,汉字有什么作用等问题,同时调查的结果也可以让幼儿了解哪些字是自己认识的。最后老师告诉幼儿大概有多少常用汉字,让幼儿对汉字的总量有大致的了解。

活动2　经验发表：身体拼汉字

老师出示字卡，请幼儿想想有没有办法用自己的身体把字拼出来。

琪琪说："这个'人'字很简单，我会拼，但是我要找个人帮忙。"
她找了子芮，两个人一起在地板上躺下，拼成"人"字。
琪琪和子芮启发了其他幼儿，他们纷纷和朋友商量，可以怎么拼出汉字。
童童说："我可以一个人拼一个'上'字！"

活动中幼儿一个人或与同伴合作用身体拼汉字，肢体动作的模仿，可增进幼儿对汉字的感知，了解汉字具有一定的结构和空间位置，也可以促进幼儿空间感的发展。

同时，幼儿拿到卡片时，通过观察汉字的结构，然后用肢体来表现，幼儿的观察能力也得到锻炼。

图3-62　琪琪和子芮合作拼"人"字　　　图3-63　幼儿合作拼汉字　　　图3-64　童童独自拼"上"字

活动3　装饰姓氏

幼儿最熟悉的汉字莫过于自己的姓名了，老师将班级幼儿的姓氏打印成笔画中空的卡片，让幼儿对自己的姓氏进行装饰。

幼儿对自己的姓氏很重视，装饰的时候非常小心，尽量做得美观。

当老师把幼儿的作品展示在教室里时，每一个人都对自己的作品非常自豪。

图3-65　幼儿装饰过的姓氏卡片

装饰汉字活动中，老师选择的汉字是幼儿比较熟悉的"班级幼儿的姓氏"。一方面，能够激发幼儿参与活动的兴趣，加深幼儿对汉字的情感，喜欢汉字；另一方面，在装饰中潜移默化中增进幼儿对汉字结构、偏旁等基本要素的感知。

活动4　调查验证：文房四宝与书法

笑笑从家里带来了文房四宝，皓琳的外公擅长书法，她带来了外公的几幅书法作品。幼儿们都围着观看这些新奇的东西，他们非常好奇这些粗粗的字都是怎么写出来的。

老师为幼儿提供了笔墨纸砚，让幼儿分组尝试用毛笔来写自己的名字。幼儿在学写毛笔字的过程中发现了很多问题。

有的说："毛笔太软了，不好写字。"

有的说："比用铅笔写字难多了。"

老师向幼儿示范如何握笔后，有的幼儿说："这样握笔好奇怪啊，跟我们平时拿铅笔一点儿也不一样。"有的幼儿说："这样拿毛笔我更不会写字了。"

老师在语言区投放了书法练习纸和毛笔，以供有兴趣的幼儿继续练习。

图3-66　幼儿展示文房四宝及书法作品 　　图3-67　幼儿使用毛笔和宣纸书写汉字

文房四宝及书法作品的出现引起了幼儿极大的兴趣，笔墨纸砚是对来幼儿来说是一种新的书写工具。幼儿尝试用毛笔和墨汁在宣纸上写字，感受不同书写工具的作用。

活动5　调查验证："为什么要有汉字"之一"传话游戏"

为了认识到汉字的作用，老师组织了一个小游戏。幼儿分成小组围坐在一起，老师悄悄跟第一位幼儿说一句话，让她把这句话传给下一位幼儿。一个传一个，传到最后一位幼儿皓皓，他说出来的话和第一位幼儿有很大的差别，大家都笑了起来。皓皓不好意思地说："我听错了……"老师问："除了皓皓听错了，还有谁也听错了，说的话不一样？"幼儿发现，其实这句话才传了两三个人就有人听错了或者理解错了。

传话游戏让幼儿了解到，口头语言的传播容易发生偏差。

图3-68　传话游戏现场

活动6　调查验证："为什么要有汉字"之二"结绳记事"

在听了老师的"结绳记事"的故事后，皓琳尝试像古人一样，用结绳的方法来帮助自己记住事情。上午，她在绳子上打了两个结，分别表示下午要做的两件事情。可是下午起床后，她再拿起她打过结的绳子，却忘记了这两个结代表什么意思。

在分享活动中，皓琳说："结绳记事总是会忘记，所以不好。"

图3-69　浩林使用"结绳记事"方法

结绳记事的尝试，让皓琳和其他幼儿认识到，结绳记事也无法准确记录信息。教师引导幼儿进行各种方式的活动，了解用其他方式来记录到底好不好？借此来体会汉字的作用。

活动7　调查验证："为什么要有汉字"之三"用画画记录"

星期一的早上，笑笑来到幼儿园，给好朋友看她周末在家画的一幅画。原来，笑笑将她周末外出游玩的事画下来了。可是她发现，其他幼儿都不太明白她画的是什么，每个人过来问她，她就得重新解释一遍。她发现，用画画的方式来记录，虽然自己能看懂可是别人不一定能看懂。

老师给其他幼儿分享了这件事情，幼儿了解到，画画虽然可以起到一定的记录作用，但是每个人对画的理解不一样，还是无法准确传递信息。

活动8　环境展示："汉字的作用"之一"用文字来记录"

老师要重新安排值日生表，请幼儿自己选择自己想做的工作，并且记录下来。幼儿在安排表上记下自己的名字后，老师把安排表贴在教室里。他们发现，如果哪天忘记了是谁值日，或者谁要是忘记自己的值日内容，只要去看一下安排表就知道了。

值日生表里的姓名是用文字记录的，幼儿发现，无论何时都可以看一看，都不会发生改变或忘记。所以用文字记录是最妥当的，文字能将信息准确地告诉人们。

通过这些活动，幼儿们理解到，如果想要让一个信息得到准确的传达，最好把它写下来。这些活动比较直观地帮助幼儿理解了文字的作用。

图3-70　用汉字记录的值日生安排表

活动9　经验发表1：汉字分类

老师引导幼儿和把自己会写的汉字收集起来，并通过观察、分析，尝试将有相同特点的汉字进行分类。

图3-71 幼儿观察汉字   图3-72 雨桐发现了"天"和"大"非常像   图3-73 悦悦展示她的发现

雨桐说:"这两个字长得很像,可以放在一起!"
悦悦说:"这两个字左边是一样的,它们可以放在一起。"

通过分类的活动,幼儿们注意到了汉字在结构、偏旁上的异同。

收集自己会写的汉字,并且进行分类,这个活动对幼儿来说有点困难。因为幼儿认识的字量有限,会写的字更少,而要他们在这么零散的汉字中寻找规律进行分类更加困难。但是幼儿还是通过自己的观察、比较和思考做到了。没有能够进行分类的幼

图3-74 锨锨在将汉字分类   图3-75 小涵分享她的发现

儿,也认同其他小伙伴的想法,把长得有点像的字放在一起,或者把有一边相同的字放在一起。活动中又一次体现出了同伴之间的互相学习、互相启发。

活动10 经验发表2:有趣的偏旁

在幼儿对自己收集的汉字进行分类后,老师为了进一步提升幼儿对汉字的认识,帮助幼儿建构、归纳中国汉字的基本特点,设计了"有趣的偏旁"这一活动。

老师请幼儿把有相同特点的字归为一组。通过比较和观察,锨锨发现了规律,她把具有相同偏旁的字放在了同一组。

活动分享环节,小涵来向大家介绍她是怎么分的,她也观察到了同一组的汉字具有某些相同的部分。老师告诉大家,这相同的部分叫作"偏旁"。带三点水的字,都与水有关,带反犬旁的字都与动物有关。

在这个活动中幼儿体现出的个体差异比较大,有的幼儿很快就发现了卡片中汉字的规律,并且能够正确地进行分组。而有的幼儿对这些字卡非常茫然,找不出它们有什么规律或相同点。

活动11　调查验证：实地调查——幼儿园里的汉字

通过一系列的活动，幼儿对汉字的兴趣愈加浓厚，老师带着幼儿对幼儿园环境开展了调查研究，寻找自己认识的、喜欢的汉字，并记录下来。

幼儿指着墙上的调查表说："这里有汉字。"

有的幼儿说："走廊上也有。"

走出教室，子芮一眼看到门口的植物角，停了下来："这是口字，我认识！"并且在记录单上仿写了下来。

小良往前走了几步，指着防水雨棚："我发现了！那里有汉字139234……"

锐锐打断他的话："那是数字，不是汉字！"

……

几个幼儿围着墙上贴的安全通道路线图，七嘴八舌起来："这里有口字！我要把它记下来！"

"这里有我们大一班的名字，它是告诉我们遇到危险大一班要朝这个方向走！"幼儿们一笔一画地记录着。

路过大二班，兰兰指着班牌说："这是大二班，我认识！我要把它记录下来。"

"对！这是大二班的名字，以后要到大二班就是这里！"

笑笑站在衣架旁，呼叫同伴："我发现衣架上也有汉字！"

"对！那是小朋友的名字！谁的衣架就写谁的名字，挂谁的衣服。"

"上面有我的姓，我要把它记录下来！"

幼儿发现幼儿园里处处都有汉字。

老师提供最熟悉的环境供幼儿探索，幼儿的天性是对未知的事物充满着好奇，在寻找汉字的过程中，对汉字的关注力和兴趣无形中得到了提高；幼儿相互讨论自己在哪里找的汉字，是怎么找到的汉字，促进了幼儿社会交往能力的发展，同时帮助幼儿建立了空间概念；"仿写"是幼儿探究汉字非常重要的一步，幼儿在找到自己喜欢的汉字后初步运用模仿汉字的形状将它们记录下来；在小结部分，幼儿进行统计：总共找到了几个字，点数、唱数、统计的能力及对汉字的辨认能力得到了提高；在寻找过程中，幼儿们开始思考，为什么这里有汉字，它是用来做什么的，有经验的幼儿会分析并告诉同伴汉字和照片的关系，幼儿们通过同伴之间互动获取相关经验。

<u>用六要素分析幼儿第二阶段的经验</u>

时间——在第一阶段活动中，幼儿对汉字在时间维度的演变有了一定的了解。

空间——通过各种活动，幼儿能够感知、理解到汉字本身的空间结构。此外，通过观察、调查等活动，幼儿能够发现在幼儿园里汉字无处不在。

数量——幼儿会对自己认识的字、会写的字进行了初步的统计；对在幼儿园找到的汉字进行了统计；幼儿对汉字的总量有了一定的了解。

质量——第二阶段中，老师通过多种丰富的活动，帮助幼儿对汉字的"质量"进行了充分的探究：如汉字的结构、汉字的偏旁、汉字的作用、汉字的书写等。

因果性——幼儿在活动中体会到"为什么要有汉字"。

必然性——在活动中，幼儿关注到阿拉伯数字不属于汉字，能理解汉字与其他文字（数字、英文字母等）的区别。

▶ 第三阶段：概念在生活中的运用，发表探究成果

经验发表1：续编故事

老师准备已打印好一半故事的记录纸，让幼儿带回家。幼儿在家长的协助下续编故事，由幼儿口头叙述，家长记录。然后把记录纸带回幼儿园，由老师把家长记录的故事读给大家听。

从讲述到记录，再到阅读，在这个过程中，幼儿可以体验到口头语言与书面语言互相转换的过程，在潜移默化中理解汉字记录信息、传递信息的功能。

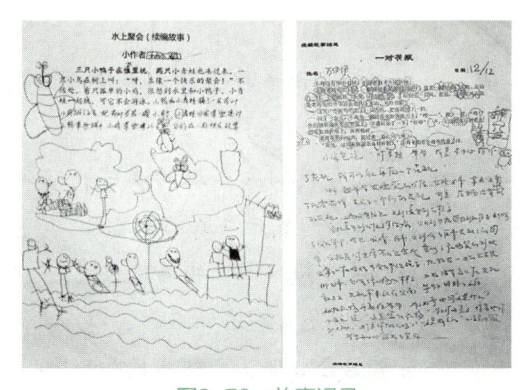

图3-76　故事记录

经验发表2：分享你最喜欢的故事

有关汉字的专题活动已经快进入尾声了，老师让幼儿跟大家分享自己所最喜欢的一个故事，但是有一个小小的要求，就是要准确详细地跟大家分享故事。为了把故事讲好，每个幼儿都在家里将书阅读了一遍又一遍，不知不觉认识了很多字，大部分幼儿能够看着书进行朗读，有条理地讲述故事，有的幼儿甚至可以把整本书都一字不漏地读出来。

图3-77　幼儿分享故事

分享故事的活动让幼儿能主动地阅读、认识汉字，而认识汉字就可以阅读故事书，有条理地讲出故事来，更激发了幼儿认识汉字的渴望。

经验发表3：自制小图书

一天，老师说："最近大家都看了不少故事书，小朋友们也来试试做一本书吧。"

听了老师的话，所有幼儿都很兴奋，纷纷开始说出自己的想法。

有的说："我要做一本关于小动物的书。"

有的说："我要做一本有关我和我的好朋友间发生的好玩的事情的书。"

……

老师让幼儿利用周末的时间将书制作出来，周一的时候带到幼儿园进行分享。

在家长的帮助下，幼儿在周一都带来了自己的制作的书。

幼儿自制的小图书非常受欢迎。当有人去翻这些书时，小作者就会得意地跟他讲解，而小读者也会认真地阅读。

图3-78 幼儿自制图书

我们将自制图书作为了本次专题活动的尾声。但幼儿对文字的热情和对阅读的兴趣却刚刚开始……

书籍是记录、传递信息最重要的载体，也是集中体现汉字作用的载体。老师鼓励家长和幼儿一起自制图书，让幼儿把自己的经历、自己的想象、自己的创造以图文并茂的形式记录保存下来。在此过程中，幼儿更加深刻地体验、理解了汉字的意义和作用。

用六要素分析幼儿第三阶段的经验

时间——在专题活动即将进入尾声的时候，幼儿能感受到文字记录可以超越时间的限制，随时可以通过阅读获得信息。

空间——文字记录同样不受空间的限制，比如在家里爸爸妈妈帮忙记录的故事，可以带到幼儿园里来，由老师读出来，还是自己编的那个故事，并不存在理解错误的情况。

数量——在自制图书的活动中，幼儿意识要为图书编页码来表示书的第几页、共有多少页。

质量——幼儿对汉字象形会意的特点有进一步的理解，能够主动辨认汉字的结构与偏旁，尝试书写汉字。

因果性——通过一系列活动，幼儿对汉字的意义和作用有了比较深刻的理解和认识。阅读图书、续编故事、自制图书等活动进一步加深了幼儿对语言文字的理解。

必然性——在活动中，幼儿关注并理解汉字与其他文字的区别，知道除了汉字以外还有其他不同的文字。

幼儿第三阶段的经验对比于第一、二阶段的经验，更加深入和系统，不再单指某一个因素方面的知识。

4．幼儿的学习与发展

文字承载着记录信息的历史使命，中国的汉字有长达数千年的发展和演变的历史过程，其中蕴含着丰富的历史信息及博大精深的学问，具有很高的文化价值意义。同时，随着中国在国际上的政治、经济地位的日益提高，汉字的使用空间也在逐步扩大，汉字作为交流的工具意义逐渐加强。让幼儿对"中国汉字"概念有一个初步的整体认知，对他们认识中国文化、增强民族自豪感、增加上小学时学习语文的兴趣，都将会起着很好的促进作用。因此，通过"中国汉字"的专题活动学习，让幼儿初步了解汉字的演变过程、汉字常用字数量、汉字的特点和特征、文字的作用（为什么人们要发明文字）、文字的地域特殊性（除了汉字，还有其他国家的文字）等，使幼儿对"中国汉字"概念有了一个初步的整体认知。为了更直观地让幼儿理解"中国汉字"的概念，特别设计了"传话游戏""结绳记事""用画画记录"的游戏，来反证文字的记录作用；设计了"身体拼汉字、装饰姓氏、文房四宝与书法、偏旁分类"等环节，让幼儿了解汉字"字形"的特点。最后通过"续编故事、分享故事、自制小图书"的活动，让幼儿体会到通过文字记录下的信息的传播可以超越时间和空间的限制，例如，今天读到的是昨天的信息，在幼儿园读到的是在家里面的信息等。

（1）从《3~6岁儿童学习与发展指南》各领域的学习来看幼儿的发展

① 健康

手的动作灵活协调。在"文房四宝与书法"中幼儿尝试用毛笔来写出自己的名字；在"自制图画书"中，幼儿可以用平滑的线条来画出故事内容或用剪刀平滑地剪出图画内容。

② 语言

倾听与表达。幼儿在各个活动中都表现出极强的理解能力、表达能力。

阅读与书写准备。整个专题活动都有利于幼儿为阅读和书写作准备，如调查幼儿园里的汉字、对汉字进行分类等活动；"分享故事"活动中，幼儿为了更好地分享，在家里将书阅读了一遍又一遍，这是一个潜在的"识字"过程，更是为阅读与书写作准备，也是幼儿书面表达和阅读愿望的体现。

③ 社会

人际交往。幼儿在各个活动进行时能够做到有问题提出来，也能做到将自己所知道的知识、有趣的事情分享给大家；同时能够做到自己的事情自己做，如认真地将汉字分类。

社会适应。幼儿能够认真负责地完成自己所接受的任务，如自制图书，将故事续编等。

④ 科学

具有初步的探究能力。在对汉字进行分类的活动中，多数幼儿都能发现汉字的规律；在老师、父母的帮助下，幼儿都能完成各项任务，如去调查幼儿园中的汉字；在自制图书的活动中，幼儿能够用各种方式（如绘画、剪纸、符号等）制作图书。

数学认知。统计、调查、编页码等活动中幼儿都能发现数学无处不在，很多问题都可以用数学的方法来解决。

⑤ 艺术

感受与欣赏。在幼儿欣赏文房四宝和书法作品时，都表现出了极强的兴趣，非常好奇这些东西是怎么写出字来的，以及对书法作品也表达了自己的喜爱。

表现与创造。在对姓氏卡片进行装饰的活动中，幼儿尝试各种方法对姓氏进行装饰，是充满想象和创造的过程；在自制图书的活动中，幼儿能够用各种方式（如绘画、剪纸、符号等）制作图书，这不仅是一种探究能力，还是一种艺术表现能力；幼儿的创造能力和想象能力也体现在续编的故事中。

（2）从思维能力角度来看幼儿发展

① 观察力

幼儿发现幼儿园里处处都有汉字，以及将汉字进行分类，并发现规律，这些都是幼儿观察能力的体现。

② 言语能力

幼儿在各个活动中都表现出极强的理解能力、表达能力。整个探究活动都有利于幼儿为阅读和书写作准备，如调查幼儿园里的汉字、对汉字进行分类等活动；"分享故事"活动中，幼儿为了更好地分享，在家里将书阅读了一遍又一遍，这是一个潜在的"识字"过程，更是为阅读与书写作准备，也是幼儿书面表达和阅读愿望的体现。

③ 想象力

故事的续编、自制图书的过程中幼儿的想象力得到进一步的培养。

④ 问题解决能力

在拼汉字的过程中，幼儿发现有的汉字可以一个人拼出来，有的汉字却需要与其他人一起才能拼出来，幼儿知道去寻找其他小伙伴来一起拼或者与其他小伙伴商量怎么去拼这个汉字。在这个过程中，幼儿不再不知所措，而且主动地去解决问题。

⑤ 空间概念

了解汉字的演变、装饰汉字、拼汉字等活动都让幼儿体会到汉字是有空间结构的；幼儿还发现在生活中处处都有汉字；而用汉字记录的故事无论是在家里还是在幼儿园里都不会改变意思。

（十）火山

设计、执行、记录：谭晶洁、徐梦圆老师

班级：莲花北幼儿园大一班

时间：2015年3—5月

1．发现和聚焦探究点

▶ 幼儿的问题

在关于"世界是如何划分的"团体讨论活动中，幼儿们表达如下：

> 若一说："是大陆漂移把地区分成了很多板块，每一个板块就是一个国家。"
> 小雅说："大陆为什么会漂移？"
> 欧成说："是火山爆发形成了板块漂移。火山爆发地球上哪个国家都有。"
> 小雅说："我知道四川就有火山爆发。"
> 浩乘说："如果山上的森林着火了，就变成火山了。"
> 欧成（转向浩乘）说："那不是火山。"
> 宇辰说："火山爆发很恐怖的。"

"火山"立刻成为幼儿谈话的热点，有的说火山很热，有些幼儿在争论"火山是什么？"，还有些幼儿谈论"火山到底有多恐怖？"……关于"火山"，幼儿好像有谈不完的话题和疑问及争论。

▶ 教师判断

（1）火山分布地理位置非常有限，火山爆发也是很少能够直接看到的自然现象。但是幼儿对火山非常感兴趣，可以学习通过其他途径来寻找答案、解决问题，如查阅书籍、网络查找、询问专家及实验验证等。

（2）对火山的探究属于"科学"领域，学习的核心是"激发探究兴趣，体验探究过程，发展初步的探究能力"。开展火山专题活动，一方面顺应幼儿兴趣，满足幼儿探究欲望；另一方面在探究过程中，幼儿初步了解火山这一自然现象产生的原因，以及给人们生活带来的影响等。

2．六要素教学内容分析

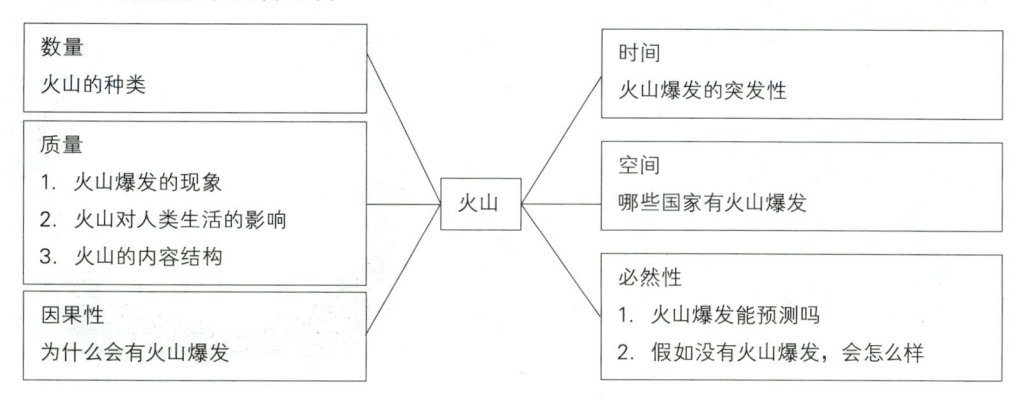

```
数量
火山的种类

质量
1. 火山爆发的现象
2. 火山对人类生活的影响
3. 火山的内容结构

因果性
为什么会有火山爆发
```

火山

```
时间
火山爆发的突发性

空间
哪些国家有火山爆发

必然性
1. 火山爆发能预测吗
2. 假如没有火山爆发，会怎么样
```

3．六要素教学建构活动

经验发表：火山爆发的国家

老师发现，幼儿虽然对火山有着非常高的兴趣，但是幼儿的经验是非常零散，有些是混淆的。

因此，老师建议幼儿通过和爸爸妈妈一起查阅图书、搜索网络及询问专家等途径收集关于火山的资料，丰富幼儿的经验。同时，向全体家长告知幼儿目前的兴趣，请家长在家庭中关注幼儿的兴趣，提供图书、视频资料等，和幼儿一起聊聊火山。经过一段时间的亲子学习，幼儿对火山积累了一定的经验然后，老师开展了一次分享活动发表他们关于"火山"的新经验。

图3-79 幼儿在学习区活动时间，在世界地图和地球仪上寻找火山并做标记

孙哲说："我的这本《揭秘地下》说的是美国夏威夷的火山，岩浆流入太平洋，形成很多群岛。"

朗程说："今天我带来一本活火山的书，我妈妈说这本书说的是印度尼西亚火山。"

棠臻说："我知道印度尼西亚在地图的什么位置，我可以在地图里找出来。"

源昊说："老师，我能在地图上找出三个火山国。"

其他幼儿纷纷表示自己也能在地图上找到有火山爆发的国家。

老师请幼儿在世界地图和地球仪上找出有火山的地方，并用贴纸做标记。

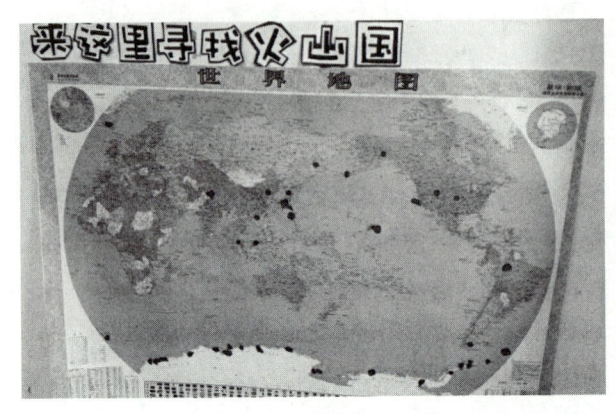

图3-80 幼儿在地球仪和地图上标出找到的火山国

在"深圳""中国"及"世界"专题活动应知应会内容的学习中，幼儿已有查看深圳地图、中国地图和世界地图的经验，因此，对于每个国家的地理位置是非常敏感的。

老师将幼儿带来有关"火山"的书放在阅读区，并投放了火山类型（活火山、死火山和休眠火山）的图片，供幼儿查阅，了解火山的知识。

用六要素分析幼儿已有经验

空间——幼儿对火山爆发的国家都有了解，并能在地图或地球仪上找到。

质量——能区别"火山"和"发生火灾的山"，对火山有初浅的认识。

在数量、时间、因果性、必然性即火山的种类、火山爆发的突发性、火山的结构及火山爆发的原因等都需要进一步探究。在接下来的活动中，老师根据六要素分析带着幼儿开展探究活动。

➡ 第二阶段：深入探究，建构新经验

活动1　团体讨论：为什么这些地方会出现火山？

幼儿在地球仪和世界地图上找到了不少火山国。老师主动提出"为什么这些地方会出现火山"，鼓励幼儿大胆猜想，积极动手动脑去找答案。

源昊说："因为那些地方发生了地震，所以就有火山。"

欣宜说："地不平形成了火山。"

沁轩说："因为太平洋板块和南美洲板块发生摩擦就会形成火山。"

佳宝说："因为有些地方厚，有些地方薄。薄的就会发生火山。"

建成说："太热，就会爆发形成火山。"

棠臻说："火山原本是平的，当地下的岩浆非常多的时候，已经挤不下就形成爆发。"

承轩说："我爸爸告诉我：火山爆发要经历三个阶段，内核、外核、岩浆都达到一定的条件就可以爆发了。"

朗程说:"火山是由于地震让两个版块发生摩擦、因为受到太大的压力,受不了就会爆发。"

霈霖说:"为什么有些火山正在喷发,而有些火山没有喷发了还叫火山?比如日本的富士山?"

朗程说:"深圳大鹏地质博物馆以前就发生过火山,现在已经是死火山了。我去那里玩过。"

沛霖的问题和朗程的回答引起了幼儿热烈的回应。

浩乘说:"我知道有死火山、活火山,还有休眠火山。"

鹏飞说:"死火山就是不会喷发的。"

孙哲说:"我在阅读区看到了死火山、活火山,还有休眠火山的图片。"

老师请孙哲将火山类型的图片拿过来,和其他幼儿进行了火山类型的深入探讨,幼儿对火山的类型及状态有初步的了解,知道有活火山、死火山、休眠火山。

活动2　团体讨论:乌鲁木齐的"火山"

近日,乌鲁木齐惊现火山口(2015年4月8日中央电视台报道),这一新闻引发幼儿极大的讨论兴趣。

缙溪说:"老师,昨天我爸爸告诉我乌鲁木齐出现了一个恐怖的火山口。"

棠臻说:"我也知道这件事,可是我有个问题:乌鲁木齐的火山口既不像活火山(没有喷发物),也不像休眠火山,更不会是死火山,那它到底是属于什么类型的火山?"

亮辰说:"乌鲁木齐应该是活火山,因为里面有很多红色的岩浆。"

鹏飞说:"我觉得它是休眠火山。"

泽霖说:"是死火山,我觉得那是人自己挖出来的火山口。不是大自然自发的火山,我妈妈说有人在那里挖煤,就挖了这个洞。"

鹏飞说:"这个洞口是人挖出来的,有人在挖煤。"

孙哲说:"活火山是会冒气泡的,乌鲁木齐的火山口没有冒气泡。应该是休眠火山。"

浩予说:"它是属于休眠火山。"

若一说:"它是固体熔岩。有岩浆,又有煤,岩浆把煤烧红了。"

源昊说:"煤一烧就变成了红色的火山口了。"

孙哲说:"岩浆变成了煤。"

棠臻说:"里面都是煤,是有人把火种带到山上引起了火山。"

朗程说："煤耐烧，跟火山岩石的结构不一样，乌鲁木齐的火山是人造成的火山，而真正的火山是自然爆发的，两种火山不一样。"

智妍说："像前几天香港的山着火一样，那是人造成的火山，不算自然发生的火山。"

活动3　调查验证：参访深圳世界之窗"夏威夷火山爆发"

最近时间内，幼儿通过图书、视频、网络，以及和爸爸妈妈讨论等间接方式了解的许多有关火山的知识，而且产生了更多的问题。

源浩说："火山为什么会有闪电？"
若一说："火山为什么会爆发？"
奚悦说："岩浆是液体怎么会着火呢？"
沛霖说："火山云是怎么形成的？"
承轩说："我想看看火山是怎么喷发的？"
宇轩（对着承轩）说："我在世界之窗看过火山爆发。"

深圳著名景点世界之窗里的"夏威夷火山爆发"是一座仿真火山，火山爆发表演模拟了火山活动的整个过程，可以让人们犹如身临其境的感觉，是幼儿获得直接经验的最好方式。在决定是否开展一次亲子参访活动前，老师给家长写了一封信，征求家长的意见。活动获得了家长们的热烈响应。

> 亲爱的家长朋友：
> 　　你们好！开学以来，我们得到了家长对我们工作的大力支持和配合，使我们的《火山》专题活动开展得非常顺利和热烈，小朋友畅谈世界各著名火山，每一个过程都让孩子们充满了好奇心和探究欲……孩子的表现让我们倍感欣喜，因为我们看到，孩子们在这样一个过程中不断增长了知识和智慧！孩子们不断发现问题、解决问题、生成新问题、再建构新问题……我们发现孩子们对火山的分布、火山的形成、火山的类型、火山构造、火山实验、火山对人类的影响等等话题都产生强烈的兴趣，老师想及时捕住教育契机，顺着小朋友的兴趣点与他们一起对"火山"展开深入性的探索，去发现还有我们很多不知道的秘密，小朋友提出了很多"我想知道关于火山的……问题"。我们把小朋友想知道的问题一一记录下来，带着这些问题，我们希望家长能与孩子一同去寻找答案。

"火山"专题探索活动开展后，为了让小朋友对火山有更多的了解，满足小朋友对火山的探索欲望，我们希望家长给予支持，给孩子们提供一次亲近大自然，带孩子到实地真实地去观看一场真正的火山爆发，"世界之窗"便是我们最好的选择！希望家长利用周末带着小朋友去"世界之窗"开展一次有意义的参访活动。参访活动的目的在于推动小朋友主动去观察、探索、统计、记录、发现问题、提出问题、解决问题……这种直接的体验形式能推动我们的研究，同时也培养了小朋友持续而稳定的探索意识，大自然能给小朋友提供观察以及真实物相互互动的机会，让小朋友在参访的活动中主动积极地去发现和探求答案。

"走进大自然，开拓幼儿视野，激发探索兴趣"，我们诚心希望家长带你的孩子去"世界之窗"进行参观活动，这样的活动一定能成为小朋友学习的内驱力！

大一班

在参访前，老师和幼儿一起设计了参访活动记录单，让幼儿把自己想问的问题、问题解决的方法及答案都记录在记录单上，便于参访后的分享。

参访后，老师将幼儿的记录单展示在主题墙上，并组织了一次分享活动。

若一说："我是用眼睛观察找到答案的。因为火山里面的岩浆积累过多，然后就产生了爆发。"

沛霖说："我听讲解员说，火山喷到云里，于是云就变成了火山灰了。"

源浩说："火山爆发时热气流上升，空气中摩擦产生静电就会形成闪电。"

欧成说："世界之窗的岩浆是用灯光和水照成红色的。"

佳宝说："我想做一个火山。"

浩予说："我们也可以做火山。"

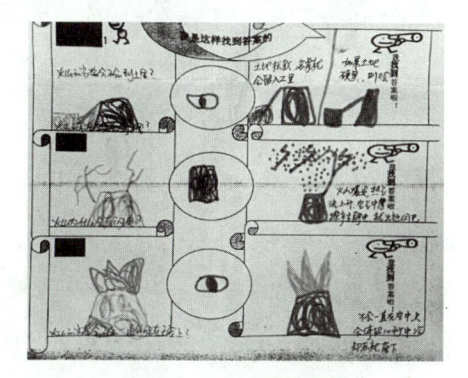

图3-81 参访记录单

幼儿通过观看火山爆发表演、询问专家（火山爆发表演讲解员）等方式对火山有了进一步的了解。

活动4 经验发表：制作火山模型

在开始制作火山模型前，老师又针对火山的结构及制作火山需要的材料和幼儿进行探讨，以便制作活动顺利进行。

老师说:"大家来说说火山都由什么组成的?"

佳宝说:"有岩浆喷出。"

缙溪说:"有火山口、地核、地壳。"

政达说:"有火山石、火山弹、火山锥、火山云。"

老师说:"把你们说到的这些组合起来就成火山了。"

老师说:"我们可以用什么材料制作火山口、地核、地壳,还有岩浆、火山石呢?"

朗程说:"岩浆可以用皱纹纸来做。"

鹏飞说:"报纸可以做地核,报纸揉成团可以做火山弹。"

孙哲说:"火山云可以画出来。"

浩乘说:"用橡皮泥做火山石。"

宇辰说:"可以用大的纸箱做火山体,然后在涂上颜色。"

图3-82　幼儿合作制作火山

图3-83　环境展示"幼儿用橡皮泥制作的火山"

图3-84　幼儿把对火山的探究带到沙池中,源昊用球把火山锥压了一个漩涡,说这是火山湖

在准备材料的过程中,老师将活火山、死火山和休眠火山的图片展示在美工区,给幼儿提供参考。

活动5　调查验证:火山爆发实验

火山制作完之后,幼儿有了新问题。

奚悦说:"我们可不可以通过实验来观察岩浆是怎么流出来的?"

奚悦的提议引起幼儿做火山爆发实验的强烈兴趣,老师鼓励幼儿尝试用各种材料做火山爆发实验。很多幼儿在家中和爸爸妈妈一起做了实验并在幼儿园和同伴分享。

源昊说:"气筒的推力很大,所以造成压力把气泡逼出来。"

建成说:"挤压原理,等水都沉到气筒里时,再用挤压动作就会产生气体和液体爆发。"

承轩说:"喷发出来有3%是水,其他都是空气。"

朗程说:"是大气压强的作用使水泡喷发出来。实验所用小苏打是有发酵作用,会把泡沫进行发酵产生更多的'岩浆'。"

欣宜说:"是水蒸气把水推上去的。"

浩予说:"是大气压强的原理。黄宇轩的实验要灌满3%的水才会产生压力迫使水向上喷发。"

孙哲说:"刘泽霖的实验如果不放沐浴露也会产生泡沫,放了沐浴露会产生更多的泡沫。"

致颖说:"因为醋属于液体类,遇到沐浴露之后就会产生很多泡沫。"

莞尔说:"把醋、小苏打、沐浴露放在一起就会产生化学反应,这个化学反应就是我们看到的岩浆,这些岩浆就是泡泡。"

在分享的过程,幼儿用了很多科学术语,这些术语是在和爸爸妈妈一起做实验过程中习得的,也许幼儿并没有真正明白其中的含义,但老师并没有追问,老师用欣赏的态度接纳每一位幼儿的新发现,并鼓励幼儿进行分享。

图3-85 孙哲与雅菲用醋、红药水、苏打粉共同制作的火山实验

图3-86 朗程用可乐、薄荷糖在小组活动中做火山爆发实验

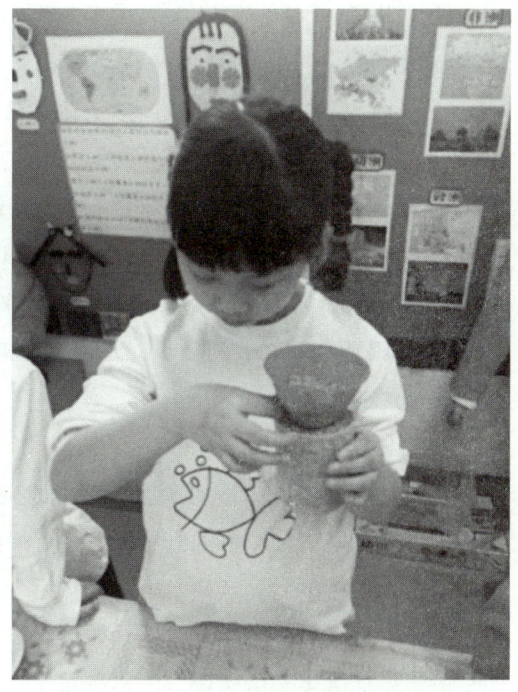

图3-87 若一用漏斗、沙子模拟火山爆发

活动6　团体讨论：智利火山爆发

（2015年4月22日，智利蒙特港，卡尔布科火山爆发）

棠臻说："智利的火山爆发导致了珠穆朗玛峰雪崩。"

佳宝说："不对，是尼泊尔大地震导致珠穆朗玛峰雪崩，不是智利的火山爆发。"

馨然说："是因为智利火山爆发引起的尼泊尔大地震，尼泊尔大地震又导致珠穆朗玛峰雪崩，智利还有一条马路出现了缝隙。"

老师说："智利的这个火山是属于什么类型的火山？"

幼儿回答都说这是个休眠火山，大家没有异议。

艺霖说："为什么那些人都知道那是个休眠火山，随时都有可能爆发，他们还是要居住在火山附近呢？"

源昊说："它休眠的时间太长了，有43年，所以大家都以为它是死火山。"

承轩说："人们也测不出那是个休眠火山还是死火山，说明那里的科技不够发达。"

若一说："他们认为火山爆发的时候也来得及逃走，所以都敢住在那里了。"

朗程说："他们认为他们有火山爆发的警铃，所以火山爆发的时候也来得及逃走。"

政达说："因为那里的地质学家都很懒，都不去测查，所以火山爆发了都不知道。"

棠臻说："因为那里的人都喜欢探究火山，所以他们都喜欢居住在那里。"

欧成说："有两种可能：第一他们没有地质学家；第二有地质学家却没有探测火山爆发的工具。"

缙溪说："因为他们以为那是个只会爆发火山灰的火山，所以他们不怕它。"

幼儿的猜测有很多，但老师没有给出判断，请幼儿回去再去收集资料。

第二天，朗程告诉其他幼儿，智利的火山爆发跟尼泊尔地震没有任何牵连和关系，因为智利在非洲区域；尼泊尔在亚洲区域；一个东一个西是两个方向，完全不会受影响。

活动7　团体讨论：火山爆发对人类生活的影响

火山爆发是一种突出的自然景象，大量的熔岩喷射而出，带给人类灾难，又向世界展示着自然景观的壮丽色彩。虽然人们很少直接看到火山爆发，但它与人们的生活息息相关。经过一段时间的学习，幼儿对火山有了较全面的认识，老师决定开展一次关于火山与人类生活的关系的讨论。于是就有了一场小小的辩论赛，关于火山爆发对人类生活的影响有些幼儿认为是好的，有些幼儿认为是不好的，并且都说了自己判断的理由。

认为火山爆发对人们生活有好的影响——
  源昊说:"火山爆发之后,死火山的湖就会变成天然温泉。"
  棠臻说:"火山泥做成天然面膜,可以美容。"
  建成说:"火山爆发之后的土壤很肥沃,在那生长的植物会很绿。"
  孙哲说:"火山爆发出来的火山弹里面有可能有些是宝石、硫黄或钻石。"
  政达说:"给人类提供能源。"
  若一说:"固体熔岩很值钱。"
  艺霖说:"死火山可以变成度假岛。"
  缙溪说:"可以利用火山爆发制造供电站,为人类提供热水和电力。"

认为火山爆发对人们生活有不好的影响——
  馨然说:"火山会让人类死亡或者是破产。没有家。"
  朗程说:"火山之后的温泉会有适热型的寄生虫,对人类有害。"
  承轩说:"岩浆可以把穿了防火服的人也被融化掉。"
  浩予说:"火山会淹没整个城市和村庄。"
  莞尔说:"火山爆发对空气有污染,人呼吸到被污染的空气就会死亡。"
  沁轩说:"火山爆发后会堵塞交通道路。"
  乐天说:"火山爆发不但会导致附近的城市死亡,还会导致周围城市都会死亡。"

  老师说:"如果地球没有火山爆发会怎样?"
  彭非说:"如果没有火山就没有前面小朋友说的那些好处。"
  棠臻说:"没有火山,大海洋就不会有那些漂亮的群岛。"
  孙哲说:"岩浆喷发不出来,憋在地球里面就会变成越来越大的火球,地球就会变成火球。"
  源昊说:"那地球就改名叫火球了。"
  亮辰说:"火球这么烫,我们人类就无法居住了。"
  棠臻说:"我们可以在地球上挖个洞,释放一些热能。"
  朗程说:"岩浆在地球里面憋得实在撑不下去就会整个地球爆炸,地球就没有了。"
  建成说:"我们可以去其他星球看看还有哪个星球可以给我们人类居住,在地球爆炸之前我们就搬到其他星球去住。"
  霈林说:"去其他星球住不行,没有氧气、没有地球吸引力,人去到那都是飘在空中的,落不了地。我看"神舟"七号的叔叔去了月球就是这样的。"
  彭非说:"我有个好办法,在其他星球挖个洞,在洞里面安装一个能够像地球一样把所有人类都能吸引住的大磁铁,这样人就不会飘在空中了。"

老师提出"如果地球没有火山爆发会怎样?"的问题是思维六要素中"必然性"因素,鼓励幼儿大胆想象,幼儿的这种想象将来也有可能由可能性发展成为现实性,是科学创新的重要品质。

用六要素分析幼儿第二阶段的经验

时间——通过对火山类型的认识,知道了火山爆发的时间是突发性的。

空间——通过世界地图找出世界最活跃的火山国位置。

数量——知道火山有三种类型。

质量——了解到火山爆发是自然现象,不是人为现象;通过火山制作活动,能够感知、理解到火山的基本空间结构。

因果性——推测了火山产生的原因,并且通过实验粗浅了解到火山爆发的原理。

必然性——大胆想象"如果地球没有火山爆发会怎样?"

➡ 第三阶段:概念在生活中的运用,发表探究成果

活动8　经验发表:"火山爆发"专题晨会

晨会活动是我园传统活动,全园幼儿和教职工参与,每周开展一次,每次由一个班级承担。晨会活动是幼儿自我展示的一个平台,在这里幼儿可以与全园幼儿和教师分享经验、展示才艺等。

在《火山》专题活动的尾声,老师请幼儿通过晨会活动来发表已经统整的经验。

晨会发言稿如下。

第一部分:升旗仪式

孙哲说:"尊敬的园长、老师,亲爱的小朋友们,大家早上好!我是大一班的孙哲小朋友。今天的晨会由我们大一班小朋友主持,首先进行庄严的升旗仪式,请全体老师、小朋友们听口令:立正!升国旗,行注目礼,轻声唱国歌。(国歌音乐),升园旗,唱园歌(园歌音乐)。礼毕。谢谢大班升旗手,请小旗手退场,请全体小朋友们盘腿坐下。"

第二部分:幼儿发言

亮辰说:小朋友,你们在班上有开展专题活动吗?哈哈,开展专题活动一定很有趣吧!我们班也在开展专题活动呢,你们肯定猜不到我们的专题活动是什么?我们的专题活动好玩又刺激,我带你们去看看吧!

棠臻说:"大家好,我是大一班的陈棠臻小朋友,自从我们班级开展了关于火山的专题之后,我们有很大的收获,我们知道世界上最活跃的火山分别分布在厄瓜多尔、菲律宾、智利、秘鲁和印度尼西亚。我们还知道火山爆发是怎样形成

的，下面来听听我们班上的两位小朋友的介绍！"

沁轩说："大家好，我是大一班的蔡沁轩小朋友，我认为火山是由于地震让两个版块发生摩擦、因为受到太大的压力，受不了，所以形成了爆发。也可能是因为太平洋板块和南美洲板块发生摩擦形成火山。"

彭非说："大家好，我是大一班的彭非小朋友，我认为火山爆发是一种奇特的地质现象，是地下板块运动的一种表现，也是地球内部热能在地表的一种最强烈的显示，当地下的岩浆上升一定的温度后，岩石被高温融化于是形成火山喷发。"

欧成说："我也有问题考考小朋友，请小朋友们认真听喽！小朋友们你们知道火山的类型有哪些吗？"（话筒对着台下）

政达说："我知道我知道。通过专题活动我知道火山有活火山、死火山、休眠火山三个类型。活火山是指经常会爆发的火山，死火山是指已经确定不会在爆发的火山，而休眠火山是指在不确定的情况下爆发的火山。"

霈林说："小朋友，这就是我们大一班关于专题活动有趣的讨论，现在你们知道了吧？我们班的专题活动就是（麦克风对向台下，大一班全体小朋友回答火山爆发）下面来看看我们班更有趣的活动吧——'火山实验'。"

第三部分：有趣的火山实验

莞尔说："我们开展火山专题之后，做了很多的实验，下面就让我来给大家分享一个我们认为最有趣的实验吧。我们做火山爆发的实验需要小苏打粉、醋、洗洁精、红色颜料，把这些东西都放在一个瓶子里进行搅拌，最后会发现瓶子里冒出了很多很多红色的泡沫，这些泡沫就像我们看到火山流出的岩浆，我们的实验就完成了。如果小朋友想再次体验真实的火山爆发实验，就来我们大一班吧！"

经验发表：平行班分享

老师还请幼儿与大一、大二、大三班的幼儿分享关于"火山"的经验。

图3-88 幼儿到平行班分享"火山"经验

用六要素分析幼儿第三阶段的经验

时间——在第三阶段，专题活动即将进入尾声的时候，幼儿能通过讨论火山爆发的时间及年限了解火山对人类的影响有好有不好，留下的壮观景象也是由于火山爆发的级数和时间而决定的。

空间——火山爆发不是由地域决定，而是由地核厚薄决定。地核厚就不会出现火山爆发，地核薄的地方就会常出现火山爆发并形成活跃的火山国。寻找全球火山分布的地理位置提升了孩子们对地球空间位置的理解和熟悉程度。

数量——在第三阶段，幼儿通过展示、实验、表达、分享的形式让全园小朋友了解了世界上最活跃的火山国有智利、菲律宾、美国、印度尼西亚、秘鲁五个国家，这些活跃火山的爆发次数决定了火山的类型，比如死火山、休眠火山、活火山。

质量——幼儿对火山爆发的结构和特点有进一步的理解，能够主动辨认火山爆发的类型、状态、原理、组成和现象。

因果性——通过一系列活动，幼儿通过对火山爆发的探究，了解到因为火山爆发造成了对人类的影响，所带来的利（为人类带来美丽壮观的旅游景象、产生许多名贵的宝石等）和弊（对人类的伤害和对建筑物、地貌的毁灭）。

必然性——在活动中，幼儿关注并理解火山爆发与其他自然灾难（海啸、地震、洪水等）的相同与不同，能清楚分清什么是自然灾害、什么是人为灾害。并知道基本的逃生方法。

4．幼儿的学习与发展

火山爆发是世界性的自然现象，开展"火山"专题活动既可以激发小朋友探索自然奥秘的好奇心，也可以借此扩展小朋友的视野。通过活动，让小朋友了解火山爆发具有突发性特点、火山爆发多发地、火山的种类、火山爆发现象和对人类影响、火山的地质构造、火山爆发原因等，并且让小朋友思考假设火山不爆发对地球的影响是好还是不好。由于活动的科学性较强，需要发动家长和孩子一起查阅图书和资料、观看有关火山爆发的网上视频、参访深圳世界之窗"夏威夷火山爆发"景点、做火山爆发实验等。正因为有家长的大力支持以及积极参与，活动才得以顺利进行。最后，通过在晨会上发表学习经验及请其他班小朋友来分享学习经验的方式，给活动画上一个圆满的句号。

从《火山》专题活动开展历程来看，是老师一直在追随幼儿的兴趣和问题。老师在一边协助幼儿不断寻找答案，并协调家长开展家园共育。《火山》专题活动从幼儿的兴趣和问题出发，进行深入探究，幼儿在其中获得了各领域的发展。

（1）从《3~6岁儿童学习与发展指南》来看幼儿发展

① 健康

手的动作灵活协调。在制作火山模型过程中，幼儿搓、揉、剪切、涂颜色等各种方式对橡皮泥、旧报纸、旧纸箱等各种材料进行加工，手部动作得到了锻炼发展。

② 语言

倾听与表达。在每次的团体讨论或者分享活动中，幼儿都能够针对老师或同伴提出的问题进行深入讨论并表达自己的想法，且对同伴有积极回应。如"朗程：煤耐烧，跟火山岩石的结构不一样，乌鲁木齐的火山是人造成的火山，而真正的火山是自然爆发的，两种火山不一样。智妍："像香港的山着火一样，那是人造成的火山，不算自然发生的火山。"

阅读与书写准备。a. 对看过的图书能说出自己的看法，在收集有关"火山"的资料过程中，幼儿通过阅读图书、图片及网络资料，能够和同伴分享自己对"火山"的看法。如在"为什么这些地方会有火山""乌鲁木齐的火山"团体讨论中，幼儿对火山产生的原因，火山的类型都有自己的看法。b. 具有书面表达的初步技能。在实地参访世界之窗的夏威夷火山活动中，幼儿在作业单上用绘画或者简单的文字记录自己的问题、解决问题的方式及寻找到的答案。

③ 社会

人际交往。能与同伴友好相处，在火山爆发试验和制作火山模型活动中，幼儿能够主动与同伴合作完成制作和实验。

④ 科学

亲近自然，喜欢探究。对自己感兴趣的问题刨根问题，能动手动脑寻找问题的答案，探索中有所发现时感到兴奋和满足。《火山》专题活动的开展是基于幼儿的兴趣和问题，在探究过程中，幼儿通过查阅图书、实地参访、制作模型及实验等方式来寻找有关"火山"的答案，对自己的找到的答案感到满足和兴奋。

具有初步探究能力。幼儿能够用观察、比较、分析、实验验证等来发现火山的秘密；在参访时，能够根据参访作业单来制订参访计划并执行计划；在整个探究火山过程中，幼儿能与同伴一起交流自己的新发现，合作制作火山模型。

在探究中认识周围事物和现象。在"为什么这里会有火山"及"火山对人们生活的影响"活动中，幼儿能够通过查阅资料、询问专家等方式发现火山产生的原因，初步了解火山带给人们生活的利弊。

⑤ 艺术

表现与创作。喜欢进行艺术活动并大胆表现，在制作火山模型中，幼儿能够用橡皮泥、旧报纸、旧纸箱等各种材料表现火山的不同部位，能够发挥想象，用绘画形式表现火山云；在制作过程中，幼儿能够用橡皮泥独立完成火山模型制作，也能够与同伴合作完成大型的火山模型。

（2）从思维能力角度来看幼儿的发展

① 观察力

目的明确，观察细微。在参访世界之窗夏威夷火山过程中，幼儿根据老师提供的作业单，将自己的问题记录下来明确观察的目的和任务，在参访时，认真观察并详细记录。如"若一：我是用眼睛观察找到答案的。因为火山里面的岩浆积累过多，然后就产生了爆发"。

② 言语能力

专注倾听，表达流利，用词准确。在每次的团体讨论或者分享活动中，幼儿都能够针对老师或同伴提出的问题进行深入讨论并表达自己的想法，且对同伴有积极回应。如"朗程：煤耐烧，跟火山岩石的结构不一样，乌鲁木齐的火山是人造成的火山，而真正的火山是自然爆发的，两种火山不一样。智妍："像前几天香港的山着火一样，那是人造成的火山，不算自然发生的火山。"

阅读与书写准备。a. 对看过的图书能说出自己的看法，在搜集有关"火山"的资料过程中，幼儿通过阅读图书、图片以及网络资料，能够和同伴分享自己对"火山"看法。如在"为什么这些地方会有火山""乌鲁木齐的火山"团体讨论中，幼儿对火山产生的原因，火山的类型都有自己的看法。b. 具有书面表达的初步技能。在实地参访世界之窗的夏威夷火山活动中，幼儿在记录单上用绘画或者简单的文字记录自己的问题、解决问题的方式及寻找到的答案。

③ 想象力

联想丰富，描述生动。老师提出"如果地球没有火山爆发会怎样"的问题，幼儿进行了各种天马行空的想象。

④ 问题解决能力

善于发问，主动探索。对自己感兴趣的问题刨根问底，能动手动脑，寻找问题的答案，探索中有所发现时感觉兴奋和满足。《火山》专题活动的开展是基于幼儿的兴趣和问题，在探究过程中，幼儿通过查阅图书、实地参访、制作模型及实验等方式来寻找有关"火山"的答案，对自己找到的答案感到满足和兴奋。

具有初步探究能力。幼儿能够用观察、比较、分析、实验验证等来发现火山的秘密；在参访时，能够根据参访作业单来制订参访计划并执行计划；在整个探究火山过程中，幼儿能与同伴一起交流自己的新发现，合作制作火山模型。

在探究中认识周围事物和现象。在"为什么这里会有火山"及"火山对人们生活的影响"活动中，幼儿能够通过查阅资料、询问专家等方式发现火山产生的原因，初步了解火山带给人们生活的利弊。

（十一）等分

设计、执行、记录：陈夏棠、黎丹红老师

班级：莲花北幼儿园大一班

时间：2013年11月

➡ 第一阶段："等分"概念的引发

活动：对一张图纸的讨论

幼儿们在美工区玩折纸，当雨鸿折好一扇漂亮的折叠门时，昭颖说："瞧，我发现你折的这扇门，打开一看，有四个大小一样的长方形。"

于是，美工区的几个幼儿在七嘴八舌地议论着图形的变化……

幼儿们的议论引起了老师关注，老师意识到他们讨论的焦点是——"图形的等分"。

"等分"，这个数学的概念，适宜大班年龄段幼儿学习，对这个概念掌握可以帮助他们解决生活中的问题，并在学习的过程中，发展他们实物操作、点数、观察、比较形状和数量等多种能力。同时也是目前班级部分幼儿的兴趣点。

图3-89 幼儿发现这扇折叠门有四个大小一样的长方形

➡ 第二阶段：等分概念的建构

活动1 大小相同正方形纸的等分

顺应幼儿的兴趣，老师在数学区投放了正方形的纸张，让他们自己动手操作、尝试对正方形进行等分。

在记录等分数量时，幼儿们碰到了新的难题：在数图形的过程中，点数了几遍还是数不清楚。

幼儿在寻找一种既快速又准确的点数方法。老师没有直接告诉他们答案，而是让他们自己去不断地尝试、操作。

图3-90 图形很多，雨鸿点数了几遍还是数不清楚

第二天，老师把问题抛给全班幼儿。

小米说："我们可以3个3个地点数。她尝试用3个3个数，点数到9之后就数错了。"

智远说："我们可以8个8个地点数。他点数到16个之后也没有成功。"

这时，所有幼儿都不吭声了。

这时，老师说："今年国庆节的时候，我们

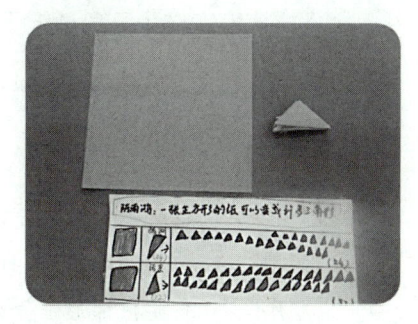

图3-91 雨鸿将正方形等分为32个三角形，将结果记录下来

为祖国妈妈庆祝多少岁的生日？你们还记不记得我们是怎么数的？"

幼儿受到了启发："喔，对呀！我们可以10个10个地点数，这样就不会容易数错了。"

雨鸿用剪刀把图形剪下来，把图形进行点数。他很快就把答案记录下来。结果是32个三角形。

活动2 大小不同的正方形纸的等分

尝试了对相同正方形纸进行等分后，幼儿开始了对大小不同的正方形纸进行等分。

为了帮助幼儿及时记录自己的研究结果，老师设计了相应的记录单，幼儿通过大胆预测，再通过实际操作的结果来进行验证。在图形等分活动中幼儿反复操作各类图形和大小不一的图形，乐此不疲。

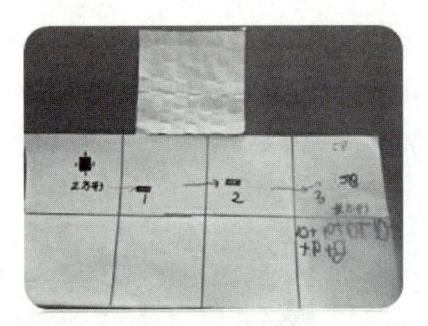

图3-92 一个正方形等分为58个长方形的操作记录单

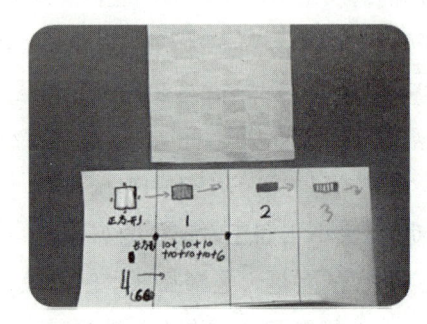

图3-93 一个正方形等分为66个长方形的操作记录单

活动3 三角形纸、圆形纸、梯形纸的等分

"等分"活动不断升温，幼儿还尝试了对不同形状的图形纸进行等分。

栖栖、天羽、小米、月月、丹丹来到数学区，他们分别选择了三角形纸、圆形纸、梯形纸进行等分。

栖栖成功地完成了三角形纸了的32等分，天羽也完成了圆形纸的16等分。他们还用记录单把结果记录了下来。

当对梯形纸进行等分的时候，小米、月月等都遇到了难题。

小米说："我要把梯形纸等分成8个三角形。"

可是，当她折叠好之后，打开一看，每个三角形的大小都不一样。

月月说："我要把梯形纸等分成10个梯形。"

当她折叠好之后，打开一看，惊讶地说："老师，不对啊！这10个梯形是不相同的，你看，第1个梯形小，第10个梯形最大"。

老师说："你们再尝试一下，还可以怎样折叠，才能把梯形纸进行等分。

幼儿们试了几次，都没有成功，但他们没有放弃。

这时，丹丹兴奋地告诉大家："你们看，我要把梯形纸等分成2个梯形了。"

看到丹丹成功地将梯形分为两个相等的梯形，幼儿都欢呼了起来，并为她鼓掌。

当幼儿们等分没有成功时，老师不着急告诉他们等分的方法，而是鼓励幼儿们不断地进行尝试，反复操作，让他们自己发现梯形纸也可以等分，但只有一种等分的方法。

第三阶段：等分概念的应用

活动1　小珠子可以等分吗

图形可以等分，还有什么东西也可以等分呢？

有一天，智远说："老师，益智区的小珠子也可以等分噢！"接着，他带老师来到益智区，看他对8个小珠子的进行2等分，并用图表、数字符号（10以内的数）来记录数与量的信息。

于是，老师在数学区投放了不同数量的小珠子。幼儿进行了18个小珠子的3等分，用图表、数字符号（20以内的数）来记录数与量的信息。

老师提供的小珠子数量由少至多，逐步增加难度，推动幼儿向最近发展区发展。

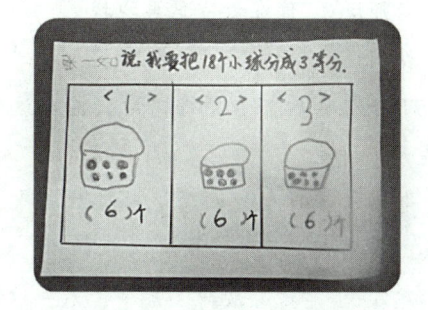

图3-94　梯形纸的2等分　　　　图3-95　18个珠子的3等分

老师分析幼儿的学习过程，是为了进一步促进幼儿的发展。接下来，老师要做什么呢？应该把幼儿们获得的学习经验和技能运用到一日生活中，引导幼儿通过观察、比较、操作等方法发现问题、分析问题和解决问题，形成受益终身的学习态度和能力。

活动2　学习区人数可以等分吗

有一天，美工区的幼儿为了分配工作而发生了矛盾，原来，今天美工区的幼儿必须完成2项工作，绘画新疆帽和手工制作。可是，8个幼儿都选择了绘画。

甜甜跑过来告诉我："老师，今天美工区的小朋友没有人做手工啦！怎么办？"

老师说："你们8个小朋友再商量一下，怎样分工，好吗？"

桐桐说："我们8个小朋友可以等分啊！"

轩轩说："对啊，8个小朋友可以分成2组，每1组有4个人。"

祥祥说："我同意，4个小朋友绘画新疆帽；4个小朋友进行手工制作。"

"哇！我们可以开工啦！"通过等分解决分工冲突，幼儿非常满意。

美工区幼儿的这种方法，得到了班上其他幼儿的赞同。于是，学习区活动人数的数量他们都会运用等分的方法来进行工作的分配。如语言区6个人的3等分，每1组有2个人，他们将合作完成今天的工作：2个小朋友合作穿线，2个小朋友合作讲故事，2个小朋友合作操作"找名字"的游戏。

活动3 拖鞋可以等分吗

有一天，幼儿午餐后散步回到教室，更换拖鞋，准备午睡。

铭铭跑过来对老师说："老师，我的拖鞋不在鞋筐里，找不到了。"

老师说："你在教室里再找找。"

铭铭说："老师，我的拖鞋找到了。"

下午起床后，老师将铭铭找拖鞋这件事情跟幼儿展开了讨论。

老师请值日生把四筐拖鞋摆放出来，让幼儿先观察，再发表意见。

图3-96 幼儿拖鞋2等分

霖霖说："拖鞋放得太乱了，看，这筐拖鞋摆得很多，那筐拖鞋又摆得太少了。"

乐儿说："这框拖鞋因为摆得太多了，拖鞋都快要掉下来了。"

老师说："有什么办法，让拖鞋摆放整齐、美观吗？"

昭颖说："女孩子的拖鞋可以2等分，每筐放9双拖鞋。"

昊昊说："男孩子的拖鞋也可以2等分，每筐放10双拖鞋。"

老师说："你们太聪明了，以后值日生按等分来摆放拖鞋，好吗？"

幼儿都同意老师的提议。

老师通过团体讨论的方法来让幼儿自己来解决在实际生活中碰到的问题,他们积极开动脑筋,用等分的方法解决了问题,并很乐意地去做好这件事情。

活动4　学习区的铅笔可以等分吗

学习区活动结束后,值日生正在整理学习用品。

迪迪说:"老师,不好了,第三组的铅笔少了3支。"

老师说:"铅笔去哪儿了?"

迪迪说:"老师,小朋友用完就把铅笔放到第一组和第二组的铅笔盒了。"

老师说:"那怎样摆放才能让每个铅笔盒的笔一样多呢?"

图3-97　15支铅笔3等分

晨晨说:"老师,我知道怎样来摆放。"接着,她把所有的铅笔放在小篮子里,数出来共有15支铅笔后,然后把15支铅笔进行3等分,每个铅笔盒摆放了5支。

幼儿在解决学习区人数数量的分配、拖鞋的合理摆放、学习区整理工作中都运用了等分的概念。等分概念的运用让幼儿的生活与学习环境更有序。

活动5　新疆帽可以等分吗

幼儿在谈论到中国的民族服饰时,对新疆帽非常感兴趣。于是,老师就把新疆帽投放在美工区里,让幼儿欣赏。

怡怡说:"老师,我发现新疆帽的6个图案是相同的。"

国光说:"老师,新疆帽是个多边形,它有六条边。"

一如说:"老师,我想绘画新疆帽。"

幼儿开始了创作。一开始,他们画出来的新疆帽虽然图案很漂亮,但比较凌乱。老师决定利用分享的时间,进一步引导幼儿进行思考"怎样绘画才能让图案对称,让人看起来觉得更美"。

一朗说:"老师,我们可以把新疆帽的六边形进行等分。"

老师说:"那我们就立即动手吧!"

美工区的幼儿给六边形的纸设计新疆帽,进行六边形纸的6等分和12等分。

老师对幼儿的艺术表现给予了充分的理解和尊重,并在适当的时候介入引导,鼓

图3-98　在设计新疆帽中运用等分

励幼儿将等分运用在创作中，在作品中表现对称与平衡美。

"等分"学习活动是属于创生课程，创生课程的课程内容不仅来自知识本身，来自专业教师依据目标选择的内容，更来自幼儿活动中的经验和兴趣点。

幼儿在等分概念学习的旅程中，老师理解幼儿的学习方式和特点，引导根据观察结果提出问题，大胆猜测答案，并能通过操作活动，找出问题的答案，最后用图画或其他符合进行记录学习的过程，并把获得的经验与大家一起分享。还将等分的概念运用到自己的实际生活中。同时也看到幼儿优秀的学习品质：善于观察、喜欢探究、主动建构新经验。

这种探究活动给幼儿与老师提供了学习经验的基础。其中，做中学是最重要的；其次，团体讨论、概念及经验的再思考和再运用，都是获得更佳学习效果与加深理解的重要方式。在这个历程中，需要耐心观察和倾听幼儿的对话，分析幼儿的记录单，作为调整幼儿学习活动的依据。由此可见，实施这种创生课程，并不比老师开始设计好课程轻松容易。不但需要专业的老师、丰富的学习环境，更重要的是要尊重幼儿和不断给幼儿全力的支持和鼓励。

二、专题开展方法

以上案例可以看出：在专题活动开展中，我们主要运用了团体讨论、调查验证、环境展示、经验发表和个别探究等五种方法。

（一）团体讨论

针对专题活动中各种问题或想法，全班一起或分成小组来进行讨论。团体讨论给幼儿提供了"同伴学习"的机会，幼儿在倾听他人讲述的过程中，学习和丰富有关"专题"的经验。

（二）调查验证

调查验证是指通过实地参观、访问专家及实验等途径来寻找答案、解决问题或者验证猜测。实地参观是指到与专题活动相关的地点去参观或访问专业人员；访问的专家可以是自己的父母、亲戚或其他幼儿，也可以利用多媒体或书籍来寻找答案；实验通过自身的感知和操作材料来验证已有经验或者验证猜测。调查验证为幼儿提供了"看得见、听得到、闻得到"的认知对象，带幼儿进入真实的学习环境，使幼儿获得直观经验，让幼儿在原有经验基础上建构新的认知，把已有经验与真实世界做连结，并验证幼儿的猜想。

（三）环境展示

环境展示是指将幼儿的作品、幼儿的行为（拍照片）、调查表、团体讨论活动记录等在环境中呈现。通过展示可以记录幼儿在专题中获得发展，同伴之间可以共享经验，亦可以向来访人员说明专题活动开始过程。

（四）经验发表

经验发表是幼儿通过绘画、角色扮演、讲述、建构等方式来表现自己的学习与发展，也可以是分享他们在专题活动中的新发现。发表可以邀请其他同伴及家长一起参与，共同见证幼儿的成长。

（五）个别探究

个别探究主要是指幼儿在学习区中进行有关专题的学习活动。在专题教育活动中，我们尝试将学习区活动作为专题活动开展的一个途径。如在专题正式开展之前，在学习区投放与专题相关的材料，引发幼儿对专题的兴趣，更好地促进专题的发展；将专题活动中的一些内容放到学习区中通过个别学习来完成；专题活动结束后，将学习区作为专题活动的延伸，满足一些对专题还有兴趣的幼儿的探究欲望。

将"六要素法"运用于幼儿园专题活动，把建构主义哲学的理念渗透到幼儿园教育教学活动过程中，有效地指导幼儿园专题教育活动的开展，促进幼儿园课程内涵建设和教师专业成长，促进幼儿主动建构知识的能力发展，实现专题教育专业化、系统化和科学化。在理论上，充实已有的关于幼儿园教育活动的研究。在实践上，丰富幼儿园教育模式。

第四章 一日活动

一日活动（daily routine）是指幼儿在幼儿园生活的日常经历，一日活动既是幼儿学习的内容，又是幼儿的主要学习途径。

幼儿在一日活动中得到学习与发展。在幼儿园的日常活动中，幼儿通过与环境、与人（教师和同伴）进行互动，逐渐了解周围环境，学习与人交往技能，进而在健康、语言、社会、科学和艺术等领域获得发展。如在户外活动时，排队轮候玩玩具，学习遵守游戏规则，养成良好的社会行为；在进餐、穿脱衣服等生活环节，幼儿可锻炼其手部动作的灵活性；在学习区活动中，幼儿可以依据自己的兴趣选择活动，发展其自主、自信的行为。

一日活动是课程实施的主要途径。《3～6岁儿童学习与发展指南》"说明"部分提到："幼儿的学习是以直接经验为基础，在游戏和日常生活中进行的。"《幼儿园教育指导纲要（试行）》也指出："密切结合幼儿的生活进行安全、营养和保健教育"，"幼儿社会态度和社会情感的培养应渗透在多种活动和一日生活的各个环节中"，"科学教育应密切联系幼儿的实际生活进行"。健康、德行、聪明课程内容来自于幼儿的一日活动，同时一日活动又是健康、德行、聪明课程实施的主要途径。

一日活动常规和组织应该是稳定的、平衡的、有弹性、开放的和适宜的。一个稳定的幼儿园一日活动常规能让幼儿情绪稳定并获得安全感。平衡的一日活动有助于教师建构均衡的、整合的课程；有弹性的一日活动有助于发挥教师的主动性和幼儿的自主性，开放的一日活动有助于实现幼儿园教育与家庭、社区的有机联结；适宜的一日活动有助于幼儿身体健康发展。其次，创设一个整洁有序、安全温馨、充满丰富有趣材料的环境，让幼儿在其中健康、快乐地生活和学习，是一日活动开展的重要措施。

本章中，我们将从一日活动的常规与组织和一日活动环境创设两方面来阐释"健康·德行·聪明"三位一体课程的一日活动实施。

第一节　一日活动的目标与内容

一日活动内容涵盖了从入园到离园的全部活动，在一日活动中渗透健康教育、德行教育和聪明教育，幼儿可以在日常生活中通过反复的体验、学习、练习和实践，养成良好生活习惯、审美习惯和思维习惯，成为身体有活力、生活有规律、内有善心、外有美感、做事有条理、做人有自信的社会公民（见表4-1）。

表4-1　一日活动目标与内容

目标		内容举例
生活和行为习惯	1. 身体有活力	1.1　平衡能力和动作灵敏性 1.2　力量和耐力 1.3　手的动作灵活协调 1.4　体检和保健 1.5　安全与自我保护
	2. 生活有规律	2.1　来园五件事 2.2　离园五件事 2.3　我会独立进餐 2.4　我愿意喝白开水 2.5　我会轮候 2.6　我会做午睡前准备 2.7　我会做午睡后整理 2.8　我会看"一日活动图表"
审美习惯	3. 内有善心	3.1　友爱同伴 3.2　感恩长辈 3.3　善待动物 3.4　善用物资
	4. 外有美感	4.1　外表美 4.2　举止美：端正 4.3　语言美：文明 4.4　环境美
思维习惯	5. 做事有条理	5.1　摆放有条理 5.2　活动有条理
	6. 做人有自信	6.1　自己的事情自己做 6.2　别人的事情帮着做 6.3　集体的事情大家做 6.4　自律和自我展示

一、生活和行为习惯

具体体现在"身体有活力"和"生活有规律"两方面,主要有起居饮食、身体锻炼、卫生保健和安全防护等方面的内容和习惯。"生活和行为习惯"的主要元素是毅力、勇气、自控力、社会交往力等。

毅力:树立短中长期目标,并且要落实在行动中。在实施实现目标的行为过程中,要坚定和有毅力,可以根据实际情况调整目标进度,但不要中途而废。

勇气:对事物要勇于探索原因、开拓领域、发现未知的新东西。

自控力:对于自身的行为,要具有选择、控制、发展、完善的能力。

社会交往力:具有良好的个人习惯和社会行为能力。

二、审美习惯

审美是一种对人性美、艺术美、自然美进行领悟和审视的活动,主要体现在"内有善心"和"外有美感"两方面。审美习惯有个体性行为和社会性行为两方面的内容和行为。个体性行为:善的行为、美的行为、交友行为。社会性行为:公共场所的行为、参与社会活动的行为。热情、乐观精神、感恩情怀、审美能力是幼儿审美习惯的重要元素。

热情:面对他人,内心要有以诚待人的热忱;面对社会和自然,内心要有触碰和拥抱的激情。

乐观精神:具有宽容的心胸、豁达的态度、乐天的性格、阳光的姿态。

感恩情怀:感恩自然、感恩父母、感恩他人、感恩社会。

审美能力:强烈的好奇心和丰富的想象力,鉴别和欣赏人、事物、大自然的优美、壮美、崇高的禀性的能力。

三、思维习惯

思维习惯主要有"做事有条理"和"做人有自信"两方面的内容和行为。注意力、观察力、记忆力、想象力、思维力、语言力及问题解决力等是思维习惯的重要元素。

注意力:指向明确　整体性强　转移有序

观察力:细致敏锐　条理清晰　理解到位

记忆力:迅速准确　方法到位　知识面广

想象力:联想丰富　情景交融　灵感闪现

思维力：概念明确　判断合理　推理有度
语言力：用词准确　表达清晰　生动活泼
问题解决力：善于质疑　善于假设　勇于探究

第二节　一日活动常规与组织

一、一日活动常规

一日活动常规是幼儿在幼儿园一日活动的顺序，其中的每一个环节都有一定的时间量。在季节交替时，一日活动顺序会进行调整。如，由于深圳气候属南亚热带季风气候，夏季持续时间长（5—11月）且天气非常炎热，会先进行户外活动，然后再进行室内活动。在1月到4月这段时期，天气较凉爽，就会先进行室内活动，再进行户外活动。另外，除了一些庆祝活动或其他特殊活动，每天的一日活动顺序是一样的（见表4-2）。

一日活动分为生活、运动、学习三种类型。生活活动主要是有入园和离园、盥洗、午睡、进餐和生活整理等活动；运动活动主要有早操活动、学习性体育游戏、户外自选活动等；学习活动主要是指狭隘的学习，有晨谈活动、学习区自主活动、专科学习活动（英语、美术）和专题教学活动，除专题活动并不是每天都会进行的学习活动外，其他学习活动在每天都会开展。

表4-2　幼儿园一日活动安排

使用时间：秋冬季

环节	内容	大班	中班	小班	类别
晨间活动	来园五件事（考勤、晨检、问候、放书包、插健康卡）、升旗、晨间锻炼	7:45—8:10	7:45—8:10	7:45—8:10	1、2
	盥洗、早餐、餐后自选游戏、晨谈	8:10—8:50	8:10—8:50	8:10—8:55	1
上午室内活动	学习活动（交流—实操—分享）	8:50—10:30	8:50—10:10	8:55—10:00	3
上午户外活动	课间操/体育游戏/户外自选活动	10:30—11:10	10:10—11:05	10:00—11:00	2

续表

环节	内容	大班	中班	小班	类别
午间活动	生活整理/餐前活动	11:10—11:30	11:05—11:25	11:00—11:20	1
	午餐/餐后自选游戏/散步/睡前整理	11:30—12:10	11:25—12:10	11:20—12:10	
	午睡	12:10—14:30	12:10—14:30	12:10—14:30	
	起床整理	14:30—14:45	14:30—14:45	14:30—14:50	
下午户外活动	体育游戏/户外自选活动	14:45—15:30	14:45—15:30	14:50—15:30	2
下午室内活动	午点/室内自选游戏	15:30—16:00	15:30—16:00	15:30—16:00	1
	学习活动	16:00—16:40	16:00—16:30	16:00—16:20	3
离园活动	离园五件事（整理公物、整理私物、整理书包、老师再见、刷卡离园）	16:40—17:15	16:30—17:15	16:20-17:15	1

注："1"表示生活活动；"2"表示运动；"3"表示学习

二、一日活动组织

（一）生活活动的组织

生活活动主要是让幼儿在真实的生活情境（入园和离园、盥洗、午睡、进餐等）中，与其中的人（成人和同伴）、环境和物品进行互动，自主、自觉地养成各种生活自理能力，形成健康的生活习惯和交往行为，在共同的生活中能够愉快、安全、健康地成长。

生活活动对于幼儿发展来说具有基础性作用，满足幼儿最基础的生理需求。与此同时，生活活动具有重复性、多发性的特点，占据一日生活中的大量时间，是各种习惯养成的最有利的场所。

来园五件事（见附录三"52个一日活动案例"之"生活有规律"）

幼儿每天早上入园后，要按照顺序完成晨检、考勤、问候、整理和插健康卡等五件事情。中大班幼儿可独立完成以上环节，小班幼儿可以在家长协助下完成。晨间来园活动渗透了健康、德行和聪明教育内容，培养了幼儿生活和行为习惯、审美习惯和思维习惯。

1. 生活和行为习惯

（1）在入园活动的整个过程中，每个岗位的教职工都会以饱满的情绪，甜美的微笑来迎接幼儿，提醒途中逗留的幼儿或安慰并带领情绪不佳幼儿尽快回到教室，为幼儿营造了温暖轻松的心理环境，有利于幼儿形成安全感和信赖感。（2）晨检处的健康活力卡，不同的颜色和表情代表了幼儿的身体状况和心情。如，绿色代表身体健康状况良好，黄色是代表指甲长了需要老师帮幼儿修剪，蓝色是提醒幼儿需要多喝水，紫色表示受伤了，红色表示需要吃药等，笑脸表情代表心情愉快，哭脸表情代表心情难过。幼儿能够根据医生发放的健康活力卡每天有意识地关注和认识自己的身体状况和情绪，并学会调整；同时，幼儿也能感知和了解同伴的身体状况和情绪，学习关心同伴。（3）提供有利于幼儿生活自理的条件，鼓励幼儿做力所能及的事情。如，从幼儿园门口到教室路途中，都安排工作人员迎接幼儿和进行安全维护，鼓励家长放手让幼儿独立入园。设置清晰易懂的标志，方便幼儿独立完成入园过程中的每一件事。

2. 审美习惯

（1）设置"礼仪小天使"岗位，引导幼儿用礼貌的方式主动向他人问好，学会为他人和集体服务，培养幼儿的责任感。（2）教职工以身作则，主动热情地向每一位幼儿和家长及同事主动打招呼，在良好的互动环境中，幼儿也会受到熏陶养成文明、礼仪的社会行为习惯。

3. 思维习惯

"来园五件事"是幼儿园每天入园必须完成的活动，幼儿在每天反复练习中感知做事的顺序性，学习用数词描述事情的排列顺序和位置，在生活中感知和理解数的意义。按照顺序完成五件事情，是培养做事条理性的思维。

（二）运动活动的组织

运动主要有早操活动、体育游戏和户外自选活动，让幼儿练习走、跑、跳、爬、攀登等基本动作，锻炼力量和耐力，旨在提高幼儿身体素质、身体动作协调能力和环境适应的能力。同时，在这些活动中有大量的合作性体育游戏及人际交往的内容（见表4-3）。

运动活动非常具有中国特色。与国外幼儿园相比，我国幼儿园由于学时比较长，所以规定每天至少有两小时的户外活动，分为上午和下午两个时段。由于上午时间较长，我们一般是先进行高度结构化的活动，如早操或者是中度结构化的各种学习性体育游戏（learning play），其次是进行低结构化的各种幼儿自选的活动，即户外自选活动。下午时间则是体育游戏和户外自选活动。

表4-3　运动活动的组织（以每日上午为例）

类别	内容	形式	幼儿做什么	教师做什么
户外自选活动（30分钟/次）	（1）热身 （2）自选游戏	集体（班级为单位）、小组、个别	（1）热身 （2）自由选择自己喜欢的活动	观察或指导幼儿个别活动
早操活动（8~12分钟/次）	（1）队列队形 （2）基本操节 （3）即兴活动 （4）放松活动	集体（以年级为单位）	（1）听音乐看手势 （2）与同伴合作和老师一起做早操 （3）收拾整理好体育器材	（1）带领幼儿做操 （2）观察幼儿做操情况 （3）提醒幼儿入场、退场相关事宜
体育游戏（20~25分钟/次）	（1）准备活动 （2）基本部分 （3）结束部分	集体（以班级为单位）、小组	（1）进行体能锻炼或学习新的动作和技能 （2）严格遵守活动规则	（1）组织幼儿进行体能锻炼或教授新动作和技能 （2）摆放、收拾器材 （3）观察幼儿活动

1．户外自选活动

户外自选活动通常是60分钟/天，以班级为单位，根据"户外活动场地安排表"（见表4-4）安排相应的场地，幼儿自主选择运动器材进行身体锻炼。

表4-4　深圳市莲花北幼儿园
2015—2016学年度第一学期户外活动场地安排表（晴天）

时间	班级	小一	小二	小三	小四	中一	中二	中三	大一	大二	大三
周一	上午	前花园	生态园	操场西	操场东	后花园	沙池	一楼走廊	发现王国	二楼走廊	音乐厅
周一	下午	一楼走廊	操场西	操场东	后花园	沙池	生态园	发现王国	二楼走廊	音乐厅	前花园
周二	上午	操场西	操场东	后花园	沙池	一楼走廊	发现王国	二楼走廊	音乐厅	前花园	生态园
周二	下午	操场东	后花园	沙池	一楼走廊	发现王国	二楼走廊	音乐厅	前花园	生态园	操场西
周三	上午	后花园	沙池	生态园	发现王国	二楼走廊	音乐厅	前花园	一楼走廊	操场西	操场东
周三	下午	沙池	一楼走廊	发现王国	二楼走廊	音乐厅	前花园	生态园	操场西	操场东	后花园
周四	上午	生态园	发现王国	二楼走廊	音乐厅	前花园	一楼走廊	操场西	操场东	后花园	沙池
周四	下午	发现王国	二楼走廊	音乐厅	前花园	生态园	操场西	操场东	后花园	沙池	一楼走廊

续表

时间 \ 班级		小一	小二	小三	小四	中一	中二	中三	大一	大二	大三
周五	上午	二楼走廊	音乐厅	前花园	生态园	操场西	操场东	后花园	沙池	一楼走廊	发现王国
	下午	音乐厅	前花园	一楼走廊	操场西	操场东	后花园	沙池	生态园	发现王国	二楼走廊

2015—2016学年度第一学期户外活动场地安排表（雨天）

时间 \ 班级	小一	小二	小三	中一	中二	小四	大一	大二	大三	中三
上午 下午	一楼走廊	一楼走廊	一楼走廊	二楼走廊	二楼走廊	美术室	三楼走廊	三楼走廊	三楼走廊	音乐厅
一周晨锻	一楼走廊			音乐厅		二楼走廊		三楼走廊		

备注：

1. 以上安排由课程资源中心根据幼儿园场地情况统筹制定，各班教师可根据本班情况灵活调整户外活动场地。
2. 设施安全：在活动前，各班先检查设施的安全，发现不安全因素立即暂停活动并上报；活动后，将器械归位。

2．早操活动

早操活动时间通常是8~12分钟/天，以年级或班级为单位开展，由教师带领幼儿做早操。

每个年级每学期两套早操，每套操都会涉及队列队形、基本操节、即兴活动和放松活动等内容（见表4-5）。早操的编排由各年级教师共同完成。

表4-5　2015年9月大班秋季课间操"绳子操"简介与分析

活动环节	活动名称	活动音乐	主要活动目标	活动时间
1	队形练习	菠菜进行曲	（1）会根据老师的手势变换动作和队形 （2）会走成四个小方块，会向四个方向转身走 （3）会向内走成蜗牛形，向外走成六路纵队	2分45秒
2	绳操	幼儿广播操音乐	（1）通过上肢、体侧、体转、腹背、下蹲、踢腿、跳跃等运动，发展幼儿躯干和四肢动作的协调性 （2）拉伸幼儿的关节和韧带	2分55秒

续表

活动环节	活动名称	活动音乐	主要活动目标	活动时间
3	即兴活动		（1）以年级为单位进行的跨跳和蛇形跑及钻山洞、绳子两侧左右跳及手脚爬行等促进幼儿大肌肉的发展 （2）加强幼儿同伴之间的配合与协调	3分40秒
4	放松活动	我有一双翅膀	（1）在"我的翅膀"音乐中，放松四肢和全身 （2）感受和体验音乐与体育活动带来的愉悦	2分38秒

分析：

　　本套操共有四个部分，包括队列队形、绳子操节、即兴活动和放松活动；共用时间12分钟左右；本套绳子操，经过医生在活动前、中、后的不同时间段共5次的抽样测查，大班小朋友运动时最高心率达到了每分钟159次，符合并超过4~7岁幼儿运动时心率每分钟140次的标准。操节部分和即兴活动部分能有效锻炼幼儿躯干和四肢动作的协调性、灵敏性、柔韧和力量，促进幼儿大肌肉的全面发展，增强幼儿体质；队列队形的变换及即兴活动部分需幼儿之间默契配合才能完成，需要幼儿有序、有效完成动作，可以有效促进幼儿同伴之间、幼儿与师生之间的协调与配合的意识和能力，促进幼儿的社会性发展；队列队形中需要幼儿走成品字形和蜗牛形，即兴活动部分需要幼儿根据活动需要用绳子达成拱门、达成直线、根据音乐和教师手势的转换改变队形和动作等都促进幼儿对乐感、发散性思维、动手操作等能力的提高，使幼儿变得更加聪明

3．体育游戏

　　体育游戏时间一般是20~25分钟/次，以班级为单位，由教师组织幼儿活动。体育游戏的开展遵守游戏性和趣味性原则，按照开始部分、基本部分和结束部分流程开展（见表4-6）。

表4-6　大班年级第十七周体育游戏活动计划

（2014年12月22日—26日）

一、活动名称："投篮高手"（共30分钟）	分析
二、活动目标： （1）学习原地投篮，发展手眼协调和学习行进中运球 （2）学习互相配合、互相合作 （3）借助实际情境（行进中运球15个），理解数概念	三个目标分别体现了幼儿在健康、德行和聪明方面的发展
三、活动准备： （1）皮球20个，篮球架2个 （2）检查幼儿的服装、鞋带 （3）检查场地是否安全	服装和场地的检查准备工作，有效预防安全事故的发生

	续表
四、活动过程： 1.开始部分 （1）师生问好，自我介绍，活动要求（活动安全要求） （2）宣布本节课活动内容 （3）热身运动： 　　游戏一："亲亲我的身体"（幼儿手持篮球，让篮球依次接触自己的身体） 　　游戏二："听声音原地拍球"（教师用手击掌，幼儿原地拍球，教师掌声停，幼儿停止拍球）	（1）师生问好：培养幼儿养成良好的礼貌习惯 （2）游戏："亲亲我的身体"可以很快培养幼儿的球感，并能感知身体的部位和球的方位 （3）游戏"听声音拍球"，促进幼儿听觉与动作的协调与吻合，发展幼儿反应与灵敏性
2.基本部分 （1）教师引导并示范正确的原地投篮动作，幼儿原地徒手练习投篮动作一次 （2）教师把幼儿分成两组，每组两队（一队为投篮、一队为捡球），依序进行练习"投篮"；要求一队幼儿行进中运球15个后投篮，另一队幼儿马上去捡球并站到投篮的这一队，投过篮球的站到捡球的那一队，依序进行练习3~5次 （3）游戏："追球"	（1）每组分成两队，一队投篮，一队捡球，然后站到相应的队列。发展幼儿配合、自律、有序的良好品德 （2）行进中运球15个，加强幼儿对数概念的理解 （3）投篮练习，锻炼幼儿投准技能及控球能力，促进幼儿手眼协调
3.结束部分 （1）放松游戏："抛球大笑"（幼儿根据老师把球抛的高低尽情大笑，老师把球抛得高，幼儿发出的笑声大又长，抛得低，笑的声音小又短） （2）轻拍上肢和下肢，放松全身 （3）简单小结活动情况 （4）邀请几位幼儿一起收拾篮球架和篮球 （5）师生道再见，活动结束	（1）游戏"抛球大笑"：能使幼儿从心里感到愉悦，达到全身放松的目的 （2）要求幼儿根据老师抛球的高度，发出相应长度的笑声，促进幼儿感知觉的发展 （3）幼儿收拾体育器材：培养幼儿相互合作、及良好的习惯品德

（三）学习活动的组织

学习活动主要指学习区活动和专题活动，在时间上包括上午和下午两个时间段的室内学习活动。在这里主要介绍每天上午的三段式"交流—实操—分享（communicate-do-share）"学习活动流程及学习区活动，专题活动在第一节已做详细介绍。

1."交流—实操—分享"三段式学习活动流程

"交流—实操—分享"三段式学习活动流程是一日生活中重要的环节，在这个环节中，幼儿与成人（教师）、同伴互动以及通过操作材料，建构新的经验（见表4-7）。

表4-7 "交流—实操—分享（communicate-do-share）"三段式学习活动流程

流程	内容		形式	幼儿做什么	教师做什么
交流 15~20分钟	学习区计划	专题 学习活动		表达 倾听	鼓励 帮助 倾听
实操 45~70分钟	学习区 自主操作	专题学习 活动探究		操作 探究 整理	观察记录 提供材料 肯定幼儿 参与活动
分享 10~15分钟	分享和发表在实操阶段的 发现和收获			表达 倾听	创设环境 支持帮助

注："◆"代表教师；"●"代表幼儿

交流（communicate）：时间是15~20分钟，通常以集体形式开展，内容有专题活动分享、团讨或学习区计划。幼儿在这一阶段可以自由表达他们对一些事、有关的人及周围环境的观点和想法；表述自己在实操时间想使用的材料及如何使用材料等想法；同时，要认真倾听别人的想法。教师在交流阶段给予幼儿的支持主要有鼓励幼儿交流他们的想法、选择和决定；帮助一些幼儿做计划等。

实操（do）：时间是45~70分钟，在这一阶段幼儿就可以实施他们在交流阶段中的计划，形式可以是个别的、小组或者小组和个别一起进行的。在这一阶段，教师有足够的时间去观察幼儿，了解幼儿，并根据观察到的幼儿的表现和水平制定或调整教育活动计划，以增强课程的适宜性，有效促进幼儿发展。

分享（share）：时间是10~15分钟，通常以集体形式开展，幼儿与同伴或教师分享和发表他们在实操时间里所做的事情，如学习区中完成的作品或者新发现、专题活动探究的结果及探究过程等，教师需要创设一个安静的分享环境，并且提供材料或者照片帮助幼儿回忆他们的活动。分享的不仅仅是活动的最后结果、结论，还有幼儿的整个探究过程，包括他的经验、发现、情绪情感、作品、记录单（如图4-1、图4-2）等；分享的对象可以是同伴、老师、家长，或者是其他班级的幼儿；分享的空间可以在墙面上、桌面上，幼儿的记录单还可以保存在他们的成长档案里，因为这些都是珍贵的探究痕迹。

图4-1是幼儿在研究怎么夹核桃。他先观察夹开的核桃和没有夹开的核桃有什么不同，然后他找到了合适的工具——核桃夹。之后用了两种不同的方法进行操作：一种

图4-1 幼儿操作记录单　　　　　　　　图4-2 浩然在向同伴讲述他的发现

是平放工具，另一种是一手拿工具、一手拿核桃，最后终于把核桃夹开了。老师就鼓励他将自己的操作过程用表征的方式记录下来。幼儿还在错误的方法下面打"×"，正确的方法下面打"√"，这对于其他幼儿起到了很好的借鉴。这种方法不但可以培养幼儿的思维方式、做事的条理性、还能提高其绘画水平、动手能力。

图4-2是浩然向他的同伴分享他的发现。浩然发现了水的浮力，他通过自己的实验、发现水的多少与水的浮力是有关系的，水越多、浮力就会越大。还有的幼儿也分享了不同的实验方法，还有的幼儿提出了怀疑，因此他就邀请他们一起验证。

2．学习区活动的组织

学习区活动是一种个性化学习方式。根据幼儿发展需求，我们创设了语言区、科学区、建构区、角色区和益智区等。学习区活动分为制订计划、自由探索、成果发表三个部分。

（1）制订计划

幼儿在吃完早餐后，根据自己的意愿做出自己的学习区活动计划，包括去哪个区、做什么、和谁一起、怎样完成的等。教师的角色就是向幼儿抛出问题，引发幼儿参与活动的兴趣，帮助犹豫不决的幼儿完成计划等。

（2）自由探索

自由探索时间大概有40~60分钟，幼儿可以在这段时间里执行自己的计划。但当出现如下情况时到点心时间或户外活动时间了，幼儿仍聚精会神地工作，不愿收手等此时我园的做法是，在不影响整个作息活动的前提下：① 调整吃点心方式，幼儿可以做完工作再吃点心，或者吃完点心再继续工作；② 建议保留其作品，幼儿第二天再继续完成；③ 当大部分幼儿都无法收手时，尝试更动当天的作息时间，让其尽兴。

教师的角色就是观察每个幼儿活动的兴趣、操作材料的情况、游戏的积极性与主动性，以及与同伴的交往能力，同时对于活动中出现的问题，给予幼儿及时的支持和帮助，如以与幼儿平行活动、合作活动、引导幼儿同伴互动等方式让幼儿的游戏得以顺利进行。教师可以通过观察幼儿的外显行为、语言表达及对材料的摆弄状况，分析出幼儿的需求，及时调整材料。我们在实践中总结出以下三种情况。

① 当幼儿对教师投放的材料不感兴趣时，教师就应反思材料是否存在的问题。是否投放时间过长造成厌倦重复感；是否太难或太容易，偏离孩子的最近发展区或缺乏挑战性；是否材料结构性太高，指向太单一。当遇到这些情况时，教师就应敏锐地意识到并进行材料调整。

② 当幼儿产生疑问和困难时，如幼儿在阅读图书时，想接着第一次看的页数继续往下看，但是总不能正确地找到已看过的页数，怎么办？这时教师就应该意识到要提供一些书签或者在美工区提供一些制作书签的材料。

③ 幼儿活动中投放催化材料。为了找到幼儿的学习规律并激励他们进行深层次的探索，教师会仔细观察幼儿行为，根据幼儿的行为和表现，投放新的材料。比如，看到幼儿在研究放大镜和昆虫盒时，教师会提供一本昆虫的书。这也是为幼儿提供另一种探索和学习的资源，会促进孩子产生进一步的探究活动。

活动结束后，将物品和材料及时放回原处，是一种良好的生活、学习习惯。在培养幼儿的整理物品的习惯中，我们的做法如下。

① 标志提醒：利用精粹管理法，教师将物品分类后定点摆放，并制作出与物体相应的标识（图片、符号、图形等）贴在放物体的位置，或者把物体进行颜色分类摆放，活动后，幼儿按标识或颜色把用过的材料放回原处。

② 管理员提醒：每个学习区都会有一个管理员，会履行职责检查同伴收拾材料的情况，并做及时的提醒。整理习惯的培养不仅提高了幼儿动手的能力，还培养了幼儿的责任心。

（3）成果发表（内容详见"分享"部分）

幼儿向同伴分享在学习中的发现或者讨论在探究过程中遇到的问题。

三、运用六要素分析一日活动

从"时间、空间、数量、质量、因果性、必然性"六个要素对幼儿园一日活动常规和组织进行评析，提高一日活动的价值和实效。

（一）从数量角度对一日活动进行分析

从时间发展的顺序来看，"健康·德行·聪明"三位一体课程的一日活动安排利用"大块时间"将其分为七个时间段，即晨间活动、上午室内活动、上午户外活动、午间活动、下午户外活动、下午室内活动和离园活动，减少了不必要的过渡环节和对幼儿学习活动的干扰，消除幼儿消极等待现象，引导幼儿学会自我管理。

按照一日活动的不同类型来看，"健康·德行·聪明"三位一体课程的一日活动分为生活、学习和运动活动三种类型。

（二）从时间角度对一日活动进行分析

幼儿园作为一个全日制、保教一体的教育机构，一日活动有着独特的结构和功能。第一，幼儿在园时间长，幼儿一天中最重要的时光都是在幼儿园度过的；第二，一日活动有大量生活内容，生活活动时间在一天在园时间中占较高比例；第三，由于在园时间较长，幼儿每天至少有两个小时的户外活动；第四，每个年级的学习活动中，都有一个小时以上的时间，是按照"交流—实操—分享"的顺序进行的，学习活动包含了学习区活动和专题学习活动，幼儿可以长时间、全身心地投入到自己喜欢的活动中，满足幼儿探索欲望。

"健康·德行·聪明"三位一体课程的幼儿一天在幼儿园度过的总时长大约为570分钟，小、中班年级每天的生活活动时间最长，其次为运动活动时间，最少为学习活动时间，大班年级略有不同（见图4-3）。

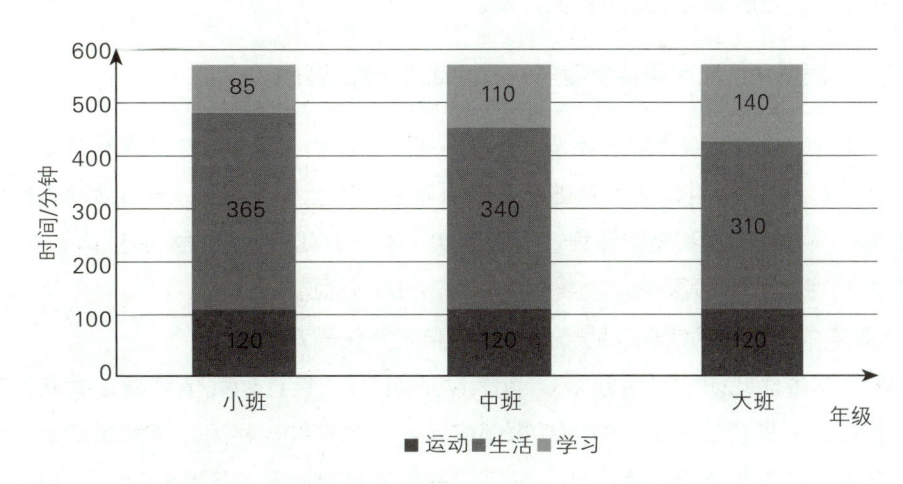

图4-3 小、中、大班一日活动中各类活动时长统计图

三个年级三类活动所占一日生活时间比例从高到低分别是：小班年级生活活动（63.2%）、运动活动（21.1%）、学习活动（15.8%）；中班年级生活活动（59.6%）、运动活动（21.1%）、学习活动（19.3%）；大班年级生活活动（56.1%）、学习活动（22.8%）、运动活动（21.1%）。可见，生活活动时间随着年龄的增长而逐渐减少，但仍在每个年级里所占比例最高；学习活动时间则随着年龄的增长而增长；每个年级每天确保两小

时户外活动时间，其中1小时为体育游戏、早操，1小时为户外自选活动的时间。

（三）从空间角度对一日活动进行分析

在一日活动中，依据活动内容，将活动空间分为室内与室外。

室内空间主要有各个教室和功能室。每个教室分为盥洗室和活动室两部分，活动室的空间被清晰地分为多个学习区域，每个区域有一个简单的名称，如科学区、角色区、建构区、美工区和语言区等，每个区域内的材料都有标签，依据其作用和种类在各个学习区域合理摆放，幼儿可以按照自己的兴趣自主选择学习区域和操作材料进行学习活动。幼儿还可以到音乐厅、图书室、感觉训练室等功能室开展音乐、阅读等活动。在雨天时，各功能室又成为幼儿开展运动的地方。

根据幼儿园的室外空间结构，室外空间被分为十个活动场地，根据每个场地的特点配备适宜的运动器械，幼儿可以自由地在幼儿园的各个户外活动场地上进行荡秋千、爬梯、踩单车、拍球、跳绳、玩沙等各种体育游戏。

幼儿一日活动的空间并不局限在幼儿园内，还可以延伸到园外。如根据学习内容，可以带幼儿到小区内的超市、邮局、银行及附近的地铁站、派出所和市内的地王大厦开展各种实地参观的学习活动；在天气晴朗的时候，幼儿可以在小区内进行远足，还可以到附近的莲花山进行登高活动。

（四）从质量角度和因果性角度对一日活动进行综合分析

一日活动安排与组织体现了我园"健康·德行·聪明"三位一体的课程的理念，即"以幼儿为本，在教师引领下，促进幼儿在原有基础上全面发展"。一日活动安排涵盖了健康课程、德行课程和聪明课程，有效落实《3~6岁儿童学习与发展指南》（以下简称《指南》）提出的各项要求。主要体现在以下几个方面。

1．稳定的一日活动常规有助于幼儿情绪稳定并获得安全感

一个稳定的幼儿园一日活动常规（daily routine）能让幼儿情绪稳定并获得安全感。他们知道一日活动各个环节的基本顺序以及具体安排，并因此了解教师对他们的期望和要求。如在吃完早餐后，幼儿就可以开始做自己的学习区活动计划，做完学习区计划后，自主地选择各种活动。当幼儿认识到每日活动的结构顺序，他们可以在每一个过渡环节提前做好准备，自信地开始下一个环节。稳定的一日活动常规为幼儿创设了一个安全有序的心理氛围，满足幼儿对事物的秩序感的强烈需求，并逐步获得和发展起对物体摆放的空间或生活起居习惯的时间顺序的适应性。

与此同时，把幼儿园一日活动分成几个有意义的时间段，这样就能够避免不同活动的频繁转换，因为频繁转换会让幼儿感到混乱，也会影响幼儿安全感的形成。如，

一日活动安排采用整块时段的安排，一共有七个时间段，分为生活活动、运动和学习活动三类，将一些活动内容集中在一个"大时间块"进行。如，学习活动（主要是指室内的学习活动），无论是教师组织的学习活动，还是幼儿自主的学习活动，都是结合起来进行的，一共有一小时以上的时间。期间，幼儿根据自己的实际需要自主安排如厕、喝水，这样学习活动就不会被人为地分割开，保持其完整性。再比如，将早操活动与上午的户外自选活动集中起来进行，先做操，然后再进行户外活动，这样幼儿就只有一次上下楼和一次进出教室，减少过渡时间和安全隐患。

2．平衡的一日活动有助于教师建构均衡的、整合的课程

首先，一个平衡的一日活动要保持幼儿中心与教师中心的均衡，幼儿自主活动、教师指导的集体教学和小组活动的时间要相对均衡。

其次，一个平衡的一日活动应该覆盖幼儿发展的所有关键学习领域，同一个关键学习领域的所有内容要均衡，某一个内容的活动材料也要相对均衡。也就是说，一日活动流程各环节的数量和性质应该仔细选择，同样的，区域和材料在数量上应该努力达到平衡。这样才能实现所谓幼儿的全面和谐发展。如，一日活动内容一共有52个活动案例，涵盖了《指南》中健康、语言、社会、科学、艺术五大领域内容，《指南》中的32个目标在一日活动中得到实现。每一个活动都是整合性的活动，在实施过程中遵守"关注幼儿学习与发展的整体性"的原则，注重目标之间的渗透、领域之间的渗透。

最后，一个平衡的一日生活要有助于教师引入、展开关键的概念、知识、能力和态度等，并有助于幼儿进行有意义的复习。如，上午三段式学习活动流程，在学习区活动的前后分别有交流和分享活动，交流活动会有关于今天在学习区的工作计划的讨论，分享活动是教师引导幼儿分享学习活动的成果，并点出核心概念、知识和能力等。如，在专题活动中，教师要讨论幼儿兴趣点所在及涉及的最有价值的学习内容，在最后阶段一定有一个展示活动，邀请其他同伴或家长参与，共同庆祝幼儿的成长。

3．有弹性的一日活动有利于发挥教师的主动性和幼儿的自主性

首先，有弹性的一日活动体现在时间上的灵活性。有弹性的一日活动有利于发挥教师的主动性和幼儿的自主性，"健康·德行·聪明"三位一体课程的一日活动既强调计划性，也充分包容选择性。这种弹性，首先体现在不同的季节有不同的一日生活日程安排。我园一日生活结构安排分为春夏和秋冬两套方案，春夏季节，南方气候比较热，幼儿十点以前先户外活动，再进行室内的学习活动，避开十点以后太阳猛烈直射；秋冬季节，天气较凉爽，幼儿可以先进行室内的学习活动，十点以后气温升高，再开始户外活动。

其次，活动流程本身也具有一定的弹性。一日活动流程的某些部分允许幼儿进行

选择，允许幼儿和教师一起参与安排一日活动流程，甚至打破一日常规的既有安排。即使在教师主导的活动中，幼儿也可以有选择的权力，比如选择运用什么材料或者和谁做搭档。如，幼儿在学习区活动自发延长活动时间并表现出更投入的学习热情时，教师不会因为要遵循既定的一日活动常规而去打破幼儿的活动，而是延长活动时间，满足幼儿的学习欲望。再如，每年的六七月结合小学作息安排，大班年级幼儿的一日生活进行调整，上午室内学习区活动调整为两节集体活动与课间十分钟活动，帮助大班幼儿逐步适应小学生活。

4．开放的一日活动有助于实现幼儿园教育与家庭、社区的有机联结

开放的一日活动有助于实现幼儿园教育与家庭、社区的有机联结。幼儿园教育并不是要替代家长的作用，相反，只有把家庭看作一个平等的教育合作者，更好地发挥家长的教育功能，才能实现幼儿的全面和谐发展。"健康·德行·聪明"三位一体课程的幼儿一日活动已经越过幼儿园的围墙，深入家庭，联结社区，为幼儿的学习与发展提供全面的支持。如，我们会邀请家长参与到专题活动中来，和幼儿一起进行实地参访，或作为专家来园为幼儿为讲解答案；我们也会带领幼儿到社区医院、社区超市、社区派出所等进行实地调查和参访活动。

5．适宜的一日生活满足幼儿生理发展需求

适宜的一日活动，有利于幼儿身体和神经系统的正常发育，有利于保护幼儿消化系统的功能，是幼儿健康成长的保障。"健康·德行·聪明"三位一体课程将幼儿一日生活的活动内容，如睡眠、进餐、户外活动、学习区活动等各个环节的时间、顺序、次数和间隔及动静结合都给予科学合理的安排。主要表现在：（1）幼儿早餐和午餐时间相隔三个半小时，每次餐前都让幼儿进行一些安静的活动，让幼儿户外活动后的疲劳和兴奋得到缓解，为安静进餐做准备，不增加幼儿肠胃的工作负担，有利于促进其消化；（2）充分利用空间，保证幼儿每天在园的户外运动时间不少于2小时，满足幼儿运动的需要；（3）注重动静结合、室内外活动结合：早上入园后进行15～20分钟的晨间户外运动，上午室内学习活动后进行一小时的户外运动，下午起床后进行30～45分钟的户外运动，动静交替的室内活动和户外活动安排方式，能防止幼儿神经系统过度疲劳，保持身心愉快。

（五）从必然性的角度来思考幼儿园一日活动安排

一日生活安排一定就是如此吗？"健康·德行·聪明"三位一体课程中幼儿一日活动安排不是固定不变的，也没有最优的结构，只有更适宜、更完善的安排。如何进一步优化幼儿园现有一日生活，让幼儿充分感受到幼儿园是一个安全且充满乐趣的地方，是课程建构过程中一直探索的问题。

如教师专业水平各不相同，对于高水平的专业教师，可以给予教师更多的自主权，让教师根据班级幼儿特点及一段时间内的教育内容，自主安排幼儿的一日活动。

再如，对一日生活结构的质（内涵）的量化更要加强，如户外活动面积生均是多少才最恰当，起到最佳作用？幼儿生活、运动、学习三大类活动还可以再细分为哪些？活动安排的时间配比和深入程度，也还可以进一步量化，这些都值得进一步探讨。

（六）一日活动评价表

《幼儿园一日活动安排与组织评价表》是在从"时间、空间、数量、质量、因果性、必然性"六个维度对一日活动分析的基础上制定的，是进行课程评价的一种方法。同时，又是制定一日活动常规的依据和参考（见表4-8）。

表4-8 幼儿园一日活动安排与组织评价

请根据您所观察到的实际情况和您的真实想法，从每一个项目后面的3个数字（1~3）中选择一个数字并打"√"，表示在多大程度上符合相应项目所描述的情形，数字越大表示符合程度越高。这3个数字分别表示：3＝完全符合；2＝基本符合；1＝不符合。

评价维度	评价内容	评价标准		
		完全符合	基本符合	不符合
1. 时间	1.1 根据季节及气候特点，合理安排幼儿一日生活作息制度	3	2	1
	1.2 每个环节，根据幼儿的年龄特点，安排适宜的时长	3	2	1
	1.3 每天户外活动不少于2小时，其中体育活动1小时以上	3	2	1
	1.4 幼儿两餐间隔不少于3小时，按时开餐	3	2	1
	1.5 平衡设置幼儿自主活动时间与教师主导的活动时间	3	2	1
	1.6 为幼儿留下进行回忆和反思他们活动的时间	3	2	1
2. 空间	2.1 室内外结合	3	2	1
	2.2 有相适应的活动区（角），动静分开	3	2	1
	2.3 有效运用户外场地	3	2	1
	2.4 充分利用社区的自然、社会环境和教育资源，扩展幼儿活动空间	3	2	1

续表

评价维度	评价内容	评价标准		
		完全符合	基本符合	不符合
3. 数量	3.1 游戏材料投放数量充足，种类丰富，能满足每个幼儿的选择及自主活动	3	2	1
	3.2 游戏材料层次多样，能满足不同年龄层次、不同发展水平幼儿需求	3	2	1
	3.3 一日活动中有效运用集体、小组、个别等多种活动形式	3	2	1
	3.4 尽量减少一日活动环节，避免不必要的过渡环节	3	2	1
4. 质量	4.1 动静结合	3	2	1
	4.2 教师和幼儿知道一日生活流程并且能够预期接下来的活动	3	2	1
	4.3 幼儿可以按照自己的意愿进行活动	3	2	1
	4.4 一日生活作息安排具有稳定性，教师和幼儿按照顺序进行活动	3	2	1
5. 因果性	5.1 幼儿能够自主、有序、愉快地进行各环节的活动	3	2	1
	5.2 幼儿具有良好的生活、学习习惯	3	2	1
	5.3 幼儿在园情绪稳定、愉快	3	2	1
	5.4 学年度全园幼儿平均出勤率90%以上	3	2	1
	5.5 学年度全园幼儿生长发育达标率（即身高、体重在M±2SD以内的人数）达95%以上	3	2	1
	5.6 学年度全园幼儿年生长合格率（即年身高增长5cm，体重增长2kg的人数）达80%以上	3	2	1
	5.7 常见病、多发病，日发病率少于5%	3	2	1
6. 必然性	6.1 一日生活作息安排具有灵活性，即根据幼儿的情绪状态来决定是否缩短和延长每个活动环节的时间	3	2	1
	6.2 三个年级六个学期的上午室内学习活动时间逐步延长至120分钟	3	2	1
	6.3 大班第二学期后期，一日活动安排逐步向小学生活过渡	3	2	1

第三节　一日活动环境

环境是重要的教育资源，是幼儿身心发展所依赖的物质条件和精神条件，幼儿的学习和发展是在与环境的互动中实现的。幼儿一天中大部分时间都在幼儿园里度过，创设一个整洁有序、安全温馨、充满丰富有趣材料的环境，让幼儿在其中健康、快乐地生活和学习，是一日活动开展的基础。

一、一日活动环境特征

在此我们从环境对幼儿发展的不同作用的角度出发，将环境分为基础性环境、主动性环境和艺术性环境三部分来介绍。

（一）基础性环境

基础性环境主要是照顾幼儿的生活，保障幼儿的安全，满足幼儿身心发展需求。提供一个"安全、卫生、有序"的环境，避免意外伤害事故的发生，保障幼儿的生命健康，满足幼儿被呵护、关爱的心理需求，让幼儿感受到身心安定、舒适，才能获得心智上发展。

1．安全的环境

安全的幼儿园环境能够促进幼儿身心健康发展和保护幼儿的人身安全。安全的环境重点关注：（1）园舍远离交通要道，无噪声影响，园门两侧无乱摆摊、堆放杂物等现象，园舍建筑布局科学，绿化合理；（2）幼儿园教室和户外活动场地地面平整，配备的玩教具、电教器材、桌椅书架、体育器材、医疗保健器械和药品符合国家安全质量标准，并定期对幼儿园建筑、幼儿玩具等设备进行检查、维修，园内设置警示标识；（3）营造温暖、轻松的环境，让幼儿形成安全感和信赖感，帮助幼儿学会恰当表达和调控情绪，如帮助幼儿认识情绪并学习表达情绪的词语，为幼儿提供处理情绪的角落或表达情绪的材料，接纳每一位幼儿等。

2．卫生的环境

卫生的幼儿园环境能够促进幼儿的身体生长发育和心理健康，预防和减少疾病发生。（1）幼儿园远离污染源，光线充足，做好卫生清洁工作，教室、睡室、盥洗室及公共地方空气流通，无异味、积水、垃圾；（2）做好疾病预防和控制，保障教职工和幼儿身心健康；（3）根据幼儿身心发展水平组织教育教学活动，满足幼儿的心理需求。

3．有序的环境

有序的幼儿园环境能满足幼儿的生理、心理需求，提升幼儿安全感，促进幼儿适应能力发展。（1）设置固定的游戏场地，各种物品标识清楚并摆放在固定位置，满足幼儿对秩序感和安全感的发展需求。同时，幼儿熟悉各类标识和物品，能够主动找到并使用某些物品，能实施自己的计划，不必等待或依靠老师来实现自己的目标，提高幼儿自信心。（2）空间直线直角布局，便于幼儿出入方便。顺畅的交通，能够让正在做选择或者观察他人活动的幼儿不会相互碰撞，还可以促进幼儿之间的相互交流。

（二）主动性环境

学前期幼儿对周围环境有着强烈的好奇心和探究欲望，培养其主动性也是学前期主要任务。埃里克森指出在这一时期如果幼儿表现出的主动探究行为受到鼓励，幼儿就会形成主动性，这为他将来成为一个有责任感、有创造力的人奠定了基础。反之，他们就会发展与主动性相对的内疚感，在成长过程中失去信心。

因此，要提供一个让幼儿进行自主学习，自己做出学习选择和计划的环境，满足幼儿好奇心、主动探究的需求，激发幼儿的主动学习，促进幼儿自我意识、责任感、独立意识和创造能力的发展。主动性环境重点关注以下几个方面：（1）创设不同的学习区，让幼儿依据自己的兴趣、能力和学习的节奏，主动选择区域活动。如将教室空间分隔为语言区、科学区、美工区、角色区、建构区等，并将动区和静区分开。（2）提供丰富多样的材料，根据幼儿发展需求及主题、季节等教育内容提供适宜的材料，充分利用废旧物品、自然物、半成品材料和工具等，让幼儿从亲身经验和直接探索中获得成就感。（3）展示幼儿的作品或学习过程，展示图片、文字简单易懂，要在幼儿视线范围内，让幼儿从展示中能够看到自己学习的过程并与别人分享。（4）学习区有清晰的材料操作示意图或作业单，便于幼儿进行模仿学习和记录。（5）位于整个活动室的各个角落的学习区，其整体应是在教师视线可及之处。用于分隔各个学习区的柜子不能太高，这样一方面便于教师纵观全局，对幼儿整体活动情况做到心中有数，以便适时介入、参与或提供协助；另一方面便于幼儿浏览并选择所要进入的学习区。

（三）艺术性环境

美的环境可以使人心情愉快，还可以满足人们的审美需求，提高审美能力。一个美的环境一方面应该包含精神层面的氛围，温馨、热情、充满爱，有在家般的归属感、自在感；另一方面还应注重环境中各物品的协调布置、色彩和谐，有欣赏性。如，根据不同学习区隐含的不同教育功能以及幼儿的认知特点和审美特点，在环境布置上具有趣味化；利用生活中的废旧物品，创设出幼儿喜闻乐见的环境，突出自然美、生活美和艺术美，让幼儿接触生活中的美好事物，感受环境、生活和艺术中的温暖与和谐的美感。艺术性环境重点关注：（1）环境柔和，亲切温馨，有家的感觉，如在环境中放置地毯、抱枕、靠垫等柔软的物品，用纱幔装置睡室等；（2）色彩和谐，用明亮的色彩来布置环境，但色彩不宜过多；（3）用多种形式（立体的、平面的、挂、贴等）展示作品，充满童趣；（4）注重细节（展示作品无卷角、脱落、损坏，文字正确，悬挂线统一、粘贴整洁等）。

二、一日活动环境创设方法

幼儿园一日活动环境创设主要参考了幼儿园精粹管理[1]，从时间、空间、数量、质量、因果性和必然性等六个要素来思考如何创设一日活动环境。

（一）从时间要素思考

时间要素重视工作效率的提升和保证物品使用的有效期。主要原则有：
（1）标明关键日期；
（2）按使用频率存放，先进先出；
（3）在30秒内取出或放回物品；
（4）做事有计划、有流程、有预案；
（5）每日检查清洁和维护，定期审核精粹管理；
（6）今日事今日毕。

如，使用清洁、消毒、饮水机水槽更新记录表。

（二）从空间要素思考

空间要素重视环境中物品的安全存放和清晰标识。主要原则有：
（1）处处有人管、处处有名称；
（2）直线直角布局，标识标签指引；
（3）有名有家，集中存放，离地15厘米。

如逃生路线图张贴在幼儿可看到的高度；插座开关、电线的整理（包括离地15厘米以上，幼儿不可触及）；晾衣架高度适用于幼儿取放衣服。

（三）从数量要素思考

数量要素重视环境中物品的分类和资源的节约，"一是最好"。主要原则有：

---

[1] 幼儿园精粹管理是深圳市莲花北幼儿园借鉴五常法，运用"思维六要素"进行理论和实践提升后，形成的专门适用于学前教育机构精细化、专业化管理的方法。

（1）尽量减少，够用就好，单一最好；
（2）设定存量，准确分类；
（3）节省资源，安全使用。

如，学习区一套工具：名字印章、日期印章、完成作品收集框、未完成作品收集框等；植物角一套工具：放大镜、记录表（中、大班）、浇水壶、棉签、剪刀等观察和护理的工具。

（四）从质量要素思考

质量要素重视环境的清洁和安全程度。主要原则有：
（1）整体环境简约实用、通风明亮、环保安全；
（2）处处无积水、无异味、无死角、无破损；
（3）物品存放于合适的容器或层架，一目了然、清晰透明；
（4）运用目视管理，幼儿也能看得懂，做得到；
（5）操作流程、设备使用、危险预防及危险品警示等指引清晰。
（6）教职工自律，幼儿习惯好，如幼儿书包摆放统一、整齐，书包带子不掉落。

（五）从因果性要素思考

因果性要素重视"知其然，知其所以然"，鼓励教职工创设环境的过程中，要钻研原因。

（六）从必然性要素思考

必然性要素重视在环境创设中的"创新"，鼓励教职工不断探索新的可能性，环境随着课程发展、幼儿发展而不断提升。

三、学习环境创设实例（以小班年级学习环境创设为例）

此部分中小班年级学习环境照片由莲花北幼儿园黄燕凌老师提供。

（一）从因果性要素思考

学习环境是教育实践中重要的一环，任何课程的教育目标都在环境中有所反映。同时学习环境也是课程的支架，是教与学的基础，丰富而有挑战性的环境能够充分激发幼儿的好奇心、探索欲望、支持幼儿主动学习。

但在实践过程中，我们发现，教师在创设学习环境中缺乏整体性思考，很容易想到哪儿做到哪儿，不会去考虑学习环境中蕴含的合理性和效果性，在条理性的把控上也难平衡。我们要借助六要素分析学习环境中是否具有整体性、条理性、合理性和效果性，不断解决和改善环境创设中遇到的问题和挑战，从而创设更为适宜幼儿发展的学习环境，让环境这位不说话的老师为幼儿了解这个世界提供丰富有益的经验，促进幼儿全面发展，也让我们自身能够从中反思、学习和提高自身的教育素养。

（二）从空间要素思考

1．满足需求、拓宽空间

创设学习环境首先思考的就是空间要素，做到最大限度的利用空间，让幼儿园的每一寸空间都为幼儿的发展服务。为此我们从空间要素思考，规划出班级学习环境平面图。为了方便小班幼儿识别各个区域的名称，我们用颜色来代表七个区域（见图4-4）：绿色是建构区，蓝色是科学区，红色是益智区，橙色是美工区，紫色是生活区，黑色是语言区，黄色是角色区。

小班幼儿非常喜欢角色扮演游戏，当他们进行扮演游戏时表现出惊人的表现力，同时也开始尝试与他人合作进行扮演。基于幼儿的需求，我们将建构区移到室内，拓宽了角色区的空间（见图4-5）。拓宽后的角色区巧妙地将植物角融入其中，设有厨房、客厅、阳台式的花园和卧室，丰富的空间布局增添游戏的真实性和趣味性。

2．因地制宜、合理使用

除了考虑拓宽空间外，还应该因地制宜、合理地使用空间。如建构区，由于小班幼儿年龄小，搭建的能力较弱，建构的作品也以小型为主，建构过程中的声音也比较轻。所以我们将原本在走廊的建构区移放于室内（见图4-6），将幼儿午睡的场地进行一个合理的填充，优化了教室整体空间。

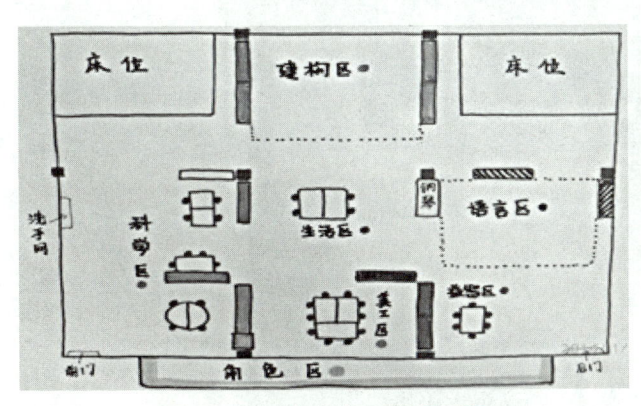

图4-4 小班年级学习环境平面图

图4-5 小班角色区

又如语言区，调整前只作为集体活动的场地，使用频率少。为了能最大限度地使用，我们把语言区调整过来（见图4-7），配置舒适的地毯，营造温馨的氛围，把钢琴向外摆放做间隔，既形成一个独立安静的阅读空间，又可以利用电脑等电子设备支持幼儿开展视听活动。

还可以根据学习区功能进行合理布局。如科学区（见图4-8），小班幼儿喜欢玩水，涉及与水有关的区域材料也比较多，为了操作的便利，我们合理使用空间，把科学区移放于靠近水源的空间里。

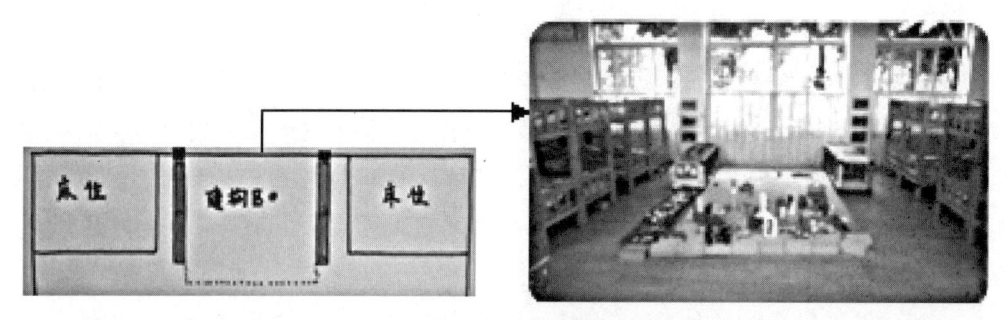

图4-6　小班建构区

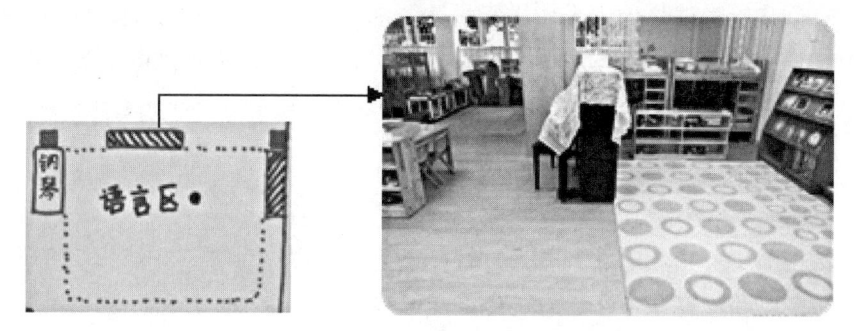

图4-7　小班语言区

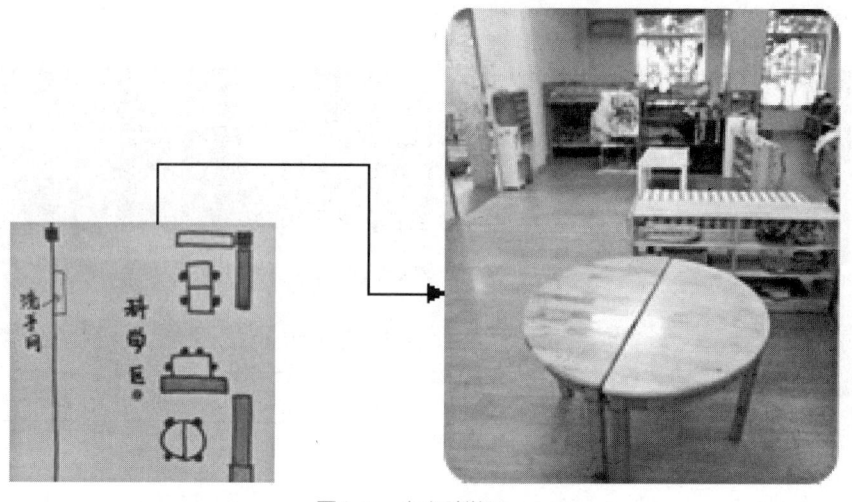

图4-8　小班科学区

3. 空间定位

空间的布置方式大到整体布局，小到空间定位，对幼儿在学习活动中可以做和将会做的事情都有影响。比如，为了建立幼儿的空间方位感，我们在工作桌面上贴了工作点（见图4-9），工作时每个工作点对应一个幼儿，对幼儿起到暗示作用。同时，让幼儿在工作期间享有更宽阔的工作范围，从而不会由于范围窄而被干扰。

图4-9 区域工作点

（三）从时间要素思考

分析了空间要素之后再从时间要素进行思考：在一日生活中，幼儿的活动丰富多彩，我们要如何为各类活动合理配置时间？

我们和幼儿一起讨论了一日生活中要做的事情，共同创设了"幼儿园一日生活作息图示"，幼儿可以通过观察图示知道每天先做什么，再做什么（见图4-10），了解做事的顺序。

随着幼儿年龄的增长和能力的提高，生活活动所用的时间减少了，学习活动的时间增加了，我们又重新和幼儿一起讨论新的一日生活安排（见图4-11）。设计出直观有趣的时间转盘，还配置了指针让幼儿根据时间段自行进行操作。

图4-10 幼儿园一日生活作息图示

当幼儿认识到每日活动的结构顺序，他们就可以在每一个过渡环节提前做好准备，自信地开始下一个环节，掌握做事的次序和节奏，为幼儿建立安全有序的心理氛围，同时还能满足幼儿对事物秩序感的强烈需求。

（四）从数量要素思考

合理的配置时间可以培养幼儿对生活的掌控感，

图4-11 幼儿园一日生活作息图示（时钟式）

同样教师在学习区上精心提供数量、种类适宜的操作材料可以让幼儿找到归属感，能够每天尽情地游戏和创作是幼儿最开心的事情。我们根据幼儿年龄特点和发展需求在班上提供了安全、卫生、多样化的学习区材料（见表4-9）。

为幼儿提供适宜、多样化的学习区材料与工具，可以帮助幼儿根据自己的能力、需要，有选择地与材料互动，使每个幼儿在直接感知、亲身体验中获得发展，体验成功的喜悦。

表4-9　学习区材料配置

学习区	名称	种类
美工区	各类纸张	绘画纸、牛皮纸、刮画纸、水粉纸、手工纸，共5类
	绘画材料	蜡笔、水彩笔、油性笔、排笔、颜料，共5类
建构区	辅助材料	木板、小车模型、建筑模型、纸盒、插塑玩具、小人和动物的立体摆件，共7类
语言区	成品材料	各种图书、手偶、指偶、动物头饰、故事图片，共5类
	自制材料	自制大图书，共1类
角色区	成品材料	小柜子、小家具、各类厨具、各种食物、布娃娃，共5类
	收集材料	各种服装：如爸爸、妈妈、厨师、动物，共4类
	环境创设	桌布、纱帘、植物盆栽，共3类

（五）从质量要素思考

1. 安全有序、方便实用

我们不仅要提供适宜、多样化的学习区材料，还要创设具备安全有序、方便实用、适合幼儿和教师共同使用的学习环境。比如，利用墙面、地面等空间，和幼儿共同创设"我会饭后漱口""我会排队喝水""我会自己排队"（见图4-12、图4-13、图4-14）等隐性的教育环境。

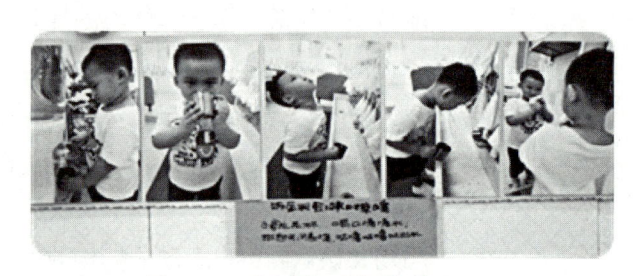

图4-12　"我会饭后漱口"步骤图示

这些环境不仅能让幼儿可以形象直观地学习"如何生活"，帮助幼儿养成文明的行为习惯，还能潜移默化地培养幼儿的自律性。

2. 满足需要

创设安全有序、方便实用的环境，并不是创设学习环境的唯一办法，我们还会为了满足活动开展的需要、幼儿发展的需要精心设计学习材料。比如，角色区茶几，上面配置的是一份安全急救电话单、一部电话、一本附有爸爸妈妈号码的电话本和幼儿

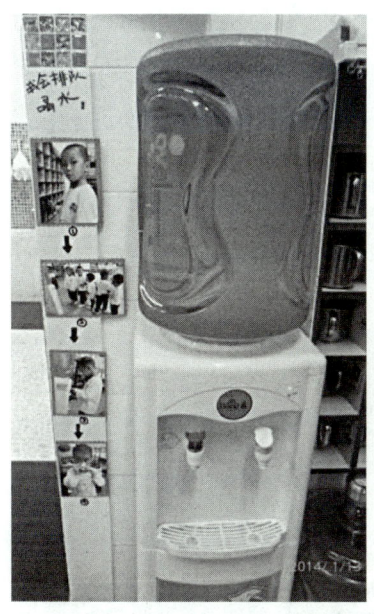

图4-13 "我会自己喝水"步骤图示 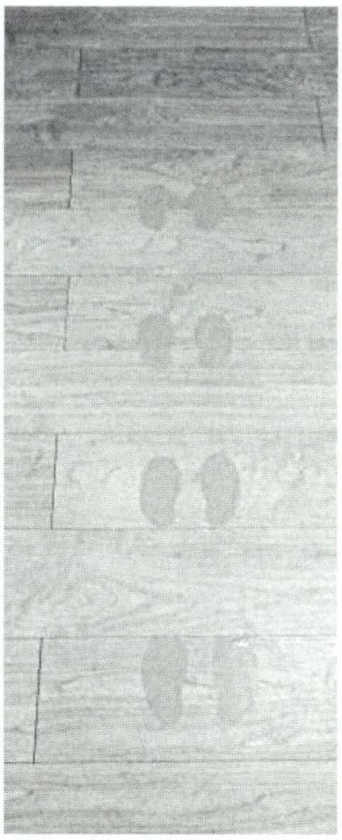　　图4-14 "我会排队"地面环境创设

操作本（见图4-15），不仅丰富了游戏内容，而且还轻松了解爸爸妈妈的电话号码、急救电话号码等。

科学区里的彩色沙漏的操作材料（见图4-16），可以让幼儿更直观地感受速度的"快"与"慢"。在种植黄豆、蒜头、花生等植物时，为了帮助幼儿更有效地进行观察，我们在每盆植物边上插上了标识尺（见图4-17），让种子的生长痕迹保留在尺子上，可以让幼儿形象直观地感知植物的生长。

3. 温馨舒适

在满足需要的基础上还要考虑如何有效地利用生活中的隐性环境和显性环境，为幼儿营造一个温馨舒适的环境。

比如，在显性环境方面，我们会在室内适宜的布置一些桌布、摆放一些植物盆栽、铺上舒适柔软的地毯、设计温馨线帘来区分空间的格局等，让幼儿感受教室就像家，温馨而舒适，如图4-18所示。

又如，在隐性环境方面，我们每天都会在不同时段"特别关注"幼儿，把选择权交给幼儿，让幼儿做每个工作时都能自主选择、自由操作。

我们还会在幼儿进餐环节时播放背景音乐；到了午睡环节，我们会拉上窗帘、播放轻柔音乐或故事来帮助幼儿尽快入睡，如图4-19所示。

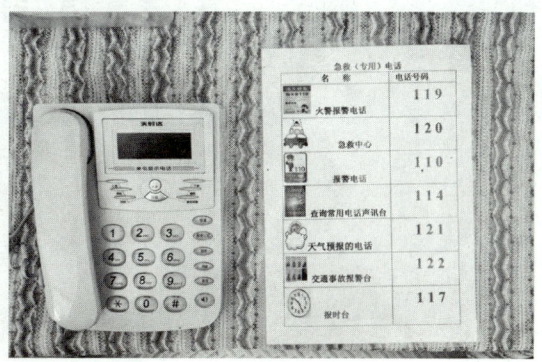

图4-15　角色区"打电话"的学习材料

图4-16 科学区"彩色沙漏"的学习材料

图4-17 种植区中的尺子

图4-18 显性环境

图4-19 隐性环境

不管是显性环境还是隐性环境，其实这些都是学习环境的一部分。

4．艺术氛围

除了提供给温馨舒适的环境外，还应营造浓浓的艺术氛围，让幼儿的艺术创想在这个空间中进行独特的表达。

如图4-20所示，不同形式表现"树"，我们和幼儿共同奇思妙想、大胆创作，用幼儿作品进行点缀，带领幼儿以不同材料、形式去表现，让幼儿体验四季变化中的"树"。

教室中的环境蕴含着无处不在的教育契机。有一天，一名幼儿在教室门边发现了一道裂痕，易划手，存在着安全隐患，我们抓住这一契机跟幼儿进行了安全教育并和幼儿共同讨论创想，设计出装饰画，既有效地消除了安全隐患又达到一定的艺术效果，为原本独具一格的艺术空间增添了不少的创意，一举多得（见图4-21）。

图4-20 不同形式表现"树"

5．善用资源

营造艺术空间很重要，选择环保而且可以循环利用的创作材料也很重要。我们发动家长和幼儿，善用周边的资料共同收集了很多废旧材料提供给幼儿创作，比如，吸

图4-21 装饰画的运用

管、瓶子、瓶盖、纸杯、鸡蛋盒、报纸等。每个班都有自己的主题材料，有的班级使用了瓶子创作了区域材料、摆设物件及幼儿照片墙；有的班级使用了吸管和瓶盖材料设计投放于美工区供幼儿使用和创作（见图4-22）；有的班级使用了鸡蛋盒和纸杯材料创设了走廊环境（见图4-23、图4-24、图4-25）。

图4-22 吸管材料

图4-23 瓶盖材料

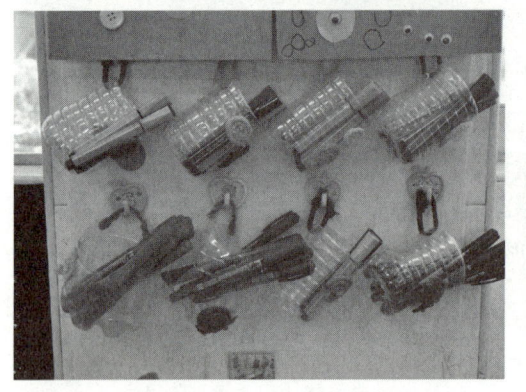

图4-24 瓶子材料

图4-25 纸杯、蛋盒材料

6．呈现方式

艺术作品诞生了，呈现方式就变得尤其重要了，怎样才能让艺术作品变得更加独一无二呢？

我们的教室里有各式各样的展示架，这些都为接下来的呈现工作提供有力的帮助，可利用这些不同效果的展示架展示幼儿创作的不同风格的艺术作品，有层次感也便于幼儿进行欣赏和自由取放，如图4-26所示。

除了展示架外我们还可以用其他形式呈现作品，小班幼儿年龄小，缺乏立体创作的经验，我们可以帮助他们，将幼儿的作品进行立体化。比如，可以将幼儿上色后的瓶盖粘贴于KT板上，将其折叠便可变化成漂亮的花瓶；也可以将作品巧妙地悬挂起来；或者是利用废旧材料架将其固定起来等，这些都是独特而又靓丽的环境风景啊！

图4-26　展示架

（六）从必然性要素思考

最后我们要进行一个回顾评价，从必然性要素去思考：是不是学习环境就一定是这样呢？当然回答是否定的，我们都知道，没有最好只有更适宜幼儿发展的学习环境。

条件允许的情况下、幼儿园的物质更丰富时，我们可以创设更合理的活动场地，比如，创设室外的自然区学习环境，配置自然、生态的学习材料，让幼儿贴近大自然，最大限度地享受舒适和自由。再如，如果我们人力资源更多时，我们可以合理分配人员，针对性开展学习区活动指导等。这些设想都将会是以后创设更适宜的学习环境的思考点，将我们对学习环境的思考不断推向深入，让学习环境的教育功能最大化。

四、户外自选活动环境创设实例

（一）从因果性要素思考

在2小时的户外活动时间中，其户外自选活动时间占幼儿户外活动时间的一半，如何让幼儿在这段时间中得以充分锻炼？《3~6岁儿童学习与发展指南》中指出"我们应为幼儿提供丰富多样的运动器械，鼓励幼儿积极探索、大胆尝试；开展丰富多样的幼儿体育游戏和活动，使幼儿在与同伴快乐地游戏的同时，获得相应的身体素质和动作上的发展……"。

因此，一个空间广阔、材料丰富的户外活动环境是户外自选活动顺利开展的基础，为幼儿创设良好积极的户外活动环境，让幼儿自主选择喜欢的活动内容，与同伴一起进行户外活动，可增强其身体素质，提高对环境的适应能力，培养勇敢坚强、反应灵敏等多种意志品质，促进其身心健康和谐地发展。

我们从时间、空间、数量、质量、因果性和必然性六个方面来思考，通过合理设置区域、有效投放器材，并利用标志引导幼儿建立规则意识，保障户外自选活动的有序进行。

（二）从空间要素思考

1. 合理设置区域

户外活动场所的设置首先要考虑与幼儿园整体环境的关系，如幼儿园主要通道和路线不横穿户外体育活动场所。其次在考虑场地划分时，应注意选择在阳光充足、空气流通及有适当的遮阴的区域。

基于以上的考虑，我园将前花园、后花园、生态园、操场东、操场西、音乐厅、发现王国、沙池、一楼走廊、二楼走廊等共十个区域设置为户外活动场地（见图4-27）。

2. 器材存放集中定位

同一类别的器材集中存放在适宜的容器内。如图4-28所示，沙包、绳子等存放在封闭的容器内，避免在下雨天淋湿，延长其使用寿命；滑板车纵向存放，节省空间。

器材定点定位摆放，便于幼儿取放，幼儿在取放器材的同时还能够获得如"一一对应"等数学概念及养成良好的习惯，如图4-29、图4-30、图4-31所示。

（三）从数量要素思考

划分好区域后，根据区域面积大小来投放器材，面积大的区域可以投放固定性大型玩具、走跑类、投掷类等器材，面积小的区域可以投放攀爬、平衡类的器材。

其次，投放的器材数量和幼儿人数要

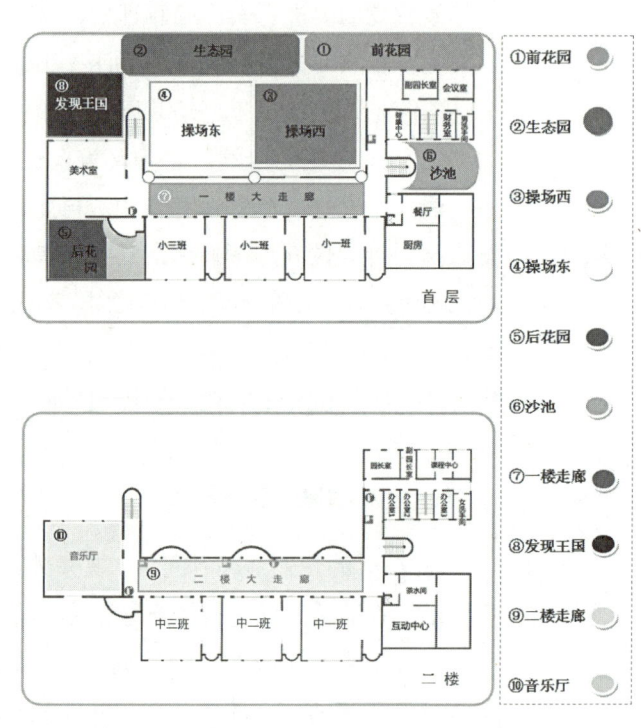

图4-27　莲花北幼儿园户外体育活动场地示意图

图4-28　器材分类集中存放在适宜的容器内

相匹配，如图4-32所示，设定最高存量和最低存量，低于最低存量要立即补充，确保每位幼儿都能参与到活动中。设定最高存量节约资源，避免浪费。

图4-29　数字代表了器材的数量 　　　　图4-30　器材存放位置有标识指引，定点定位

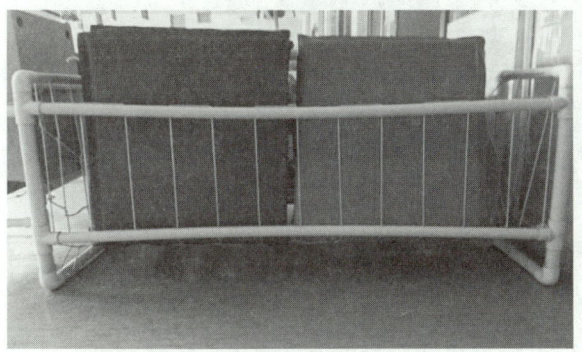

图4-31　器材存放离地15厘米，便于清洁 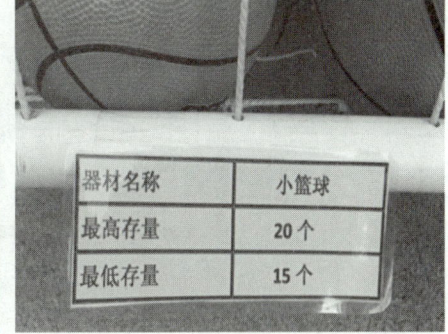　　　　图4-32　设定的存量为标准

器材名称	小篮球
最高存量	20个
最低存量	15个

（四）从质量要素思考

1．场地卫生安全

每个场地环境简约实用、通风明亮，场地无积水、无死角、无破损。如沙池定期暴晒，确保里面无尖锐或排泄物等。有秋千的场地，要确保一定的安全距离；大型玩具要稳固于地面中并且保证材质坚固，各部位连接牢固；木质器材要确保光滑，没有钉子外露。

设置"危险预防"警示牌。如设置警示维修牌"P"牌（"P"是"problem"的缩写，"P"牌即问题牌），如图4-33所示，幼儿园任何教职工如果发现器材、场地有破损或者损坏，立即放置维修以警示、提醒幼儿和教师此玩具或者场地暂时不能使用，直到维修好，取消"P"牌警示后，才可以重新使用。

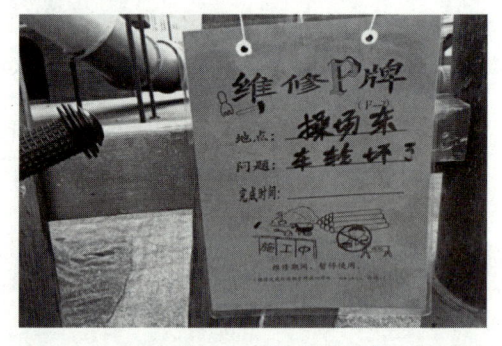

图4-33 在破损的地方，设置"P"牌，以示警示

2．器材使用方便

器材使用有"研究"，我们既要研究器材怎样玩，还要研究怎样保护幼儿的活动安全。

器材使用有"指引"，一方面专科老师做理论指导；另一方面在活动场地张贴"活动区使用指引"，为幼儿和带班老师做现场直观引导，如图4-34所示。

图4-34 活动区使用指引

指引内容"目视化"，即器材使用指引能够让幼儿看得懂，如用不同颜色来区分哪些器材适合小、中、大班幼儿；通过活动照片和文字提示让幼儿和教师分辨不同年级的幼儿在每个活动区需要完成的活动内容。

3．器材的循环利用

收集可循环利用的资源，研究开发体育器材，如图4-35、图4-36所示。

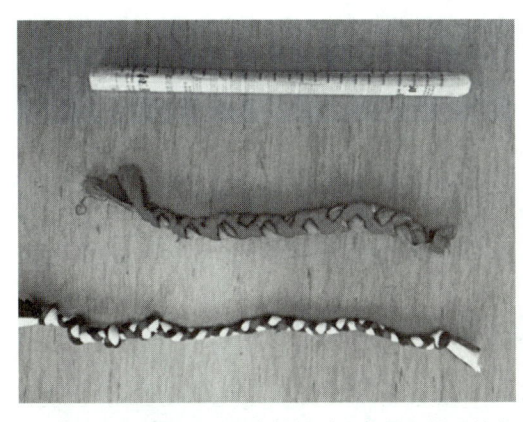

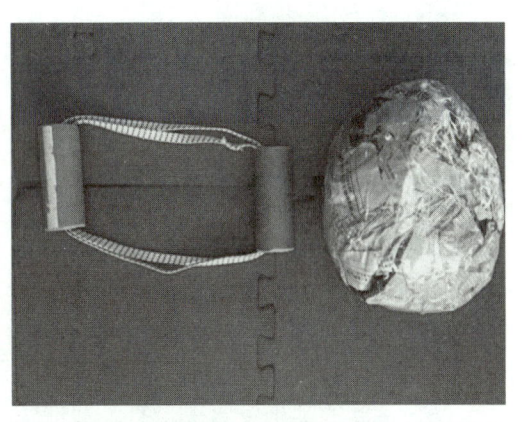

图4-35 用报纸做成的金箍棒（上）和旧绳子编织的尾巴（中、下）

图4-36 用橡皮筋和卷筒纸芯做成的拉力器（左）和旧报纸做成的报纸团（右）

（五）从时间要素思考

场地使用时间有"有效期"，户外活动一般有两个时间段，一是晨间或上午的某个时间段；二是下午的某个时间段。

场地每天清洁、定期进行安全检查，确保场地的卫生和安全，如图4-37所示。

维修员根据检查情况及时维修器材，确保户外活动的正常开展。

图4-37 安全员每天检查记录表

（六）从必然性要素思考

户外活动场地的划分以及器材的投放并不是一成不变的，每学期都会根据器材耗损程度等情况进行增减、购买、调整，确保各场地有完整、充足的器材。

另外，户外活动场地的使用，也不是固定不变的，根据季节、天气情况来调整场地的使用。

第四节　一日活动实施

一、一日活动实施方法

（一）实施方法

一日活动的实施主要采用行为塑造法和"六要素法"。"六要素法"在专题活动中已做详细论述，在此重点介绍行为塑造法。

行为塑造法是指在教育实践中为幼儿创设安全、整洁、有序、标识清晰的物质环境与和谐的人际环境，成人以身作则为幼儿提供榜样示范，让幼儿在一日生活中养成良好的生活和行为习惯、审美习惯，促进幼儿多方面的发展。

行为塑造法是以行为主义理论为依据，结合教育实践提出来的。行为主义强调环境对人的行为所起的决定意义，认为学习的实质在于行为习惯的形成，重视环境因素、强化和榜样在学习中的作用。本课程在采用行为主义方法时，吸收和借鉴了华生的早期训练，巴甫洛夫的第一信号系统、第二信号系统，斯金纳的行为强化，托尔曼的"行为具有目的性"等观点。

（二）实施步骤

行为塑造法在教学实践中的步骤共有三步：（1）选择适宜的目标（上位概念）；（2）将目标具体分解（下位概念）；（3）制定实现具体目标的方法。将方法贯彻落实到幼儿的一日活动中，并且进行反复的实践，以此将具体概念（下位概念）通过活动和训练内化到幼儿心中，并且经过这种反复的活动和训练，让幼儿养成习惯，从而最终在行为习惯中呈现出目标概念（上位概念）。如图4-38、表4-10所示。

表4-10　行为塑造三步法

	第一步	第二步	第三步
教师做什么	选择适宜的目标	1. 将目标分解为幼儿可操作的具体行为 2. 创设环境 3. 促进幼儿良好行为发生与持续	综合评价
幼儿做什么		在一日活动真实场景中反复实践	形成习惯

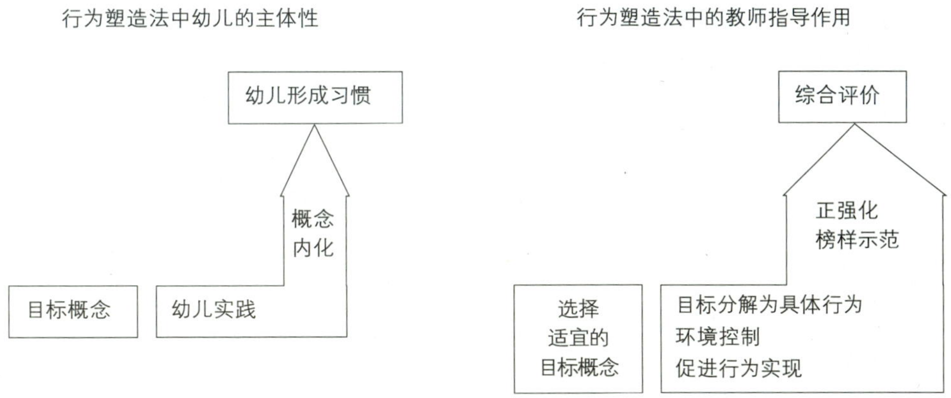

行为塑造法中幼儿的主体性　　　　　　行为塑造法中的教师指导作用

```
         幼儿形成习惯                           综合评价
              ▲                                    ▲
           概念                                 正强化
           内化                                 榜样示范
    ┌──────┐ ┌──────┐              ┌──────┐ ┌──────────────┐
    │目标概念│ │幼儿实践│              │ 选择 │ │目标分解为具体行为│
    └──────┘ └──────┘              │适宜的│ │环境控制       │
                                   │目标概念│ │促进行为实现    │
                                   └──────┘ └──────────────┘
```

图4-38　行为塑造三步法

以"整洁美"教育目标为例，将其分为"洗洗小脸""清洁小手""梳梳头发"和"整理园服"等四个具体行为，在幼儿园里老师为幼儿准备了适合幼儿高度的镜子、毛巾、小梳子，并在洗手池旁贴上洗手步骤图，幼儿通过反复实践练习生活技能和健康行为，内化为稳固的行为习惯（见表4-11）。

表4-11　行为塑造三步法——整洁美

	第一步	第二步	第三步
教师做什么	选择适宜的目标概念：整洁美	将目标分解为幼儿可操作的具体行为： 1. 洗洗小脸；2. 清洁小手；3. 梳梳头发；4. 整理园服 环境控制： 准备适合幼儿高度的镜子、毛巾、小梳子，并在洗手池旁贴上洗手步骤图 促进幼儿良好行为发生与持续： 运用榜样示范、表扬、鼓励等正强化方法	综合评价：教师观察幼儿行为，对幼儿进行综合评价
幼儿做什么		在一日活动中反复实践： 每天坚持饭前便后和户外活动后洗手、饭后漱口擦嘴巴、午睡前后自己穿脱、叠放衣服和鞋袜；运动前后自己增减衣服	逐步形成习惯：会洗手、洗脸、饭后漱口、会穿脱衣服、鞋袜，并整理好

二、一日活动实施案例

一日活动实施是"行为塑造法"在教育实践中的具体体现。

行为塑造法中的环境创设，主要参考了精粹管理，在第三节"一日活动环境"已做详细介绍。此外，在环境创设中，会考虑到根据幼儿年龄特点创设不同的环境。如在一日活动案例"我会设计学习区标识"中,小班用脚印限制每个区域人数,中班幼儿通过圆点或其他符号来表示每个区域的人数,大班则用直接出示数字。

（一）52个一日活动案例

52个一日活动（此内容由莲花北幼儿园张莉雯老师总结），大部分是在幼儿日常生活中发生和开展的,只有个别活动是阶段性的。如案例"疏散逃生演习活动",会在学期初和期中进行。

1. 身体有活力

（1）平衡能力和动作灵敏性

① 平衡

幼儿可以：练习双臂平举保持身体平衡的动作要领,在此基础上做走、跳、跨等动作。（健康—动作发展—目标1）

建议教师：a. 准备平衡木、直线、毛巾、小高跷等；
　　　　　b. 示范基本动作：双臂侧平举,保持身体平衡；
　　　　　c. 请幼儿分别在不同的器械上练习,教师在侧保护,也可对胆小幼儿做个别指导。（见图4-39~图4-43）

图4-39 走线	图4-40 走平衡木
图4-41 走木桩	图4-42 蒙眼走、闭眼自转	图4-43 踩高跷

② 跳

幼儿可以：练习双脚跳、单脚跳、助跑跨跳、高处往下跳的基本动作。（健康—动作发展—目标1）

建议教师：a. 准备跨栏、儿童高跷等；
　　　　　　b. 教师讲解并示范各种跳的正确动作；
　　　　　　c. 组织丰富的情景游戏和体能活动让幼儿练习；
　　　　　　d. 观察，对个别动作发展较慢的幼儿进行鼓励，并在侧保护。（见图4-44~图4-49）

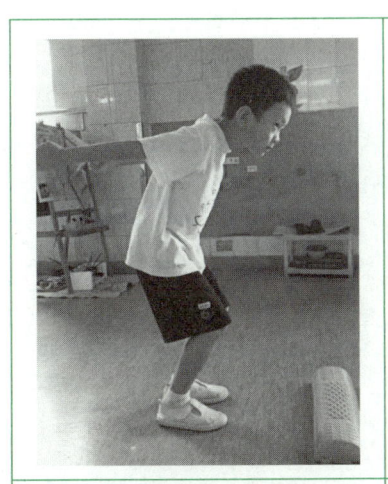

图4-44　立定跳远

图4-45　助跑跨跳

图4-46　纵跳触物

图4-47　行进中左右脚交替跳

图4-48　行进中直线左右跳

图4-49　高处往下跳

③ 跑

幼儿可以： 练习直线跑、障碍跑的基本动作。（健康—动作发展—目标1）

建议教师： a. 准备障碍物和安全、宽阔的场地；

b. 教师示范动作要领，注意练习双臂的前后摆动；

c. 组织游戏让幼儿练习；

d. 提醒幼儿注意躲闪，避免碰撞受伤。（见图4-50~图4-53）

图4-50　直线跑

图4-51　障碍跑

图4-52　5米往返跑

图4-53　曲线跑

④ 钻爬

幼儿可以：a. 练习钻的基本动作：低头弯腰；（健康—动作发展—目标1）
　　　　　b. 练习手膝着地爬和手脚着地爬的基本动作。
建议教师：a. 准备圈、体操垫；
　　　　　b. 示范动作要领，幼儿学习和模仿；
　　　　　c. 组织游戏活动，观察并对有需要的幼儿提供支持或指导。
（图4-54~图4-57）

图4-54　钻圈

图4-55　钻山洞

图4-56　手膝着地爬

图4-57　手脚着地爬

⑤ 动作灵敏

幼儿可以：知道几种体育器械的正确使用方法，加强身体灵活性和综合运动能力。
（健康—动作发展—目标1）

建议教师：a. 准备皮球、体操垫、小尾巴等；
b. 讲解各种器械的游戏方法和动作要领；
c. 组织小组游戏，观察幼儿动作，并作必要的个别指导。（见图4-58~图4-65）

图4-58 连续翻滚	 图4-59 抛接球	 图4-60 灌篮
 图4-61 抓尾巴	 图4-62 打老虎	 图4-63 躲闪跑
 图4-64 打棒球		 图4-65 滚铁环

(2)力量和耐力

> ① 坚持不怕累
>
> 幼儿可以：a. 练习悬吊、攀爬和连续跳等动作，增强手臂和腿部力量；（健康—动作发展—目标2）
> b. 养成坚持到底不轻易放弃的品质。
>
> 建议教师：a. 准备单杠、轮胎等；
> b. 保证体育活动时间的充足和形式的多样化；
> c. 在活动中，老师鼓励幼儿坚持，不怕累；
> d. 提醒家长在日常生活中鼓励幼儿多走路、自己背书包和上下楼梯等。（见图4-66~图4-69）

图4-66 悬吊

图4-67 滚轮胎

图4-68 300米走跑交替（大班）

图4-69 连续跳

② 爱做器械操

幼儿可以：a. 喜欢做器械操，形成正确的站姿和健康的体态，提高身体的力量和协调性；（健康—动作发展—目标2，健康—身心状况—目标1）
b. 感受队形队列变化的乐趣，提高运动空间感知觉能力。

建议教师：a. 准备器械操所需的器械、宽阔的操场；
b. 用图示来讲解队形队列的变化，提醒幼儿在队形变化过程中注意看和听老师的指令；
c. 鼓励幼儿坚持每天做器械操。（见图4-70~图4-73）

图4-70　管子操

图4-71　凳子操

图4-72　武术操

图4-73　队形变化

（3）手的动作灵活协调

① 手眼协调

幼儿可以：a. 练习串珠、粘贴等手工操作，锻炼手部小肌肉和手眼协调能力；
（健康—动作发展—目标3）
b. 养成做事要耐心、专注的品质，并从中体会劳动和创造的快乐。
建议教师：a. 准备串珠、美工材料、蔬菜等；
b. 在生活区活动和学习区活动中做简单的示范或提示；
c. 观察，并做适当的指导。（见图4-74~图4-77）

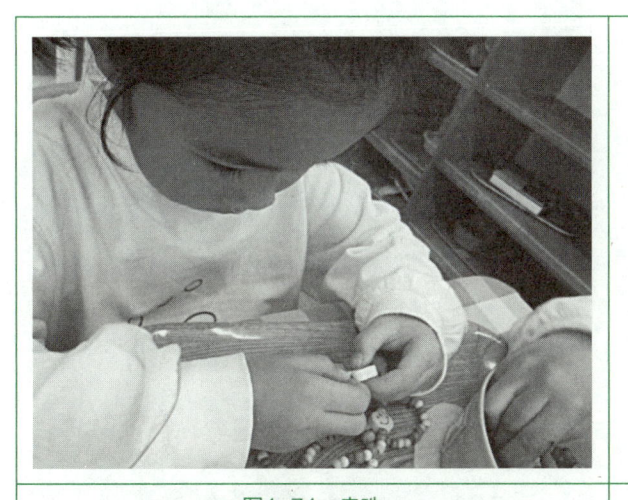

图4-74　串珠

图4-75　粘贴

图4-76　扣扣子

图4-77　择菜

② 工具使用

幼儿可以：a. 正确使用几种常用工具，并注意安全；
b. 能用剪刀沿着轮廓线剪出简单图形。（健康—动作发展—目标3）

建议教师：a. 准备丰富的绘画工具、安全剪刀等；
b. 在学习区活动中示范工具的使用方法，提醒幼儿注意安全；
c. 活动后分享并将幼儿作品展示。（见图4-78~图4-81）

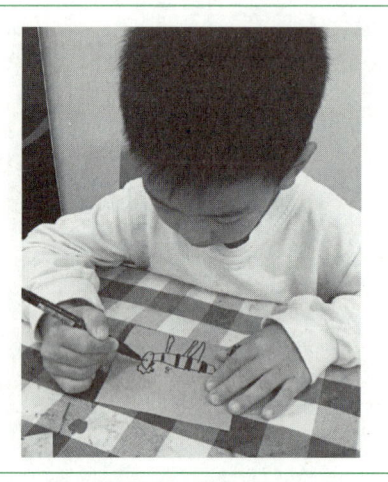

图4-78 绘画工具

图4-79 手工工具

图4-80 木工工具

图4-81 充气工具

（4）体检和保健

① 来园晨检

幼儿可以：愿意接受保健医生的晨检，知道根据自己的身体状况和情绪来选择相应的健康卡。（健康—身心状况—目标2、3）

准　　备：保健医生晨检用品：手电、健康卡等。

建议教师：a. 讲解不同颜色的健康卡的不同含义；

b. 提醒幼儿配合保健医生检查双手和口腔，并能根据自己的身体状况来选择相应的健康卡。（见图4-82~图4-88）

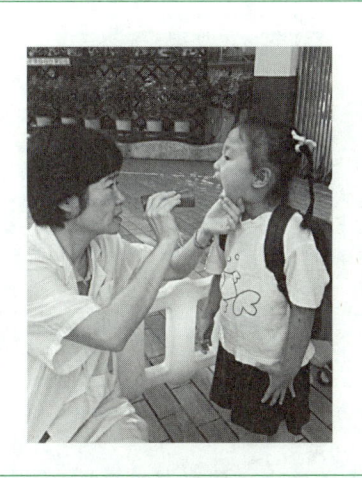

图4-82　检查口腔

图4-83　笑脸——心情愉快

图4-84　哭脸——心情欠佳

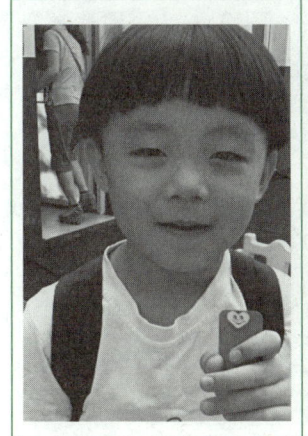

图4-85　蓝牌——多喝水

图4-86　红牌——要服药

图4-87　黄牌——修指甲

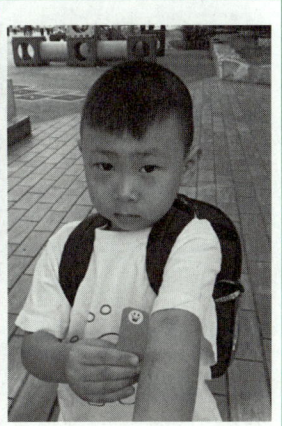

图4-88　紫牌——护理伤口

② 定期体检

幼儿可以： a. 根据体检的数据，了解在成长过程中身体的变化；
b. 懂得简单的身体保健方法，注意饮食、营养和锻炼。（健康—身心状况—目标1）

建议教师： a. 联系并预约保健医院的医生；
b. 邀请园医来讲解体检的作用和如何配合医生的检查，消除幼儿的紧张感。（见图4-89~图4-93）

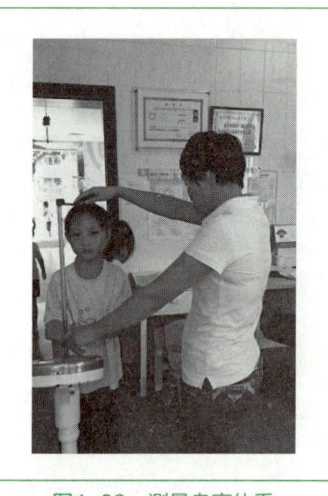

图4-89　测量身高体重

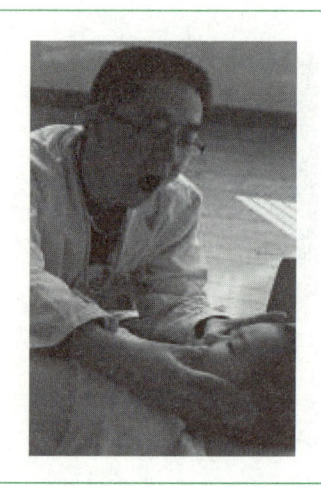

图4-90　体检

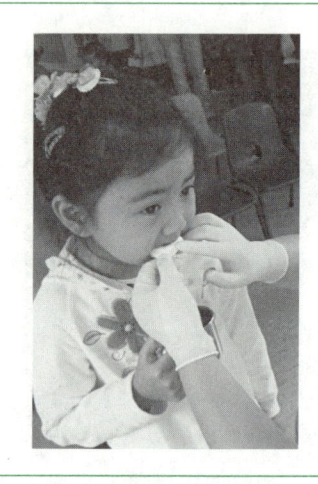

图4-91　护齿

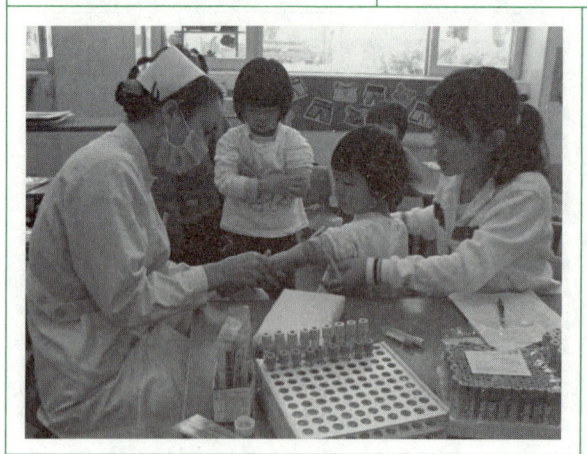

图4-92　打预防针

图4-93　测查视力

③ 爱护五官

幼儿可以：a. 了解五官包括耳、眉、眼、鼻、口，了解其特点和作用；
b. 知道用眼半小时后要休息，养成良好的用眼习惯。（健康—生活习惯和能力—目标1）

建议教师：a. 准备五官的图片和相关故事或视频；
b. 请幼儿观察五官的外形，讲讲它们的特点和作用；
c. 讲故事或播放视频，并提醒幼儿餐后漱口。（见图4-94~图4-97）

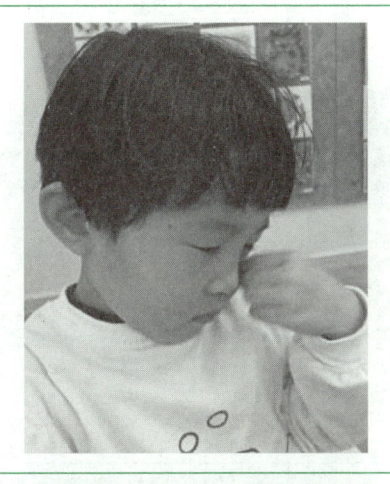

图4-94　不用力揉搓眼睛

图4-95　用眼半小时后要休息

图4-96　异物不放进五官

图4-97　听见噪音捂耳张口

（5）安全和自我保护

① 认识安全标识

幼儿可以：a. 认识生活中常见的安全标识，理解其中的含义；
　　　　　b. 知道一些自我保护的方法，提高安全意识。（健康—生活习惯和能力—目标3）

建议教师：a. 熟悉张贴在幼儿园的各种安全标识（危险标志和禁止标志）；
　　　　　b. 带领幼儿寻找园内的各种安全标识，讨论其中的意义；
　　　　　c. 用讲故事、情景模拟的方式，深化幼儿的安全意识。（见图4-98~图4-103）

图4-98　离开教室前插上"去向告示牌"

图4-99　上下楼梯靠右走

图4-100　危险物品不乱摸

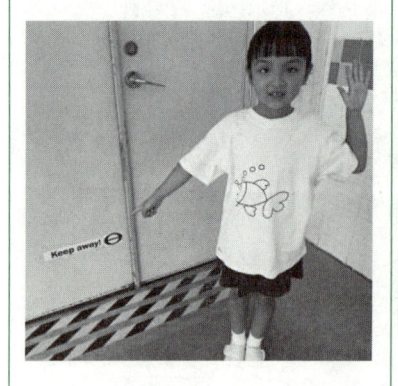

图4-101　远离儿童不宜之地

图4-102　禁止抛物和攀爬

图4-103　安全标识记心中

② 疏散逃生演习

幼儿可以： a. 认识各种逃生标识，看懂本班教室的安全疏散图；

b. 掌握简单的自救方法和逃生技巧，提高安全意识。（健康一生活习惯和能力—目标3）

建议教师： a. 准备安全疏散线路图、幼儿毛巾；

b. 师生观察本班的逃生线路图，了解安全疏散的方法和安全集合点；

c. 配合园内的定期安全疏散演习或消防演习，加强幼儿的逃生能力；

d. 模拟被困情况下的自救方法：挥舞颜色鲜艳的物品或敲击发声引起注意。（见图4-104~图4-107）

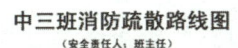

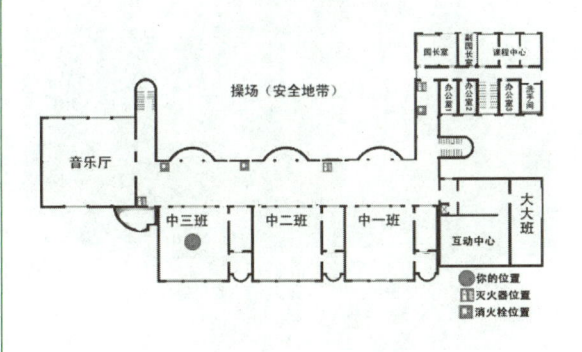

图4-104 看懂"班级疏散图"

图4-105 毛巾捂鼻弯腰走

图4-106 被困时，挥物或敲击物品求救

图4-107 跟随老师到安全集合点

③ 户外活动的安全

幼儿可以：a. 知道活动前的热身运动有助于避免运动中受伤；
　　　　　b. 正确使用活动器械，提高运动中的安全意识和自我保护能力。（健康—生活习惯和能力—目标3）
建议教师：a. 带领幼儿做热身运动；
　　　　　b. 讲解活动场地和活动器械的安全注意事项；
　　　　　c. 观察并随时提供帮助。（见图4-108~图4-111）

图4-108　热身运动	图4-109　场地及器械的安全
图4-110　耐心轮候	图4-111　谦让互助

④ 户外场所的安全

幼儿可以： a. 知道被内衣覆盖的隐私部位不随意显露，更不允许他人随意触碰；
b. 知道不随便接受陌生人的物品，提高户外安全意识。（健康—生活习惯和能力—目标3）

建议教师： a. 儿童户外安全教育的视频；
b. 讲解人体构造，隐私部位不能随意暴露或让他人触碰；
c. 播放安全教育视频并讨论："不随意接受陌生人的物品"，"我家住哪里？"
d. 组织幼儿进行"红灯停、绿灯行"的体育游戏。（见图4-112~图4-115）

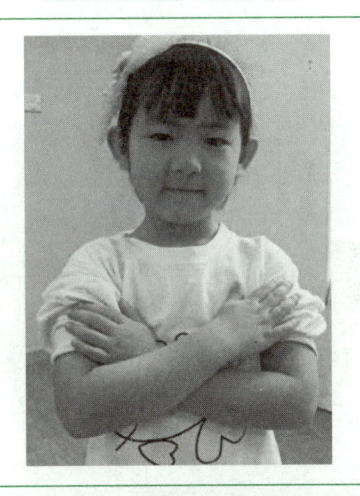

图4-112　不在公共场所暴露隐私部位

图4-113　不随意接受陌生人的物品

图4-114　家庭住址要记牢

图4-115　上下学路上走人行道

2. 生活有规律
（1）来园五件事

幼儿可以：a. 知道来园的主要流程；（健康—生活习惯与能力—目标1、2）
　　　　　b. 有独立完成简单活动的能力。
建议教师：a. 和幼儿讨论来园要做哪些事情；
　　　　　b. 提前与家长沟通，请家长送幼儿到幼儿园门口时，鼓励幼儿独立完成入园环节；
　　　　　c. 及时表扬独立完成各项入园环节的幼儿。（见图4-116~图4-120）

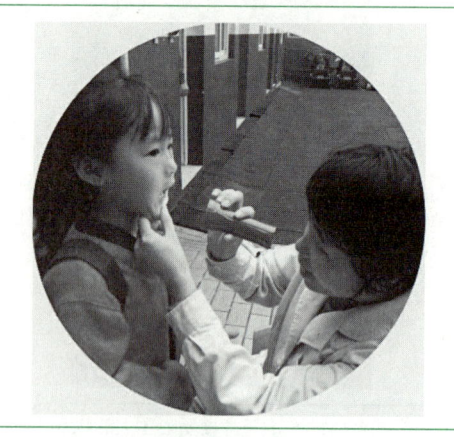

图4-116　晨检

图4-117　考勤

图4-118　问候

图4-119　整理

图4-120　插健康卡

注：中大班幼儿可独立完成以上环节。小班幼儿可以在家长协助下完成。

（2）离园五件事

幼儿可以：a. 知道离园前应该完成的事情及其先后顺序；
　　　　　b. 在每日的练习中提高生活自理能力和做事的条理性。（健康—生活习惯与能力—目标1、2）
建议教师：a. 播放离园前的提示音乐；
　　　　　b. 讨论："离园前需要做哪些事情？先做什么？后做什么？"
　　　　　c. 鼓励幼儿尽量独立完成，并提供个别帮助。（见图4-121~图4-125）

| 图4-121 整理公物 | 图4-122 整理私物 | 图4-123 摆放桌椅 |
| 图4-124 老师再见 | 图4-125 离园刷卡 |

（3）进餐

幼儿可以：a. 学习独立而安静地进餐，努力做到"三净"——餐具、桌面和衣服的干净；

b. 养成文明进餐、餐后漱口的好习惯。（健康—生活习惯与能力—目标1、2）

建议教师：a. 准备渣盘、轻柔音乐；

b. 示范良好的进餐姿势和餐具使用及放置方法；

c. 提醒幼儿在轻柔音乐中安静进餐；

d. 提醒幼儿餐后将碗碟分类摆放，清洁桌面，漱口擦嘴。（见图4-126~图4-131）

图4-126　小班中班用勺子

图4-127　大班使用筷子

图4-128　不挑食、样样吃

图4-129　碗碟分类

图4-130　清洁桌面

图4-131　漱口擦嘴

（4）我愿意喝白开水

幼儿可以：a. 知道喝白开水的好处，愿意饮用白开水，少喝饮料；
　　　　　b. 养成健康的生活习惯，避免肥胖。（健康—生活习惯与能力—目标1）
建议教师：a. 准备水杯、饮水的儿歌、贪喝饮料的故事；
　　　　　b. 以故事形式引出贪喝饮料的坏处、多喝白开水的好处；
　　　　　c. 提醒幼儿多喝水，轮候接水，喝多少接多少，不浪费。（见图4-132~图4-135）

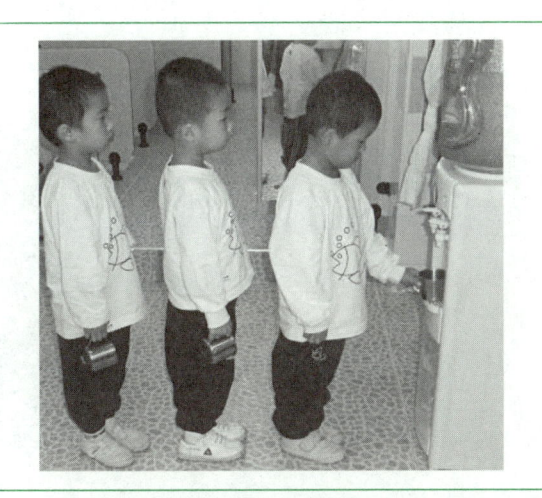

图4-132　轮候接水

图4-133　喝多少接多少

图4-134　需要时饮水

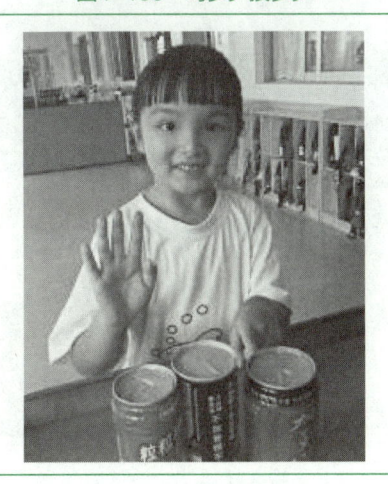

图4-135　不贪喝饮料

（5）我会轮候

幼儿可以：a. 懂得在人多情况下要轮候，知道轮候的好处；
　　　　　b. 养成耐心等候、文明礼让的素质。（社会—人际交往—目标2，社会—社会适应—目标2）

建议教师：a. 创设地面环境"排队的小脚印"；
　　　　　b. 组织讨论："排队有什么好处？""哪些情况下需要排队？"
　　　　　c. 带领幼儿到实地示范讲解，体验轮候的方便和安全。（见图4-136~图4-139）

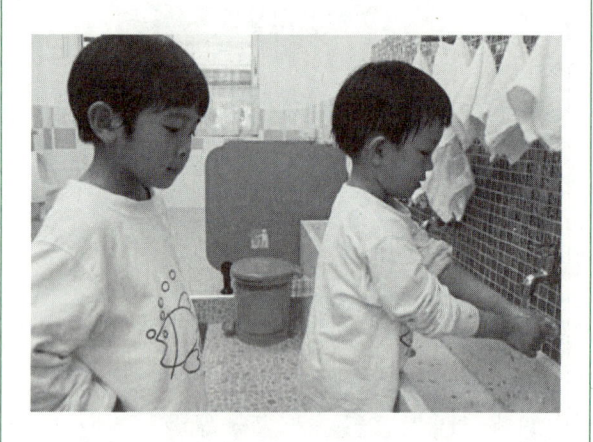

图4-136　轮候洗手

图4-137　轮候体检

图4-138　轮候游戏

图4-139　文明礼让

（6）午睡前准备

幼儿可以：a. 能独立、有序地整理衣物；（健康—生活习惯与能力—目标1、2）
　　　　　b. 养成睡前整理的良好习惯，提高自理能力。
建议教师：a. 在生活区或娃娃家放置小娃娃、小衣服和小鞋子等，鼓励幼儿练习穿、脱、叠；
　　　　　b. 讨论午睡前的主要活动以及衣物摆放位置和方法；
　　　　　c. 鼓励幼儿不怕困难，鼓励同伴之间互相帮助。（见图4-140~图4-143）

图4-140　餐后散步

图4-141　更换拖鞋

图4-142　整理衣裤

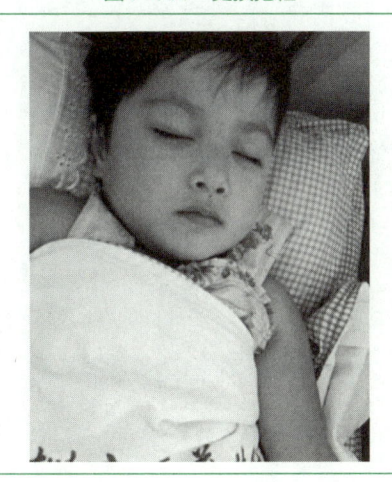

图4-143　独立入睡

(7)午睡后整理

幼儿可以：a. 学习穿脱衣服和鞋袜、洗手、洗脸的正确方法；
　　　　　b. 养成做事耐心、有条理的好习惯。（健康—生活习惯与能力—目标1、2）

建议教师：a. 在美工区投放折纸，示范对角折纸的方法，幼儿练习；
　　　　　b. 幼儿起床后，示范对角叠被的方法；
　　　　　c. 为有困难的幼儿提供必要的帮助，鼓励同伴互帮互助。（见图4-144~图4-147）

图4-144　整理小床

图4-145　穿好衣裤

图4-146　穿好鞋袜

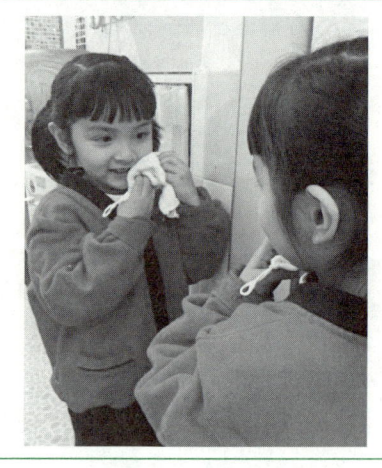

图4-147　清洁小脸

（8）我会看"一日生活图表"

幼儿可以：a. 看懂"一日生活安排表"中的符号，并乐意用符号和图画表达事物；
（语言—阅读与书写准备—目标2、3，艺术—表现与创造—目标1、2）
b. 养成良好的生活作息习惯，建立初步的时间观念。（健康—生活习惯与能力—目标1）

建议教师：a. 师幼共同讨论各个时段的主要活动，鼓励幼儿绘制表征图，制作"一日生活安排表"；
b. 引导幼儿观察图片并理解其中意义，知道在什么时间做什么事情；
c. 提醒值日生提前一天关注天气预报并认真做天气公告。（见图4-148~图4-151）

图4-148　一日生活图表

图4-149　图解

图4-150　了解使用方法

图4-151　值日生做天气公告

3. 内有善心

（1）友爱同伴

① 关心合作

幼儿可以：a. 学习与同伴友好相处，互相关心和帮助；（社会—人际交往—目标1、2、4）
b. 学习换位思考，提高交往技能和解决问题的能力。

建议教师：a. 将幼儿日常交往中发生的典型事例如"争抢玩具"进行情境表演；
b. 幼儿讨论："我自己怎样想的？""另一个小朋友的感受是怎样的？"
c. 讨论解决矛盾、友好相处的方法。（见图4-152~图4-156）

图4-152 共享空间（小班）

图4-153 合作

图4-154 分享

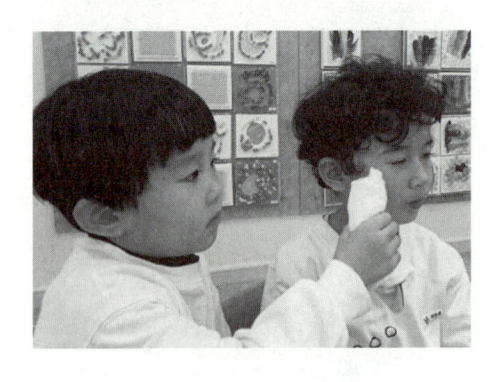

图4-155 互爱

图4-156 互助

② 礼仪大方

幼儿可以：a. 知道基本的交往礼仪，建立良好的同伴关系；（社会—人际交往—目标2、3）
b. 养成自信、大方的仪态。

建议教师：a. 和幼儿一起查看"礼仪小天使轮值表"，并发放礼仪牌；
b. 提醒礼仪小天使按时来园，迎接小朋友和老师，鞠躬问好；
c. 设置情景表演，展现几种主要交往礼仪，并指导幼儿在日常生活中运用。（见图4-157~图4-162）

图4-157 礼仪小天使入园卡

图4-158 热情微笑、鞠躬问好

图4-159 鞠躬礼——老师好！

图4-160 拉手礼——朋友好！

图4-161 拥抱礼——开心玩！

图4-162 招手礼——明天见！

（2）感恩长辈

幼儿可以： a. 在园能对老师和长辈礼貌问好；（社会—人际交往—目标1、4）
b. 主动关心家人和身边的人，为家人做力所能及的事情，有感恩之心。

建议教师： a. 准备一次性纸杯、茶水、椅子、音乐等；
b. 利用生活机会和角色游戏，帮助幼儿了解：爸爸妈妈、爷爷奶奶在我的成长过程中付出了很多，要感恩于他们；
c. 讨论："爸爸妈妈辛苦疲倦的时候，我可以做些什么？"（见图4-163~图4-166）

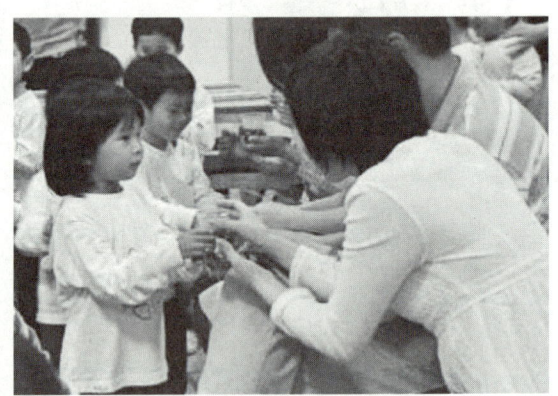

图4-163　爷爷早上好！

图4-164　妈妈请喝茶！

图4-165　爷爷奶奶节日快乐！

图4-166　家园共育乐融融

（3）善待动物

幼儿可以：a. 了解几种常见小动物的特点和生活习性；（科学—科学探究—目标1、2、3）
b. 具有初步的关爱小动物、珍惜生命的意识。
建议教师：a. 准备动物故事、动物成长视频、自然角的小动物和护理用具；
b. 和幼儿一起观察，了解小动物的特征、生活习性和生长过程；
c. 引导幼儿护理小动物，并做观察记录。（见图4-167~图4-170）

图4-167 细致观察

图4-168 定时喂养

图4-169 饲养蚕宝宝

图4-170 自然角工具

（4）爱护植物

幼儿可以：a. 观察植物的外形特征、习性与生存环境；（科学—科学探究—目标1、2、3）
　　　　　b. 初步养成"集体的事情大家做"的意识，有集体感和归属感。（社会—社会适应—目标1、3）
建议教师：a. 倡议幼儿自带一株植物来园；
　　　　　b. 和幼儿一起观察植物的外形特点，了解其生活习性；
　　　　　c. 和幼儿一起制作植物名片，标明浇水次数和每次的分量；
　　　　　d. 提醒幼儿定期、定量浇水并做植物生长记录。（见图4-171~图4-176）

图4-171　植物名片　　　图4-172　分类放置　　　图4-173　护理工具

图4-174　定量浇水　　　图4-175　观察叶脉　　　图4-176　记录成长

（5）善用物资

① 变废为宝

幼儿可以：a. 提高手的精细动作；（健康—动作发展—目标3）
　　　　　b. 利用废旧物品制作手工作品，创设丰富多彩的艺术环境。（艺术—表现与创造—目标1、2）

建议教师：a. 准备回收箱、废旧物品、"可回收物"标识；
　　　　　b. 倡议幼儿收集生活中的废旧材料，清理干净带来幼儿园；
　　　　　c. 和幼儿一起发挥创造力进行手工制作和艺术创作；
　　　　　d. 将幼儿作品进行艺术性的展示和装饰。（见图4-177~图4-179）

图4-177　制作成手工作品或教具

图4-178　制作成环境饰品

图4-179　作为建构游戏的辅助材料

② 转赠分享

幼儿可以：a. 知道哪些物品可以循环再用；
　　　　　b. 使用礼貌用语大方与同伴沟通，体会分享的快乐。（语言—倾听与表达—目标1、2、3）

建议教师：a. 倡议幼儿整理家中不用的图书、玩具、光碟等，带到幼儿园；
　　　　　b. 组织"大带小"活动，将物品转赠低年级小朋友，鼓励幼儿大方自信地与同伴沟通。（见图4-180~图4-183）

图4-180　转赠图书

图4-181　转赠玩具

图4-182　分享CD

图4-183　分享食物

③ 节约资源

幼儿可以： a. 爱护所处的环境，能节约粮食、水电、纸张等；（社会—社会适应—目标2、3）

b. 具有初步的归属感，知道将小事做好也是很有意义的。

建议教师： a. 和幼儿一起讨论：我们每天要用到哪些资源？这些资源是否会用尽？

b. 进一步讨论：日常生活中，我们可以怎样节约资源？

c. 从身边的细节做起，以身作则，树立良好榜样。（见图4-184~图4-187）

图4-184　用水关好水龙头

图4-185　离开室内要关灯

图4-186　单面纸尽其用

图4-187　空调26℃最适宜

4. 外有美感

（1）外表美

> **① 整齐**
>
> 幼儿可以：a. 自查外表是否整齐，养成良好的个人卫生习惯；（健康—生活习惯与能力—目标1）
> b. 知道美的基本标准是保持干净、整齐。（艺术—感受与欣赏—目标1）
>
> 建议教师：a. 午睡起床后，鼓励幼儿整理小床、衣服、鞋袜；
> b. 提醒幼儿对着镜子整理衣服和头发；
> c. 提醒幼儿根据自感冷热增减衣物。（见图4-188~图4-191）

图4-188　整理小床

图4-189　整理鞋袜

图4-190　整理园服

图4-191　梳梳头发

② 清洁

幼儿可以：a. 学习和掌握生活自理如洗手、洗脸、擦鼻涕的正确方法；（健康—生活习惯与能力—目标1、2）
　　　　　b. 知道哪些情况下要洗手、洗脸，保持身体的清洁。

建议教师：a. 在盥洗室墙壁贴"洗手步骤图"、洗手歌；
　　　　　b. 组织幼儿讨论：哪些情况下要洗手？洗手的正确方法；
　　　　　c. 利用图片示范洗手、洗脸的方法，边念儿歌边做动作。（见图4-192~图4-199）

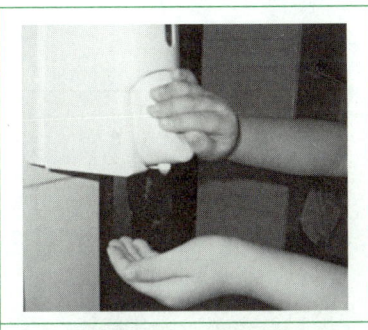

图4-192　轻轻按一按

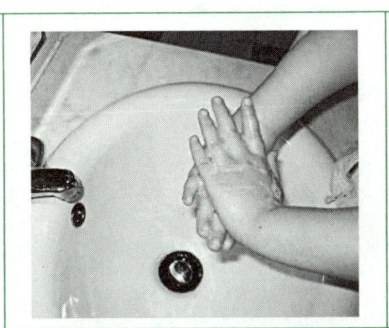

图4-193　小手搓一搓

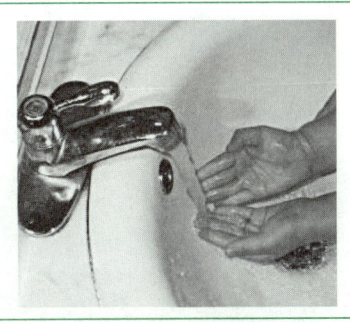

图4-194　泡沫冲一冲

图4-195　水滴甩一甩

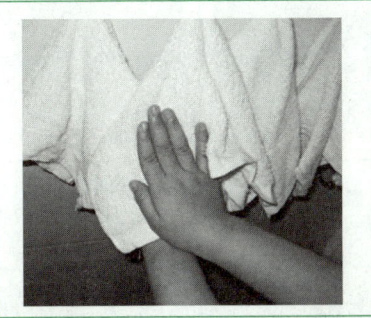

图4-196　毛巾擦一擦

图4-197　小手真干净！

图4-198　餐后漱口

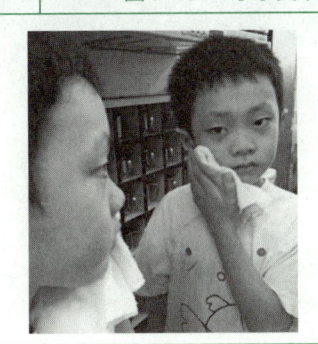

图4-199　清洁小脸

(2)举止美：端正

幼儿可以：a. 学习正确的坐姿、站姿、阅读和书写姿势；（语言—阅读与书写准备—目标1、2）

b. 懂得良好的身体姿势有助于身心健康。（健康—身心状况—目标1）

建议教师：a. 和幼儿一起讨论："正确的姿势对我们的身体健康有什么帮助？"

b. 示范正确的坐姿和站姿；

c. 提醒幼儿在日常生活中保持良好的姿态，并对不良姿势加以提醒和纠正。（见图4-200~图4-207）

图4-200 坐姿：双腿自然并拢，抬头挺胸。

图4-201 盘腿坐姿：双腿交叉，双手放于膝盖。

图4-202 站姿：双脚并拢，抬头挺胸，双手自然放于腿侧。

图4-203 搬椅姿势：两手端椅、轻拿轻放。

图4-204 进餐姿势

图4-205 看书姿势

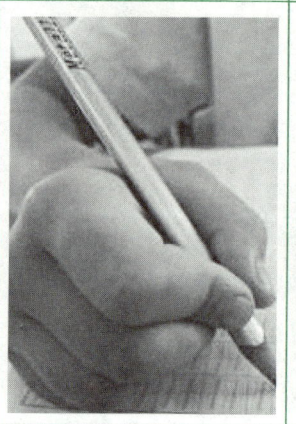

图4-206 握笔姿势

图4-207 书写姿势

（3）语言美：文明

幼儿可以：a. 学习使用文明用语，养成良好的语言习惯；（语言—倾听与表达—目标1、2、3）
　　　　　b. 同伴之间友好相处、有同理心。（社会—人际交往—目标1、2、3、4）
建议教师：a. 讲关于文明用语的小故事，使得幼儿明白使用文明用语的益处；
　　　　　b. 设置情境表演，幼儿练习使用文明用语；
　　　　　c. 成人在日常生活中言传身教、随机教育。（见图4-208~图4-211）

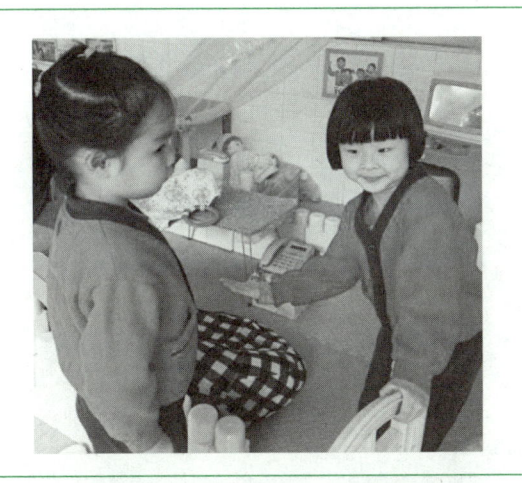

图4-208　——你好！——请进！

图4-209　——我帮你！

图4-210　——谢谢！——不客气！

图4-211　——对不起！——没关系！

（4）环境美

① 整理

幼儿可以：a. 感知生活中的数学（分类和对应、数与量、形状与空间），养成物归原处的好习惯；（科学—数学认知—目标1、2、3）
　　　　　b. 为自身所处的环境出一份力，成为环境的主人。
建议教师：a. 准备一些适合幼儿使用的扫把、抹布等；
　　　　　b. 指导幼儿整理物品和清洁物品；
　　　　　c. 鼓励幼儿分工合作，共同完成整理工作。（见图4-212~图4-215）

图4-212　清理桌面

图4-213　清理地面

图4-214　整理文具

图4-215　整理图书

② 修复

幼儿可以：a. 建立对所处环境的归属感和初步的责任感；（社会—社会适应—目标1、3）

b. 使用安全的工具，体验解决问题的成就感。（健康—动作发展—目标3）

建议教师：a. 准备透明胶、剪刀、儿童P牌；

b. 和幼儿讨论："我们可以做哪些力所能及的事情？"

c. 引导幼儿分辨：哪些可以自己做？例如，修补图书；哪些需要放置"儿童P牌"并提醒老师或维修人员？例如，大型玩具或用具的破损。

（见图4-216~图4-219）

图4-216　图书破损

图4-217　工具修补

图4-218　放置"儿童P牌"

图4-219　更换新筐

5. 做事有条理
(1) 摆放有条理

① 分类好处多

幼儿可以：a. 知道分类放置物品不仅方便取放，更让环境整齐有序；（艺术—感受与欣赏—目标1）
b. 通过分类，提高逻辑思维能力。（科学—科学探究—目标2、3）

建议教师：a. 请幼儿观察生活物品和活动区材料，了解其形状、用途、特性等；
b. 引导幼儿根据物品的形状、功能或特性进行分类；
c. 和幼儿一起操作并讨论，感受分类后的便利和环境的有序。（见图4-220~图4-225）

图4-220　干净衣物和用过衣物分类存放

图4-221　物品按功能或特性来分类

图4-222　美工区"未完成作品""已完成作品"分类放置。

图4-223　美术用具分小组摆放，并贴有幼儿姓名。

图4-224　姓名印章按男孩、女孩分类摆放

图4-225　图书按标识摆放

② 我会使用个人物品

幼儿可以：a. 知道个人用品包括哪些，并能正确使用；（科学—数学认知—目标1、2、3）

b. 提高观察力和逻辑思维能力，能根据照片、姓名、颜色、数字等找到个人物品。（科学—科学探究—目标3）

建议教师：a. 制作符合幼儿年龄段认知特点的标识；

b. 和幼儿一起讨论："哪些属于个人生活用品？"然后给物品贴上标识；

c. 开展"物品找家"游戏，幼儿练习找到个人物品，并能将它们送回家；

d. 提醒幼儿使用自己的生活物品。（见图4-226~图4-228）

图4-226　小班：粉色标识，标有幼儿姓名和照片。

图4-227　中班：黄色标识，标有幼儿姓名、序号和性别标识。

图4-228　大班：蓝色标识，标有幼儿姓名和序号。

③ 我能看懂示意图

幼儿可以：a. 提高对局部图和示意图的理解能力；（科学—数学认知—目标2、3）
　　　　　b. 知道生活中常见的标识、符号所表达的意义，愿意用"画字"来表达事物的基本特征。（语言—阅读与书写准备—目标2、3）
建议教师：a. 准备操作示意图、活动区表征图、地面脚印等；
　　　　　b. 引导幼儿观察示意图，理解用局部代替整体的图示方法；
　　　　　c. 鼓励幼儿自己创作出独特的表征图。（见图4-229~图4-234）

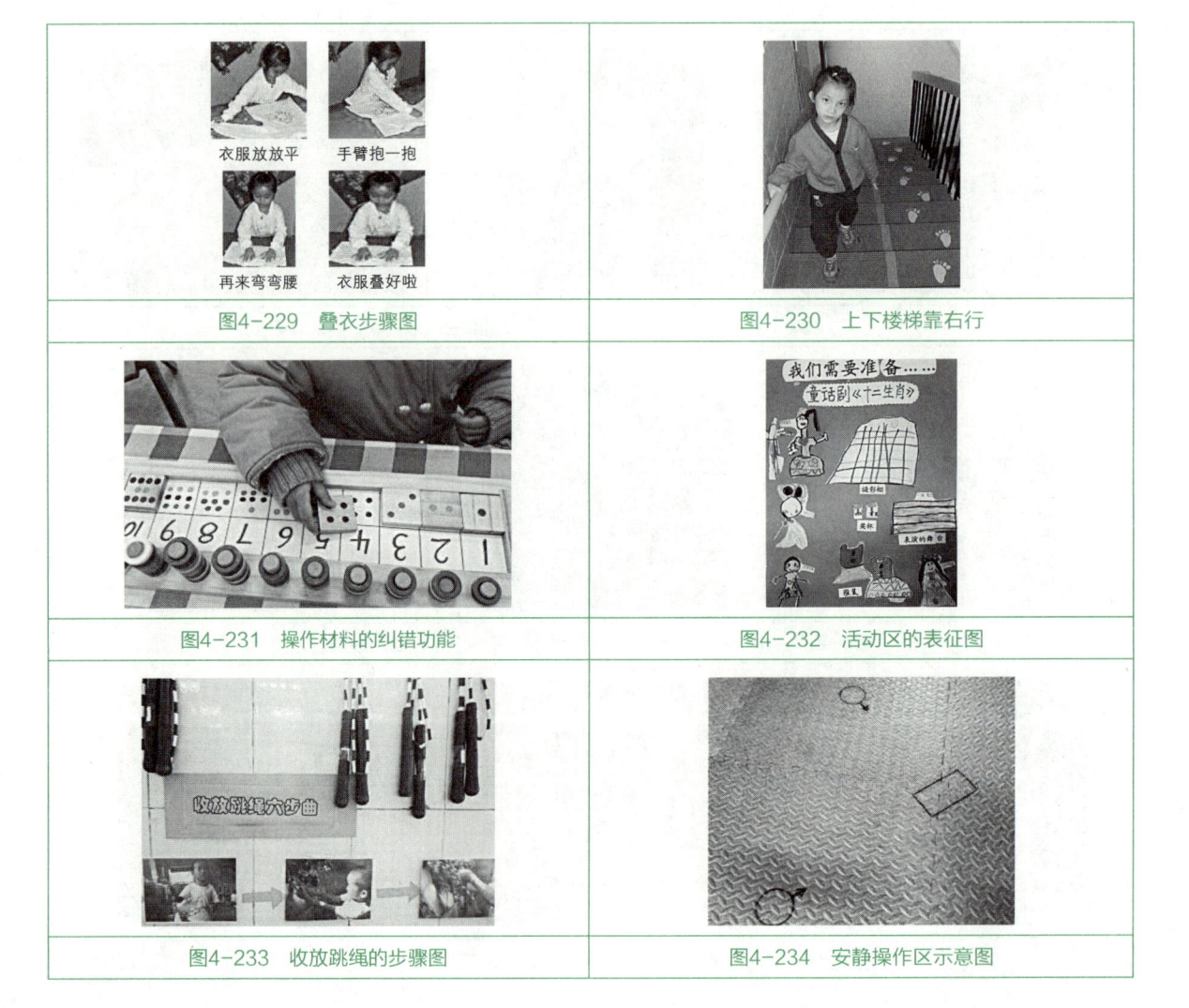

图4-229　叠衣步骤图

图4-230　上下楼梯靠右行

图4-231　操作材料的纠错功能

图4-232　活动区的表征图

图4-233　收放跳绳的步骤图

图4-234　安静操作区示意图

（2）活动有条理

> **① 我会设计学习区标牌**
>
> 幼儿可以：a. 了解各区的主要功能，共同商讨制定活动规则；（语言—倾听与表达—目标1、2）
> b. 细心观察生活，积累经验与素材，愿意用符号表现事物或故事。（艺术—感受与欣赏—目标1、2，艺术—表现与创造—目标1、2，语言—阅读与书写准备—目标3）
>
> 建议教师：a. 准备各学习区的操作材料、手工材料和绘画工具；
> b. 组织幼儿分组讨论各学习区的主要活动内容；
> c. 和幼儿一起设计各区域标牌，制定活动规则，鼓励幼儿大胆创造。
> （见图4-235~图4-241）

图4-235　学习区标牌：师生讨论其功能、标识和规则，制作标牌

图4-236　学习卡：小班——幼儿照片和姓名

图4-237　中班——自制肖像卡

图4-238　大班——统计记录表

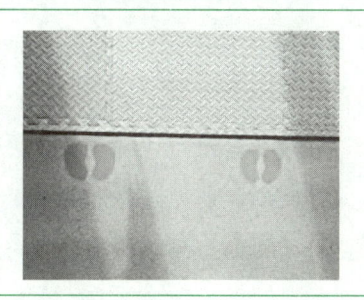

图4-239　人数：小班——小脚印

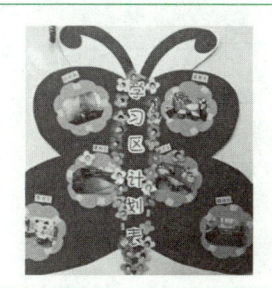

图4-240　中班——点数

图4-241　大班——数字统计

② 我愿意遵守学习区规则

幼儿可以： a. 能看懂学习区活动规则的图标和文字，了解活动流程；（语言—阅读与书写准备—目标1、2、3）
b. 理解规则的意义，愿意遵守自己制定的规则。（社会—社会适应—目标2）

建议教师： a. 设计并丰富各活动区的操作材料；
b. 组织幼儿讨论："新材料的操作方法？我想去哪个区工作？"
c. 活动中观察、记录，并适当指导。（见图4-242~图4-250）

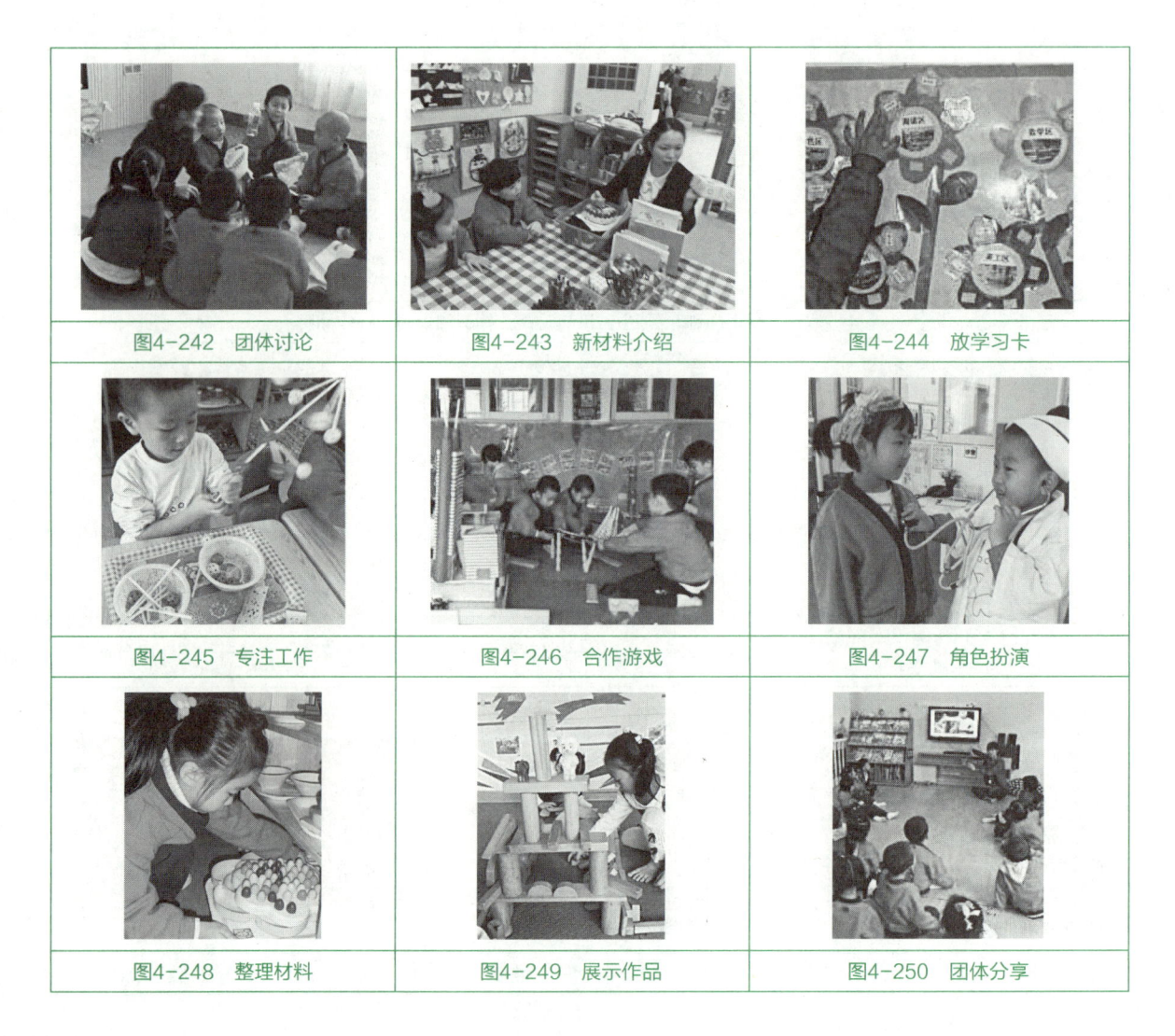

图4-242 团体讨论	图4-243 新材料介绍	图4-244 放学习卡
图4-245 专注工作	图4-246 合作游戏	图4-247 角色扮演
图4-248 整理材料	图4-249 展示作品	图4-250 团体分享

③ 我会整理学习区材料

幼儿可以： a. 按照活动材料的标识找到相应的"家"，理解标识、图形、字母、汉字与材料的关系；（语言—阅读与书写准备—目标2、3）

b. 养成初步的空间秩序感，理解数、量及数量关系。（科学—数学认知—目标1、2、3）

建议教师： a. 准备符合幼儿年龄认知特点的材料标识；

b. 师幼讨论并确定各种活动材料标识；

c. 活动后提醒幼儿整理材料并归位。（见图4-251~图4-253）

图4-251 小班：动物标识或实物图片

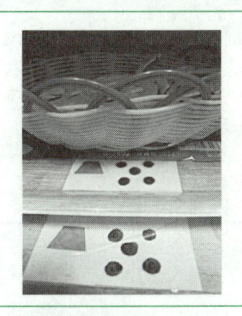

图4-252 中班：点数、图形或字母

图4-253 大班：数字或汉字

6. 做人有自信

（1）自己的事情自己做

幼儿可以：a. 学习生活技能，如独立进餐、入睡、穿脱鞋袜和套头衫；（健康—生活习惯与能力—目标2）

b. 养成"自己的事情自己做"的意识，提高集体生活的适应能力。（健康—身心状况—目标3）

建议教师：a. 示范穿脱鞋袜和套头衫的方法，鼓励幼儿自己尝试，做必要的帮助和支持；

b. 在角色区设置环境，鼓励幼儿帮助娃娃穿脱衣服和鞋子；

c. 鼓励幼儿独立完成进餐活动。（见图4-254~图4-259）

图4-254 独立进餐

图4-255 碗碟分类

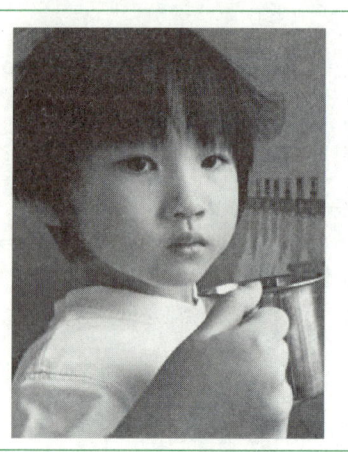

图4-256 餐后漱口

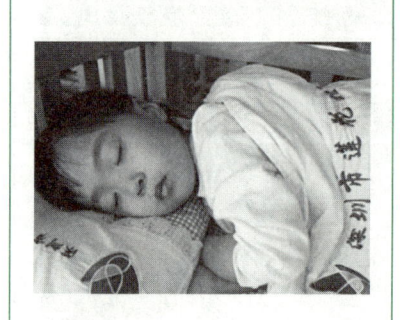

图4-257 独立入睡

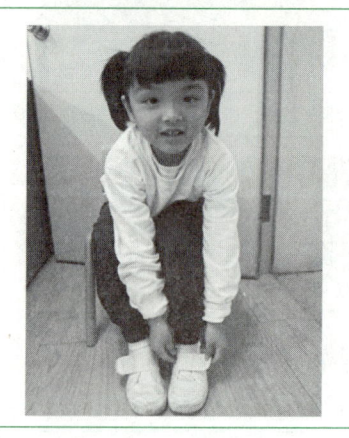

图4-258 穿脱鞋袜

图4-259 穿脱套头衫

(2)别人的事情帮着做

幼儿可以：a. 在做好自己事情的基础上，还能帮助有需要的同伴；
b. 初步养成"别人的事情帮着做"的意识，愿意帮助同伴。（社会—人际交往—目标1、2、3、4）

建议教师：a. 和幼儿一起讨论：幼儿园的一日活动中哪些环节需要进行生活整理？
b. 进一步讨论："生活整理的方法和步骤？哪些情况需要别人的帮助？"例如后背拉链或者垫毛巾；
c. 赞扬能互相合作的幼儿，鼓励其他幼儿效仿。（见图4-260~图4-263）

图4-260 整理衣服

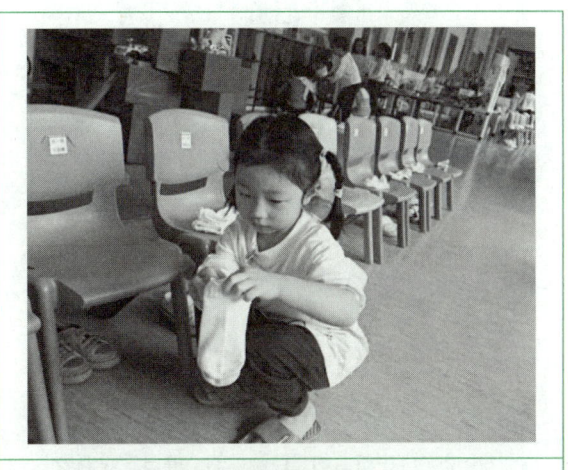

图4-261 整理鞋袜

图4-262 我帮你带帽

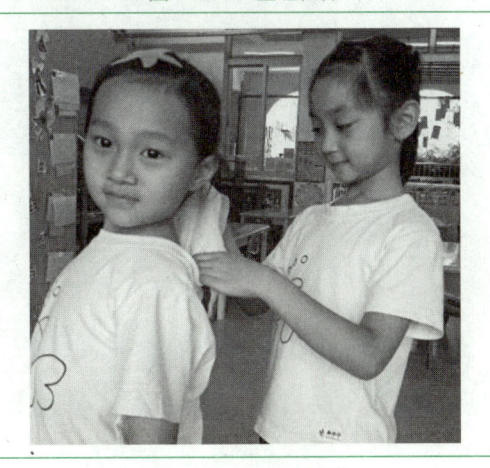

图4-263 你帮我整装

（3）集体的事情大家做

① 我看懂"值日生轮值表"

幼儿可以：a. 在老师指导下看懂"值日生轮值表"；（科学—科学探究—目标2、3）
　　　　　b. 知道自己做值日的日期和岗位职责。（社会—社会适应—目标1、2、3）
建议教师：a. 和幼儿一起讨论："班级中哪些地方或物品需要大家来整理？"
　　　　　b. 带领幼儿制作"值日生轮值表"和"值日生牌"；
　　　　　c. 讲解查看"值日生轮值表"的基本方法，知道自己做值日的日期和任务。
　　　　　（见图4-264~图4-266）

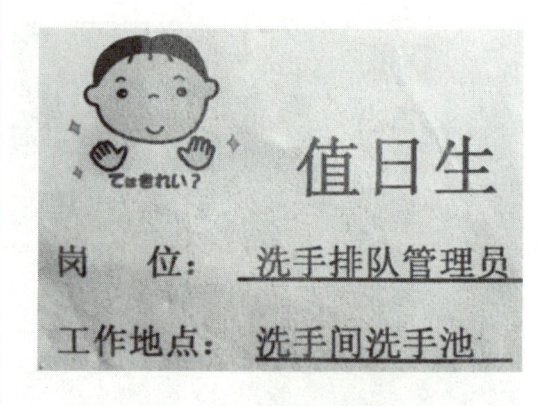

图4-264　中班：幼儿自画像的"值日生轮值表"

图4-265　"值日生牌"标有岗位和工作地点

图4-266　大班："值日生轮值表"中包括日期播报、天气播报和新闻播报等

② 我是能干的值日生

幼儿可以：a. 主动承担任务，遇到困难能够坚持并想办法克服；（社会—社会适应—目标1、2）
b. 初步养成"集体的事情大家做"的意识，体验为班级服务的乐趣。（社会—社会适应—目标3）

建议教师：a. 指导幼儿查看"值日生安排表"，使幼儿明确自己的岗位和主要职责；
b. 在幼儿值日过程中，鼓励幼儿认真完成自己的工作，做事有始有终；
c. 在幼儿需要时能及时提供物品或方法上的帮助。（见图4-267~图4-270）

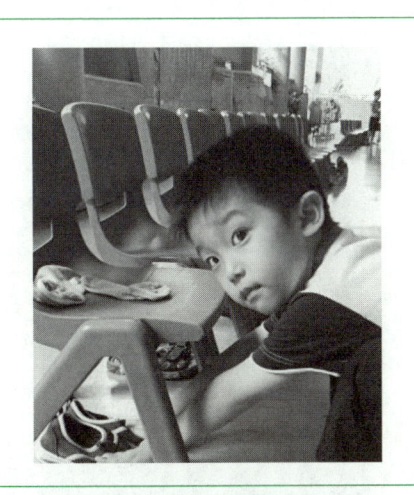

图4-267　整理鞋袜

图4-268　整理学习区材料

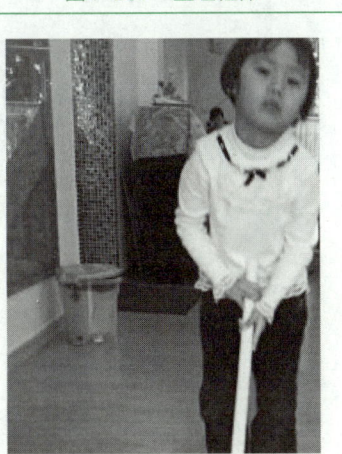

图4-269　清洁地面

图4-270　提醒轮候

③ 我是光荣的升旗手

幼儿可以：a. 跟随音乐节奏完成护旗和升旗；（艺术—感受与欣赏—目标1、2，）
　　　　　b. 喜欢当旗手，对升国旗有向往之情和光荣之感。（社会—人际交往—目标3，社会—社会适应—目标3）

建议教师：a. 准备升旗手牌、国旗、乐曲《中华人民共和国国歌》；
　　　　　b. 和幼儿一起讨论："国旗的形状、颜色极其意义，升国旗的意义"；
　　　　　c. 指导幼儿练习升旗和护旗的动作要领，并发放"升旗手牌"；
　　　　　d. 第二天来园后，升旗手端正站立于国旗旗杆下方，在老师带领下，跟随乐曲《国歌》完成护旗或升旗。（见图4-271~图4-274）

图4-271　"小升旗手"挂牌

图4-272　小护旗手

图4-273　小升旗手

图4-274　伴随国歌，完成升旗

（4）自律和自我展示

① 我能管理自己的情绪

幼儿可以：a. 学习接受自己的各种情绪，并愿意与亲近的人分享或获得安慰；

b. 学习适度表达情绪，能随着活动转换自己的情绪。（健康—身心状况—目标2、3）

建议教师：a. 在室内布置一个舒适、温馨的角落用于幼儿释放不良情绪；

b. 引导幼儿讨论："什么时候情绪好？""什么时候情绪不好？""从而知道情绪有好有坏；"

c. 讨论处理不良情绪的方法，如：自己冷静一会儿、与老师或同伴聊天、角色扮演、体育活动等。（见图4-275~图4-280）

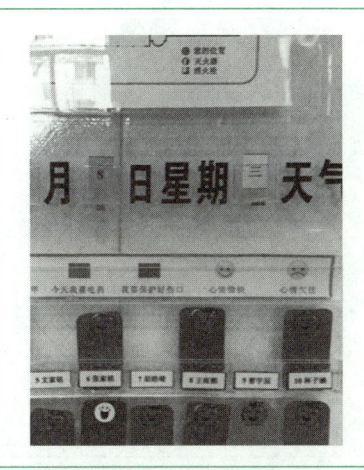

| 图4-275 健康卡上表心情 | 图4-276 今天我不开心…… | 图4-277 老师关心和疏导 |
| 图4-278 专注活动忘烦忧 | 图4-279 户外活动渐开怀 | 图4-280 同伴游戏真快乐 |

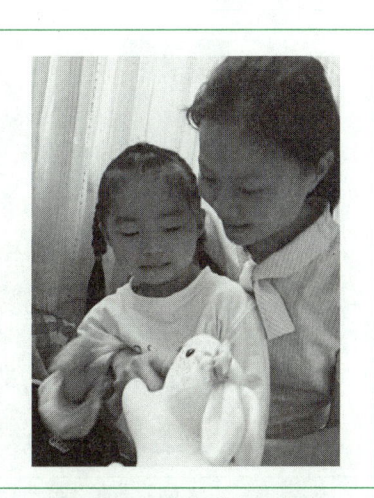

② 我是自信的主持人

幼儿可以：a. 乐于在大众之前表现自己，并能大胆地表达；（语言—倾听与表达—目标2、3）

b. 具有自信表现、自主表达的能力。（社会—人际交往—目标3，艺术—表现与创造—目标1、2）

建议教师：a. 准备相关的服装、音乐、图片或道具；

b. 根据相关主题撰写主持稿，指导幼儿练习台词和动作；

c. 与家长沟通细节，请家长在家指导幼儿练习；

d. 幼儿表演之后，老师和家长鼓励和表扬幼儿大胆自信的表现。

（见图4-281~图4-284）

图4-281　亲子互动

图4-282　大胆表演

图4-283　自信主持

图4-284　快乐舞蹈

③ 我是优秀的毕业生

幼儿可以： a. 在大型活动中大胆自信地展示才华；（语言—倾听与表达—目标1、2、3）
b. 大胆尝试用各种艺术形式表达自己的美好情感，并对小学生活有美好向往。（艺术—表现与创造—目标1、2）

建议教师： a. 准备相关的音乐、PPT、博士服等；
b. 和幼儿一起讨论："毕业典礼中可以举行哪些庆祝活动？"例如：回顾成长中的趣事或感人事情、感恩母校等；
c. 根据每位幼儿的成长足迹撰写主持稿，指导幼儿练习；
d. 鼓励幼儿在毕业典礼中大胆自信地展示自己。（见图4-285~图4-288）

图4-285 温馨家园

图4-286 美好回忆

图4-287 感恩母校

图4-288 展望未来

（二）一日活动与《3~6岁儿童学习与发展指南》

一日活动贯彻《3~6岁儿童学习与发展指南》(以下简称《指南》)精神，是实施《指南》的有效途径。主要体现在下面几个方面。

（1）一日活动共包括52个活动，涵盖了《指南》中健康、语言、社会、科学、艺术五大领域内容，《指南》中的32个目标在一日活动中得到实现（见表4-12）。

表4-12　一日活动与《3~6岁儿童学习与发展指南》目标

《3~6岁儿童学习与发展指南》目标			一日活动内容
健康	（一）身心状况	目标1　具有健康的体态	1(2)②、1(4)②、4(2)
		目标2　情绪安定愉快	1(4)①、6(4)①
		目标3　具有一定的适应能力	1(4)①、6(1)、6(4)①
	（二）动作发展	目标1　具有一定的平衡能力，动作协调、灵敏	1(1)①、1(1)②、1(1)③、1(1)④、1(1)⑤
		目标2　具有一定的力量和耐力	1(2)①、1(2)②
		目标3　手的动作灵活协调	1(3)①、1(3)②、3(5)①
	（三）生活习惯与生活能力	目标1　具有良好的生活与卫生习惯	1(4)③、2(1)、2(2)、2(3)、2(4)、2(6)、2(7)、2(8)、4(1)①、4(1)②
		目标2　具有基本的生活自理能力	2(1)、2(2)、2(3)、2(6)、2(7)、2(8)、4(1)②、6(1)
		目标3　具备基本的安全知识和自我保护能力	1(5)①、1(5)②、1(5)③、1(5)④
语言	（一）倾听与表达	目标1　认真听并能听懂常用语言	3(5)②、4(3)、5(2)①、6(4)③
		目标2　愿意讲话并能清楚地表达	3(5)②、4(3)、5(2)①、6(4)②、6(4)③
		目标3　具有文明的语言习惯	3(5)②、4(3)、6(4)②、6(4)③
语言	（二）阅读与书写准备	目标1　喜欢听故事，看图书	4(2)、5(2)②
		目标2　具有初步的阅读理解能力	2(8)、5(1)③
		目标3　具有书面表达的愿望和初步技能	2(8)、5(1)③、5(2)①、5(2)②、5(2)③
社会	（一）人际交往	目标1　愿意与人交往	3(1)①、6(2)
		目标2　能与同伴友好相处	2(5)、3(1)①、3(1)②、6(2)
		目标3　具有自尊、自信、自主的表现	3(1)②、6(2)、6(3)③、6(4)②
		目标4　关心尊重他人	3(1)①、3(2)、6(2)
	（二）社会适应	目标1　喜欢并适应群体生活	3(4)、4(4)②、6(3)①、6(3)③
		目标2　遵守基本的行为规范	2(5)、3(5)③、5(2)②、6(3)①、6(3)②
		目标3　具有初步的归属感	3(4)、3(5)③、4(4)②、6(3)①、6(3)②、6(3)③

续表

《3~6岁儿童学习与发展指南》目标			一日活动内容
科学	（一）科学探究	目标1 亲近自然，喜欢探究	3（3）、3（4）
		目标2 具有初步的探究能力	3（3）、3（4）、5（1）①、6（3）①
		目标3 在探究中认识周围事物和现象	3（3）、3（4）、5（1）①、5（1）②、6（3）①
	（二）数学认知	目标1 初步感知生活中数学的有用和有趣	4（4）①、5（1）②、5（2）③
		目标2 感知和理解数、量及数量关系	4（4）①、5（1）②、5（1）③、5（2）③
		目标3 感知形状与空间关系	4（4）①、5（1）②、5（1）③、5（2）③
艺术	（一）感受与欣赏	目标1 喜欢自然界与生活中美的事物	4（1）①、5（1）①、5（2）①、6（3）③
		目标2 喜欢欣赏多种多样的艺术形式和作品	5（2）①、6（3）③
	（二）表现与创造	目标1 喜欢进行艺术活动并大胆表现	2（8）、3（5）①、5（2）①、6（4）②
		目标2 具有初步的艺术表现与创造能力	2（8）、3（5）①、5（2）①、6（4）②

注："一日活动内容"栏中数字与前文中的52个一日活动案例相对应，如1（2）②代表的是"1. 身体有活力"中的第二点"（2）力量和耐力"下的第二条"②爱做器械操"。

（2）一日活动目标以《指南》为依据，但各年龄段幼儿在一日活动中的表现典型略高于《指南》中的相应年龄段幼儿表现（如下面的案例）。

一日活动中目标的制定是"自上而下"的，是我园基于在长期教育实践中对幼儿的观察和了解，对幼儿行为发展水平的总结。而《指南》在研制过程中，是对全国3~6岁儿童学习与发展状况进行调研了解，充分考虑了广大农村和欠发达地区的幼儿教育水平和幼儿发展状况。一日活动目标的制定与《指南》中目标的制定具有地域差异性，因此，出现一日活动中幼儿行为表现略高于《指南》中的各年龄段典型表现是合理的。其外，现有的一日活动中幼儿发展目标和行为表现不是最终的结果，在以后的教育实践中会根据幼儿发展状况进行调整，是一个动态发展过程的记录。

案例：我会看"一日生活图表"

幼儿可以做到的（活动目标）：

① 看懂"一日生活图表"中的符号，并乐意用符号和图画表达事物；（语言—阅读与书写准备—目标2、3，艺术—表现与创造—目标1、2）

② 养成良好的生活作息习惯，建立初步的时间观念。（健康—生活习惯与能力—目标1）

分析：

这个活动主要涉及语言、艺术、健康三个领域，具体如下：

① 语言领域：语言—阅读与书写准备—目标3。目标3"具有书面表达的愿望和初步技能"中5~6岁幼儿的典型行为是"愿意用图画和符号表现事物或故事"。在一日活动中，我园大班幼儿基本上都可以抓住事物的主要特征，用绘画或者符号表达出来，具有用物体局部代表物体全部，用事物主要特征代替事件的能力。

② 艺术领域：艺术—表现与创造—目标1。目标1"喜欢进行艺术活动并大胆表现"中5~6岁幼儿的典型行为是"能用多种工具、材料或不同的表现手法表达自己的感受和想象"，我园大班幼儿经过三年的历练，能够自主选择材料，与同伴合作，表达自己所见所想。活动中，老师提供丰富的材料，尊重幼儿的感受和创造，不提供范画，鼓励幼儿的大胆创造和天马行空，所以，幼儿作品才能够丰富多彩。

③ 健康领域：健康—生活习惯与能力—目标1。目标1"具有良好的生活与卫生习惯"中三个年龄段的幼儿的典型表现中都提出"按时起床和睡觉，保持有规律的生活和良好作息习惯"。这个活动，幼儿不仅能够做到这些基本要求，将一日活动内容与时钟匹配，更加提升了幼儿的数学认知能力和时间管理能力。

3．一日活动中的每一个活动都是整合性的活动，在实施过程中遵守"关注幼儿学习与发展的整体性"的原则，注重目标之间的渗透、领域之间的渗透。以"爱护植物"活动为例。

案例：爱护植物

活动目标：

① 观察植物的外形特征、习性与生存环境。（科学—科学探究—目标1）

② 集体的事情大家做。（社会—社会适应—目标1、3）

环境准备：幼儿从家中带来的植物、护理工具一套、观察记录本。

活动内容：

① 了解植物的特点和生活习性。

② 制作植物名片，幼儿标明浇水次数和分量。

③ 定期定量浇水并做植物生长记录。

分析：在《爱护植物》活动中，幼儿在健康、科学领域都获得学习与发展。如，在幼儿运用工具来护理植物的过程中，可以学习使用工具，手部动作的灵活与协调得到发展（健康—动作发展—目标3）；在制作名片过程中，认识了植物生长所需的条件，对植物日复一日的观察和记录，了解植物生长变化过程（科学—科学探究—目标3：在探究中认识周围事物和现象）。同时，在将数学运用在其中，体验数学在生活中的用处（科学—数学认知—目标1：初步感知生活中数学的有用和有趣）。

第三篇
三位一体课程与教师专业发展

健康 HEALTH
身心健康
会做事

德 行 MORALITY
德行美好
会做人

聪 明 WITTY
聪敏明理
会思考

莲花北幼儿园和第九幼儿园在"健康·德行·聪明"三位一体课程开发中，实行全员参与、共同开发的模式，每位教师都是课程开发与生成的主体，这其中主要包括教师个体的课程开发模式、年级间的专题小组课程开发模式和跨年级的专题小组课程开发模式。

教师个体的课程开发模式基于教师的一线教学，在开发专题课程时遵循三部曲：第一步，基于幼儿的兴趣、生活经验和发展目标，教师选择课程内容、组织课程实施；第二步，观察幼儿活动与提供支架并行，使得幼儿与环境互动，实现自主建构和社会建构，教师则基于观察随时提供支架指导；第三步，反思自己的课程，根据幼儿的实时表现，生成新的或者深化、延伸此课程。

年级间的专题小组课程开发采取横向划分法，以年级为小组，以专题组教师之间的共同备课和相互观摩为基础，彼此之间相互合作。专题小组教师需要充分考虑课程内容的选择与组织、幼儿的生活经验及各种配套的教育资源等因素，通过生成、延伸或删减等方式对各种资源加以改造，从而更好地适应本年龄段本年级幼儿的具体情况，更好地促进幼儿全面发展和个性发展。

跨年级的专题小组课程开发采取纵向划分法，以整个幼儿园为小组，以同一个专题教师共同备课和互相观摩为基础，把握不同年龄段对同一个专题的需求及需求程度的不同、发展目标的不同、学习方法的不同等，彼此间相互合作。此小组的教学重点是需要区别不同年龄段幼儿的发展目标和学习的方式方法，如小班更多是形象思维，需要通过直接感知、动手操作、亲身体验来发展目标，大班幼儿则已经萌芽抽象逻辑思维，可接受部分脱离于实物的教学方法。

从个体角度、横向年级角度和纵向全园角度，我们把所有教师纳入到"健康·德行·聪明"三位一体课程开发中来，并且也取得可喜的成就——教师在园本课程开发中其专业性得到长足发展。

教育部2012年颁布的《幼儿园教师专业标准（试行）》（以下简称《专业标准》）将幼儿教师的专业发展分为专业理念与师德、专业知识和专业能力三个维度。莲花北幼儿园和第九幼儿园教师在参与"健康·德行·聪明"三位一体课程开发中，贯穿师德为先、幼儿为本、能力为重和终身学习理念，在专业理念与师德、专业知识和专业能力方面都取得较大发展。但由于教师在一线中取得的发展是综合性、整合性的发展，很难将教师取得的发展按此三个维度来说明，而此三维度的成长却可以通过教师的观察能力和指导策略体现出来，因此本篇以教师观察能力和支架式指导策略的发展两方面为切入点，分析教师在观察能力和支架式指导策略上取得的专业发展。

在此本书中，一日活动是幼儿园课程的实施途径，它包括生活活动、学习活动（包括专题活动和学习区活动）、运动活动。由于幼儿园每天都会进行生活活动、学习活动、运动活动，而学习活动中的专题活动则不是每天都会进行，因此将专题活动与一日活动分开，单独列出来。在教师专业发展方面，我们将观察方法分为五种，将支架指导策略分为四种。由于在一日活动中，教师观察可以采取相对独立的某一种方法，而支架策略更具有综合性；观察随时可以发生，但支架策略更具有针对性，如针对生活活动、运动活动和学习活动具有不同的支架策略，因此此篇将基于一日活动，细化教师在观察法上的五种能力的提高，细化支架策略在生活活动、学习活动和运动活动中的提高。

第五章　基于三位一体课程的教师观察能力的发展

> 《幼儿园教育指导纲要（试行）》的第三部分指出教师要"善于发现幼儿感兴趣的事物、游戏和偶发事件中所隐含的教育价值，把握时机，积极引导"，这要求教师具备敏锐的观察能力。"健康·德行·聪明"三位一体课程非常注重教师观察能力的发展，并且也将此能力作为教师专业成长的重要内容。

第一节　观察能力的习得是教师专业化发展的基础

早在古希腊时期，亚里士多德就提出科学研究是在观察的基础上运用归纳上升到一般原理，然后通过演绎推理回到观察的过程；夸美纽斯也将幼儿为中心的观察作为教学方法的基础，对幼儿的学习方式进行了经验主义的观察；卢梭采取自然主义的观察方法对幼儿进行研究；苏霍姆林斯基认为，教育素养在很大程度上取决于教师是否善于在幼儿的脑力劳动和体力劳动过程中，在游戏、参观、课外休息时间内观察幼儿，以及怎样把观察的结果转变或体现为对幼儿施加个别影响的方式和方法。这些都揭示了观察的重要性。而著名的幼儿教育家蒙台梭利则为我们进一步揭示了教师观察能力的基础性、整合性和综合性。她曾说"在献身科学的人中间，我们发现他们都具有不受思想内容支配的特点。简而言之，物理学家、化学家、天文学家、植物学家、动物学家，虽然他们的知识内容完全不同，但他们都是实证科学的研究者，他们具有和过去的玄学家完全不同的特点，这些特点不仅与研究的内容有关，而且还与科学的方法有关。"这种"科学的方法"正是蒙台梭利高度评价的"观察"。蒙台梭利由此认为幼儿教育要走上科学道路，就需要科学的研究方法，而教师也必须掌握科学的研究方法。"教师不仅仅通过内容，更是通过方法做有准备的教师。也就是说，教师应该掌握基础性的能力，其中最基本的能力就是'观察'"。用今日的教育术语来解读蒙台梭利所指的"内容"正是教师的"专业知识"，"方法"即"专业技能"。蒙台梭利借此明确表达了一个观点，即教师的专业化不仅在于"专业知识"，更在于"专业技能"，其中最基本的技能就是教师的观察能力。观察能力的习得是掌握专业知识、专业技能和培养专业精神的方法。

在三位一体课程中，教师主要采取以下观察方法促进观察能力的发展。

一、日记描述法

即传记法，以日记形式记录观察对象行为的方法，偏重于连续观察。在早期幼儿研究中，许多教育家、心理学家都曾用日记描述法对幼儿的发展进行研究。早在1774年裴斯泰洛齐用日记描述法跟踪观察其子三年，撰写了《一个父亲的日记》；皮亚杰也曾用日记描述法观察自己孩子的认知发展过程，撰写了《儿童心理学》；陈鹤琴也对其孩子身心发展进行观察，在收集了翔实的资料后，撰写了《儿童心理之研究》。日记描述法可用来描述幼儿的整体发展，也可就单一领域发展做详尽描述。

二、轶事记录法

轶事记录法是指教师把感兴趣的，并且认为有价值的、有意义的行为和反应，以及表现被试个性的行为事件，随时记录下来，供日后分析用的一种观察方法。轶事记录法观察记录的内容可以是典型的行为表现，也可以是异常的行为表现，可以是表现幼儿个性的行为事件，也可以是反映幼儿身心发展某一方面的行为事件。

三、实况记录法

实况记录法是指教师详细、完整的记录幼儿在自然状态下所发生的行为，然后对所收集的原始资料进行分类和分析。它可以是对被试的行为进行连续的定期观察，也可以是定点的持续观察。一般而言，教师都会借用录音机、摄像等设备，将行为和事件全部记录下来供分析处理。

四、时间取样法

时间取样法是以一定的时间间隔为取样标准来观察记录预先确定的行为是否出现及出现次数的一种观察方法。其只需要在预先确定的时间段里观察记录确定的行为发生与否、发生的次数及持续的时间。

五、事件取样法

事件取样法是教师以特定的行为或事件发生为取样标准进行观察的一种方法。即在自然情境中一旦所要观察的行为或事件发生，便立刻进行观察记录。确定所要观察的行为是事件取样法的关键。

第二节 一日活动中教师观察能力的提高

一日活动是"健康·德行·聪明"三位一体课程实施的重要途径,其主要包括生活活动、学习活动(包括学习区活动和专题活动)和运动活动。教师的观察主要是在一日活动中。

一、日记描述能力在一日活动中的提高

日记描述法要求观察者持之以恒,长期跟踪观察,这需要花费大量的时间和精力。下面两个案例其一是教师以材料为载体,运用日记描述法对一名男孩玩平衡材料进行连续观察;另一是对新生幼儿入园适应进行了连续观察,通过这两个案例我们可以知道日记描述法在观察中是怎么运用的。

案例一

表5-1 好玩的平衡材料(一)

观察对象	月月	性别	男	年龄	3岁
观察教师	秦谊	观察日期	2014年10月15日	观察班级	小一班
观察目的	观察小班幼儿初期使用平衡材料的状态					
观察情景	月月操作平衡材料					
活动实录	月月在科学区选择了小熊天平的材料,材料有:小熊天平、一盒数字挂件、一盒水果挂件。月月拿出小熊天平,左右手分别扶住天平两端,天平静止没有动;月月取一个香蕉挂件挂在天平右端,天平右端下降;月月又将天平右端的香蕉取下来,天平两端不停上下摆动,月月笑眯眯看着眼前的情景;月月接着又在天平右端挂上一个草莓,又取下来,反复好几次都这样做,看着天平两端上下摆动他就非常高兴。					
活动反思	幼儿初期使用区域材料的状态就是一个摆动、发现、尝试、再发现的过程。同时也是老师了解幼儿最初对这份材料的认知水平从而进一步观察幼儿发展的一个契机。老师从以上可以了解到幼儿的发展方向:图5-1,月月双手扶住天平,在感知平衡;图5-2,月月用香蕉尝试天平的变化;图5-3,取下香蕉,天平又发生变化;图5-4,重复图5-3。说明月月目前关注的是取挂过程中天平的变化,原因有两点:简单,易操作;是动态的,喜欢。小班幼儿在对一份新材料的使用时,他们容易被动态的事物所吸引,同时也愿意重复自己喜欢的动作和材料。					

图5-1 尝试平衡   图5-2 挂上香蕉的发现

续表

图5-3 取下香蕉的发现	图5-4 挂上草莓的发现

表5-2　好玩的平衡积木（二）

观察对象	月月　男　4岁				
观察教师	秦谊	观察日期	2014年10月20日	观察班级	小一班
观察目的	第二次观察小班幼儿使用平衡材料的状态				
观察情景	月月操作平衡材料				
活动实录	月月在科学区又选择了小熊天平的材料，月月将所有的材料放在桌上。他很快在左边挂上一个草莓，在右边挂上一个苹果，如图5-5所示；月月手指着苹果挂饰说："这边高了"，如图5-6所示，于是月月尝试想办法将天平扶正，当月月放手后，天平摇摆起来，苹果挂饰这边又高了。 图5-5　挂上水果挂饰　　　　图5-6　发现苹果挂饰高了				
活动反思	第二次观察月月使用平衡材料，发现月月有了新的发展：（1）孩子在关注材料与操作流程的关系，选用水果挂饰尝试平衡；（2）孩子在观察天平两边重量与材料的关系，孩子选择了大小相近的草莓和苹果挂牌，发现苹果这边高了；（3）孩子的注意力范围在缩小，开始关注重量与平衡的关系了，于是月月用小手将天平扶正；（4）月月一放手，天平又摇摆起来，月月又发现苹果挂饰这边又高了。 　　小班幼儿对平衡原理还缺乏生活经验，在每一次的操作平衡材料的时候，老师都会引导孩子们观察一个现象，让孩子在自然状态中并有老师的引导中逐渐建构平衡概念。				

表5-3 好玩的平衡积木（三）

观察对象	月月　男　4岁				
观察教师	秦谊	观察日期	2014年10月23日	观察班级	小一班
观察目的	第三次观察小班幼儿使用平衡材料的状态				
观察情景	月月操作平衡材料				
活动实录	月月在科学区再次选择了小熊天平的材料，经过前两次探索，月月直接将草莓放在天平一侧，另一侧不断挂上不同的材料，包括香蕉、苹果、梨、西红柿等，然后细心观察天平是否平衡，如图5-7、图5-8所示。 图5-7　想办法让天平平衡　　　图5-8　放手，发现				
活动反思	幼儿要掌握平衡原理很困难，但可以借助其他直观形象性物体来解释平衡原理。月月经过三次探索，发现当天平两侧物体一样大时，天平两侧达到了平衡。即幼儿对平衡的理解转化为对物体大小的理解和形状的理解；幼儿发现挂一样大小的苹果挂饰可以让天平保持平衡，但挂同一种水果不同的形状则天平两侧不平衡。经过幼儿自主探索、操作这款低结构玩教具，幼儿掌握了"天平要保持平衡，必须两边一样大"的概念。				

整体性反思：

经过连续性日记描述法，教师发现小班幼儿月月通过持续探索小熊天平这一多层次低结构的教玩具，发展了以下能力。

动手能力：月月频繁的将水果挂到天平两侧及用手握住天平保持天平平衡，无意间锻炼了手眼协调能力和双手的精细动作；

辨别能力：月月在操作不同大小、高矮、形状、颜色的水果时，能感知和区分不同物体的大小、高矮、形状和颜色等；

探索能力：月月在操作材料时，为了保持天平平衡，不断地尝试用不同的水果搭配，如天平左侧西红柿，右侧苹果。经过多次尝试，月月发现用同样大小的水果可以保持天平平衡。幼儿通过探索掌握了单维度的平衡。

为了进一步支持月月的探索，教师可以丰富材料，如为了锻炼月月的多维度平衡概念，设计重量相同、大小不同的水果；设计重量相同、形状不同的水果；设计重量相同、颜色不同的水果；甚至设计三个维度，如重量相同，但大小、颜色均不同的水果，让月月逐步掌握用大小不同、颜色不同、种类不同的水果来搭配使天平保持平衡。同时也可以通过丰富材料来锻炼月月对数字的概念，如1~5的点数，设置1~5的数字，每个数字有多个，则月月可以探索天平左侧两个"5"，右侧也需要两个"5"才能保持平衡这类活动。为了激发月月的探索和想象能力，教师还可鼓励月月自主选择教室内的材料，尝试用这些材料让天平保持平衡；还可鼓励月月向其他幼儿分享探索的过程，锻炼月月的表达能力和社会交往能力。

案例二

幼儿园小四班新生适应观察记录

观察者：莲花北幼儿园陈扬梅老师　　观察对象：小四班怡怡

时间：2015年9月1—13日

新学期开学幼儿园迎来了新一批小班幼儿，他们第一次从家庭生活转变为集体生活，或多或少存在一些适应问题，比如哭闹，不愿意参加游戏等。仔细地观察幼儿、安抚幼儿，是这一阶段老师的主要任务。

本次日记描述观察选取小四班的怡怡小朋友，怡怡来到幼儿园可算是非常得特别。

▶ 第一阶段：非常不适应幼儿园生活，一直哭闹

情景再现：

9月1日第一天，妈妈牵着怡怡来到小四班门口，只见怡怡开心地跟几位老师一一打了招呼，老师告诉她要放好书包、插上心情卡、跟妈妈再见。依次做完这些事情后，我带着她找到自己的座位，怡怡开心地坐在座位上，此时，抬头一看，妈妈在窗外向她招手，怡怡于是开心地跟我说："老师，你看那是我妈妈。"但是妈妈离开后，怡怡瞬间眼泪就出来了，只见她默默地走到门口，看着妈妈的背影还在不远处，慢慢地也向那里走去。此时，黄老师发现怡怡，连忙将她拉回教室。但是刚刚坐下的她立刻就又起身向门外走去。此时，小四班的门口聚集了许多刚刚来园的幼儿和家长，老师很难及时地发现一个离开的孩子，每次都是怡怡快走到中二班建构区的时候才被发现。于是，我开始时刻注意她的动向。当她又一次走出门外后，我走过去，蹲下来问她："怡怡怎么总是

往外面跑啊？"只见她眼里含满泪珠，低声回我："我要找妈妈。"我说："怡怡，我知道你想妈妈，可是你现在长大了，要上幼儿园了，是不是？"她点了点头。我继续说："既然怡怡要上幼儿园了，所以就不能总是要找妈妈了，妈妈希望你能在幼儿园学到很多本领呢。你要加油啊。"怡怡点点头，说："我要来学本领，但是我想妈妈，我想妈妈了。"我看着她满眼的泪水，心中不禁心疼起来，但几乎所有的幼儿都要有这个过程，这是他们成长中所必须经历的。于是，我将她牵回座位上，每当我经过时，她都会用含满泪水的眼睛盯着我，发现我在看她时，就立刻说："我想妈妈。"在当天中午接园时，有许多幼儿都开始大哭起来，因为妈妈终于来接自己了。怡怡也不例外，当她一看到妈妈时，立刻号啕大哭起来，比所有的小朋友的哭声都要大，特别是看到妈妈站在窗外排队时。

观察反思：

幼儿第一天来园，反应各不相同，经过几天观察和了解，我发现，哭得很厉害的幼儿几乎都是第一次和爸爸妈妈分开，非常依赖父母；小声哭的幼儿虽然也是第一次离开父母，但在家里时爸爸妈妈已经跟他讲好了来到幼儿园的情况，他们的心里已经有准备，所以并不吵闹，只是很害怕，有强烈的不安全感，所以在一边小声地哭，并不找老师；而那些不哭的、看着别人哭的小朋友一般都是上过幼儿园亲子班的，或者在其他地方上过幼儿园的，所以已经适应了幼儿园生活；那些能开心玩耍地幼儿，有着强烈的好奇心，对幼儿园不一样的环境非常感兴趣。

怡怡是第一次上幼儿园，她很开心能来上幼儿园，觉得什么都很好玩。但是这个开心的前提是要妈妈陪着一起上幼儿园，只要妈妈在旁边看着，便能开开心心的，当妈妈离开，强烈的不安全感和对妈妈的依赖促使她总是走出教室找妈妈，并在老师发现后，拉着老师一起找妈妈，当妈妈来接时，压抑了一上午的情感终于爆发，大声哭了起来。

情景再现：

第二天早上我在班级门口接园时，很远就听见怡怡大哭的声音。走到班级门口时，妈妈想放下她，可是她却紧紧抱住妈妈，妈妈抱着她，想等她情绪稳定再离开。但是好几分钟过去，她依旧大哭不止。这时，黄老师示意妈妈将孩子交给她，于是黄老师将怡怡从妈妈身上强制抱下来走到教室里，这个时候，妈妈趁机走了。而怡怡此时却一直挣脱黄老师的怀抱，大声哭着喊妈妈，想跟着妈妈走。她哭了很久，并没有停下来的意思，黄老师只能将她放下，叮嘱她不哭了，准备吃饭。但是她还是一直大哭，将嗓子都哭哑了。我只得在一旁一直安慰着她，直到她情绪平静下来。可是我只要一离开，她便开始大哭起来。于是我又牵着她将二楼走廊转了一圈，却还是不见她有一点平静，只好让她坐在建构区里，将建构区的小动物和小汽车拿出来让她玩，这时，她才停止了哭泣，玩得不亦乐乎。但好景不长，不到两分钟，建构区里的怡怡又哭了。我只好过去陪着她一起玩。我发现只要我陪着她一起玩，怡怡就能安静地玩，但只要我一离开，怡怡就会大哭起来。整个上午都是我带着怡怡，我走到哪里，我就牵着她，只有这样，她才不会哭。

9月6日，是第二周的第一天，这一天，怡怡依旧哭得很厉害，需要老师的安抚才能安静的参加各种活动。

观察反思：

经过第一天的了解，我发现怡怡对幼儿园很抗拒，想回家跟妈妈在一起，陌生的新环境让她害怕。于是，我想到等她第二天来园时，多关心关心她，多跟她说说话，让她觉得老师是非常友好的，老师非常喜欢她，从而让她慢慢地喜欢幼儿园。所以第二天当我一直去安抚她时，她对我产生了初步的依赖，只有我在的时候，她才能安静地游戏，才能不哭闹，眼睛一直看着我，有一点点小事情也要来告诉我。

新生入园时，最有效的办法是让幼儿熟悉新环境中的一部分，比如老师、玩具等，由此为开端，成为幼儿慢慢接受新环境的第一步。找不到情感寄托，幼儿会总是害怕上幼儿园、总是想找妈妈，当有了情感寄托，比如喜欢某一位老师，有一位非常好的玩伴，喜欢玩幼儿园的玩具，幼儿顺利适应新环境就成了水到渠成的事情。

➡ 第二阶段：短时间哭泣，在安抚下很快就能融入集体生活

情景再现：

9月7—10日早上，来到幼儿园的怡怡虽然也哭着不愿意离开妈妈，但她明白哭是徒劳的，妈妈肯定会离开。所以，在跟妈妈分开的一小会儿，她就平静了下来，告诉我说："老师，我想到那里去玩。"她指的是阅读角，那里有很多的绘本。但我告诉她，现在是进餐时间，需要等待进餐后，怡怡听到我这样说，于是开始去吃饭，不再哭闹了。

但是在榻榻米上玩游戏时，忽然又听到怡怡大哭起来。一问，原来是她想妈妈了。其他老师告诉我，原来是因为玩游戏时怡怡在说话，于是老师说她是大老虎，怡怡听了这样的话，大哭起来，哭着要回家。我于是继续跟她说一会儿悄悄话，直到她平静下来。在她平静后，又告诉她在老师说话时最好不要讲话，那样就听不到老师说话，学不到本领了。可能是因为怡怡目前比较依赖我，所以很听我的话。

观察反思：

相比刚入园，怡怡有了明显进步，不再长时间哭闹。但是偶尔想到爸爸妈妈时还是会大哭。虽然新环境已经不再陌生，但是来到幼儿园，一些新的要求会提出来，幼儿感到最初的约束，比如在老师说话时不能讲话，不能总是跟别的幼儿讲话等，面对这些新的要求，幼儿可能会不理解，当一遇到这些"小挫折"时，想回家的想法就又出现。常规的养成是幼儿来到幼儿园第一件需要学习的事情，在家里时，很多事情都是爸妈代劳的，对幼儿并没有什么束缚。而此时老师能做的，就不止是安抚她，更重要的是在她情绪平静下来时，趁机以她能接受的方式跟她讲明白来到幼儿园她是要来学本领的。相信每一个小班的小朋友此时都能听懂，能够进步许多。

▶ 第三阶段：不再哭泣，能情绪平静地来到幼儿园，参加各种活动

时间：第二周的第六天以后（9月11日以后）

慢慢地，怡怡已经能开心地来到幼儿园了，并能主动跟老师打招呼，各种活动都能够正常参加，不再有哭闹的情况了。

由以上两个案例可以看出，教师通过日记描述法进行连续观察，并详细地记录幼儿的一举一动，这样可以较清晰地知道幼儿的发展水平及各领域整体发展状况。基于日记描述的连续观察有助于帮助教师了解幼儿、读懂幼儿，针对具体幼儿提供不同的帮助，满足幼儿的需要，最终助力于幼儿的个性化发展。

二、逸事记录能力在一日活动中的提高

逸事是指独特的事件，是教师认为有价值、能反应幼儿个性的事件，有心的教师在一日活动中会发现很多具有教育价值的事件，并且通过这些价值事件提供适宜的指导，支持幼儿的发展。

案例一

表5-4　不同方面看物体不一样

观察对象	然然	性别	男	年龄（多个幼儿时为平均年龄）	6岁
观察老师	莲花北幼儿园秦谊老师	观察日期	2014年5月6日	观察班级	大三班
观察目的	记录单中的秘密"不同方向看物体不一样"					
观察情景	学习区活动的时候，然然拼插了一架飞机，他兴致勃勃地跑来告诉我："老师老师，我把这架飞机展示在观察角好吗？"我答应了他，也提出了一个小问题："你能用什么方法让飞机上下左右前后都能让我们看见呢？"然然摆弄着飞机和观察角的三面镜等工具，最后是这样展示出来的，并对不同的面做了记录。					

续表

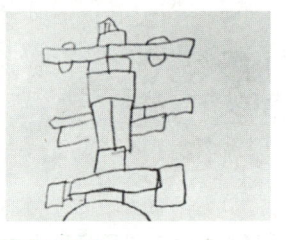

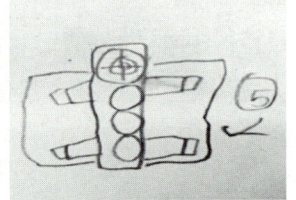

活动实录	图5-9　正面示意图  图5-10　右面示意图  图5-11　后面示意图 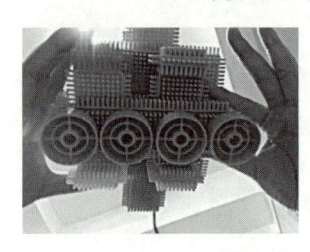 图5-12　下面示意图
观察反思	从然然能搭建飞机和从不同角度画出飞机示意图可以看出，然然已经能用常见的雪花片、塑料积木片创意拼搭出物体的造型，并且能画出物体各个方位的示意图。但然然的空间感不强，对三维空间认识不足，对空间透视、物体大小、远近、遮挡关系等认识存在不足，没有按人和物的大小比例和空间透视作画，如正面图中，幼儿画的正面示意图是平面的，并没有表现出飞机其他方位的搭建效果。而较强的空间感有利于发展幼儿视觉的敏感性和准确性，有利于促进对空间关系的把握，发展方向感及二维到三维空间的转换能力。 　　后期，需要有意识培养然然的空间感，锻炼然然对空间方位的感知，如组织积木三维空间游戏或鼓励幼儿进行积木搭建活动，扩展幼儿搭建立体建筑，通过发展幼儿架空、平衡、对称、空间关系、模式等技能，有意识有目的引导幼儿感受空间。同时，也可开展迷宫游戏，使幼儿主动探索迷宫不同的空间、不同的道路，发展幼儿的细节敏锐度，增强幼儿的空间感。

案例二

表5-5 画自己

观察对象	轩轩	性别	男	年龄	4岁
观察教师	莲花北幼儿园肖婷老师	观察日期	2014年11月20日	观察班级	小三班
观察目的	解读幼儿的画					
观察情景	幼儿将画好的盖上自己名字的画交给老师					
幼儿作品	图5-13 画自己					
作品分析	（1）从这幅画中可以看出是一个男孩，在幼儿的概念里男孩头发较短，女孩头发较长。小班幼儿已经有了性别意识，并且知道不同性别的典型特征。 （2）把自己画得比较完整：有头、头发、眼睛、四肢、上半身、双手、双脚，他还画出了一点点脖子，说明他观察得非常仔细，对身体结构认识比较清楚，认知发展水平较高； （3）四肢都画的是双线条，对于小班幼儿来说，这点很难得。一般的幼儿都会画出类似蝌蚪人的单线条来表现四肢。 （4）画中的幼儿没有耳朵，教师可在日后的教育过程中加以引导，让幼儿更加仔细地了解自己。如开展"我"的专题活动中，对"耳朵"的相关知识加以引导。					

案例三

组装置物架

观察者：莲花北幼儿园黄燕凌老师　　观察对象：大一班珈珈

观察时间：2012.4.17　9:00—9:30

观察内容：

珈珈将四只长支架对准每一层的小孔插好，根据简单的示意图组装出一个标准三层的置物架造型，如图5-14所示。

珈珈组装完后发现还剩下四只小支架没有用上，她看见底部还有四个小孔，于是将置物架翻过来摆放，底部朝上，将剩下的四只小支架对好孔依次装好。紧接着她将置物架翻回来，将最上面的第一层小筐拆下来后组装在最后一层，发现造型跟第一次组装后的不一样，如图5-15所示。

图5-14　幼儿按照图示组装成一个三层的置物架

图5-15　幼儿在第二次组装的置物架

紧接着珈珈将置物架全部拆除，尝试进行再一次的改装工作。她改变了组装方法，首先是将其中的两层小筐放置于两边，作为底座，用四只支架支撑，中间放置剩下的那层小筐，用四只长支架组装进最上面的小筐上，把剩下的四只长支架组装在两边小筐的最外边底部下。珈珈发现这样的改装存在着重心不稳的问题，于是她想了想，最后将将最上面的四只长支柱移到下面作为下面的支撑力量，发现这样的改装后置物架比刚才的稳当的多，如图5-16所示。

珈珈又开始尝试第三次的改装，首先是用两只长支架固定一层小筐，用另外两只长支架固体另一层的小筐，两个小筐一个高一个低，这个时候她手一松，发现置物架倾斜到一边，试图用手将它扶平，没有效果。为了让置物架保持平衡，她尝试在原先的基础上往最底层的小筐再插进两只长支架，放置一个小筐在左边使其保持平衡，手一松发现这个方法是可以的，如图5-17所示。珈珈完成了新的改装挑战，并成功放置物品在置物架上。

图5-16　幼儿第三次组装的置物架　　　　图5-17　幼儿第四次组装的置物架

观察反思：

（1）幼儿能根据简单的示意图组装出标准的三层置物架造型，大胆地发挥想象尝试通过不同的摆放方法进行改装置物架并获得成功。

（2）幼儿能探究每层小筐与长短支架的关系，找到组装置物架的中心，知道当物品的两边一样重时，就能保持平衡的原理。

（3）幼儿能专注操作一份材料20分钟以上，注意力集中和较具持久性。

建议：

（1）可进一步提供的工具和材料：提供更多的拆装材料，例如，各种笔、螺丝刀、小汽车、闹钟等。

（2）可进一步开展的活动：

① 活动后引导珈珈与同伴分享组装和改装置物架的经验。

② 讨论：为什么珈珈改装后的置物架可以保持平衡，引导幼儿为物品找重心。

③ 讨论：除了置物架还有什么物品可以进行改装的。

以上三个案例均是教师观察的、具有教育价值的事件，通过观察这些反映幼儿个性的轶事，教师能更深入分析事件中所包含的能力构成要素和幼儿需缺的支持。同时通过观察，教师会逐步获得观察的敏感性，有助于教师在幼儿看似杂乱无章的行为下获取关于幼儿发展的关键事件，并解析幼儿的思维与行为。

三、实况记录能力在一日活动中的提高

实况记录法在幼儿园的运用多借助于录音机、摄像机实施,其可以持续客观记录幼儿的行为。此处以定点持续观察的"玩具车""磁性积木"为例,运用实况记录法来观察幼儿。

> 案例一

玩具车

观察者:莲花北幼儿园秦谊、崔士江老师　　观察对象:小一班洋洋、娃娃

观察时间:2012年1月5日9:40—9:50

情景创设:

(1)教师创设两条不同的马路:一条平路;另一条高低不平(黑色的)。

(2)教师提供各种玩具车:消防车2辆一样的;小跑车2辆(一灰一白);滑板车,如图5-18所示。

图5-18　6辆玩具小车

观察内容:

➡ 第一次选择(时间:44秒)

洋洋选消防车,在平路上跑起来了。

娃娃选白色小跑车,准备在高低不平的路上跑,但是娃娃眼睛一直看着洋洋,手中的小车并没有跑起来。如图5-19所示

娃娃发现洋洋的消防车跑得很快,他有点心动了,磨磨叽叽靠近洋洋:"我们可以想办法玩。"如图5-20所示。

洋洋一边开着消防车,一边说:"我们可以一起玩的。"如图5-21所示。

图5-19　选小车 　　　　　图5-20　开车

🟢 **第二次选择（时间38秒）**

这一次娃娃选了一辆灰色小跑车，比洋洋的车跑得快，娃娃得意地笑了。

洋洋的消防车跑得慢。"喔！"洋洋很失望，去拿消防车："这个(车)太大了"。如图5-22所示。

🟢 **第三次选择（1分钟）**

洋洋换了一辆白色小跑车。

娃娃仍用灰色小跑车，但发现比洋洋的车跑得慢，于是他说："我再换一个车。"如图5-23、图5-24所示。

🟢 **第四次选择（20秒）**

娃娃选了一辆吉普车，跑得快，他对洋洋说："我比你快。"如图5-25、图5-26所示。

图5-21 我们可以一起玩

图5-22 这个太大了

图5-23 洋洋选择白色小跑车

图5-24 娃娃的红色小跑车跑得慢

图5-25 娃娃选了一辆吉普车

图5-26 娃娃的吉普车跑得快

▶ 第五次选择（1分13秒）

娃娃很开心，决定再选一辆小跑车和洋洋比，如图5-27所示。

洋洋继续玩他的白色小车，这次白色小跑车撞到旁边的围栏，洋洋很失望。

娃娃的灰色小跑车，跑得快，娃娃很开心，不断炫耀自己："我现在比你快！比你快！"如图5-28所示。

洋洋："刚才不算，我们再比一次！"

洋洋和娃娃又比了一次，他们的跑车都到了终点，只是娃娃的跑车跑到终点后弹了回来。如图5-29所示。

洋洋激动地告诉老师："我开到前面都不会撞回来。"

娃娃努力证明自己是故意的，来掩饰自己的失败，不服输："因为我撞你的车。"

洋洋："好，我们再来一次。"两个孩子继续玩跑车。

灰色跑车跑得好快，娃娃好兴奋："哇！我（的车）跑得比你快！"如图5-30所示。

洋洋的白色跑车到了终点又弹回好远一段路，洋洋冲着老师无语了。如图5-31所示。

图5-27　开心地跑

图5-28　娃娃的灰色小车跑得快

图5-29　跑车到终点后弹了回来

图5-30　哇！我（的车）跑得比你快！

图5-31　洋洋冲着老师无语

两辆跑车又玩了一次,都跑得快,两个孩子没有说话。

▶ 第六次选择(时间:2分4秒)

娃娃手里拿着自己的灰色跑车,高兴地说:"我的跑车得了第一名。"如图5-32所示。

洋洋选了一辆吉普车:"我来(玩)这个(车)。"如图5-33所示。

洋洋把吉普车拿在手里看了看,又放下试了试,又拿在手里翻来覆去地看了看。如图5-34所示。

娃娃以为洋洋不会开:"我来帮你吧!"

洋洋:"我来跑,我跑得比你快,你走开。"

娃娃把灰色跑车开出去了,但跑得不远。如图5-35所示。

洋洋开出自己的吉普车,跑到了终点:"我跑得比你还快,我赢了。"他赶忙拿起吉普车对着老师说:"我这个(车)跑到最前面去了,它还跑到后面。"如图5-36所示。

此时,两个孩子有了点小摩擦。

娃娃心里有点不舒服了,想要吉普车,伸手去拿:"我来开开这个。"娃娃想抢走洋洋手中的吉普车。如图5-37所示。

洋洋连忙告诉娃娃白色跑车和吉普车都跑得快:"这个(白色跑车)快一些,这个(吉普车)也快。"如图5-38、图5-39所示。

图5-32　娃娃手里拿着自己灰色的跑车

图5-33　洋洋选择了吉普车

图5-34　洋洋翻来覆去看吉普车

图5-35　娃娃的跑车跑的不远

图5-36　我的车跑到最前面去了

图5-37　娃娃第一次想要吉普车

图5-38　娃娃第二次想要吉普车

图5-39　洋洋告诉娃娃两辆车都很快

小小的摩擦化解了，两个孩子继续玩。

洋洋的吉普车跑得慢了："哦，我慢了一点。"

娃娃的白色跑车跑得快了一些，娃娃笑了笑。

孩子们又来一次，洋洋的吉普车开到终点。娃娃的白色跑车也开到终点。

图5-40　谁的快

洋洋："我们两个都快呀！"

老师见状，问道："这些车里，哪辆车跑得快一些呢？"如图5-40所示。

洋洋肯定说："这两辆（吉普车和白色跑车）。"

娃娃连忙跑去拿滑板车和灰色跑车："这两辆也快。"

➔ 第一次选择的小结

（1）小班幼儿的注意力不易集中，容易受周围事物的影响。

（2）娃娃在与洋洋的比较中发现自己的选择（高低不平的路）不是很好，决定改变主意。

（3）从娃娃的神态与动作可以反映出小班幼儿渴望与同伴交往的心理需求，而洋洋是个主动要求合作的幼儿。两名幼儿一个表现主动，一个表现被动，形成鲜明的对比，说明幼儿个体差异的存在。

图5-41　吉普车和白色跑车跑得快　　图5-42　滑板车和灰色跑车也跑得快

- 第二次选择的小结

（1）成功的喜悦写在幼儿的脸上，符合小班幼儿情绪容易外露的特点。

（2）洋洋发现自己的车跑得慢的原因是"车太大了"，说明幼儿在努力寻找答案，发现问题，虽然他的认知水平还很粗浅。

- 第三次和第四次选择的小结

（1）幼儿已经开始流露出一些不服输的情绪。

（2）从语言交流中可以发现幼儿已经具有竞争意识了。

（3）成功激发了幼儿继续挑战和尝试的毅力。

- 第五次和第六次选择的小结

（1）矛盾点逐渐产生，前几次的成功，不该出现的意外失败，无法判断的输赢，让幼儿有些浮躁。从而激发了失败的幼儿想通过"抢"的方式来满足自己的需要。

（2）观察者本以为幼儿的矛盾会升华，没想到洋洋居然有化解矛盾的能力，让矛盾又消失了。说明幼儿已经开始尝试学习解决问题，逐步懂得体谅别人的感受。

- 整体评价分析

（1）这是一个小班科学区玩车的观察活动，也是小班男孩子非常喜欢的游戏之一。洋洋和娃娃是第一次参与这个活动，因此很感兴趣。

（2）活动通过选择6次车辆完成，几乎一次比一次的时间长，两名幼儿在这次活动中不断尝试和探索，不断积累经验获得成功。

（3）在活动中发现两名幼儿的合作能力较强，语言交流也较丰富，乐于与同伴分享快乐，同时冲突也逐渐产生。

（4）幼儿的认知水平一般，他们所观察到的都是看到的现状，如：能分辨出哪辆车跑得最快，哪辆车跑得最慢，还能发现车到终点后又弹回来的现象。但幼儿并未发现产生这些现象背后的真实原因。

（5）情感方面，幼儿逐渐学会控制自己的情绪，并开始揣摩同伴的感受而尝试去调节同伴的情绪。

（6）活动中幼儿不断选择车辆，寻找最快的车，获得成功的喜悦。但是解决问题的能力较弱，遇到困难容易逃避。

教师的反思：

（1）这是幼儿第一次参与这个活动，兴致浓，教师不便于介入。

（2）这是一次非常有意思的两人赛车游戏，前4次时间短，两名幼儿轮流获胜都很快乐，幼儿处于一种摆弄阶段。从第五次开始，时间逐渐延长，正是问题的暴露期，如：小车撞到旁边的围栏了；小车到了终点又被弹回来；如何定输赢？因此，在下一次活动中，教师要有目的引导幼儿观察产生现象背后的真实原因，逐步帮助幼儿解决问题，从而激发幼儿探索科学的欲望。

拓展经验：

（1）情境创设不变，增加玩具车到10辆。

（2）提出活动要求：一是找到最快的车；二是为什么这辆车快？你用了什么方法？

（3）老师在活动中适当介入，抛出问题，引导幼儿继续活动。

案例二

表5-6　磁性积木

观察对象	点点	性别	男	年龄	5岁4个月
观察日期	2012年4月23日上午	观察时间	9:10—9:28	观察者	莲花北幼儿园李萧老师
观察情景	点点在科学区里操作					

观察内容：

　　点点用左手从磁性积木盒里取出小汽车的车身，并用右手将它放在了置物板上；然后运用左手在积木盒里寻找两个小磁球和两个大磁球，分别将它们当作轮胎吸在了车身上。点点用磁性积木拼搭成了三个几何形状轮廓，并尝试用几个不同形状的几何玩具将三个几何形状轮廓填满（见图5-43）。

图5-43　幼儿将摆好的几何轮廓用积木填满

续表

点点先将原本放在托盘上的磁性积木盒摆放在自己的左手边，再将置物板摆放在了自己的右手边。

点点试图将已经拼搭好的三个平面几何轮廓往前移动一下，结果几何轮廓里的几何拼板散开来，于是他决定将几何拼板撤去，将散开来的磁性积木换个造型重新拼搭。

点点将两根磁性棒准备拼接，结果两根磁棒发生了排斥，他尝试了两次后，仍然没有将两根磁棒拼接在一起，于是他拿了一个磁性球将两根磁棒成功的连接在一起（见图5-44）。

18分钟的拼搭作品成型，点点在进行最后的工作：他眼睛注视着立体积木造型，一边用右手将磁性积木的造型进行调整、一边用左手在积木盒里摸索寻找积木（见图5-45）。

图5-44　幼儿将两根磁性棒接在一起　　图5-45　幼儿用磁性棒拼的造型

观察反思：

（1）幼儿能专注于操作性学习活动15分钟以上，注意力和持久性好。

（2）幼儿能区分左右方位。

（3）幼儿双手灵活、触摸感知能力较强。

（4）幼儿具有想象力和创造力。

（5）幼儿对形状的建构感知强烈，具有一定的视觉判断能力。

建议：

（1）增加或调整材料：将幼儿的作品拍照下来，做成图册，作为示范；提供记录单，方便幼儿将自己完成的作品用绘画的形式记录下来。

（2）进一步开展的活动：

① 引导点点和同伴分享磁性积木的拼搭过程。

② 讨论：我们的身边还有什么物品可以被磁铁吸住？

通过以上两个案例的实况记录，教师运用摄像机等技术客观记录幼儿的行为，有利于帮助教师学会如何客观记录，并对客观记录进行解读，提高教师的观察能力。

四、时间取样能力在一日生活中的提高

时间取样法是以一定的时间间隔为取样标准来观察记录预先确定的行为是否出现以及出现次数的一种观察方法。以"我是建筑师"和"好朋友"为例，"我是建筑师"意在观察中班幼儿是否具有计划能力，"好朋友"则意在观察幼儿的社会交往能力的发展。

案例一

表5-7 我是建筑师

班级：中一班	日期：2014年6月16日 9:20、9:30	观察教师：第九幼儿园金虹老师	观察对象	铭铭 桐桐	年龄：5岁
活动实录	9:20，老师和幼儿正在就建构活动进行交流。如图5-46所示。 老师说："我们今天搭建立交桥，你们想想可以怎么搭呢？" 铭铭说："要有柱子，立交桥都有柱子的。" 老师说："那我们这里有什么可以当柱子的？" 铭铭四周看了看说："用……积木，短的那种。" 桐桐说："那很容易倒的。" 铭铭说："那就用易拉罐，易拉罐可以了吧？" 老师说："那用什么来当桥面呢？" 铭铭说："那个长长的积木可以啊！" 桐桐说："还有搭马路的那种。" 铭铭说："那个太软了，怎么放在柱子上啊，会塌的。" 桐桐说："那就用积木垫在底下。" 图5-46 幼儿积极讨论 9:30，幼儿进入建构区。如图5-47所示。 桐桐说："现在我们在哪里建房子呢？" 铭铭说："这里建立交桥，立交桥下面是马路，房子可以建在马路边上。" 桐桐说："你是说这里吗？那么哪里可以建花园呢？" 铭铭说："哎呀，你别着急呀，先把房子搭好再说，看哪里有空位哪里就建花园。" 桐桐说："那好吧。你先在这里搭立交桥，我去那边搭房子，等下我们用马路把它们连起来。" 图5-47 幼儿合作搭建花园				

续表

活动反思	（1）通过2次时间取样，可以发现在搭建活动时，中班幼儿对活动具有预见性，知道搭建的步骤，先做什么，后做什么，说明中班幼儿具备计划能力。 （2）中班幼儿彼此能对大家感兴趣的活动进行分享、交流，并且在活动时愿意接受同伴的意见和建议，这说明该班幼儿的社会交往能力较好。 （3）教师要在活动中能适时引导幼儿，认真观察幼儿行为和倾听幼儿语言，随时做好指导准备。

案例二

表5-8 好朋友

观察日期：2013.9.30	观察教师：第九幼儿园彭琼辉
观察幼儿：思思、优优	年龄：3岁
观察取样时间：10:20、10:25、10:30	

观察内容：

　　10:20，思思和优优在美工区完成涂色的作业以后，一起手拉手来到益智区活动，思思先拿出拼贴玩具，优优先拿出拼图，开始玩起来。

　　10:25，思思在桌面上摆着"大"架子，已经拼出了一间房子，而优优手拿其中一块拼图迟迟没有动手，思思有点着急了，对优优说："你拼图呀。"优优不说话，眼睛看着思思的房子，思思又对他说："我的是房子，很好玩的。"优优还是不动，思思更着急了，说："我的给你玩吧。"说完，也不管优优同意不同意，就把他的盘子端过来，把自己的盘子推给他。优优接过盘子，把自己手里原来的那块拼图递给思思，坐下来开始玩。

　　10:30，思思正在很认真地玩拼图，并对优优说话，优优有时微微笑一笑，有时看看思思，他几乎没说话。如图5-48所示。

图5-48 好朋友

观察反思：

　　经过三段时间取样，开学一个月的幼儿，已经找到了自己的好朋友，他们在一起有了或许成人看不懂的默契。比如优优拿着拼图，什么话都没说，但是思思看出了他的为难和对自己手上的玩具的渴望，然后毫不犹豫地把玩具跟他的交换过来，甚至在自己玩的时候也不忘告诉自己的朋友怎么样玩。幼儿之间这种友情，对刚入园的幼儿来说太珍贵了，老师要善于去发现生活中这些小小的细节、小小的感动，并且多创造一些机会让幼儿在活动中交流、合作、分享，让幼儿找到更多的好朋友，更加喜欢上幼儿园。

以上两个案例，教师通过时间取样法观察幼儿的活动，这种间断而又连续的观察有利于教师整体把握幼儿活动的趋势，如活动的计划性、专注性、解决问题能力等，相比其他观察方法，时间取样更能帮助教师从整体上了解幼儿。

五、事件取样能力在一日生活中的提高

事件取样法的核心在于确定需要观察的事件。以幼儿个体活动的"水的容量"、幼儿集体活动"楼房怎么会倒呢"为例。

> 案例一

水的容量

"水的容量"这一套材料已经投入学习区科学角一周时间，为了观察幼儿玩此套材料的情况，随机选取今日观察此套玩教具。

观察者：莲花北幼儿园黄小青老师

观察对象：辰辰

观察时间：2014年4月4日

观察内容：

在学习区区角活动时间，辰辰选择了"水的容量"这套材料，她先拿起一旁的记录单看了10秒，然后将两量筒放到桌面操作区，再拿起一支6毫升的针筒，在水箱里吸满了水，再将吸满水的针筒往容器瓶里挤压完。辰辰连续吸了两次和挤了两次，重复了第一次的动作。然后拿起一支3毫升的针筒，吸满水后，将水挤在另外一个空的容器瓶里，这样连续吸了四次和挤了四次。辰辰拿起两个容器瓶来比较一下，看水是否一样多，最后将实验结果填写在了记录单上。

观察分析：

幼儿在所提供的材料里，分别有目的地选择不同倍数的大小针管，吸入或倒入水，然后进行比较，发现两个小容器里的水一样多了，把结果记录下来，循环操作，直到最后完成，以完整的记录单呈现。这个过程一气呵成，说明辰辰对此套材料已经非常熟悉，具有前期活动经验，辰辰在此活动中体现出高度的综合能力。

（1）辰辰清楚3厘米量筒和6厘米量筒的倍数关系，她对3厘米量筒重复了4次动作，6厘米量筒重复了2次动作。

（2）整个活动持续时间较长，辰辰始终高度专注，说明辰辰持续专注力很强，同时具有较强探索能力。

（3）辰辰能用简单的记录表表示数量关系，借助笔和纸记录自己的实验结果。

当然，后期我还需要继续投放更为复杂的材料，如增加不同容积的针筒，鼓励幼儿探索2个及2个以上的数量关系；提醒幼儿针管吸水和挤水都要到尽头和记录吸水和挤水时的次数，学会记录不同的次数。

图5-49　辰辰看记录单

图5-50　辰辰用针筒吸水

图5-51　辰辰将水挤入量筒

图5-52　辰辰重复第一次动作

图5-53　辰辰换针筒挤水

图5-54　辰辰重复动作

图5-55　辰辰对比两个量筒水的多少

图5-56　辰辰记录结果

案例二

楼房怎么会倒呢

观察者：第九幼儿园林寃璇、邹祥玉老师

观察对象：中三班建构区幼儿

观察内容：

建构区新提供了大块的隔板，杭杭和冰冰近几天都没有到建构区玩，还没用这种隔板进行搭建，今天一起在建构区搭建楼房。

杭杭和冰冰用易拉罐和木板搭房子，（在两个易拉罐上面架一块木板）当他们转身去拿材料时，楼房倒塌了。

杭杭说："怎么会倒呢？"（这时，旁边嘉嘉搭建的房子也向这边倒了）

冰冰说："原来是嘉嘉把我们搞倒了。"（这是她推测的原因）

可是第二次房子搭了三层又倒了。第三次盖的房子又要倒了。

冰冰说："林老师，这些板都放不稳的。"

老师说："昨天他们为什么会放得稳呢？你们有没有观察到原因？"

铭铭说："要用四个、四个。"

老师请铭铭过去帮助他们解决问题。

铭铭说："要把易拉罐放在四个角，不能密密麻麻放在一起。"

铭铭又说："四个罐要一样高才行。"（因为我们收集的易拉罐有三种，一样品牌的易拉罐幼儿能很快地找出来）

杭杭和冰冰通过把椰子汁和露露杏仁露的易拉罐放在地上比较，发现它们也是一样高的。搭建继续。

幼儿对自己搭建的楼房数楼层，因为两名幼儿数的结果不一样，老师引导孩子再数一遍，最后发现连同楼顶一共建了八层楼。

老师问："你们这么高的楼是怎么上去的呢？"

冰冰说："有电梯。"

她马上把易拉罐搭成了电梯，铭铭则拿来木板搭斜坡。

冰冰说："这是滑滑梯吗？"

铭铭说："不是，这是一个斜坡。"

杭杭说："人可以跑上去。"

冰冰说："人也可以跑下来。"

冰冰把板抽下来说："不用了，从这里跳下来就好了。"

铭铭说："不行，这会很危险的。"

冰冰和铭铭搬来了动物让它们住进楼房。

冰冰说："最底下是一个车库。"

铭铭说："我知道了"

他们把动物分别放到每个楼层。建构结束。

观察分析：

（1）社会交往方面：幼儿喜欢彼此间一起游戏，有问题愿意向老师或同伴请教，同伴互相帮助。可以看到幼儿在一起搭建是很愉悦的，当杭杭和冰冰两次搭建失败以后，向林老师求助。老师正想帮助他们时，旁边的铭铭为他们提出了建议，并且在老师的邀请下帮助杭杭和冰冰，杭杭和冰冰也接受了她的意见与帮助，使得搭建顺利进行。同伴之间学会了互相帮助。

（2）科学探究方面：幼儿通过观察和尝试，知道用什么办法可以让楼房建得牢固。杭杭和冰冰在其他幼儿的帮助下，通过自己的实际操作，终于使自己建的房子不再倒塌；能对事物进行观察比较，发现其相同与不同；并且会用数字来进行描述事物。因为我们收集的易拉罐有三种，一样品牌的易拉罐幼儿能很快地找出来，杭杭和冰冰通过把椰子汁和露露杏仁露的易拉罐放在地上比较，发现它们也是一样高的。幼儿很聪明，通过这样比较的方法排除了易拉罐外部花色的影响。幼儿通过点数楼层，发现建了八层楼。

（3）安全健康方面：幼儿知道哪些行为是安全，哪些行为是不安全的。铭铭用木板搭斜坡时板滑下来，她又搭上去，冰冰把板抽掉说："不用了，从这里跳下来就好了。"铭铭马上就意识到这是一个不安全的行为，并告诉冰冰。

（4）语言交流方面：幼儿通过语言获取信息，运用语言进行交流。在发展语言能力的同时也发展着人际交往能力。整个活动的过程孩子都在不停地交流，而且通过这些交流，使问题得到解决，活动顺利进行。

基于观察分析，我有以下感悟。

（1）空间设置：通过观察幼儿的搭建，我发现建构区的空间太小，幼儿在搭建的时候会因为空间不够而相互影响，因此我们可以对建构区的空间进行扩展。

（2）材料提供：我们收集的易拉罐有三种，没想到因为这样的不统一反而给幼儿提供了学习比较的机会。所以我在思考，在材料的提供上，我们是否还要更丰富些（比如增加辅助物）。丰富的材料可以给幼儿更多的想象空间和学习的机会，更能发展幼儿的创造力。

（3）分享与进步：幼儿很多的学习与进步和同伴之间的经验分享密不可分。像案例中杭杭和冰冰就是通过铭铭的经验分享而知道用什么办法可以让楼房建得牢固的，所以老师要为幼儿提供分享的机会，促进幼儿间的相互学习。

（4）教师的引领作用：促进同伴间的相互学习的发生、发展。当幼儿无法把房子搭建稳而向老师求助时，在老师的引导下，铭铭帮助了杭杭和冰冰，从而学会了搭建牢固楼房。还有幼儿在数楼层时，杭杭和冰冰数的楼层数不一样，通过老师的引导，幼儿对楼层重新数数，得出正确答案。

建构区活动充满无限创造与想象，教师在活动现场观察、记录幼儿的原始语言和行为，"现场重现"（真实再现活动现场，如实记录师幼的言行）、"发展分析"（以《规划纲要》《指南》为依据，分析幼儿的学习发展状况）、"观察感悟"（教师的行为及酝酿后续措施）三个方面，成为教师搭建观察、记录、反思的支架。教师逐步对建构区"教师的环境创设与材料提供""幼儿对材料的使用"及"教师观察指导促进幼儿和材料的有效互动"等方面进行深入研究，对建构区活动观察更为专业，从真实的案例中梳理出有效的指导策略，教师成长与发展了然于中。

以上两个案例，教师采取事件取样的观察法，预先确定要观察的事件，如教师确定观察幼儿的互动、幼儿解决问题的策略、幼儿的生活习惯等。类似的事件经常在教室中发生，老师不仅要能观察到幼儿的行为、听见幼儿的谈话，而且要能够解读出幼儿言行背后的真实想法。循着这些想法，教师继续为幼儿提供环境与材料的支持，在促进幼儿学习与发展的同时，教师也在不断成长。

第三节　专题活动中教师观察能力的提高

专题活动根据幼儿发展目标和幼儿生活经验来开展，是"自上而下"和"自下而上"的结合，是幼儿园"健康·德行·聪明"三位一体课程实施的重要途径。由于专题活动的整合性，教师在专题活动中的观察也多为整合性观察，蕴含多种观察方法。下面以"有趣的再生纸""造纸"专题活动为例，分析教师是如何提高自身的整合性观察能力的。

案例一

表5-9　有趣的再生纸

观察日期：2013年11月21—22日	观察者：第九幼儿园曾小娟老师
观察对象：昊昊、雅雅、森森、千和等	年龄：5岁半
观察内容：造纸术是我国古代的四大发明之一，具有深厚的文化底蕴。为了让幼儿能够了解纸的产生、来源以及废纸的再造，增强民族自豪感，培养环保意识，养成节约用纸的好习惯。教师组织幼儿开展专题活动《有趣的再生纸》。	

观察：在活动的第一天，老师让幼儿先回家查找造再生纸的技术。

第二天，昊昊说："把废纸撕碎，用水泡，把它泡成纸浆，在把纸浆压平，晒干就好了。"

于是大家开始动手了，首先他们选择比较软的纸巾和报纸（见图5-57），但不久他们发现，用水泡很难把纸泡成纸浆，于是尝试用筷子使劲搅，但是还是搅不成纸浆，雅雅说："那就泡久一点吧。"幼儿把活动的过程记录下来。

第三天，雅雅带来豆浆机，她说："妈妈告诉我，要把泡在水里的纸打碎才能变成纸浆。"（见图5-58）在班上，我们把泡好的纸用豆浆机打成纸浆，幼儿们看着纸浆说："像白粥一样。""有香香的味道"……

图5-57　幼儿撕纸 　　　　　　　　图5-58　幼儿泡纸

幼儿把纸浆倒在漏网上，通过用手挤压，把多余的水分挤出，然后把纸压平、压薄，最后拿到太阳底下晒干（见图5-59、图5-60、图5-61）。

第四天，幼儿发现纸做成功了，非常开心。但是他们发现做出来的再生纸比较硬，比较厚，可以用来画画，于是他们在再生纸上画上了各种图案（见图5-62）。

图5-59　用手挤压纸浆 　　　　　　图5-60　挤压后的纸浆

图5-61　晒纸 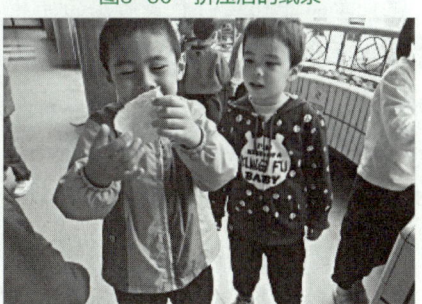　　　　　　　　　　图5-62　再生纸

> **观察反思：**
>
> 　　这次造纸活动，幼儿初步了解了纸的制作流程。幼儿通过自己查找资料，在老师的帮助指导下，亲自动手进行操作，烦琐的程序、复杂的过程、每一步精确的要求都让他们深深地体会到纸张的来之不易，同时这种亲身实践也让他们体验了成功的快乐和自豪。通过本次的专题活动，幼儿不仅对纸的发明和发展有了深入的了解，也了解了纸张的来之不易，幼儿的环保意识得到了培养。相信这次活动后，幼儿会珍惜每一张纸，不会再轻易地浪费一张纸。他们也了解到造纸需要大量原材料，只有节约用纸，才能节约原材料，才能保护环境。

　　曾小娟老师采用连续拍摄照片记录活动现场，用录音记录幼儿的语言等观察记录方法，真实再现了师幼共同制造"再生纸"的全过程。通过记录，教师发现幼儿在专题活动中的发展特点及所需要的支持，有利于教师在后续活动中提供支架指导。

案例二

儿童的学习看得见
——以大班《造纸》活动为例

　　观察者：莲花北幼儿园秦谊、李华老师

　　观察对象：大一班部分幼儿

　　观察内容：

　　在大班《造纸》专题活动中，教师从幼儿的观察记录单中发现了许多学习的秘密，如浩天的发现：

（1）报纸比餐巾纸软得快一些；

（2）纸泡水后立即变软了，水也变成报纸的颜色了；

（3）纸把水吸收了，水变少了；

（4）用筷子搅拌发现有泥状了。

　　记录单一能让我们看到幼儿的发展状态。首先，幼儿对时间准确把握，时间记录方式正规。其次，幼儿的四次关注说明他很重视这件事，特别是午餐后和午睡起床后迫不及待去观察的这种心情和态度，是值得赞美的。再次，幼儿的表征方式很有意思，第一张图中幼儿在报纸上画上字母A，说明幼儿在报纸上观察到有这样的字样，幼儿用这样的方式来表达他对材料的认识！最后，通过幼儿的语言，反映浩天小朋友在做再生纸的第一天，已经明确地感受到了纸和水的属性。还会运用比较的方法，运用的词语也很准确。

　　第二天，浩天的兴趣还是很浓，瞧！一到教室就去观察了，中途还用鼻子闻了闻，感觉很香，用手搓搓，纸和手都变热了，发现纸把水吸收了，水并没有变少（见图5-63）。

浩天在观察过程中，充分运用自己多种感官感知纸的变化，并能准确地表达出纸和手都变热了，发现纸把水吸收了，水并没有变少。他用鼻子闻了闻感觉很香，或许这就是蕴含着爱的味道吧。

从下午的记录和观察，他是这样描述的："李远说水变少了，我发现说没有少，它被吸收到纸里边去了。我一捏，水就出来了（见图5-64）"。浩天能够在同伴面前发表自己的观点，引导同伴发现正确的答案。

幼儿已经初步具备了质量守恒的概念。这是儿童可以进行抽象符号学习一个很重要的标记。

记录单三是然然记录的，然然能说出纸变软了、变小了、变重了、餐巾纸变透明了，反映出幼儿对纸的各种属性观察很细致。左下角的记录，这个"箭头"意味着什么呢？幼儿能用生活中的筷子作为搅拌工具，同时用箭头表示搅拌方向，说明然然已经能把生活中的符号标识迁移到学习中，说明幼儿的观察力很强，懂得运用。如图5-65所示。

记录单四是东霖记录的，东霖观察的是用各种废旧纸来做的再生纸。首先，他关注到各种废旧纸颜色不一样，因此明显记录出使用的不同废旧纸；其次，他的时间概念非常清楚。有没有发现三个时钟有些不一样？是的，11：50这个时钟是东霖在老师的帮助下完成的。其他两个时钟是他自己画的，其中下午4：00这个时间表现得非常准确，说明大班幼儿已经会用时钟的方法记录时间，他们是具备这个能力的。如图5-66所示。

观察反思：

在整个观察记录过程中，造再生纸成功与否，并不是教育的目的，教师更多关注的是幼儿在这个过程中的学习和发展。通过六要素分析，幼儿在时间、空间、质量、数量、因果性和必然性获得经验，幼儿能够主动建构概念知识，学习

图5-63　记录单一　　　　　　　　　　图5-64　记录单二

品质也得到提升。

因此,对于幼儿的学习,老师要能够看得见,更要看得懂。

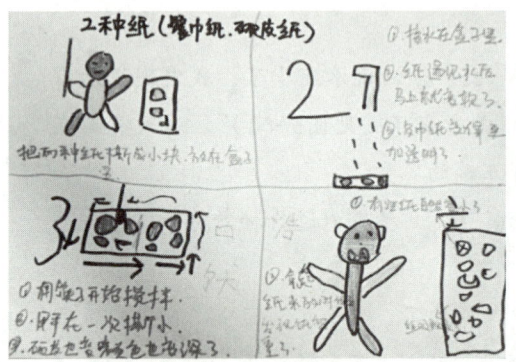

图5-65 记录单三   图5-66 记录单四

通过以上两个活动可以看出教师在专题活动中运用多种观察方法记录幼儿的语音、行为、作品等,并在此基础上对教学活动进行反思,在促进自己观察能力发展的同时,也促进教师更进一步读懂幼儿。

第六章　基于三位一体课程的教师支架教学能力的发展

《国家中长期教育改革和发展规划纲要（2010—2020年）》（以下简称《规划纲要》）明确要求，"幼儿园教师应该成为幼儿学习活动的支持者、合作者、引导者。"其强调了教师指导的必要性，即教师是教的主导，教师指导的优劣直接影响幼儿的发展目标能否实现。

维果斯基认为，儿童的发展存在两种不同的水平，"实际发展水平"和"潜在发展水平"。前者是指儿童能够独立完成学习任务的能力水平，后者是指儿童只有在成人的帮助下才能够完成任务的能力水平，两者之间的区域即"最近发展区"。[1] 支架式指导作为"最近发展区"理论基础上的一种建构主义指导模式，在为学习者建构知识方面提供了支持与帮助。这种支持与帮助是在学习者的"最近发展区"内进行的，从而能够像建筑上用的"脚手架"那样把学习者的能力从一个水平提升到另一个更高的水平。

基于教师指导的重要性和支架式指导策略的科学性，"健康·德行·聪明"三位一体园本课程非常注重教师支架教学能力的发展，并且也将此能力作为教师专业成长的依据。

第一节　支架教学概述

支架，原意是建筑行业中使用的"脚手架"，脚手架就是工人们在建造、修葺或装饰建筑物时所使用的能够为他们和建筑材料提供支持的暂时性的平台或柱子等，是一种临时性的支撑架构。伍德等把支架用来作为一种隐喻，即用来比喻在一个人的学习过程中同伴、成人和有能力的人对其学习所进行的有效干预。支架式指导策略则意指在最近发展区中有效的教与学之间的互动，即幼儿被看作是一座建筑，幼儿的"学"是在不断地、积极地建构自身的过程；而教师的"教"则是"建筑物"一个必要的脚

---

[1] 吴庆麟.教育心理学——理论与实践的整合观.上海：华东师范大学出版社，2009.

手架，支持幼儿不断地建构自己。

支架式指导主要有以下特点：灵活性，教师的"支架"取决于不同的学习情景和学习者的认知差异；暂时性，当学习者的能力已经达到了独立解决问题的水平时，需要撤销"支架"；渐消性，教师的"支架指导"的撤销是一个渐消的过程，不是全部一次性撤出支架，它是随着学习者能力的提高逐渐的撤销直至学习者达到理想的发展水平并能够独立解决问题。

教师在支架时，主要有四种指导策略。

一、情境支架

情境是指与活动内容有关的物质环境与精神环境的总称，在本书中主要指心理和物质环境的创设，尤其指教师在活动中创设的活动情景，如在角色区中营造银行营业的情境、在运动中为了练习蹲的动作和双脚连续向前走的动作技能营造小鸭子过河的情境。良好的活动环境能让幼儿在一个自然、轻松的氛围中积极主动地投入到学习活动中去，让幼儿能够持续专注的活动。

二、材料支架

由于3~6岁幼儿正处于具体形象思维阶段，其探索活动更多是通过直接感知、动手操作和亲身体验来实现。幼儿园提供的材料丰富多样，包括玩教具、图、多媒体资源、自然资源等，材料是幼儿进行活动探索的载体，是教师根据幼儿的需要和活动的目标有意识地为幼儿准备或投放的起到支架作用的材料。材料支架让幼儿在探索过程中拓展已有的经验并建构新的经验，进而使幼儿在原有的水平上实现"最近发展区"的发展。

三、问题支架

提问是幼儿探索活动的关键环节，是教师运用反问、疑问的语言与幼儿互动的最基本的指导策略，是教师按照幼儿自主活动的需要提出各种相关问题，引发幼儿积极思考和反思的过程。通过教师的提问可以不断地启发幼儿、引导幼儿积极思考，激发幼儿学习的主动性和潜能，促进幼儿对新知识的自我建构。

四、示范支架

示范支架，即教师的示范。当幼儿无法进行活动或活动经验不足，出现错误时，教师可采取平行式介入或交叉式介入，丰富幼儿的经验，使幼儿的活动能持续开展。如幼儿在玩角色游戏"医院"时，长时期内只出现打针的游戏情节，则说明幼儿的经验有限，教师则可作为游戏中角色介入，示范"去医院体检""给病人讲解健康小知识"等游戏情节。

第二节　教师在一日活动中的支架式指导能力的提高

一日活动是幼儿在幼儿园一天的全部经历，是幼儿生命充实与展现的历程，是"个体在参与、体验与创造中，利用环境自我更新的历程"（杜威）。我园的课程实施主要途径是"一日活动"和"专题活动"。所以要紧紧抓好一日活动中的每个环节，扎扎实实实施三位一体课程，促进幼儿全面发展。下面以晨间入园为例，来谈谈教师在一日活动中的支架式指导。

一、支架式指导能力在生活活动中的提高

《3~6岁儿童学习与发展指南》（以下简称《指南》）指出，要帮助幼儿养成良好的个人卫生习惯，使幼儿具备基本的生活自理能力，鼓励幼儿做力所能及的事情，指导幼儿学习和掌握生活自理的基本方法，如穿脱衣服和鞋袜、洗手洗脸等，并且要提供有利于幼儿生活自理的条件。这些都要求教师为幼儿提供支架指导，以培养幼儿良好的卫生习惯，养成基本的生活自理能力。接下来我们将以晨间入园环节和"会说话"系列叙述如何培养幼儿的生活习惯与生活能力。

（一）支架策略在晨间入园活动的运用

指导者：莲花北幼儿园潘艳老师、杨华老师

晨间入园活动是生活活动的组成部分，是幼儿幼儿园生活的开始，也是幼儿园与家庭良好衔接的第一步。在晨间活动中，要观察每个幼儿的身体、情绪，用积极饱满的情绪与幼儿维持良性互动，并做好家园交接。而幼儿，要通过愉快、独立地完成自己来园的所有事情，发展自我服务和自我管理能力，养成文明礼貌的习惯，形成独立自主的品德。

1. 环境中的情境支架

蒙台梭利曾说过:"在教育上,环境所扮演的角色相当重要,因为幼儿从环境中吸取所有的东西,并将其融入自己的生命中。"因此,运用情境支架,创设一个支持性的环境,是晨间活动组织和实施的第一步。

幼儿园大门:保安人员摆放门口人群分流设施。

迎宾处:礼宾处老师召集迎宾幼儿,检查其服装,为其佩戴礼仪胸牌,讲解迎宾要求。

晨检处:园医备齐晨检用具,穿好白大褂。

教室:教师开窗、开门,拿出幼儿口杯,做好迎接准备。

表6-1 环境中的情境支架

地点	图示	操作指引
幼儿园大门	图6-1 摆放分流设施　图6-2 人员指引	1. 根据图示,准确摆放门口人群分流设施 2. 保安人员及各楼层的安全指引人员就位
迎宾处	图6-3 礼仪小天使　图6-4 值班教师	1. 7:40 礼宾处老师召集礼仪小天使,检查其服装,为其佩戴礼仪胸牌,讲解迎宾要求 2. 7:45 6~8位礼仪小天使整齐分列两排 3. 7:45 值班领导迎宾就位
晨检处	图6-5 晨检用具　图6-6 园医晨检就位	1. 7:35—7:45 园医备齐晨检用具(晨检桌、电子体温计、手电筒、幼儿药品收纳篮、幼儿晨检心情卡、家长喂药委托书、晨检记录本、笔) 2. 7:45 园医着白大褂就位
活动室	图6-7 开窗　图6-8 取出已消毒用具	1. 教师开门开窗,保持室内空气流通 2. 取出已消毒好的口杯和毛巾 3. 根据晨间锻炼的地点,挂户外场地指示牌

情境支架除了运用在支持性的物质环境的创设中，我们还运用在老师与幼儿、幼儿与幼儿之间的精神环境中。小班：教师可以多用肢体语言与孩子交流，如抱一抱、亲一亲；还可以叫他的乳名，说一说他感兴趣的话题等。中班：教师可以亲切地和幼儿拉拉手，或者蹲下来与幼儿交流几句，说一些激励和赞美的话，如："某某小朋友，你今天真精神。""你剪了头发变得更帅了！"大班：教师可以以幼儿朋友的身份出现。与幼儿击击掌或拍拍肩，给他（她）一个甜蜜的微笑或者一句激励的话。

不同年龄阶段的问候方式，是为了营造一种轻松、和谐、愉快、积极向上的氛围，老师运用情境支架策略，用积极饱满的情绪与幼儿维持良性互动，开启幼儿美好幼儿园生活的序幕。

2. 环节中的示范与材料支架

要把幼儿教育融入生活，必须了解幼儿生活；要了解幼儿生活，必须研究幼儿的生活。为此，我们研究了小、中、大三个年龄段幼儿晨间活动中需要和可以完成的"工作"，以及幼儿园工作人员的职责，运用问题支架、材料支架、示范支架等策略，让幼儿在有序的流程和安排中，自主完成自己的"工作"，从而发展出幼儿对自我生活的掌控感和独立性。

表6-2　晨间活动各环节的教师支架作用（以中班幼儿为例）

流程	幼儿	图示	教师支架
入园	1. 与家长道别后，根据标识，独立从入口进园 2. 主动与老师、小朋友问早	图6-9　幼儿与老师打招呼	示范支架：大门口值班老师主动向幼儿微笑问早
考勤	1. 打卡 2. 把考勤卡放入书包小格中	图6-10　幼儿入园打卡	材料支架：将打卡机在幼儿能够得着的地方，支持幼儿自主完成入园的打卡考勤

续表

流程	幼儿	图示	教师支架
途中	1. 主动与途中遇见的老师、小朋友问好 2. 会根据本年级的路线安全进班 小班：大门口——门厅——一楼走廊——教室 中班：大门口——门厅——西楼梯——二楼走廊——教室 大班：大门口——操场	 图6-11　微笑问好  图6-12　支持幼儿自主入班	示范支架： 1. 安全指引人员主动向幼儿微笑问好 2. 提醒幼儿按照各年级的路线进班，支持幼儿自主、安全、有序上下楼梯及入班
问候	主动与班级老师问好、交流	 图6-13　教师与幼儿主动问好  图6-14　关注儿童	示范支架：教师与幼儿主动问好，注重个别教育 1. 注意观察情绪不好的幼儿，耐心了解原因，解决问题，引导幼儿开心起来 2. 关注需要服药和观察的幼儿，及时了解其身体健康状况

续表

流程	幼儿	图示	教师支架
整理	1. 会将需回收的资料、通知等放入资料回收筐 2. 把书包放入书包柜中 3.（1）小班幼儿会自我服务（洗手、放杯子、挂毛巾、喝水、如厕） （2）中班幼儿会自我服务和为他人服务（洗手、放杯子、挂毛巾、翻日历、更换晨间锻炼指引牌等） （3）大班幼儿直接到操场，在指定的位置有序地排放好书包，跟着班级老师参加晨间锻炼	图6-15　自主放包 图6-16　自主喝水 图6-17　值日生服务	材料支架： 1. 设置资料回收筐，老师指导幼儿将回收资料摆放整齐，幼儿主动检查手中或书包中是否有危险物品，如：钉子、刀片、石子、火柴等，防止安全事故的发生 2. 老师指导小班幼儿喝水，幼儿自主洗手、喝水 3. 老师鼓励中班值日生为集体服务 4. 运用环境标示提示大班幼儿整齐摆放书包，并引导幼儿听口令集合，准备早锻炼

3. 讨论中的问题支架

短短的晨间入园，蕴含了幼儿学习和发展的机会。如教师抛出了这样的问题："我们每天都要到不同的地点去晨间锻炼，但是晚到的小朋友不知道我们在哪里？有什么办法可以让这些小朋友知道呢？"幼儿们七嘴八舌想出了很多办法，最后采用"挂牌子"的办法，很好地解决了这个问题。

教师和幼儿一起设计了多功能的户外活动场地指引牌，每个年龄段有不一样的要求。小班年级结合了户外场地的照片进行设计，中班年级是文字加照片的形式进行设计，大班年级结合了幼儿的表征图进行设计，如图6-18所示。户外活动场地指引牌不仅让幼儿清楚地了解当天户外活动的地点，而且也为老师、参观者、家长提供了有效地指引。

图6-18　户外活动场地指引牌

在生活中学习与发展是幼儿成长的显著特点，融教育于一日活动中也由此成为幼儿教育的一个显著特点，《指南》"说明"所述，"幼儿的学习是以直接经验为基础，在游戏和日常生活中进行的。"将《指南》的实施融入到幼儿园一日活动中，重视一日活动的每一个环节，引导幼儿朝着《指南》的目标的方向学习和发展，是我们努力的方向，也是我们三位一体课程实施的目标。

我园充分挖掘晨间入园活动中蕴含的教育价值和学习机会，用了四种支架策略，通过情境支架（物质环境和精神环境）、示范支架（园长、安全指引员、教师、礼仪小天使等）、材料支架（打卡机、健康活力卡、资料回收筐等）、问题支架（户外活动指引牌）等，让幼儿通过愉快、独立完成自己来园的所有事情，发展自我服务和自我管理能力，养成文明礼貌的习惯和形成独立自主的品德。

同时也促进了教师更多地思考和关注幼儿的生活，思考如何落实"一日活动皆课程"的教育理念，思考如何充分挖掘一日活动中的各个环节蕴含的促进幼儿学习和发展的机会，将有效的支架策略运用其中，真正做到让幼儿在生活中学习、在生活中发展。

（二）"会说话"系列

"会说话"系列指教师在一日生活中提供了多种支架指导策略，在环境、材料中隐含了许多规则，如人与物的一一对应、生活习惯的步骤解说、一日生活的计划与安排等，通过这些预设的环境与材料，既让幼儿养成良好的行为习惯，在规则中实现自由，更是在生活中培养幼儿的生活能力，促进幼儿的认知发展和德行发展。

案例一

会说话的衣架

指导者：莲花北幼儿园王田田老师

指导班级：中一班

衣架是幼儿每天都会使用到的生活用品，小班幼儿会在老师的帮助下把汗湿的衣服挂在自己贴有照片的衣架上，不过由于架杆较滑或幼儿忘记等其他原因，有时会经常把衣架挤在一堆，不便于取放和整理。

升上中班后，老师发现幼儿对数字的学习产生了浓厚的兴趣，很喜欢数数，比如数一数班级今天来了多少名小朋友、数一数楼梯有多少个台阶、数一数班级里有多少毛巾，等等。于是老师根据幼儿的兴趣在衣架上也作出了相应的调整和改进。

（1）用毛根拧成的圈套在架杆上，固定每位幼儿衣架的位置，以此解决衣架滑动的问题，同时也方便幼儿找到自己的衣架。

（2）在每个衣架上添加了序数和幼儿的名字，既可以达到中班幼儿学习认自己名字的目标又融入了中班幼儿学习点数、排序的科学领域教育目标，充分发挥环境教育的作用。

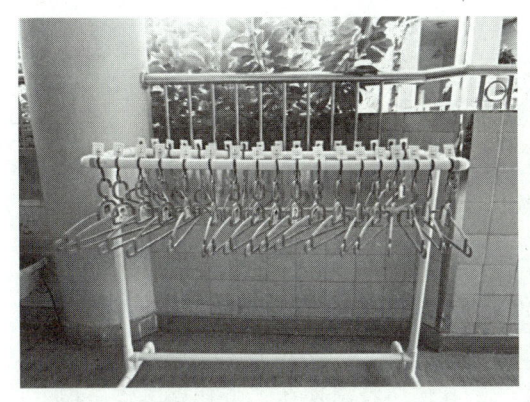

图6-19　衣架有名有家

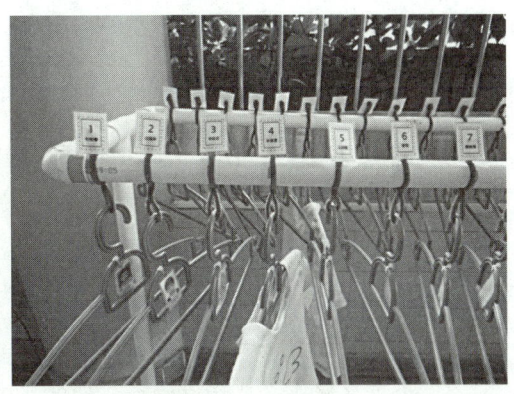

图6-20　数字、名字和照片——对应

图6-21　幼儿按名字、数字和照片，找到自己的衣架并挂好

图6-22　幼儿挂好衣服后的衣架整体效果图

从"会说话的衣架"看出，教师为幼儿提高了情境支架和材料支架，创设利于幼儿生活自理的环境，提供一一对应的材料，在培养幼儿生活自理能力的同时，也促进了科学领域目标的发展。

案例二

会说话的值日生安排表

指导者：莲花北幼儿园罗婉冰、黄燕凌老师

指导班级：中二班

根据幼儿的年龄特点和发展需求，我们充分创设条件和机会，给予幼儿各种支架指导。在新学期开学初我们就组织幼儿一起制定了以下活动版块"今天我是管理员"的活动规则,加强幼儿的服务意识和管理能力。管理员每天都会认真、仔细地做好管理工作,在每天小结的过程中管理员都能发现其他幼儿的优点并分享出来,比如:冬冬会自己整理好书包。

图6-23为"我是管理员"的整体图,图6-24~图6-26则是详图。图6-26中用图、文字和颜色说明幼儿作为管理员需要履行的职责;图6-25的手环的颜色与图6-23的职责一一对应,幼儿可根据自己想要承担的职责选择颜色手环或者根据喜欢的颜色选择对应的管理员职责,佩戴手环幼儿之间可互相督促、提醒;图6-27则是幼儿用自己的表征画来解释不同日期对应的管理员职责。整个环境从三方面保证幼儿理解"我是管理员"活动,通过这些材料和情境指导幼儿自主成为管理员,并自主开展管理员活动。

为了更好地记录和保留幼儿的学习痕迹,我们还特别设计了值日生工作安排表,以提供材料支架。幼儿每天可以在安排表上记录下自己的选择。考虑到幼儿的年龄特点,安排表采用的是名字印章的记录方式,幼儿通过安排表认识和学习

图6-23 今天我是管理员

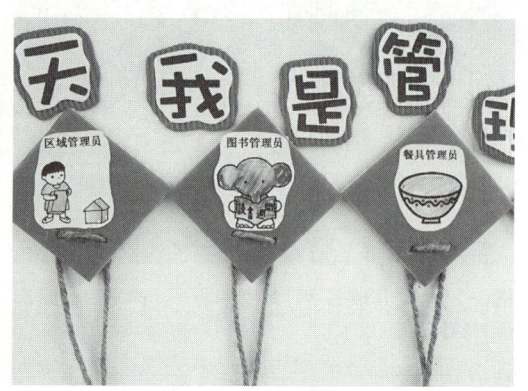

图6-24 幼儿职责说明

图6-25 彩色手环

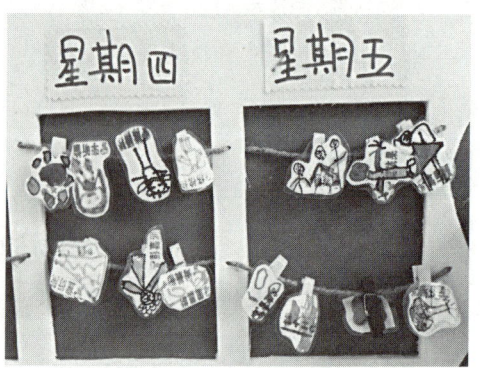

图6-26 幼儿的表征画

表格的正确使用方法，了解对纵向、横向这种记录方式，掌握并了解星期的时间概念和今天自己的职责工作。

图6-27 值日生安排表

案例三

会说话的天气预报

指导者：莲花北幼儿园李萧、邓茂婷老师

指导班级：大三班

"天气预报"板块主要是培养幼儿对时间、天气概念的掌握。

材料：

（1）可操作数字卡1~12、1~31、星期一至星期日，年月日底板（见图6-28）。

（2）画笔、画纸、名字印章（见图6-29）。

（3）二十四节气、记录天气的步骤、天气情况图标、天气记录人登记表。

图6-28 操作材料　　　　图6-29 画笔、画纸和名字印章

操作过程：

（1）每天的天气管理值日生负责更换"小小气象站"的日期。

（2）用绘画的形式把天气记录下来。根据天气情况，幼儿用表征图画上对其他幼儿的提醒，如天气炎热，要多喝水，就画一杯满满的水；要及时换衣服，就画一件衣服（见图6-30）。

（3）在"天气记录人登记表"上填上日期、盖上名字（见图6-31）。

（4）在晨谈活动时给全体幼儿播报日期和天气。

（5）幼儿补充温馨提示，联系二十四节气等资料谈谈天气变化的原因。

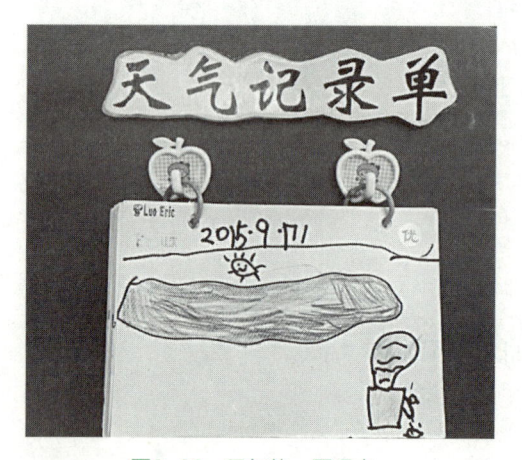

图6-30　天气热，要喝水

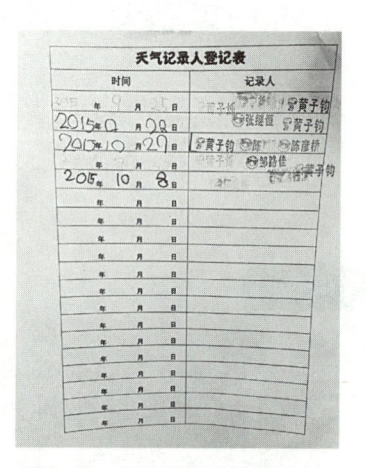

图6-31　天气记录人员登记表

分析：

（1）每天更换日期可以帮助幼儿了解"年、月、日、周"的周期和学会数数。

（2）用绘画的形式记录天气发展了幼儿的表征能力、记录能力、逻辑思维能力。

（3）做"天气记录人登记表"可以帮助幼儿学会日期的记录，增强幼儿的责任意识。

（4）给全体幼儿播报，提高了幼儿的语言表达能力，培养幼儿的勇气。

（5）幼儿补充温馨提示，可以增长大家的生活常识、社会知识。联系二十四节气可以促进幼儿对中国节气的认识，了解农作物的生长。

案例四

会说话的点名游戏1

指导者：莲花北幼儿园李红、徐梦圆老师

指导班级：大一班

材料：有四栋房子的纸板、幼儿名帖、数字帖。

操作过程：

（1）将全班幼儿名字卡片分为四组分别粘贴在四栋房子里，其中两栋分别是10人，另外两栋分别是9人。每栋房子分为两部分，左边是已到部分，右边是未到部分（见图6-32）。

（2）每天一名幼儿来点名。（因此时已经是大班了，幼儿对班级其他幼儿非常熟悉，对他们的名字也非常熟悉，偶尔出现不熟悉念不出的情况，老师或其他幼儿会提醒），点名时把未到的幼儿名字粘贴在房子右边未到处。

（3）每点完一组就把这组已到的人数和未到的人数，记录在相应的地方。（原来幼儿是一个一个的点数，大班的幼儿随着年龄的增长可以两个两个的数或五个五个的数）（见图6-33）

（4）同样的方法统计出另三组当天已到和未到的人数。

（5）最后统计出全班当天已到总人数和未到的总人数。

图6-32　4个房子　　　　　　　　　图6-33　幼儿统计

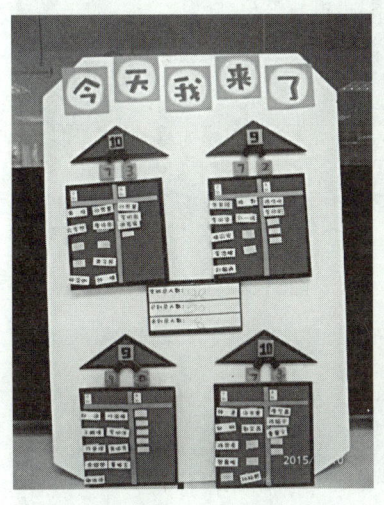

支架作用：

（1）通过点名的方式了解未到人数和原因，增进幼儿之间的相互关爱。

（2）两个两个或五个五个地点数，增强幼儿的点数能力和数概念的理解。

（3）幼儿把统计好的已到和未到的人数记录下来，是对10以内的分解和组合，这是在生活中学习数学，比起生硬的学习10的分解，这种方法更容易让幼儿接受和理解。

案例五

会说话的点名游戏2

指导者：莲花北幼儿园李萧、邓茂婷老师

指导班级：大三班

材料：

（1）分组小房子，每座房子分为"已到"和"未到"两边，每个幼儿一个格子；

（2）幼儿名字卡片；

（3）房子的名字及表征图；

（4）总人数统计图。

教师通过材料支架和情境支架，促进幼儿多方面综合发展。

操作过程：

（1）幼儿自由分组、取组名、绘画表征图，把自己的名字贴到自己所选组的房子内（见图6-34、图6-35）。

（2）每天由本组的值日生负责统计已到和未到的幼儿，并用数字记录。

（3）在晨谈时播报本组情况："我们是什么组，一共多少人，已到几人，未到几人。"

（4）每组播报正确以后，全体幼儿统计全班已到与未到人数。

分析：

（1）让幼儿自由分组、取名、自由绘画表征图的方法，充分的调动了他们对活动的兴趣，促进了他们的集体荣誉感。

（2）记录数字能帮助幼儿初步学习到数字的书写。了解到数字可以解决实际问题，不是为了学习而学习。

（3）每天的播报总人数、已到人数、未到人数，可以加强幼儿的逻辑思维，学会数字的分解。

（4）幼儿各自想办法统计全班已到与未到总

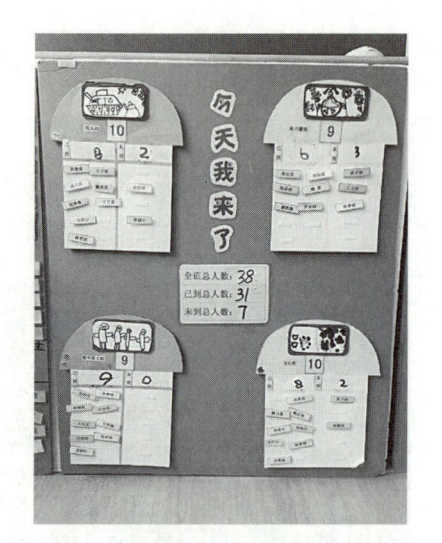

图6-34 已到和未到

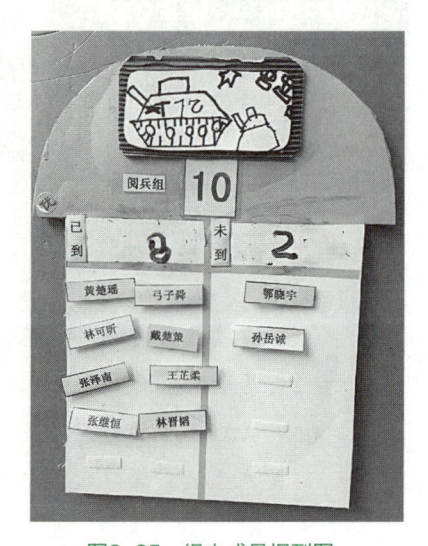

图6-35 组内成员报到图

人数是各幼儿之间互相学习数学知识的好时机。有的幼儿会用一个一个点数的方法，有的幼儿会用两个两个点数的方法，有的幼儿还会用倒数的方法。能力比较强的幼儿甚至会用到凑十法来加减运算出总人数，对于这些方法，老师会请他们说一说他是怎样算的，有的接受能力强的幼儿听了几次便学会了。个别能力超强的幼儿还会说到乘法，由此可见，幼儿的学问是非常广阔的。这些环境的支架，就能让幼儿之间进行自主学习，让他们更加自由、自主、自在的学习与成长。

二、支架式指导能力在学习区活动中的提高

《国家中长期教育改革和发展规划纲要2010—2020年》《3~6岁儿童学习与发展指南指南》都明确规定，幼儿园要以游戏为基本活动。在莲花北幼儿园和第九幼儿园，学习区是实现幼儿游戏的主要载体，教师通过对学习区提供多种支架策略，让幼儿在游戏中得到发展。

（一）学习区中的情境支架

案例一

小小整理员

指导者：第九幼儿园金虹、张华苑老师

为了让幼儿在学习区实现规则与游戏的和谐发展，教师将每个学习区的柜子或玩具柜都添加标识，将分类规则、材料的摆放位置等都嵌入隐含的环境标识中。这样可以让幼儿清楚学习区内材料的摆放规则和位置，让幼儿养成自主整理学习区材料的习惯。教师视材料的整理为活动的一部分，在介绍新的活动材料的使用后，会介绍材料的整理与摆放方法；对于整理起来比较复杂的区域或材料，我们会提前提醒幼儿开始整理，以便有充足的整理时间。区域活动材料的整理重点在于让幼儿清楚整理的步骤，一件一件事情做好，避免混乱。每一份活动材料都有明显的标识，包括为幼儿提供临时存放操作单或美工作品的空间（如柜子、筐子等），让幼儿熟悉每份材料的位置；为幼儿提供清晰的整理步骤图和必需的整理工具（如抹布、小扫把、小簸箕等），教给幼儿收拾、整理的有效方法，这样幼儿才能做好整理的工作，才能养成良好的习惯。

各年龄段的环境标识不一样，这主要是根据幼儿的发展水平决定的。

小班学习区标识：以具体形象为主，便于小班幼儿辨认和记忆，如动物、物体的简笔画，物体的实物图等。

中班学习区标识：以数字、形状为主，符合中班幼儿认知水平，如几何图形、数字、英文字母等。

大班学习区标识：相对提高难度，一般为常用汉字、幼儿的表征画等。

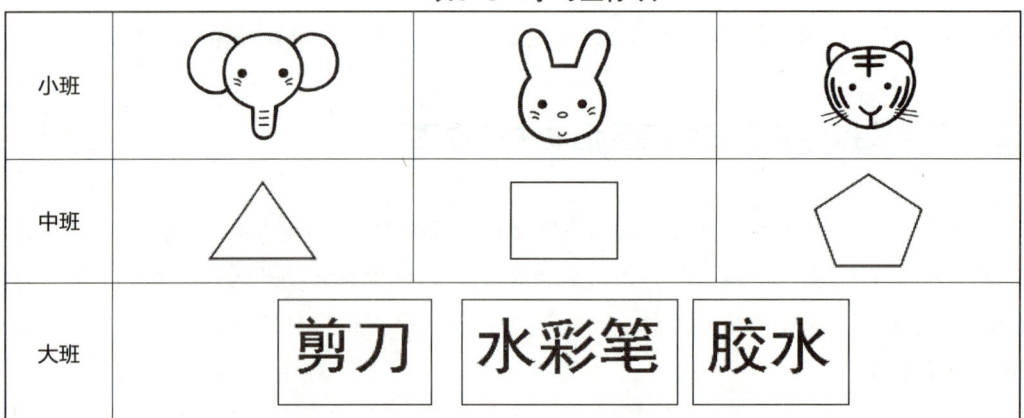

表6-3 学习区标识

小班	🐘	🐰	🐯
中班	△	□	⬠
大班	剪刀	水彩笔	胶水

"小小整理员"中的环境标识，是教师所提供的情境中的一部分，从这个案例可以看出教师在学习区中提供的情境支架帮助幼儿内化了学习区的规则。

（二）学习区中的问题支架

学习区的问题支架基于教师的观察。幼儿在学习区游戏时，往往会碰到很多问题需要教师的介入与指导，而教师的问题支架能启发幼儿自主思考，尊重了幼儿的主体地位。

案例二

房子会不会倒呢

指导者：第九幼儿园李国丽老师

指导对象：中班耀耀

耀耀计划建房子，他先用三块长方形积木竖起来不断垒高房子，搭建到第三层时，房子倒下了。他看到房子倒了，挠挠头继续重建，但方法还是跟原来一样，结果还是倒下了。他连续重复了3次，抬起头看到我，询问我怎么样才能不倒。我走到他旁边，拿起长方形积木边搭建边说："如果把长方形积木换一个方向，你说房子会不会不容易倒下来呢？"耀耀看了看我说："老师，我也会这样。"说完他拿起长方形积木试着斜着搭建、竖着搭建和横着搭建，最后他发现横着搭建房子不倒。不一会儿房子搭建到四层了，小家伙脸上露出笑容说："看，我的房子搭建到四层了，我的房子很稳的，我还可以搭建得更高。"小家伙边说边把手比得高高的。

观察反思：

面对幼儿的询问时，教师要学会等待，适时抛出问题，让幼儿自主探索。教师如果不耐心等待，过早介入幼儿的活动，就可能导致幼儿原本富有创造性的想象活动因一个标准答案的出现而告终。教师在介入幼儿活动时，应该基于对幼儿的观察之上。

表6-4 介入的时机

介入方法	观察	案例
暂缓介入	当幼儿发生技能困难时	如幼儿不知道怎样将天桥的楼梯与梯面连接起来时
	当幼儿游离于游戏情形时	如大家都在拼插，幼儿不知道自己想做什么及怎么做时，教师先给他时间观望他接下来干什么
	当幼儿在延伸或扩展游戏内容有困难时	教师应鼓励幼儿自主思考
立即介入	当幼儿出现负面行为时	如两名幼儿争抢积木，有攻击行为时
	当环境中因人群拥挤或使用材料、工具而产生安全隐患时	如幼儿在实心木制积木搭建的高楼旁边游戏时，楼房易倒塌，会砸伤幼儿

表6-5 问题支架过程

观察	思考	问题支架
耀耀用三块长方形积木竖着放不断向上垒高建构房子，在搭建第三层时房子倒了，耀耀试了3次同样的搭法，结果都一样	1. 即使遭遇困难，他仍继续做下去（在面对挑战时，展现毅力） 2. 他注意到有问题，但好像不能了解是什么原因造成的（探索因果关系） 3. 我要如何帮助他找出解决问题的方法呢	1. 问：你认为房子为什么会倒下来 2. 提出建议：我在想，你要怎么样才能让房子的底部更稳固 3. 方法：把长方形积木横着放会不会比竖着放更加稳固

以上2个案例中教师多次采取问题支架。问题支架是学习区中最为常见的支架策略，教师将问题抛回给幼儿，有利于保护幼儿的好奇心，将探索主体还给幼儿。

（三）学习区中的材料支架

材料是幼儿学习区游戏的载体，教师有目的的在学习区中提供材料指导对游戏价值的实现至关重要。

如第九幼儿园的建构区材料投放如下。

表6-6　建构区材料

项目	小班	中班	大班
成品材料	各种形状的大型积木、中型积木和小型积木等（数量可稍少于中班）	各种形状的大型积木、中型积木和小型积木等（数量可稍少于大班）	各种形状的大型积木、中型积木和小型积木若干
辅助材料	木板、大小不等的箱子、易拉罐、绳子、塑料管、小车模型、线、石头、建筑模型、建筑图片、测量工具、插塑玩具、雪花片、张贴画、自制交通标志、花、草、楼房、小人和动物的立体摆件、幼儿积木作品照片等	木板、大小不等的箱子、易拉罐、绳子、塑料管、小车模型、线、石头、建筑模型、建筑图片、测量工具、插塑玩具、雪花片、张贴画、自制纸盒积木、交通标志、花、草、楼房、小人和动物的立体摆件、小木桥、幼儿积木作品照片等。记录用的纸和笔、统计各种材料数量的表格等	木板、大小不等的箱子、易拉罐、绳子、塑料管、小车模型、线、石头、建筑模型、建筑图片、测量工具、插塑玩具、雪花片、张贴画、自制纸盒积木、交通标志、花、草、楼房、小人和动物的立体摆件、小木桥、幼儿积木作品照片等。记录用的纸和笔、统计各种材料数量的表格等。设计师等分工的名牌挂牌
学习指引	教师引导幼儿学习铺平、延长、围合等构造技能搭建简单建筑物	教师引导幼儿用铺平、延长、围合、盖顶、加宽等构造技能搭建各种造型的建筑物	教师可引导幼儿学习整齐匀称的构造，选择使用辅助材料，建造结构复杂、装饰精巧的建筑物或建筑群
实操建议	1. 在各班睡室已设置"建构区1"的基础上，可在睡室另设一个以拼插桌面小玩具为主的区域"建构区2"（3~5人），为"建构区1"进行补充。如：建构区1在搭建社区的主体，建构区2的可拼插社区内的局部，小超市、小文具店等，然后分别放置到主体中。既解决建构区人员容纳和常规的难题，又可以提高幼儿的合作能力，还能平衡睡室与课室幼儿的人数，提升教师配合的效益 2. 各班增加辅助材料，丰富幼儿的表征 3. 对现有的成品材料进行分类摆放		

案例一

投放材料，创设科学环境，培养幼儿的动手动脑能力

指导者：第九幼儿园曾小娟老师

指导班级：中班

幼儿的思维特点是具体形象性，而操作材料是幼儿思维的基石，脱离了操作

材料的探索将是一纸空谈。幼儿是通过直接接触材料、动手操作材料、充分感知材料、反复体验材料来学习科学的。教师在科学探索活动中，合理、科学、有序地为幼儿提供有关探索材料，让幼儿动手、动脑、动口，对培养幼儿的科学探究能力是非常重要的。

有一天，一位幼儿在脱衣服时听到了"噼噼啪啪"的声音并感到有点刺痛，觉得很奇怪："是什么弄得我这么痛？"另一个孩子说："有时我脱衣服时也会感到痛，晚上还能看见一点点的亮光呢！"许多幼儿也有同感，都十分好奇。

抓住了这个契机，我们在科学区分批投放不同材料，让幼儿通过操作感知"静电"现象。第一次，我们投放了纸屑、塑料玩具、积木和笔等。幼儿们非常感兴趣，设法把纸屑吸起来。幼儿们在探索中发现：只要将笔杆在衣服或头皮上摩擦或用手不停地与笔杆摩擦，笔杆就能将纸屑吸起来。于是，他们认为任何东西摩擦后都能将纸吸起来。对此，我们没有急于否定，而是再次投放了一些铁质小棒、不锈钢盖子、积木、玻璃杯等材料，让幼儿通过实验操作，自己去发现问题。当幼儿发现不是所有东西摩擦后都有吸引力时，我们及时向幼儿讲解了有关静电的知识，解开了幼儿们心中的疑团。接着，我们又投放了不同大小、质地的纸屑，如绉纸、蜡光纸、橡胶纸、塑料纸等，并提出问题："你能通过摩擦将这些纸吸起来吗？"引导幼儿进一步感知静电现象与物体质地的关系。

案例二

爱脱壳的虾

指导者：莲花北幼儿园何静霞老师

指导时间：2013年9月—2014年11月

幼儿园新学期刚开学，我发现我们班有许多幼儿都在讨论虾，有的幼儿晨间入园进班，会和我说"昨天，我吃了虾"，也有的幼儿表示和妈妈买菜，看到很多虾，有各种各样的。于是，我在晨间谈话时，以吃饭吃了什么为切入点，引入了虾的话题，幼儿们都说虾很好吃，很有营养，但不好剥掉外面硬硬的壳。一个幼儿说"我见过虾子脱壳"，其他孩子都表示很想看虾子脱壳。于是第二天，有一名幼儿就带来了一只虾，我将这只虾投放在科学区，幼儿们观察兴趣颇高。

作为小班的他们几乎每天都会跑到科学区观察虾，然后一起交流讨论。通过虾的材料投放，我发现小班幼儿已经能对感兴趣的事物仔细观察，并发现其明显特征，如"虾子有胡子""这只是虾妈妈还是虾爸爸"等，部分幼儿还能用多种感官、动作去探索虾，给虾换水是他们最喜欢做的事，此时他们能真切感受到虾的活蹦乱跳。

11月13日，幼儿突然发现科学区的虾蜕壳了，幼儿们可开心了，一有空就跑去观察，许多幼儿还将蜕了壳的虾与壳一起画了出来（见图6-36、图6-37）。

图6-36　虾脱壳　　　　　　　　　　图6-37　幼儿在画虾

虾一直放在科学区，到了2014年4月，有幼儿突然又发现虾子蜕壳了。这个时候，幼儿已经有了前期的观察经验，我引导幼儿有意识地观察虾，学习观察的基本方法，如我在科学区增加了放大镜，支持孩子的观察，同时支持和鼓励孩子在探究过程中积极动手寻找答案，如虾为什么会脱壳，一般什么时候脱壳，下一次脱壳会是什么时候，幼儿又开始新一轮探索……

到了中班，虾仍然放在科学区，幼儿们开始比较现在的虾与以前的不同，许多幼儿说现在的虾看起来更老了，身体更红了，胡须更长了……幼儿们能对观察的虾与之前的虾做观察比较，发现其相同与不同，同时能根据观察结果大胆猜测，观察到第二次脱壳的幼儿们这次可是有多种活动来探索，如部分男孩在建构区给虾搭大型城堡，有的在美工区画出美丽的虾，有的想着虾喜欢吃什么。

2014年9月，新学期一开学，幼儿就发现虾箱里有一层壳，幼儿们由此推断虾在暑假期间蜕壳过。到了11月，幼儿发现虾又开始蜕壳了。幼儿们发现虾蜕壳的越来越快，以前很久才蜕壳一次，现在却很快。从幼儿的交流中看出，幼儿已经能感觉到虾蜕壳的时间间隔不同，于是我以此来启发幼儿，问：为什么虾蜕壳的时间不一样？幼儿们不仅展开讨论，也开始走出班级，询问厨房的王伯伯，有的更是反复与爸爸妈妈探讨此问题。

我将虾投入到科学区一年多，这一年多时幼儿始终对虾高度关注，并由此引发了许多有意义的探索。这说明我们要支持幼儿在接触自然中积累有益的直接经验和感性认识，并要引导幼儿不断思考，尝试进行简单的推理和分析，并学会向他人寻求帮助解答自己的疑惑。

以上两个案例均是教师在学习区中采取的材料支架策略的案例。材料是游戏活动开展的载体，教师基于对幼儿的分析投放适宜的材料，有利于发挥材料的价值，实现学习区承载的价值。

三、支架式指导能力在运动活动中的提高

《3~6岁儿童学习与发展指南》规定，幼儿每天的户外活动时间一般不少于2小时，其中体育活动时间不少于1小时，并且要开展丰富多样、适合幼儿年龄特点的各种身体活动……这都说明运动活动在幼儿园中的重要地位，莲花北幼儿园和第九幼儿园的老师通过对幼儿运动活动提供各种支架策略，特别是材料支架和示范支架，有效促进幼儿运动活动开展与实施。

（一）运动活动中的情境支架

> **案例**

幼儿园运动活动场地规划

指导者：莲花北幼儿园陈晓燕老师

为了创设安全有序的运动情境，教师们对整个幼儿园的运动活动场地进行了整体规划，基于幼儿运动活动的目标、兴趣，和场地的特性，不同场地承载了不同的功能，如前花园承载翻滚、弹跳、平衡的功能；生态园承载投掷、前庭觉功能；操场承载大运动功能；走廊承载钻爬走跳的功能；音乐厅承载单脚跳、投掷功能……并且基于不同的功能，为不同场地提供不同材料，设置不同标识指引，创设有序的运动情境，以室外生态园和音乐厅为例。

从图6-38中可以看出，教师为幼儿运动活动创设了安全、有序的活动场景。

图6-38 室外生态园的运动活动使用指引

(1)"责任人"一栏和"存档总表"中对材料种类、数量的说明是规定此场地归于哪个班级管理,并且标明此场地的器材序号、数量,说明该班级应该如何管理此场地或者管理哪些任务,为幼儿有序使用器材创设情境。

(2)"主要功能"一栏对应配图的材料及图片,说明目标如何通过材料实现,幼儿应如何使用材料,一一对应,让幼儿知道自己要做什么及怎么做,创设有序环境,让幼儿自发自主运动。

(3)"适用年龄"与"幼儿必须完成的动作"一是用黄、红、蓝三色一一对应,潜移默化便于幼儿查看自己应该完成的活动及自己适合的玩具,支持幼儿自主选择适宜性材料。

除运动场地设置的运动活动标识指引外,在细微之处教师也用心设置安全有序的运动情境,如图6-39、图6-40所示。

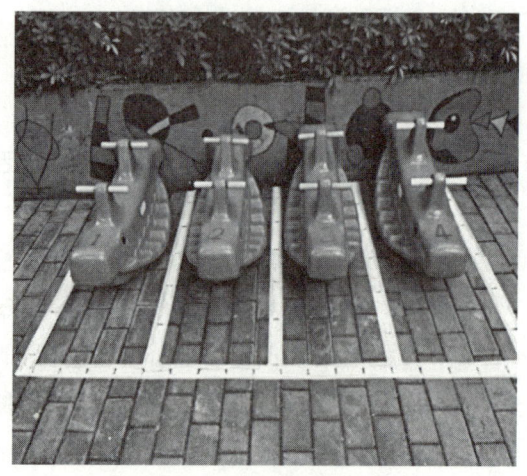

图6-39 直线直角布局标识　　图6-40 标识标签指引

教师通过在运动中提供情境支架策略,创设有序、安全的环境,让幼儿产生信赖感和安全感,让幼儿知道自己能做什么活动、必须完成什么活动、可以选择什么材料完成或游戏,这些都能让幼儿自发、自主、自由开展运动活动,促进运动目标的实现和实现幼儿在规则中的自由。

(二)运动活动中的材料支架

材料是支持幼儿开展体育活动的载体。提供丰富多样、多结构、多层次的运动材料是运动活动组织与实施的关键。教师在开展运动活动时,根据走、跑、跳、钻、爬、跳、投掷、平衡等目标,分别提供不同材料,并且根据对幼儿的观察,给幼儿提供适宜的材料,发展他们的体能,也同步发展他们的聪明、德行等目标。

如壮壮最近一直围绕着教室转圈圈或者在户外围绕着滑梯一直转，对"旋转"或"圆"特别感兴趣，教师查阅相关资料，发现这是因为他对"圆"或"圆形"材料感兴趣。于是在体育课上，教师为壮壮提供了轮胎和球，以满足壮壮的对"圆"相关的活动的需求。壮壮玩得不亦乐乎，他推着轮胎、拖着轮胎或者玩球，不仅锻炼了体能，也同时发展了对"圆"的认识。

（三）运动活动中的示范支架

在运动活动中，安全尤为重要，教师应该要让幼儿具备安全运动能力，学会自我保护；动作发展能力也很重要，教师应让幼儿掌握较准确的器材使用能力和运动能力，要保证器材"使用专业化"和"动作标准化"（见图6-41），如区分立定跳远和单脚连续向前跳的动作技能的区别。

图6-41 安全指导与动作标准化

四、教师在专题活动中的支架式指导能力的提高

专题活动主要以"我、家庭、园区、深圳、中国、世界"的六个维度的内容为主，教师在这六个专题的设计、组织与开展中得到了很大发展。

案例一

专题活动《幼儿园》中的教师的支架作用

指导者：莲花北幼儿园林美香老师

指导班级：中三班

中班第一学期《幼儿园》专题探究活动刚开始，我向幼儿抛出了一个开放性问题"我们的幼儿园是什么样的？"每个幼儿都积极表达，说："幼儿园很漂亮很整洁。""教室的阁楼我最喜欢了，我希望我们家也有一个阁楼。幼儿园的沙池最好玩，有各种各样的玩沙工具。"

1. 基于幼儿的兴趣，丰富专题活动内容

幼儿的话说明他们对幼儿园充满浓厚的兴趣和好奇，让我受到很多启发，也为专题的深入开展提供了清晰的思路。

在一次分享活动中，4岁半的涵涵给大家描述了一幅画"一筐满满的皮球"。涵涵是这样描述的："我最喜欢装在筐里的皮球了，我从来没见过这么多好看的皮球，但我不知道有多少个。你看，我画满了一筐，觉得皮球不止这么多，但已经没地方画了，只能让皮球变成小小的。"

涵涵的话引起大家的热烈讨论，大家纷纷说："是呀！我也想知道筐里的皮球有多少。"大家开始猜到底有多少个皮球，为为说："可能有100个皮球吧。"麦子说："没有100个，我猜有60个皮球。"……

在他们猜来猜去时，我说："除了猜一猜，还可以怎样知道答案呢（问题支架）？"聪明的熠熠马上举手说："我们去数吧。"幼儿们觉得这个办法很好，就结伴数皮球。点数时还有具体分工：我们两个数，你来记。好玩的数皮球引发了更多幼儿的兴趣（见图6-42、图6-43）。

幼儿的记录过程非常有趣：装皮球时，口袋口是对着我的，第一次画的口袋装不下皮球的数量，再加一个在外围，这样皮球不会滚出来（见图6-44、图6-45）。

图6-42 数皮球

图6-43 装皮球

图6-44 记录单

图6-45 做记录

但在分享时，幼儿们对点数结果有争议。我发现口述数量与记录数量不相符的原因是：口述的小朋友速度快，记录的速度稍慢，导致结果不一致。我于是问："为什么会这样呢？"（问题支架）还让幼儿一起找原因，通过"集思广益"

的讨论，幼儿们提出要"一起先数，记住总数，再记录下来"。为了帮助幼儿及时记录结果，我设计了含有"班级、姓名、记录时间、数皮球的同伴等信息"的记录单（材料支架），支架幼儿点数活动。我还有意识的增加或减少一两个皮球（情境支架），让每一组的点数结果都不一样。

在观察中，我还发现，幼儿在操作过程中不但表达了对皮球数量的关注，还有另外的思考和发现：用布袋装皮球能装得很多吗？（这些是幼儿们探究容器与皮球的关系），怎样装皮球不容易滚出来？于是我开始引导幼儿寻找一种更好的装皮球的方法……幼儿们的这些兴趣点，是专题活动丰富而宝贵的探究内容，让我能够不断捕捉幼儿的兴趣，开展属于幼儿自己发起的有趣的探索活动。

结合幼儿园自身的条件，通过教师的专业支架将专题活动不断深入，建构富有本土特点的课程知识结构。

2. 基于幼儿的需求，激发幼儿主动探索

幼儿园里的一草一木，一事一件，都是幼儿们探究和表达的对象。

《幼儿园》专题活动开展中，探索楼层的小组来到幼儿园三楼西侧楼梯口，看到楼梯口的那扇门，幼儿们问："这个门怎么锁住了，我们想上去看看。"（见图6-46）我把上面的"温馨提示"读给他们听，下面标记是"禁止幼儿进入"，幼儿们听后，一个个都追着问："为什么？"于是，我立即对幼儿进行了天台有危险的安全的教育。然后，开门带领他们来到三楼的天台上。原来神秘的门是通向楼顶的（情境支架）。

图6-46 幼儿发现门被锁住了

幼儿们来到三楼东侧，这个不高不矮的楼梯引起了幼儿的热烈讨论，对幼儿园的探索活动持续升温。伊伊说："体育室要上楼梯，在四楼吧？"幼儿们都说："三楼有体育室呀，老师也这样说，没有四楼。"幼儿们争议不止，都想寻找答案。我在旁边点头不语，让幼儿们继续争论。

最后大家达成一致，决定用数楼梯的方法解决这个问题。通过点数楼梯，幼儿发现从一楼上到二楼，从二楼上到三楼的楼梯都是26级台阶，而从三楼上到体育室只有9级台阶。大家觉得不对，再多数两遍，没错，是9级台阶（见图6-47）。幼儿疑问："那到底算不算4楼呢？"这时我想到教室的阁楼，于是问："我们教室的阁楼在几楼？"聪明的幼儿们一下子就受到启发，茗茗、楠楠他们不约而同说："我知道了，体育室就是三楼的阁楼"。为了让幼儿有个明显的比较，我提供了学习单（见图6-48）（材料支架）。让幼儿从现场感知体验，再回到学习单中的数量比较，得出正确的结论。

图6-47　咦，这怎么只有9级台阶

图6-48　学习单

探索楼层的活动从发现问题—激烈讨论—想出办法——解决问题，老师巧妙地激活了环境的教育功能，满足了幼儿们的探索需求。幼儿探究幼儿园的故事，让我深深体味到"幼儿在前，老师在后"的教育思想真谛，从幼儿的兴趣、经验、需求出发，创造性地采用多种形式的支架策略，帮助幼儿积极地不断探究、发现，培养良好的思维习惯，促进幼儿的有效发展。

在案例中，老师运用了问题支架（你怎样知道皮球有多少？到底是三楼还是四楼？）、材料支架（皮球数量记录单、楼梯学习单）、情境支架（有意识减少皮球的数量；打开三楼大门，支持幼儿探索）等支架策略，来激发幼儿的思考、拓展幼儿的学习，即着重于幼儿的"学"——帮助幼儿在专题活动中获得解决问题、创造性思考、自我表达、口语沟通、人际互动、利用数学解决生活中的问题等有益的学习经验。

三位一体课程的建设和教师专业成长永远只能是一个过程，只能是不断走向成熟和专业的过程。在这个过程中，教师得到了历练，在专业化的道路上更加成熟，同时三位一体的园本课程也更加丰满和生动。通过以下两位老师的教育感悟可以看出教师借助专题活动，通过支架指导，得到了专业化的发展。

案例二

种子和园丁的故事

指导者：莲花北幼儿园邓茂婷、李萧老师

指导班级：大三班

在跟幼儿一起进行《大海》专题探索活动中，我感到老师和幼儿的关系就像园丁和种子的关系，幼儿是一颗颗无名种子，老师是园丁，让每一颗种子能按照自己的种类开花结果。

在这里我用了三个支架策略来支持幼儿的发现和学习，让他们自由、自主、自发的成长。

1. 材料支架

在收集专题材料时幼儿们带来了很多相关的书籍，我觉得这是一个很好的教育契机，就带领幼儿创建了我们班级的小小图书馆，开展了"书籍借阅"的活动。活动中发现中班幼儿还不会书写，我就紧紧跟在后面，帮助小朋友将书籍编号码，这样就可以帮助幼儿进行借书登记。你看，这是幼儿在自主使用"借书登记"。由小朋友做"登记借书记录"可见，他们不但学会了日期的记录和计算，也真切了解了数字可以解决实际问题，不是为学习数字而学习。此外，通过借、还书籍，他们懂得了遵守借阅规则，爱护他人的物品；与父母一起阅读也增进了亲子之间的关系。"书籍借阅"活动是专题活动中衍生出来的一个活动，它为大海专题活动提供了大量的海洋书籍，丰富了幼儿的海洋知识，还促进了幼儿整体性的发展，我想这就是整合性教育的力量。

图6-49 幼儿自主登记借阅书籍

2. 问题支架

浩辰听了其他幼儿对贝壳的介绍后，产生了疑问："扇贝的壳我们都叫它贝壳，那么螺的壳也叫做贝壳吗？"我知道贤贤刚刚看过《贝壳》这本书，于是跟了一句话，"贤贤，你知道吗？"将球抛给了幼儿，促进幼幼互动。贤贤马上想起来了，大声说，"班上有这样的书，我们可以一起来找答案！我还观察到，幼儿还主动发起了贝壳分类的活动，幼儿通过观察实物、触摸实物等的方法来研究，他们还通过翻查书籍的方法解决了"螺也叫做贝壳吗？"这个问题（见图6-50、图6-51）。最后，我引导幼儿把这些贝壳和书籍放到学习区里面，让更多的幼儿

图6-50 螺也是贝壳吗　　　　　　图6-51 翻阅书籍寻找答案

在学习区活动的时候自己探究，进行更深层次的探索。

3. 情境支架

皓皓画的《海里的小蝌蚪》，引起幼儿们的热烈争论。有的幼儿说："小蝌蚪不能生活在海水里。"有的幼儿说"会游泳的动物都可以生活在海里面。"幼儿之间发生了认知冲突，纷纷来找我解决，我没有急于告诉他们答案，而是也跟着幼儿的话说，"就是啊，怎样才能知道小蝌蚪到底能不能生活在海水里呢？这真是一个难题，我们要好好想一想。"问题在班上发酵了几天，张泽南带来了小蝌蚪和海水，因为担心小蝌蚪会真的不适应海水，所以可爱、善良的幼儿把两条蝌蚪放在海水里，其他小蝌蚪都放在淡水中，来做对比实验（见图6-52、图6-53）。

第二天一大早，幼儿看见海水里的小蝌蚪死去了，他们都很伤心。他们深刻地悟到"小蝌蚪不能生活在海里"，也解决了第一阶段时提出的必然性问题："会游泳的动物都能生活在海水里面吗？"

图6-52 淡水里的蝌蚪　　　　　　图6-53 海水里的蝌蚪

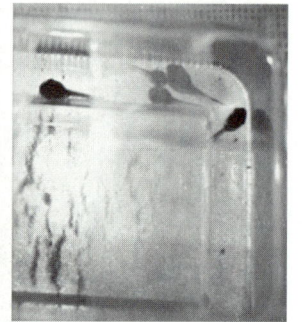

同时，对幼儿的分析我是从四个方面来进行的：解读幼儿的语言、行为、收集的材料和作品。

1. 解读幼儿语言

瑶瑶说："深圳有瑶瑶，有瑶瑶的家。"（见图6-54）从瑶瑶的语言中，我了解到她知道深圳是自己家的所在地，她对深圳已经具有一定的归属感。"具有初步的归属感"是《3~6岁儿童学习与发展指南》社会领域的目标之一。

再听听西西是怎么说的:"深圳有很多房子,有高的,有矮的,高的房子上面会有避雷针。"(见图6-55)从西西的语言中可以看出,她不但知道楼房有高有矮,还能观察到高楼上有避雷针。她是个观察细致的幼儿,她观察的角度是宽泛的。深圳属于发达城市,外出游玩、登高下海等机会多,幼儿可接受的刺激更加丰富,其经验在某些方面更多元,这是我们开展建构主义教学的基础。

图6-54 深圳有瑶瑶,有瑶瑶的家　　　图6-55 深圳的房子

2. 解读幼儿行为

如图6-56所示,请大家猜猜幼儿在做什么?对了,幼儿在找深圳的大海在哪里。请看,幼儿在深圳地图上找到了大海,邹璐佳还在地图上把盐田区和大海都用红色笔圈了出来(见图6-57)。从这个行为中,我们可以看出,幼儿能直观地认识到深圳就有大海,深圳是个海滨城市。在中班第一学期,我们开展了"莲花北小区"专题活动,幼儿在深圳地图上曾经找过莲花北小区,所以这次能很快找到大海,说明他们做了经验的迁移,也体现幼儿对"深圳地图"的认知,以及空

图6-56 深圳旁边的大海　　　图6-57 红笔标出盐田和大海

3. 解读幼儿收集的材料

我们可以通过幼儿收集的东西来分析他们的已有经验和兴趣点，让我们一起来看看他们带来了什么。

益益带来了许多海洋动物的照片，还有很多小朋友带来的海洋动物模型。从这里，我发现幼儿一般都是通过玩具模型、书籍、电视节目等渠道，了解海洋生物的，较少见到实物。幼儿收集最多的实物是各种各样贝壳类，说明贝壳类动物是幼儿最常见、熟悉的海洋动物（见图6-58）。

4. 解读幼儿作品

这是全班幼儿所画的深圳（见图6-59）。其中多数是楼房、树木、汽车和人，这体现了我班幼儿对"深圳"的认知："楼房多""人口多"及"绿化好"。幼儿对房子、树木、车和人这些事物的外形特点的描绘，反映了他们对这些事物质量方面的感知比较充分，幼儿对深圳的概念更多的是直觉感知的层面，这符合幼儿的年龄特点。

这是安安分别在专题开始和结束时所画的鱼（见图6-60、图6-61）。在专题刚开始时，安安只用水彩笔画"一条鱼"。到专题结束时，她采用新的绘画形

图6-58 幼儿收集的材料

图6-59 幼儿眼中的深圳　　图6-60 专题开始时画的鱼　　图6-61 专题尾声时画的鱼

式——刮画来作画，从画的内容上看，鱼的种类很丰富，画面的布局有主有次，凸显了幼儿的绘画能力的进步。

在《大海》的专题活动中，我通过提供四种支架策略，分析了幼儿在专题中出现的语言、行为、作品和收集的材料，发现幼儿在社会性、创造力、空间想象力和数量感知等多方面获得了整合性发展。

通过以上两个活动可以看出教师在专题活动中运用多种观察方法记录幼儿的语音、行为、作品等，并在此基础上对教学活动进行反思，在促进自己观察能力发展的同时，也促进教师更进一步读懂幼儿。

第三节　基于观察的教师支架指导能力的发展

教师通过"健康·德行·聪明"三位一体课程，在观察能力和支架式指导能力上均获得了长足的专业发展。正如我们的课程注重整合性发展，教师的专业发展也同样注重整合性发展，教师在实践中必须学会基于观察的支架指导，将观察能力与支架式指导能力相结合，形成能力共同体。

本节将借用两个活动论述教师基于观察的支架指导能力的发展。

案例一

小问题，大智慧
——以《幼儿园的大人和小朋友》专题活动为例

指导者：莲花北幼儿园潘艳老师

指导班级：中二班

活动开展时间：2013年10月

什么是问题？简单地说是指需要解决还没有解决的事。在幼儿园专题活动的开展过程中，教师要善于在各类活动中发现和挖掘幼儿感兴趣的问题，引导和支持幼儿通过多种途径解决问题，从而获得有益的经验和能力的发展。

1．活动中发现问题

（1）集体团体讨论中找问题

为了了解幼儿对幼儿园的已有经验，老师和幼儿一起进行团体讨论活动。在幼儿说一说、画一画的过程中，观察和发现他们对"幼儿园里的人"这一话题很感兴趣（运用以实况记录为主的观察法），比如有的说到幼儿园里有园长、老师；有的说到幼儿园有厨师、清洁工阿姨、小朋友，还有的说到上学和放学时幼儿园

里还有很多的家长……可见幼儿知道幼儿园有很多工作人员，但不够全面。于是就生成了"幼儿园有多少工作人员"这个问题的探究活动（运用以问题为主的支架式指导）。

（2）幼儿谈话中找问题

对幼儿园工作人员的工作内容，幼儿有如下讨论：雅雅说："园长就是跟小朋友问早上好的。"予予说："园长就是看老师的。"这时有幼儿补充说："我看到晨会时园长给幼儿颁奖、还有幼儿说爸爸妈妈来幼儿园看幼儿活动时，园长还要给爸爸妈妈上课呢。"当幼儿讨论到小王叔叔时，昊昊说："小王叔叔早上要给小朋友开门。"辰辰说："我看见小王叔叔会修大型玩具。"当幼儿讨论到厨房王伯伯时，他们都特别兴奋，因为王伯伯比较少见，有神秘感（运用以事件取样法为主的观察）。轩轩说王伯伯是做饭的……幼儿在讨论中互相倾听，互相学习，获得了很多的信息，老师并不急于给出答案，而是将幼儿的讨论、表征进行了整理并展示在教室里的专题墙上（以提供情境为主的支架指导），为幼儿的互动学习创造了更多的时间和机会。老师发现他们连续几天都在讨论幼儿园里的这些工作人员是做什么工作的，而且经常有一些争论，因为每个幼儿看到和所了解的有所不同（以轶事记录法为主的观察法的运用）。那到底谁说的是对的呢？有幼儿提议去问一问他们吧。问谁？问什么？怎样问呢？于是就生成了"我想采访谁？有什么问题想问他"这一活动（问题支架指导策略的体现）（见图6-62）。

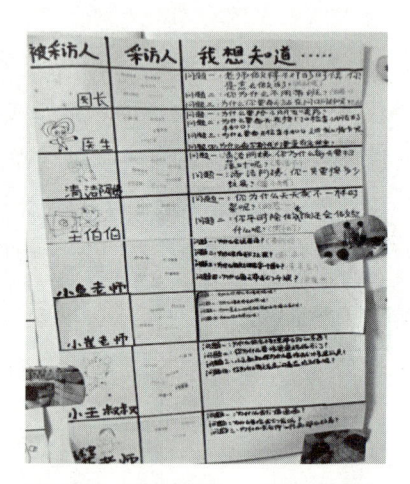

图6-62 "我想知道……"统计结果

（3）在一日活动中找问题

每天晨谈活动，我们会请幼儿数一数当天班上来了多少幼儿。有一天他们对幼儿园里到底有多少幼儿进行了热烈的讨论。允允说："我们班今天来了35个小朋友"。宇宇问："中一班也有35个小朋友吗"？茜茜接着问："那我们幼儿园有多少个小朋友呀？"炎峰说："有80个小朋友吧"。宁远说："肯定不止，应该有100个小朋友吧"……老师发现这是一个很好的切入《幼儿园》专题活动的契机，于是就追问到："那我们怎么才能知道幼儿园有多少小朋友呢？"（运用以日记描述法为主的观察法）于是《幼儿园里有多少小朋友》这个探究活动就此生成了。

2．多种方式解决问题

（1）在观察中解决问题

为了了解幼儿园有多少工作人员，我们带着幼儿观察门厅的"孩子们的大朋友"——教职工照片墙(见图6-63)(以材料支架为主的教师指导策略的体现)。幼儿统计出幼儿园有3名园长、38名老师、5名厨房工作人员等,观察全园教职工照片,很直观地让幼儿清楚到幼儿园工作人员的总数和类别,这是幼儿关于数量要素的探究。

图6-63 参观教职工照片墙

(2)访问调查解决问题

幼儿带着自己的问题,展开了关于"幼儿园工作人员的工作"的调查和访问。幼儿模仿着电视里的小记者拿着麦克风,带着记录单和笔(以材料支架为主的指导策略)进行访问,就像在玩情境游戏一样,兴致特别高,他们仔细地倾听、认真地记录(见图6-64)。通过访问调查,幼儿找到了答案,知道厨房的王伯伯不仅会做好吃的菜,还会做面包、点心;乐天发现王伯伯做饭菜时要穿戴白色的工作服和工作帽;沁轩发现厨房的叔叔阿姨分餐时是要戴一次性手套和口罩的……通过参访活动丰富了幼儿经验,拓展了学习的广度。访问小王叔叔的幼儿也是收获满满,通过访问了解到原来小王叔叔学过修理课,所以会修很多破损的玩具;他每天看监控录像防止坏人进园伤害我们;小王叔叔除了会修大型玩具、还会接电线……这是幼儿在质量方面的探究。

图6-64 采访厨房王伯伯

(3)自主式、协同式解决问题

关于怎样才能知道"幼儿园里有多少小朋友"这个问题,幼儿纷纷说出了解决这一问题的办法,比如问班上老师、数书包、数杯子、数心情卡等。和幼儿商量之后,我们按楼层制作了小班、中班、大班三张调查表,尊重幼儿的意愿,请幼儿自己挑选要调查的班级(见图6-65)。

在调查过程中幼儿和其他班的老师进行亲密友好地互动,在老师的引导下,他们学习着如何和老师礼貌地对话,有的老师还用手势告诉幼儿他们班有34个人,幼儿听完老师的回答后,还进行了验证呢(见图6-66)。他们又去数了数他们班的书包柜,数完后,把结果记录在了调查表上。

图6-65 调查表

图6-66 调查其他班级幼儿人数

当走到中一班教室门口时,萌萌对润霖说:"咦,中一班门口有球筐,我们数一数他们的球有多少就知道他们班有多少个小朋友了。""好呀!"两个幼儿就开始了"数皮球"的活动。"1、2、3、4、5、6,呀!下面的球数不了"。润霖马上说:"球不好数,我去数心情卡。"可以看出幼儿大胆尝试运用自己的方法解决问题,在实际操作中进行自我修正,同伴之间进行协同合作,共同解决问题(以事件为主的观察法的运用与体现)。

当幼儿调查到大班时,刚好碰上大班的幼儿回班整理。这时倩倩跑过去问:"哥哥,请问你们班有多少个小朋友呀?"哥哥说:"我们班有38个小朋友。"当要记录时她有点为难,对我说:"潘老师,我不会写38。"旁边的哥哥说:"我来帮你写吧。"说完拿起笔就写,其他幼儿也围过去看(见图6-67)。写完以后,我引导幼儿:"得到别人的帮助时要怎样做呢?"倩倩马上就跟大班的哥哥说谢谢了(以问题支架为主的指导策略的体现)。幼

图6-67 大班哥哥帮助写数字

儿的社会交往能力在这个小小过程当中得到了锻炼,同时文明礼貌教育也融入了其中。

幼儿还通过数杯子、数椅子、数书包柜等方法了解全园各班人数,他们结伴学习,互相讨论、非常开心(见图6-68)。这种探究的方式有效促进了幼儿同伴间的学习、社会交往能力和数学的认知能力。

在每一次的专题活动中，幼儿各方面能力都会获得很大的提升，老师和幼儿一起经历着一个个生动又有价值的探究旅程，不仅幼儿在学习着，老师也在学习着。过去的教学追求结果，追求幼儿怎样完成老师制定好的目标。现在我们尊重幼儿、追求过程、享受过程，把时间留给幼儿，把问题留给幼儿。我们需要充分了解和敏锐地捕捉幼儿对什么感兴趣，在探究过程中需要什么，并通过观察、分析、支架，让幼儿主动建构概念。

图6-68 数书包柜

案例二

小脚丫旅行记

指导者：莲花北幼儿园秦谊、王田田老师

指导班级：小三班

小班阶段幼儿知识经验不够丰富，但对周围世界充满浓厚的兴趣，探索世界不妨从幼儿最贴近的自身开始。小脚是每个幼儿都有的，却很少有机会仔细观察它。于是，我们通过《小脚丫旅行记》这一专题创设条件让幼儿接触自己的小脚丫，并在游戏中萌发幼儿对身体的探索兴趣。

活动1 沙池里的秘密

教师说："你们发现什么秘密了？"（问题支架）

幼儿说："脚印。"

教师说："我们再踩踩，你又发现了什么？"（问题支架）

幼儿1说："老师的脚印大，我的脚印小。"

幼儿2说："有点冰冰的，软软的。"

教师说："我的脚不见了，到哪里去了？"（示范支架）

幼儿说："（学老师将沙子盖住自己的小脚）我的小脚也不见了，盖住了！"

教师说："我的小脚又变出来了。"（示范支架）

幼儿说："（学老师的样子）我的小脚也变出来了。"

教师说："你们还发现了什么秘密？"（问题支架）

幼儿3说："老师的脚大，我们的脚小。"

幼儿4说："有的脚印高（深），有的脚印矮（浅）。"

幼儿5说："沙子把我们的脚盖住了。"如图6-69所示。

在此案例中，幼儿获得核心经验包括：脚印有大有小，有深有浅，发现脚印与脚的关系。

图6-69 老师和幼儿光脚丫在沙池里游戏

教师分析如下：脚大脚印大，脚小脚印小，幼儿对大小对应关系十分清楚。教师可在日常生活和环境材料上给予幼儿支持，帮助幼儿掌握物体的归类、分类等（实况观察法与情境、材料支架）。

如图6-70、图6-71所示。在教师的支架策略下，幼儿开展的个别探究活动。

图6-70 物品归类

图6-71 一一对应

活动2 比一比，谁的脚大

幼儿围坐在一起翻阅自己小时候的照片。

幼儿1说："小时候我的小脚很小，现在我的小脚很大。"

幼儿2说："我们来比一比，是谁的脚大啊？"

幼儿3说："我的脚比你的脚大，你的脚小。"

幼儿4说："我的脚最小了。"

幼儿3说："我的鞋子还比你的鞋子大呢。"

幼儿4说："我和豆豆的小脚一样大。"

幼儿5说："我的鞋和彬彬的鞋都有16。"

幼儿6说："和爸爸妈妈比一比，我的脚最小，爸爸的脚最大。"

幼儿7说："长大后，我们的脚就和爸爸的脚一样大。"

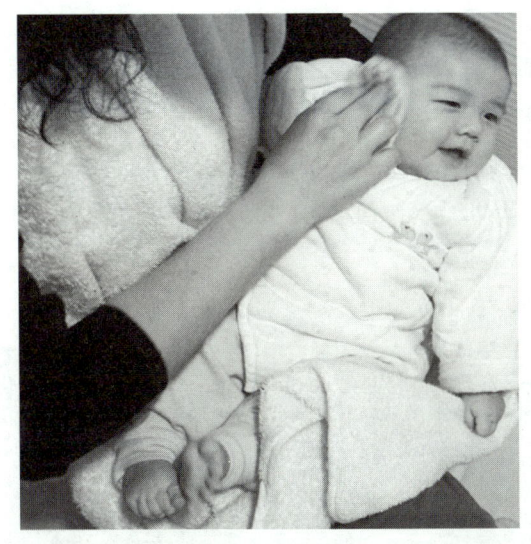

图6-72　小时我的脚丫小

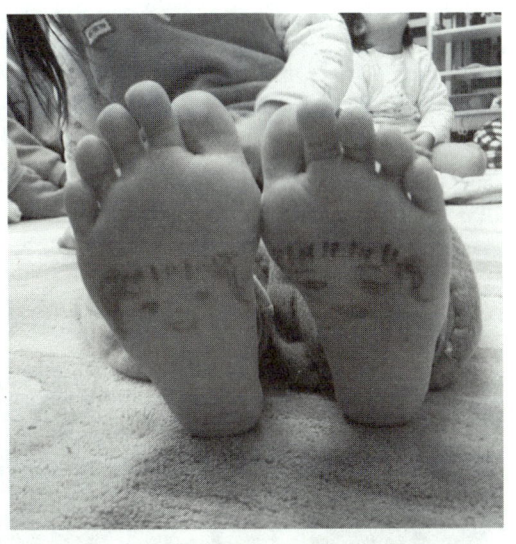

图6-73　现在我的脚丫大

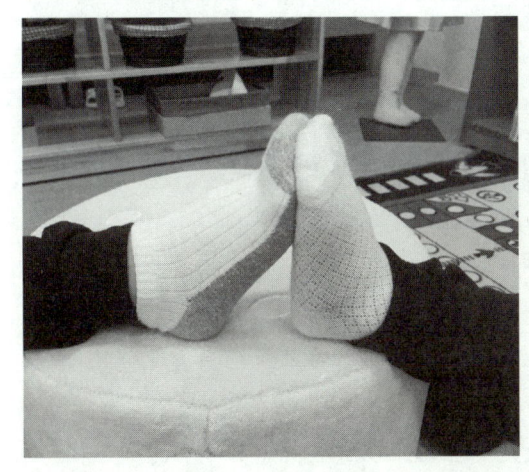

图6-74　比小脚

图6-75　比鞋子

图6-76　我和爸爸妈妈脚

在此活动中，幼儿获得经验包括：幼儿对时间关系的掌握，主要体现在有时间顺序的序列事件上，如描述过去、现在、将来发生的事件；幼儿以大小特征进行比较，同时能将三个相似物体排序，并描述期间的关系，如最小、最大等，可见逻辑推理的核心经验逐渐在小班幼儿阶段萌芽（基于观察记录的分析）。

教师分析如下：教师可以进一步帮助幼儿建立时间概念，设计各种排序材料进行操作，还可以引申出比高矮、胖瘦、长短等。

如图6-77~图6-79，在教师的支架策略下，幼儿开展的个别探究活动。

图6-77 长短排序　　　图6-78 高矮排序　　　图6-79 比粗细

活动3　我有几个脚趾头

幼儿1说：1、2、3、4、5，我有5个脚趾头。

幼儿2说：我这只脚也是5个脚趾头。

幼儿3说：我有10个脚趾头，是两个脚。

在此活动中，幼儿获得经验包括：能较好掌握10以内的数数，初步理解数目与数量的关系。

教师分析如下：唱数和手口一致数数是小班幼儿理解数概念的一种方式，同时引导幼儿建立数目与数量的关系，哪个多，哪个少，哪个一样多。教师可以引导幼儿将这些核心经验运用到日常生活中，如数数自己的玩具和物品的数量，上下楼梯数数有多少级台阶，等等，将数学生活化，游戏化，鼓励幼儿充分感知物体属性，体验活动的乐趣。激发小班幼儿大胆表达的积极性（基于观察的支架策略）。

如图6-80和图6-81，在教师的支架策略下，幼儿开展的学习区探究活动和生活活动。

图6-80 数脚趾头　　　图6-81 数彩蛋

活动4　我的小脚会说话

幼儿1说："我的小脚好痒痒。"

幼儿2说："我的小脚冰冰的。"

幼儿3说："我的小脚很舒服。"

幼儿4说："我的小脚闻起来有点臭臭的。"

……

在此活动中，幼儿获得经验主要是通过亲身体验感知到物体的属性。

教师分析如下：教师运用游戏的形式，充分调动幼儿的各种感官感知事物的特点，培养幼儿的观察力以及语言表达能力。接着教师设计健康课程，利用户外活动时间带领幼儿用小脚做运动，在体能运动中锻炼小脚的弹跳力和协调性（基于观察基础之上的支架指导）。

如图6-82~图6-87所示，在教师的支架策略下，幼儿开展的学习区探究活动和生活活动。

图6-82　踩沙子 　　　　图6-83　踩水 　　　　图6-84　踩鹅卵石

图6-85　踩木块 　　　　图6-86　踩软垫子 　　　图6-87　踩草地

活动5 我的小脚爱运动

教师说:"我们的小脚会做什么运动呢?"

幼儿1说:"我的小脚会跳圈。"

幼儿2说:"我的小脚会骑车。"

幼儿3说:"我的小脚会跳跳跳床。"

幼儿4说:"我的小脚会踩滚轮。"

在此活动中,幼儿的发展包括:增强幼儿小脚的弹跳力,提高小脚协调性。

教师分析如下:通过各种小脚的运动,让幼儿体验运动的快乐,感受自己的小脚很能干。鼓励小班幼儿热爱运动,积极参加各种体育活动,做个勇敢、乐观、自信的幼儿。教师设计有关艺术、情感的活动,增强审美能力,增进亲子关系,和亲人一起感受和分享游戏的快乐,帮助幼儿养成关心家人,尊敬长辈的好习惯(基于观察的支架指导)。

如图6-88~图6-92所示,在教师的支架策略下,幼儿开展的学习区探究活动和生活活动。

图6-88 跳床

图6-89 跳跳板

图6-90 骑车

图6-91 跳圈

图6-92 踩滚轮

活动6 我和小脚做游戏

教师说:"我们的小脚还会做什么?"

幼儿1说:"我的小脚会跳舞。"

幼儿2说:"我和爸爸用小脚做游戏。"

幼儿3说:"我的小脚会画画。"

幼儿4说:"我的小脚还会踩影子。"

在此活动中,幼儿的关键经验包括:乐于与同伴、家人交流,激发幼儿创造性思维发展,知道怎样爱护自己小脚。

教师分析如下:教师通过以上游戏引申出我们会长大,我们的小脚也会长大,从而萌发幼儿对自己成长的渴望与热爱(基于观察的支架指导策略)。

如图6-93~图6-96所示,在教师的支架策略下,幼儿开展的学习区探究活动和生活活动。

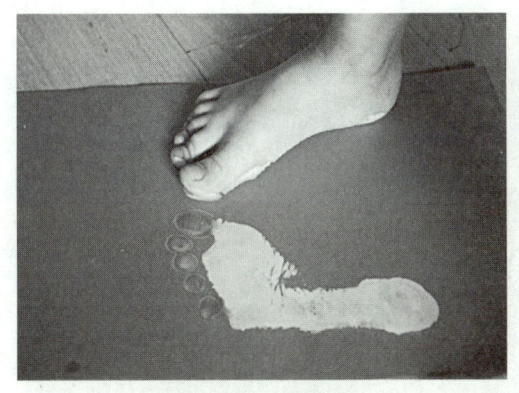

图6-93 小脚画画

图6-94 踩影子游戏

图6-95 小脚跳舞

图6-96 和爸爸用脚做游戏

活动7 保护小脚

教师说:"我们要怎样保护小脚呢?"

幼儿1说:"我们穿好鞋,不要光着脚丫踩尖尖的东西,会受伤的。"

幼儿2说:"我要天天洗脚。"

幼儿3说:"脚趾甲长了,我要剪。"

幼儿4说:"我会帮助爷爷奶奶洗脚。"

这次专题活动,教师以《小脚丫旅行记》作为切入点,通过相对独立并且又有相关联系的系列小活动,鼓励幼儿大胆描述活动中的亲身体验及感受。通过看、说、摸、跳等形式,让幼儿充分感知、观察、比较、体会,活动形式多样化、游戏化、生活化,从而突出我们以"能干的我"为内容的核心目标:每个幼儿都是独一无二的,每一个幼儿都很棒!

如图6-97~图6-100所示,在教师的支架策略下,幼儿开展的学习区探究活动和生活活动。

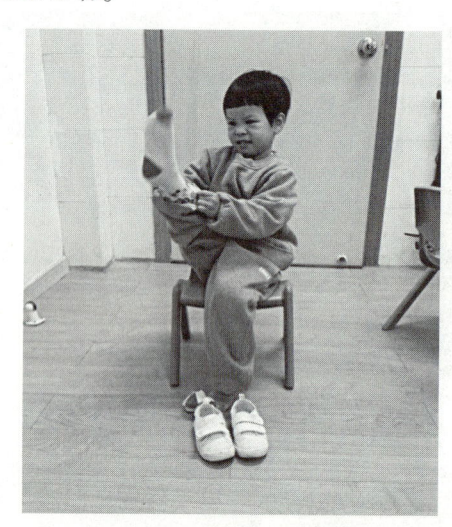

图6-97 穿鞋穿袜保护脚

图6-98 洗洗脚爱干净

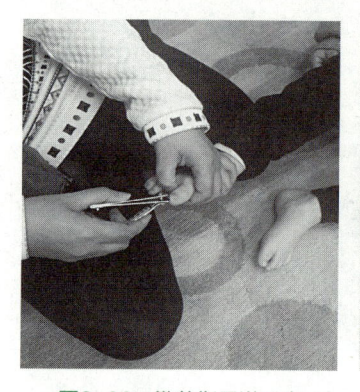

图6-99 勤剪指甲讲卫生

图6-100 给奶奶洗洗脚

"健康·德行·聪明"三位一体课程实行两园（莲花北幼儿园和第九幼儿园）教师全员参与，经过8年多的探索，已形成良好的课程研究与开发共同体，教师在观察能力和支架指导能力方面取得了十分突出的进步。现节选四篇教师的分享及感悟，以期让更多教师体验园本课程促进教师专业发展的心路历程。

感悟一

大班专题活动《我爱我的家乡》案例活动节选

作者：第九幼儿园郑颖、曾小娟和文佳

▶ "我的老家在哪里"

深圳是一所移民城市，来自全国各省市自治区的人们汇聚在这里。幼儿从小了解"我的老家"，从概念上清楚"每个人都有自己的老家"。

春节过后，班级开展谈论假期回老家的活动。

幼儿互相询问："你的老家在哪里呢"？

他们七嘴八舌议论起来。

谦与说："国庆节我和奶奶一起去新疆，我是新疆人。"

圣杰说："新疆好远噢，我是陕西人。"

德德说："我也是陕西人。"

子涵说："我也是陕西人，我们三个都是陕西老乡。"

"我的老家在山东……"

《3~6岁儿童学习与发展指南》的社会领域在"社会适应"部分指出"具有初步的归属感"，对于大班幼儿来说是指能感受到老家的发展变化并为此感到高兴，为自己是中国人感到自豪。在教育建议中则指出"运用幼儿喜闻乐见和能够理解的方式激发幼儿爱家乡、爱祖国的情感"。基于此，我们为幼儿提供了中国地图，幼儿们在地图上找到了自己的老家，知道老家在地图上的位置（见图6-101）。

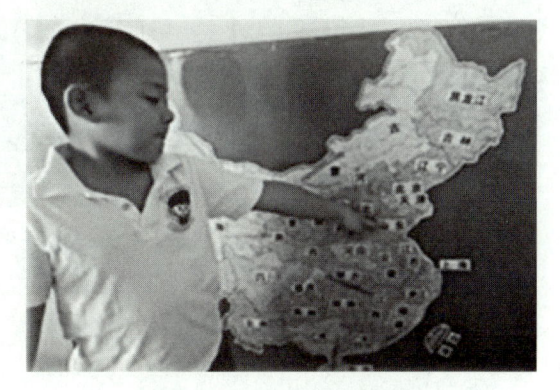

图6-101 找一找我的家在哪里

在从地图上找老家的过程中，幼儿们又有了新发现——有几个甚至十几个幼儿的老家来自同一个省，看到幼儿对自己的"老乡"很感兴趣，我们决定和幼儿们一起开展"找老乡"的活动。

➡ "谁是我的老乡"

在深圳这所移民城市,"找老乡"这个话题,有特别的意义。例如:俩人第一次见面总会问:"你是哪里人?"回答往往都是:"我是湖南人""我是四川人"……很少人会说:"我是深圳人。"虽然大家离开老家到深圳生活工作有许多年了,但却从来没有"我是一个深圳人"的感觉。就像"我是四川人"这个表述不单告诉你"我在哪里长大",更是在饮食、语言等生活习惯上找到归属感。作为老师要善于抓住幼儿的话题,发展有关"老乡"的经验。

昊昊说:"我是汕头人。"

老师问:"汕头属于哪个省呢?"

昊昊说:"广东省。"

老师又问:"广东省在哪里?"

桐桐说:"广东在地图的下方,我也是广东人,我老家在广州。"

老师提示大家:"今天美森生病了,她也是广东深圳人。"

昊昊说:"我知道了,6+1=7,我们大一班广东省人是7个人。"

幼儿把对数概念的理解运用在实际生活中,增强了幼儿对老家的归属感。

找到自己的老乡后在一起拍拍照,从地域空间认同归属(见图6-102)。

图6-102 找老乡

找到老乡后,幼儿们又在讨论:"哪一个省的小朋友最多呢?"于是,大班的幼儿开始进行"统计同乡"的活动。

➡ 我们班有多少同乡

我们抓住幼儿的这一问题,设计了统计表和调查表,幼儿们介绍了自己的老家民俗风情、名胜古迹和一些特产,有的幼儿还带来家乡的特产,跟其他幼儿一起分享(见图6-103)。

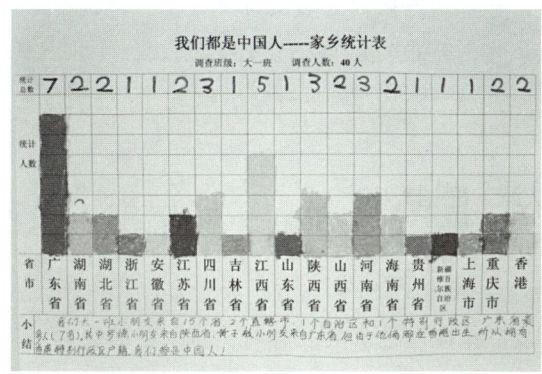

图6-103　统计同乡人数

通过统计活动，幼儿发现了身边小伙伴与自己相同相似的地方，幼儿不但了解了自己的老家，而且从心理上找到了归属感，同时，感受到中国很大，有很多省份，各地方还有不同的民俗风情及不同的旅游胜地，从而产生进一步去探究的欲望。通过专题活动展示，家长了解到幼儿的需求，于是利用假期相继开展"回老家"的活动。

→家长的协同教育支持专题不断深入

在《我爱我的家乡》活动中，家长的协同教育起到良好的作用。如：家长和幼儿共同完成《家庭调查表》；家长和幼儿一同聊聊老家的民俗风情、名胜古迹及一些特产；一起看有关老家的电视节目或画报等；一起收集有关老家的风景名胜、著名的建筑、独特物产的图片等；有的家长还利用假期带幼儿回老家，感受老家的风土人情；和老家的亲人、同学、朋友一起聚会，感受亲情、友情；带回老家的特产，与全班幼儿分享等。我们发现，通过介绍自己的老家，幼儿们了解到中国的地大物博，感受到中国的幅员辽阔，无论来自祖国的任何地方，我们都是中国人！

教师在专题活动进行的过程中总能发现或提出各种各样的问题，有的是老师为了推进探究而有目的提出的，有的则是幼儿在探究过程中发现的，有的问题需要老师支架幼儿探索，寻求答案；有的问题则同伴之间的讨论就可以互相解答；而有些问题则可以去向家长、专业人员请教。

教师就时间、空间、质量、数量、因果性和必然性等思维要素设计活动、开展教学，通过提出问题、发表、讨论等形式，让幼儿对事物内部及事物与事物之间的关系进行初步的探讨，加深对老乡的认识，为幼儿主动建立中国文化的概念打下逻辑基础，这既是促进幼儿自我建立知识经验的过程，也是施展教师专业引领的过程。由此，以"老家"为突破口，在家园协同教育的支持下，充分体验家乡的归属感，激发幼儿作为中国人的自豪感，开启幼儿学习与发展的旅程。

感悟二

理解 认识 感悟
——在课程实施中领悟课程内涵

作者：第九幼儿园金虹老师

我园实施"健康·德行·聪明"三位一体课程已有较长时间，在不断的课程实施中，个人对课程的理解和对专题活动的理解都在不断地丰富和深入。

1. 对三位一体课程的理解

学前教育是培养完整的人的教育，幼儿发展的各个方面都需要兼顾。首先，健康教育贯穿于幼儿的每日生活和各项活动，并促进幼儿身心健康的发展。其次，德行教育也在幼儿园的日常生活中润物无声地渗透，以培养明理懂事、品德优良的幼儿。再次，聪明课程则是通过幼儿园三年六个学期不同的专题活动，以及日常区域活动，以培养幼儿的好奇心、探究欲，让幼儿学习用各种方法来探索周围的世界，从而促进幼儿思维和认知的发展。我理解的三位一体课程是这三方面内容互相渗透、有机结合。

2. 对六个维度专题活动的认识

幼儿在园三年、六个学期，我们设定了"我""家庭""园区""家乡""中国"和"世界"六个维度的专题活动。一开始我对这样规定的专题活动不太理解，因为专题活动的顺利开展必须选择幼儿有切身体验的主题，幼儿能够得到第一手资料，能够开展参访和实际研究的内容才是适宜的。"我""家庭"和"园区"还比较直观，第一手资料触手可及，并能够为幼儿提供丰富的探究资源。但是从"深圳"开始，包括后面的"中国""世界"，我觉得题目太大，第一手资料很难收集，能提供幼儿探究的内容也有限。特别是"世界"主题，有点无从下手的感觉。

我带着疑问和困惑开始了专题活动的教学探索。在教学过程中，有老师提出了专题活动的开展可以分为两个部分：一是"应知应会"的内容，即一些基本的常识可以通过老师的教学和环境创设传递给幼儿；二是"探索研究"的内容，幼儿利用所得经验和老师提供的材料进行探究活动，自主地对问题有所发现。比如"深圳"专题中，有关深圳的一些基本知识，如：深圳特区成立的时间？深圳的地理位置？深圳有几个行政区？深圳的市花是什么？这些是可以经由老师教学或者环境创设传传递给幼儿的。而在"深圳"这个大题目下面，老师可以寻找适合幼儿探究的小题目，引导幼儿进行深入的研究，比如对深圳常见的荔枝树进行专门研究。从这两个方面开展专题活动，使我理解了所谓的"六个维度"的活动内容并不是框死的，而是在这个专题范畴内可以充分发掘幼儿的兴趣点，开展比较深入的自主探究。我们在进行专题活动时，既有"面"的宽度（应知应会）又有"点"的深度（探索研究），在宽泛的"面"上，教师可以寻找适宜的"点"开展探究活动。

"六个维度"的专题划定，刚开始我个人认为有一定的局限性，也就是说每个学期开展什么样的专题活动，幼儿园都是有规定的，老师只能往这上面靠。但随着一年一年的教学积累，我渐渐理解了为什么要这么做。老师们的能力和水平参差不齐，对活动的把握和引导能力也各不相同。划定一定的范围，并且年复一年地就同一个专题进行不断地思考、研究，积累丰富的活动案例和经验，对老师的专业成长也是很有帮助的。另外，即使在同一个专题范畴下，深入研究的小专题也可以多种多样，这样，专题活动的丰富性也就有了保证。

教师要掌握的重点并不是搞什么题目的活动，而是要掌握不论在哪个题目下开展活动都能引导幼儿进行探究和思考的方法技能，掌握了方法和技能，组织任何主题探究活动都能游刃有余。

3. 对概念六要素的感悟与把握

史园长将概念的"六要素"引入专题活动伊始，我对"六要素"一头雾水，很难理解"六要素"与专题的关系。一开始，我想是不是在具体一个教学活动中要体现六个要素，但在实际工作中我发现这样做很难，不可能每个活动都体现出六个要素，那样活动会变形，变成了为凑六要素而设计。经过一段时间的实践和思考，我渐渐理解所谓"六要素"是人们掌握一个概念需要具备的要素，从六个要素的角度去理解概念，使这个概念完整化。

在专题活动开始之前，老师要准备的就是通过"脑力激荡"的方式，把有关专题概念的六要素找出来，检查对概念的认识是否完整。在此基础上设计教学活动，抓住幼儿表现出来的教学契机开展活动，并且在活动中不断吸收幼儿对"六要素"内容的补充，使之不断丰富、发展。概念的"六要素"就像是一个助手，帮助老师不走偏，不盲目；也是一个工具，帮助老师检视活动进行是否全面、概念是否正确。

幼儿园课程实施是一个庞杂而系统的工作，需要老师不断积累经验、反思成效、改进方法，在今后的工作中，我将继续认真实践反思，不断促进自己的专业成长。

感悟三

从不知到知之
——大班年级实施"世界"专题的体会

作者：第九幼儿园李国丽老师

我在第九幼儿园工作至今已有8年时间，2009年9月史园长同时担任第九幼儿园、莲花北幼儿园园长，当时她给九幼、莲幼两园教师作三位一体课程的培训，三位一体课程由六个专题组成，小班年级专题有"我"和"家庭"，中班年级专题"幼儿园和社区"和"深圳"，大班年级专题"中国"和"世界"。当提到大班专题"中国"和"世界"时，我当时有点心虚，感觉"世界"的主题有点大，说实话我对世界的了解也是很有限的，我能给幼儿带来什么样的知识经验呢？我该怎样开展"世界"的专题活动呢？当时的我很困惑很茫然。

在大班年级开展教研活动时，我们几位老师讨论非常激烈，因为是第一次开展三位一体课程，大家的思路非常散，聚集不到一块。面对大班年级的困惑和茫然，在专题活动教师准备期，史园长主持了我们大班年级的教研活动，她提出关于开展"世界"专题的几个问题：（1）幼儿对世界的已有经验是什么？（2）在幼儿的已有经验中他们最感兴趣的是什么？（3）对于世界，你觉得幼儿应该知道什么？会什么……面对园长提出的问题，我们的思路慢慢打开，大家畅所欲言，那一次的年级教研活动让我印象非常深刻，同时收获不小。

带着史园长提出的第一个问题即幼儿对世界的已有经验是什么？我与幼儿开展了团体讨论活动，"世界在你眼里是怎样的？"我们从幼儿的回答中了解到他们的已有经验：（1）世界上有很多国家，有日本、美国、新加坡等；（2）世界上有不同皮肤的人，有黑色的、黄色的、白色的；（3）世界上有很多国旗，不同的国家国旗不一样；（4）每个国家都有首都，有自己国家的国歌；（5）世界上有很多种语言，等等。

在第二次大班年级教研活动中，我们发现每个班级的幼儿对世界的已有经验差不多，对世界的认识也并不陌生，深圳与世界的接轨是很紧的。对大班幼儿来说他们生活在这个城市，对于外国人一点也不陌生，有的幼儿的邻居是外国人，或者父母的同事是外国人，而且班上很多幼儿都有出国旅游的经验。在这种生活环境、人文环境下，对大班幼儿开展"世界"的专题活动是非常有优势的。反之如果在信息不发达城市，幼儿园做"世界"专题活动困难会很大，因为幼儿没有与世界接触的经验，如果只是老师在讲，幼儿的经验只停留在老师讲的知识上，那么幼儿的经验没有在专题活动中得到提升和发展，这个专题是不适合的。教师需要在此专题下寻找基于幼儿经验的子专题。

6年来经过多次两园、园内、年级的教研活动，我在教研中不断学习和总结专题教学经验，从不知到知之，对三位一体课程专题活动的实施越来越熟练，在专题活动开展中我们大二班主持的晨会"世界礼仪文化"还得到全园师生的喜欢呢。

感悟四

发现课程
——"健康·德行·聪明"三位一体课程助我成长
作者：莲花北幼儿园谭晶洁老师

我从事幼儿教育23年，经历过保姆式、小学式、表演式的幼儿教育，也经历过对国内外幼儿园课程流派的追随、效仿、盲从和依附，曾经一度失去了自己的判断。作为一位热衷于幼儿教育的工作者，我深深感觉到中国幼教课程在理念取向上已经偏离了中国文化，没有自己的教育价值观。那时候我多么希望能有一个属于我们中国本土、适合我们中国文化的课程出现，那样就能让老师们有方向、有抓手、有收获、有成长……直到现在，我终于遇到了一个乐于奉献的幼教专业团队——莲花北幼儿园，她们凭着对幼教事业的热忱和追求，专注、用心地探索出了一套能立足于自身文化的课程。课程的诞生，让我如获至宝，它像一个指路明灯，给我在教学中指引方向；它更像一个抓手，帮扶我解决在教育教学中遇到的困难和疑惑；在课程实施的过程中，我还惊喜地发现，这是一个能让幼儿"身心健康会做事、德行美好会做人、聪敏明理会思考"全方位发展的本土课程。

1. 课程实践体会

在20多年的幼教生涯中我觉得挑战最大的是课程实施，幼儿应该如何学习？教师应该如何发挥作用？幼儿教育是什么？这些问题一直困扰着我，究其原因在于我心中没有抓手。中国幼教课程从改革开放以后，大都经历过两个课程模式。一是过去的学科（领域）课程，老师教什么幼儿就学什么，老师是主导，幼儿是被动。老师所计划的教育活动、教育目标受学科（领域）本身的逻辑顺序影响，而不是顺应幼儿的天性发展。二是综合性（主题）课程的开展，教育活动虽然打破了学科界限，符合了幼儿的真实生活经验，但课程实施体现出高结构化方式，这让综合性课程的优势表现得并不凸显。相反，还会因为课程设计上的困难而使教师感到难堪，每开展一个主题，老师就要像专家一样深研该主题的专业知识，这受限于幼儿教师本身的专业能力和水平，导致教师在实施上难以把握。而"健康·德行·聪明"三位一体课程，帮助我在课程实施中解决了以前存在的所有疑惑和问题，让我在课程开展的过程中游刃自如，得心应手。

2. 健康课程让我明确了教育教学的目标和方向

我们都知道,健康教育是幼儿园教育的首要任务,也是其他领域学习和发展的基础。在以往开展健康课程的过程中,我只注重幼儿饮食、睡眠、运动三个环节的活动开展,认为幼儿只要吃好、睡好、玩好,保证安全就可以了,心中不需要有具体目标。可在三位一体健康课程的理念让我有了一种新的认识,健康课程应以一日活动（不限于一日活动）为主,可以采用行为主义法,围绕"身体有活力、生活有规律、内有善心、外有美感、做事有条理、做人有自信"六个目标来组织一日活动,通过一日活动来培养幼儿养成良好的日常生活习惯和行为习惯,这样的做法能为幼儿以后的成长打下扎实的健康基础。同时,健康课程的目标简洁、明确、有指引方法,易懂易操作,例如:（1）身体有活力,我们可通过发展幼儿的平衡能力（平衡、跳、跑、钻爬）和动作的灵敏性来让幼儿实现。老师只需要组织相关的游戏活动,做一位观察者,并对有需要的幼儿提供支持和指导即可。培养幼儿的力量和耐力,教师可以通过家园共育,鼓励幼儿积极参加悬吊、攀爬、连续跳、做器械操等动作和活动来培养手臂和腿部的力量,同时养成坚持不轻易放弃的品质。（2）生活有规律,教师可以通过行为塑造三步法（第一步:选择适宜的目标;第二步:将目标具体分解;第三步:制定实现具体目标的方法）来帮助幼儿反复实践,从而形成习惯。比如通过(离园)来园五件事、独立进餐、午睡和整理、常喝白开水、十大清洁守则等活动来培养。老师只需要关注各项活动的完成情况,多鼓励和支持幼儿即可。（3）内有善心,教师可以通过传统节日（重阳节、父亲节、母亲节、妇女节、植树节等）的教育契机来引导幼儿懂得感恩长辈,友爱同伴、善待动物、护理植物和善用资源。（4）外有美感,老师除了要做好模范榜样,还可以通过衣着合适、整洁、站姿、坐姿、双手递交接物品；用礼貌用语请、谢谢等行为在生活情境中对幼儿进行引导。（5）做事有条理,可以借鉴五常法标准来要求幼儿学习整理和摆放,老师只需要与幼儿共同制定好规则或给幼儿标准的标志提醒,协同幼儿做好计划,并在活动中观察、记录并适当指导即可。（6）做人有自信,小班阶段我们鼓励幼儿自己的事情自己做;中班阶段支持幼儿别人的事情帮着做;大班阶段放手幼儿,实现集体的事情大家做,逐步帮助幼儿形成自律行为和乐于展示自我的良好个性。

三位一体的健康课程,通俗易懂、实操性强,容易固化和落实。最重要的是课程所提供的内容和实操方法,能使教师和幼儿充分发挥双向的交流和作用,促进幼儿身心健康获得最大限度和全方位的发展,是实现幼儿园健康教育目标、落实幼儿园教育任务的一个具体手段和有效途径。

3. 德行课程助我找准幼儿的兴趣点

从教伊始，我感觉德行教育并没有得到大多数幼教者的重视，以前的幼儿教育更多关注如何促进幼儿知识、技能的发展，对幼儿的情感教育、德行教育只体现在口头上，可供教师参考的"德行"的教育资源和内容也非常有限。同时，幼儿在成长中所接触的各种电视、电影、广告等公共媒体，重经济利益，忽视对"德行"教育的宣传，将"弘扬个性"扩大化，过分鼓励和欣赏幼儿的个性发展。但三位一体课程中的德行课程就很好地解决和弥补了德行教育的缺失，并能让我很快就找准幼儿的兴趣点。德行课程围绕幼儿身边的"六个维度"来展开专题活动，通过对身边的人、事、物进行专题研究，从而引发幼儿的好奇心、想象力和对世界的探索欲望。德行课程尊重幼儿的学习能力和认知水平的发展规律是由"小空间"到"大空间"，由"近距离"到"远距离"的规律，也就是说如果我们提供能让幼儿从"我"开始，到家庭、幼儿园、社区、家乡，最后放眼中国，走向世界的学习内容，那么就顺应了幼儿的认知发展规律。德行课程的设计正符合和遵循了幼儿的这种认知发展规律，在课程实施的过程中能很好地激发幼儿对人、社会、自然的美好情感，促进他们对友情、校园情、家乡情、民族情、国家情、对世界和平与友谊珍爱的情怀，促使其内容内化为幼儿自身的文化和内在力量。比如：在开展小班"家庭"的专题活动中，在第三阶段中有一个活动"温馨家庭！幸福宝贝！"中，我们邀请了爸爸妈妈来参与和见证幼儿的发展和变化，有一个环节我们请幼儿给爸爸妈妈敬杯茶，让幼儿用敬茶的方式欢迎爸爸妈妈的到来，请幼儿对爸爸妈妈说一声："爸爸妈妈，请你喝茶，欢迎你来参加我们的活动。"在这一过程中，即满足了幼儿的情感需求，又催化和激发了他们爸爸妈妈的尊重和感恩情怀，这是体现德行课程中所倡导的培养幼儿品德品行很重要的元素。

在德行课程开展的过程中，我们通过六个维度的专题活动，将家庭价值观和自主自立自强的精神逐步润物细无声地影响到幼儿行为上，让幼儿具有独特的气质。而这些良好的行为也会终身固化在幼儿的身上。

4. 聪明课程成为我课程实施的有效抓手

老师在课程实施过程中，如何做到心中有抓手，眼中有幼儿？这是我过去一直困惑的问题。同时受着外界课程流派的影响，感觉课程一天一个样，片面化的跟风氛围强烈，老师心中没有一个稳固的舵，课程实施处于迷茫状态。聪明课程的出现成为了我课程实施的有效抓手，犹如撑扶我开展课程的拐杖，助我一路专业成长。它教会我如何观察幼儿在学习中主动建构概念知识、如何让幼儿对事物产生好奇心和想象力，以及主动探索的兴趣和如何专业引导幼儿。

聪明课程的开展给我最大的帮助就是在概念学习中要把握两个原则。一是老师心中要有抓手,第一个抓手是幼儿健康、德行、聪明各方面发展的目标。第二个抓手是六要素(时间、空间、数量、质量、因果性、必然性)这张网;其次是活动开展既要有点也要有面。如我在大班开展"世界"专题时,我首先明确第一个抓手——幼儿发展目标,包括哪些内容是专题活动开展中幼儿应知应会的内容;目标明确后,开始第二个抓手——六要素,我对"世界"概念进行分析和梳理,我把"时间、空间、数量、质量、因果性、必然性"六个要素作为"世界"专题开展的切入点,如表6-7所示。

表6-7 "世界"概念的六要素分析

时间	空间
1. 了解各国时差 2. 了解世界著名建筑物的建立时间	1. 了解中国的邻国 2. 了解地球有七大洲、四大洋 3. 了解人种的地理分布 4. 了解各国在哪个洲
数量	质量
1. 世界有多少个国家 2. 各州有多少个国家 3. 世界有多少种语言	1. 了解世界之最 2. 了解各国的文化(语言、服饰、礼仪、饮食等) 3. 了解各国的国宝 4. 了解世界名人 5. 了解人口和面积在世界前10名的国家及排序
因果性	必然性
1. 因为地球自转,所以有白天和黑夜 2. 因为地球围绕太阳转,所以有四季	1. 面积大的国家,人口就最多吗 2. 人口最多的国家,面积就最大吗

分析完"世界"六要素,接下来就是如何做到活动的开展既有点又有面?"点"是在课程实施中如何激发幼儿的兴趣点和探究欲,我认为可以通过"跟一跟、带一带"的方法获知幼儿的兴趣点和探究欲,比如从幼儿经验出发,帮助他们在专题开展过程中主动建构概念知识,让他们每天"带着问号来园,带着问号离园",激发他们的好奇心、想象力及主动探索的兴趣,这个过程无形中也是对幼儿进行六要素思维训练。"面"是幼儿的全面发展及在专题中幼儿应知应会的基本知识和技能,如"世界"专题应知应会的知识点——世界多奇妙(语言、文字、服饰、饮食、音乐、人种、礼仪等文化的不同);世界真大(世界地图、人口数量、七大洲、四大洋等);节庆——"五一"劳动节、"六一"儿童节;时事——奥运会;行为——包容不同肤色的人,尊重他国文化。老师都可以把它们作为应知应会的内容并开展活动。

课程其实就是一所幼儿园提供给幼儿的"产品",也是幼儿教育特色和文化的集中体现,同时也关乎着幼儿一生的发展。我园的三位一体课程,既为幼儿提供了符合他们年龄特点的教育,又满足了他们在生活和学习上的需求,同时也解决了教师课程实施的问题,值得幼教同行借鉴和学习。

附 录

健 康
HEALTH
身心健康
会做事

德 行
MORALITY
德行美好
会做人

聪 明
WITTY
聪敏明理
会思考

附录一　六要素法在幼儿家庭教育中的运用

"六要素法"不仅可以应用在幼儿园教学活动中，也可以应用在家庭教育中。

家庭教育是儿童成长的一个不可或缺的重要环节，在当下中国社会，特别是在大中城市，一是独生子女宝贝的原因，二是由于教育竞争激烈，不少家长都会在学前教育阶段就让自己的孩子上各种诸如英语、算术、认字培训班进行各种技能培训，希望自家孩子比别家孩子聪明，希望自家孩子能在以后的学业竞争中成功胜出，这是可以理解的。家长在是否选择上兴趣班的问题上彷徨，往往会出现两个纠结点。一是天才情结。总觉得万一孩子有这方面的天赋怎么办？不能耽误孩子的前程。二是看到周边人家的孩子都在学，怕自己不学吃亏了，那就随大流，学总比不学好吧？所以，坚持也许是正确，放弃也许也是正确的。在教育部颁发的《3～6岁儿童学习与发展指南》中，明确指出：要关注幼儿学习与发展的整体性，不应片面追求某一方面或几方面的发展；要尊重幼儿发展的个体差异，支持和引导他们从原有水平向更高水平发展，切忌用一把尺子衡量所有的孩子，严禁"拔苗助长"式的超前教育和强化训练。要充分尊重和保护幼儿的好奇心和学习兴趣，帮助幼儿建立良好的学习品质。忽视幼儿学习品质的培养，单纯追求知识技能学习的做法是短视的、有害的。家长们有没有考虑到以下的情况：你的孩子所学的是本应在小学时才学的东西，这些知识超出了孩子的认知范围或者说不在孩子的理解能力之内，钱花了，孩子的精力也付出了，但效果不大；或者孩子没有系统性地预先学习了一部分小学的东西，当他（她）正式上小学时，以为自己都懂了，就不用心地好好去学，养成不好的学习习惯，反而害了他（她）。

那么，家长们可不可以换一下思维，让孩子少上培训班，特别是与小学教学内容有重叠的英语、算术、认字等培训班。腾出多一点时间，尽量多陪陪孩子，与他（她）多点沟通和交流，这样一来可以加深彼此间的感情，二来可以在沟通和交流过程中对他（她）进行教育。如果你想你的孩子聪明点（我想这会是全体家长所想的）的话，不妨在沟通和交流过程中，用"六要素法"对他们进行这方面的培养教育。我们所指的聪明是：聪敏明理会思考。而"六要素法"教育的核心是培养儿童良好的逻辑思维习惯，而良好的逻辑思维习惯将会伴随着你孩子的一生，而且在他（她）成长过程中因此而受益。牛顿、爱因斯坦式的"充满智慧"的人，他们之所以成功，很关健的一个原因是得益于他们具有缜密的逻辑思维能力。

我们虚构了小班的美美、中班的牛牛、大班的亮亮这几个人物，以故事的方式，引导家长运用"六要素法"对孩子进行教育。

一、说说幼儿园的这些事

美美小妹妹就要上幼儿园了,可美美对"幼儿园"没有多少概念,于是她去问爸爸。

美美说:"爸爸,幼儿园是怎样的?"

爸爸说:"幼儿园嘛,它跟家里是不一样的。"

美美说:"怎么不一样?"

爸爸说:"幼儿园很大,有很多小朋友和老师。"

美美说:"幼儿园有多大?"

爸爸说:"幼儿园有好多间像我们家房子一样大的活动室。"

美美说:"活动室是什么?"

爸爸说:"活动室就是可以在里面玩游戏、玩玩具、画画、唱歌、跳舞、吃饭、午睡。活动室里还有娃娃家和搭积木的地方。你不是常常说要学本领吗?活动室就是学本领的地方。"

美美说:"哦……那幼儿园有许多学本领的地方,那会有多少小朋友和老师呢?"

爸爸说:"幼儿园的小朋友和老师的人数比我们家人的人数多得多。"

美美说:"有多少?"

爸爸说:"上幼儿园后学会了数数,你就知道了。上幼儿园时,早上7点半就要从

图附1-1 幼儿园活动

家里出发，8点前要到幼儿园，爸爸妈妈或者爷爷奶奶送你，你就不能再睡懒觉做小懒猪了，知道吗？"

爸爸说："还有，刚开学的前两周，在中午12：00就可以接你回家了，后面的两周开始，就要像中大班的哥哥姐姐那样下午4：30接你回家喽。"

美美说："哦，不能再睡懒觉做小懒猪了，那中午吃饭怎么办？"

爸爸说："在幼儿园和小朋友们一起吃，你可不能挑食哦！"

美美说："我不会挑食的，我在家就不挑食。"

爸爸说："不挑食的小朋友长得高、长得漂亮！"

美美说："那幼儿园在哪里呢？"

爸爸说："就在莲花北村里面啊！"

图附1-2 幼儿园美术课

美美说：“我为什么要上幼儿园？”

爸爸说：“你说呢？”

美美说：“我想想，嗯……学本领，和小朋友玩游戏，对不对，爸爸？”

爸爸说：“对！那你上幼儿园后，你要做一个怎样的孩子？”

美美说：“我要做一个学好本领，和别的小朋友要好的好孩子。”

爸爸说：“乖孩子，那你现在可以说一说'幼儿园'是怎样的吗？”

美美说：“好的。幼儿园在莲花北村里，幼儿园好大，比我家大得多，有很多小朋友和老师。上幼儿园要准时，在幼儿园里和大家一起吃饭、睡觉、做游戏，可以学很多本领，可以认识许多新朋友。”

爸爸说：“美美已经认识'幼儿园'了！真聪明！”

图附1-3　幼儿园吃饭

【"幼儿园"概念的六要素分析】

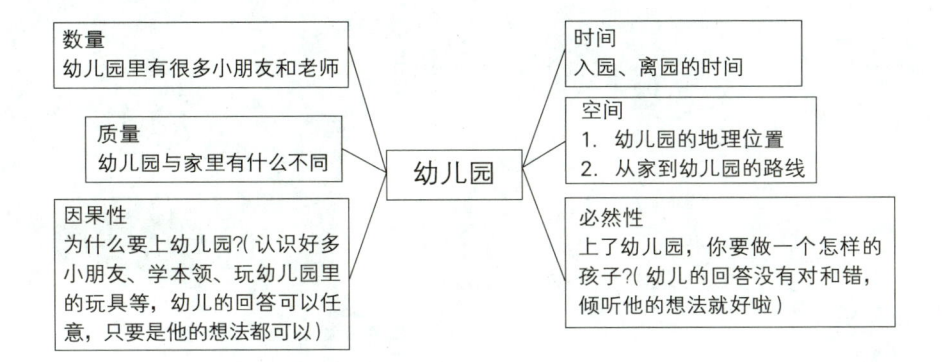

```
数量                              时间
幼儿园里有很多小朋友和老师          入园、离园的时间

质量                              空间
幼儿园与家里有什么不同             1. 幼儿园的地理位置
                    幼儿园        2. 从家到幼儿园的路线

因果性                            必然性
为什么要上幼儿园?(认识好多         上了幼儿园,你要做一个怎样的
小朋友、学本领、玩幼儿园里         孩子?(幼儿的回答没有对和错,
的玩具等,幼儿的回答可以任         倾听他的想法就好啦)
意,只要是他的想法都可以)
```

【建议】

孩子上幼儿园之前,对"幼儿园"没有太多的经验(概念),家长可以围绕着"幼儿园与家里有什么不同"这个关健点,逐步引导孩子在可能的认知范围内,通过聊天的方式,在路上、在进餐时、在睡前,非常轻松愉快地聊,聊的过程就是帮助儿童梳理和建构"幼儿园"概念的过程,这是高质量的师幼互动、亲子互动。运用绘本故事或模仿游戏的方式也是一种很好的途径,可以帮助孩子熟悉幼儿园各个时段的内容,有助于孩子更好地消除恐惧,适应新环境,帮助幼儿建立幼儿园概念。对于新入园的孩子,家长需要保持平常心,自己不能焦虑。正面引导孩子,上幼儿园是件快乐、有趣、好玩的事,有很多小朋友,可以一起玩很多游戏,培养孩子自己用勺子吃饭、主动喝水、上厕所、洗手等生活习惯和自理能力。相信孩子有能力应对幼儿园的生活,传递你的信心、勇气和力量。坚定"相信"的力量!

表附1-1 推荐部分对孩子适应幼儿园有益的绘本

1. 汤姆上幼儿园	2. 大卫上学去
3. 魔法亲亲	4. 我不要去幼儿园
5. 幼儿园一点都不可怕	6. 我好担心
7. 一口袋的吻	8. 我不跟你走
9. 别想欺负我	10. 老师,我为什么要上学
11. 存起来的吻	12. 我爱幼儿园
13. 我喜欢上学	14. 小魔怪要上学
15. 阿文的小毯子	16. 点点爱去幼儿园
17. 第一天上学	18. 上学一二三
19. 富兰克林去上学	20. 忘了说我爱你

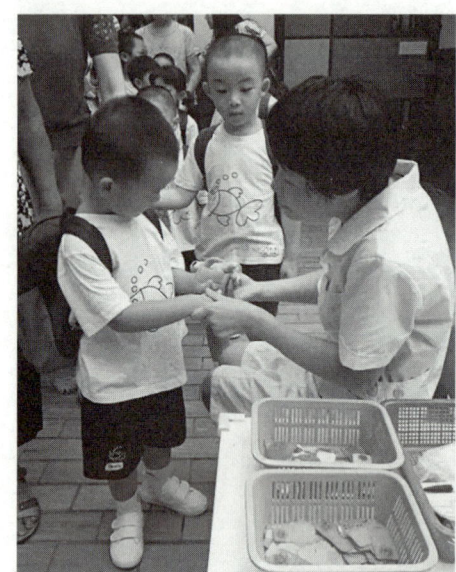

图附1-4　检查卫生

图附1-5　就餐

二、开学第一天

　　爸爸、妈妈回来后，大家一起吃晚饭。
　　爸爸说："美美，今天在幼儿园过得怎么样？"
　　美美说："很好啊！"
　　妈妈说："美美有没有哭？"

图附1-6 开学典礼

美美说:"我看到有小朋友哭着找爸爸妈妈、要回家,我也哭了一点点。"

妈妈说:"幼儿园里是不是有很多新朋友啊?"

美美说:"是的!上幼儿园的时候,很多小朋友排队进幼儿园,医生阿姨发给我一个笑脸呢!"

爷爷奶奶说:"美美真是个乖孩子!"

爸爸说:"美美,今天在幼儿园都玩什么了呀?"

美美说:"我们吃了很美味的早餐,我吃的可香了!"

美美说:"吃完早餐后,老师就带我们到操场,说要参加开学什么礼。"

爸爸说:"开学典礼。"

美美说:"爸爸,什么叫开学?什么叫典礼?"

爸爸说:"开学就是上幼儿园的第一天,典礼,这个嘛……这个典礼就是很隆重的仪式。"

美美说:"什么叫隆重?什么叫仪式?"

爸爸说:"这个……这个……"

妈妈说:"哈哈,美美考倒爸爸了。"

爸爸说:"美美,你先说说开学典礼上的事情吧。"

美美说:"开始时,小朋友排好队,站好,然后升国旗,唱国歌;然后升园旗,唱园歌。那些大班中班的哥哥姐姐们唱得可大声啦!"

爸爸说:"以后你们这些小班的小朋友也会的。然后呢?"

美美说:"然后有一个姐姐、一个老师、一个园长说话,她们都说欢迎小班的小朋友到幼儿园。然后有哥哥姐姐表演节目。"

爸爸说:"开学典礼上,有没有小朋友大叫、打架、乱跑?"

美美说:"没有,小朋友们都很认真。"

爸爸说:"对了,认真就是隆重。升国旗、唱国歌、升园旗、唱园歌、哥哥姐姐、老师、园长欢迎你们到幼儿园,就是仪式。"

美美说:"为什么要有这样隆重的仪式?"

爸爸说:"就是希望小朋友要爱小伙伴,爱幼儿园,爱国家。美美能做到吗?"

图附1-7　教室活动

美美说:"爱小伙伴,爱幼儿园能做到,可是爱国家,我就不知道怎么爱了?"

爸爸说:"以后你会知道的。"

爸爸说:"开学典礼后,小朋友们还做了什么事情?"

美美说:"玩游戏、吃饭后还是玩游戏。爸爸说过在幼儿园学数数,学认字,学唱歌,学跳舞,学画画的本领,今天为什么不学本领?"

爸爸说:"参加开学典礼、玩游戏,也是在学本领。今天是第一天,老师是想让你们小朋友互相认识。以后,美美就要和他们一起过集体生活了。"

美美说:"集体生活是什么意思?"

爸爸说:"集体生活就是和小朋友们一起吃饭、一起游戏、一起学数数,学唱歌,学跳舞,学画画。"

妈妈说:"美美明天不会再哭吧?"

美美说:"不会了!如果有小朋友哭,我就和他玩,叫他不要哭。"

爷爷奶奶说:"美美是个开心快乐的小天使呀!"

【"开学典礼"的概念六要素分析】

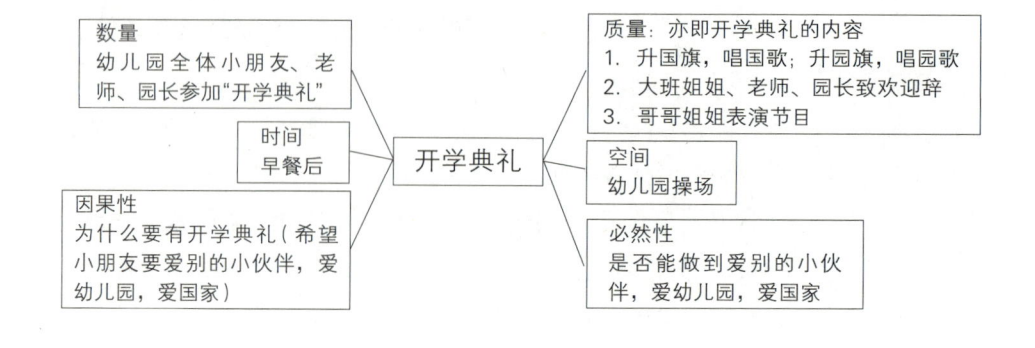

```
数量                              质量:亦即开学典礼的内容
幼儿园全体小朋友、老             1. 升国旗,唱国歌;升国旗,唱园歌
师、园长参加"开学典礼"            2. 大班姐姐、老师、园长致欢迎辞
                                  3. 哥哥姐姐表演节目
          时间
          早餐后      →  开学典礼  →  空间
                                     幼儿园操场
  因果性
  为什么要有开学典礼(希望            必然性
  小朋友要爱别的小伙伴,爱           是否能做到爱别的小伙
  幼儿园,爱国家)                   伴,爱幼儿园,爱国家
```

【建议】

　　哭和开学典礼，这是几乎每一个第一天上幼儿园的小朋友都要经历过的事情。哭的原因，大都是因为空间环境的变化，所接触的人的变化，而想念自己的家，想念爸爸妈妈和爷爷奶奶或外公外婆。作为孩子最亲密的人，家长面对孩子的哭闹要持有认可、接纳的态度，给孩子一个发泄的通道。不管孩子怎样拒绝入园，家长都要坚持送孩子进去，离开时要态度坚定，切忌将自己不舍的情绪表露出来。家长处处要做孩子的好榜样，例如告知孩子：幼儿园每天都会举行升旗仪式，请听到《国歌》音乐奏响，马上立正站好行注目礼，升旗仪式结束后再走动；主动向幼儿园各个地点值班的老师们（门口、教室等）鞠躬问好；接孩子时多提一提新鲜的、开心的事。比如：你今天有什么好玩的事情？有没有认识新朋友？培养孩子爱幼儿园、爱老师、爱伙伴的情感。

三、我从哪里来

　　一天吃完晚饭，美美睁着大大而明澈的眼睛看着爸爸，问了一个问题。

　　美美说："妈妈，我从哪里来的？"

　　妈妈说：（怔了一下）"为什么这样问？"

　　美美说："今天老师给我们上'我的身体'的课，老师问我们'我的身体'是从哪里来？有的小朋友回答说，是从垃圾桶里捡回来的，也有的小朋友说是像孙悟空一样，从石头里蹦出来的，而老师告诉我们说，是从妈妈的肚子里面来的。"

　　妈妈说："是的，你是从妈妈的肚子里面来的。"

　　美美说："可是我不明白，我怎么会从妈妈的肚子里面来的？"

　　妈妈一时也回答不上来，不过，她想起了曾经看过一个科教纪录片《子宫日记》，也许从那里可以找寻到小女儿想要得到的答案，于是她让美美去洗澡，洗完澡后看一会儿电视。在这段时间里，她上网将《子宫日记》视频搜出来，快速看了一遍。

　　看完视频，她对如何回答小女儿的问题，有了一个大概的腹稿，可是，她有一些纠结，要不要给孩子讲精子和卵子结合的事？要不要也让孩子看一看这部纪录片？对于精子和卵子的事，她曾多次听到过小学生有些狡黠有些骄傲地说起这事。她推测，可能到了小学生阶段，孩子才会对精子和卵子的事有一种朦胧的好奇感，有少许的理解力。而对这部纪录片，她想，其中有不少镜头可能会引起美美的不安。考虑了一下，她决定还是不给美美讲精子和卵子结合的事，也暂时不让孩子看这部纪录片。

　　于是，她走到客厅，与坐在沙发里正在看电视的美美聊了起来。

　　妈妈说："美美，你是不是想知道你怎么会从妈妈的肚子里面来的？"

美美说:"是啊!"

妈妈说:"你在妈妈肚子里一个叫子宫的器官里,开始时,你只是一个很小很小很小的细胞……"

美美说:"什么叫细胞?"

妈妈说:"就是一个很小很小很小的点,可是这个点可厉害了,她一天天一天在长大,有了脸、手臂、眼睛、腿;有了大脑、肠胃、心脏;她还会呼吸、吃喝、小手小脚会动来动去。"

美美说:"哦,我的身体是在妈妈的肚子里长成的。在妈妈的肚子里的时候,我的身体就有不少本领了,是吗,妈妈?"

妈妈说:"可以这样说。妈妈的肚子保护你,给你提供营养。你在妈妈的肚子里已经9个多月了,你长得越来越大,越来越重了,妈妈的肚子实在受不了,这时候,你的身体已经长成了,也有了一些本领了。于是,你就会从妈妈肚子里出来,来到这个世界上。"

美美说:"是不是就是你们大人常说的'生宝宝'?"

妈妈说:"是的!妈妈从你只是一个小点点,到你的身体长成,到把你生下来,一路很辛苦!妈妈很爱很爱你!"

美美说:"我也很爱很爱妈妈!"

【"我的身体"的概念六要素分析】

数量
1. 眼睛量词:双(一只眼睛加另一只眼睛)
耳朵量词:对(一个耳朵加另一个耳朵)
嘴巴量词:张;鼻子量词:个
舌头量词:条。牙齿的量词:颗
你有多少双眼睛?多少对耳朵
多少张嘴巴?多少个鼻子
多少条舌头?有多少颗牙齿
2. 每只手的手指头有多少个
一双手共有多少个手指头?那么脚呢

时间
1. 你几岁了
几岁表示什么(出生多少年了)
2. 你的出生年、月、日?对比其他小朋友,你比他早出生或是晚出生

必然性
1. 刷牙洗脸洗澡等,注意卫生,才能保护好五官和皮肤
2. 加强锻炼,手和脚才有力
3. 嘴巴不挑食,才能吸收各种营养,身体才会长得健康

质量
1. 我是从哪里来的(妈妈的肚子)
2. 我的五官(眼、耳朵、嘴巴包括嘴唇和牙齿、鼻子、舌头)
3. 除了五官之外,身体的外面还有什么其他东西?(头发、眉毛、手、脚、皮肤)
4. 你知道身体里面有什么器官吗(大脑、心、肺、胃、肝……)
5. 我的乳牙掉了,又长出新牙了
6. 我长高了,体重又增加了

我的身体

空间
1. 眼睛、鼻子、嘴巴等五官的方位 鼻子在眼睛的什么地方(下方)
鼻子在嘴巴的什么地方(上方)
2. 你能分清眼睛、耳朵、手、脚的左边和右边吗
3. 你能分清你的身体在什么方位吗
(与对比物相比较,在它的上下、前后、左右)

因果性
1. 五官(眼、耳朵、嘴巴、鼻子、舌头)的作用
2. 手和脚的作用
3. 大脑、心、肺、胃、肝等的作用(简单了解)

【建议】

在幼儿园，小朋友会学习"我的身体"，是幼儿园小班小朋友对"我"的认知的基础，特别是"我从哪里来？"他们会有强烈的好奇心。但如果孩子的问题是：妈妈怎么生出来的？妈妈从哪里生出来的？这个问题该如何回答好呢？面对这样的问题时则"宜疏不宜堵"，需要家长正面疏导，在对孩子进行性教育的同时，也应该对孩子进行隐私重要性的教育。家长应该保持主动，可以利用网络资源，与孩子一起观看一些有关性教育的Flash动画，也可以与孩子一起看性教育的读本。孩子对身体的疑问，家长一定要保持平常心，千万不能骂孩子，以避免给孩子造成心理压力，我们建议家长用讲故事的方式，经常与孩子进行身体或性话题的交流。

深度资料推荐：

1．绘本《德德家家幼儿性教育图书系列》，共分四册，分别是《我从哪里来》《人体博物馆》《男孩子女孩子》《德德家家小战士》。

2．视频《我从哪里来》（推荐可让儿童观看此片）
http://v.ku6.com/show/maOiPntyhOyjUeIM.html

3．视频《子宫日记》（供家长参考）：
http://www.tudou.com/programs/view/3-mv6zFrPyU/
http://www.tudou.com/programs/view/G1N_6QtrvsI/

四、第一次乘坐地铁的牛牛

牛牛第一次乘坐地铁，这样的体验让他兴奋！牛牛对妈妈说："妈妈，跟我讲讲地铁的事，好吗？"晚饭后，妈妈和牛牛讲起地铁的事儿。

妈妈说："牛牛，你知道为什么叫'地铁'这个名字吗？"

牛牛说："为什么呢？"

妈妈说："地铁，就是地下铁路的意思，简称为地铁。地铁一般通常建在地下，也有一部分建在地上的。"

牛牛说："我们今天坐的地铁，就是在地下走的，因为我看到车窗外都是黑黑的，到了站后才有光亮。"

妈妈说："我们坐的是从福田口岸到龙华的4号线。看看这张线路图，我给你读一读站名，福田口岸、福民、会展中心、市民中心、少年宫、莲花北、上梅林、民乐、白石龙、深圳北站、红山、上塘、龙胜、龙华、清湖。牛牛，数数一共有多少个站？"

图附1-8　坐地铁　　　　　　　　　　　　　　图附1-9　地铁站

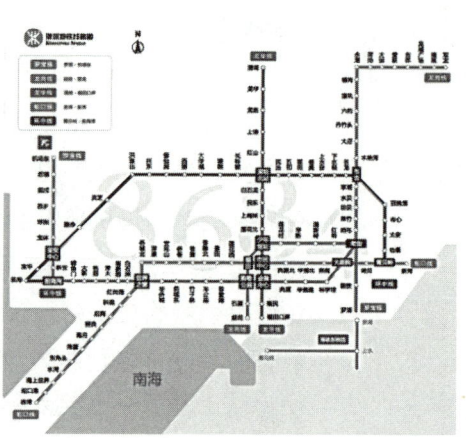

牛牛（数了数）说："15个。"

妈妈说："数对啦！我们是从上梅林站上的车，从上梅林站往福田口岸方向，地铁车是从地下走的；从上梅林站往龙华方向，地铁车是从地上走的。"

牛牛说："少年宫站是在上梅林站往福田口岸站的方向，所以我们从上梅林站坐地铁车到少年宫，都是在地下走，对吧，妈妈？"

妈妈说："对。虽然有一部分在地上走，但我们已经习惯叫它地铁。现在深圳建好的地铁有五条线，正在建的有三条线，准备建的有两条线，算一算，一共多少条线？"

牛牛（算了算）说："十条线。"

妈妈说："算对啦！十条线还不够，深圳还要多建十条，算一算，一共多少条？"

牛牛说："二十条！哇！深圳就好像一张地铁蜘蛛网呀！"

妈妈说："地铁给我们的生活带来了许多方便，在没有地铁的时候，大家主要依靠汽车出行，而在更早的汽车不多的时候，大家主要依靠自行车出行。"（妈妈在电脑上

图附1-10　汽车大堵车　　　　　　　　　　　图附1-11　自行车队伍

图附1-12　拥挤的地铁　　　　　　　　　　图附1-13　飞行汽车

搜了几张汽车大堵车，自行车队伍浩浩荡荡的照片）

牛牛说："哇噻！"

妈妈说："有了地铁，人们就可以更快、更准时地到达他们想去的地方。有了地铁，很大的城市就好像变得不那么大了。"

牛牛说："以前，我坐妈妈的车去少年宫，又红灯、又塞车，觉得少年宫好远，今天坐了地铁，很快就到了，觉得好近。"

妈妈说："以后，想去哪里，我们可以坐地铁去，现在我们来找一找，坐哪一条线可以到你想去的地方。"

牛牛说："世界之窗。"

妈妈说："我们从上梅林站出发，坐4号龙华线三个站到市民中心转2号蛇口线，然后坐10个站，就到了世界之窗。"

牛牛说："华强北。"

妈妈说："从上梅林站出发，到了少年宫站，然后转3号龙岗线，坐两个站到华新站。"

牛牛说："东门老街。"

妈妈说："也是到了少年宫站，然后转3号龙岗线，坐5个站就到老街站了。"

牛牛说："大、小梅沙。"

妈妈说："现在还没有线到那里，以后肯定会有的。"

妈妈说："坐地铁也有一个问题，就是上下班时间人很多，车厢里经常满满的，工作的大哥哥、大姐姐想挤上去都很难，地铁不堵车却堵人！小孩、老人家一般不要在这个时间坐地铁。"

牛牛说："地上堵车，地下堵人。妈妈，我们看过的一些美国电影，电影上不是有空中汽车吗？天空这么大，肯定不会堵车！深圳如果有空中汽车就好了！"

妈妈说："那是科幻电影，是想象出来的，不过将来也许真的会有。但是，这么多汽车在空中飞，空气会变得怎样？是不是很安全呢？可能会变得不好。汽车在头上飞来飞去，地上的人也不安全。"

牛牛说："嗯……空气会变得不好，地上行走的人也会不安全的。"

【"地铁"的概念六要素分析】

数量 1. 分类：深圳地铁总共有多少条线 你乘坐过的一条线共有多少个站 2. 你乘坐的车有多少节车厢 你乘坐的车厢有多少个门 有多少排座椅？有多少个扶手	**时间** 1. 深圳第一条地铁线是什么时候开通的？其他线路是什么时候开通的（大运会前） 2. 地铁什么时候都可以乘坐吗？说一说你知道的其中一条线的最早一班开车时间和最晚一班收车时间 3. 说一说你乘坐的其中一条线路的每班间隔时间，每一站之间大概需要多少时间？你乘坐的几个站花了多少时间
质量： 1. 地铁的定义（可通过查询资料，获得确切定义） 2. 地铁特点（比较公交车、的士）：快速、准点、舒适、节能环保、噪声小、载客量大…… 3. 地铁站台、地铁车辆、地铁车厢的形状、地铁进站时的声音（包括车辆、站台广播） 4. 乘地铁要注意什么（安全、车厢内不能吃东西） 5. 乘地铁付费方法（成人深圳通、儿童交通卡、现金买票、幼儿免费标准）；坐地铁你买地铁票了吗？怎么买的 6. 深圳地铁线哪一条最长？哪一条最短	**空间** 1. 到目前为止，深圳地铁线经过了深圳什么区？还有哪一区没有地铁到达 2. 你家或者幼儿园附近地铁站在什么地方？附近有什么容易记认的建筑或标志 3. 运用上、下、左、右、里、外等方位词表达（例如：地铁站里、地铁站外、站台上、车厢里……） 4. 地铁站里各种设施之间（买票机、入闸口、小商店等）的大概距离（可以用幼儿步伐来度量）
必然性 如果乘坐地铁的人经常挤得满满的，我们还可以发明什么更方便的交通工具（让小朋友自由幻想，可通过科幻电影上的空中汽车进行启发–直觉的假设推理）	**因果性** 为什么深圳需要地铁（可以从环保、方便、快捷等角度来引导）

中心主题：**地铁**

【建议】

地铁与城市人的日常生活息息相关，有许多素材可以挖掘，这其中涉及语言、科学、社会及艺术领域方面的知识点。家长可以通过亲身体验的方式，与孩子一起乘坐地铁，引导孩子认识地铁的标识，观察地铁的外观、感受地铁高速、环保的特点，教育孩子文明乘车，做个文明小公民。当孩子建立起关于"地铁"的基础概念后，家长可以让孩子画一画"未来的地铁"、设计地铁的标识，说一说"地铁还存在什么问题"等，帮助孩子完善"地铁"的概念。

图附1-14 警察　　　　图附1-15 报警电话　　　　图附1-16 派出所

五、警察叔叔都是有枪的

爸爸说:"牛牛，陪爸爸去莲花派出所办点事情吧?"

牛牛说:"好呀！去那里做什么呢?"

爸爸说:"你说说看，派出所的警察叔叔和阿姨们是干什么的呢?"

牛牛说:（脱口而出）"抓坏蛋！"

爸爸说:"想想还有什么?"

牛牛说:"如果有人吵架打架，他们会劝他们不要吵、不要打。"

爸爸说:"那你知道派出所的警察叔叔抓什么样的坏蛋吗?"

牛牛说:"抓偷偷进别人家偷东西的坏蛋，还有抓在街上抢人家东西的坏蛋。"

爸爸说:"警察叔叔为什么敢抓坏蛋?"

牛牛说:"警察叔叔有枪！电影、电视上的警察叔叔抓坏蛋时，都用枪指着坏蛋喊，站住，举起手来，不许动！警察叔叔好威风的！"

爸爸说:"警察叔叔和阿姨们除了抓坏蛋外，还会帮助我们。如果看到有人吵架打架，吵得好凶，打得好厉害，牛牛你会怎么办?"

牛牛说:"躲远一点，然后让大人打电话，爸爸，那叫什么来着?"

爸爸说:"报警。"

牛牛说:"对，报告警察。"

爸爸说:"报警的电话号码是什么?"

牛牛说:"110！打了报警电话，警察叔叔就会来。"

爸爸说:"警察叔叔和阿姨会在派出所里办什么证件呢?"

牛牛说:"身份证。上次妈妈丢了身份证，妈妈和我一起去派出所重新补办了一张。派出所的警察阿姨告诉妈妈，我也可以办身份证了，妈妈会找时间和我一起去办。"

爸爸说:"是在学校附近的派出所办的身份证吗?"

牛牛说:"不是，是在我们家附近的这个派出所。"

牛牛说:"爸爸,如果晚上有坏蛋进屋偷东西,晚上有坏蛋在街上抢东西,怎么办?"

爸爸说:"派出所的警察叔叔和阿姨,有一些白天上班,有一些晚上上班,全天都有警察叔叔和阿姨在,过年的时候也是这样。"

牛牛说:"警察叔叔和阿姨们真辛苦!"

爸爸说:"是的,有了他们的辛苦才有我们的安全呀!"

【"派出所"的概念六要素分析】

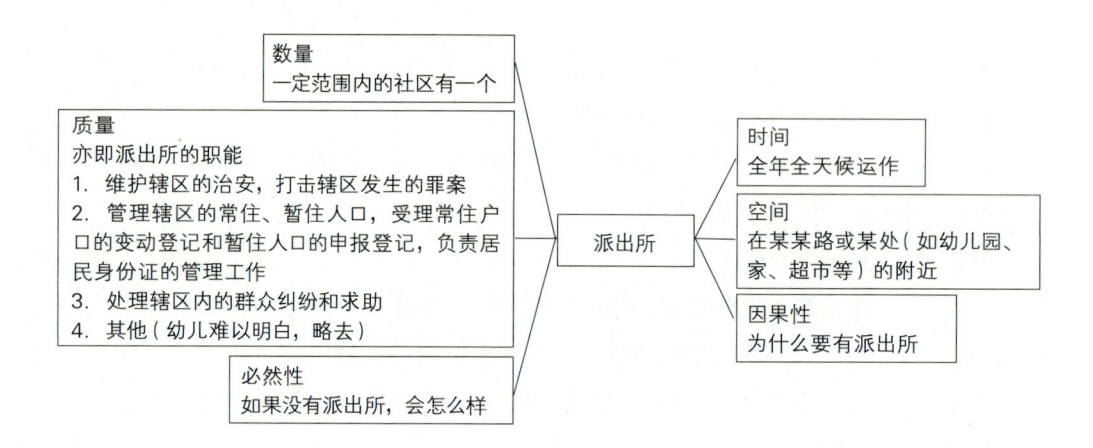

```
                    数量
                    一定范围内的社区有一个
                                                    时间
  质量                                              全年全天候运作
  亦即派出所的职能
  1. 维护辖区的治安,打击辖区发生的罪案               空间
  2. 管理辖区的常住、暂住人口,受理常住户       派出所  在某某路或某处(如幼儿园、
     口的变动登记和暂住人口的申报登记,负责居            家、超市等)的附近
     民身份证的管理工作
  3. 处理辖区内的群众纠纷和求助                      因果性
  4. 其他(幼儿难以明白,略去)                      为什么要有派出所

                    必然性
                    如果没有派出所,会怎么样
```

【建议】

警察这个角色在孩子心目中是威武神勇的,孩子们知道,遇到危险时要拨打报警电话"110",求助警察,体现出孩子们对警察这一社会角色的信任。当前安全教育是人们关注的重点话题,对于生活经验缺乏、自我保护能力弱的孩子来说,更是尤为重要。我们建议家长经常和孩子们聊一聊这样的话题,如:"独自在家有陌生人敲门怎么办?""外出时,和爸爸妈妈走散了怎么办?""和小伙伴们玩(火、电、水)对吗?"等问题,引导孩子说出想法,找出正确解决问题的办法,学会自我保护的方法。除此之外,在孩子入幼儿园前,要让孩子熟记自己的家庭住址、门牌号码、父母姓名、学校名称及自己的姓名,重要的是要告诉孩子,当父母或老师不在身边时,有陌生人给好吃、好看、好玩的,都不能接受,一旦有人强行拉、拽,要大声呼救,跑到就近的派出所、保安亭找警察帮忙,或是跑到人多的地方,培养孩子自我防范的能力,让孩子们健康快乐地成长!

六、伟大的祖国，生日快乐！

亮亮说："爸爸，10月1日是国庆节，对吗？"

爸爸说："对呀，你知道为什么叫国庆节吗？"

亮亮说："是祖国妈妈的生日啊！那祖国妈妈有多少岁了呢？"

爸爸说："哦，我们伟大的祖国至今已经66周岁啦！"

亮亮说："比爸爸妈妈的年龄大多了。"

爸爸说："我们的祖国幅员辽阔，有很多的兄弟姐妹，比如北京、上海、广东、黑龙江，还有假期带你去游玩的新疆、内蒙古，妈妈的家乡安徽、爸爸的家乡山西等。"

亮亮说："还有香港、澳门、台湾，和我们都是一家人！"

爸爸说："说得非常正确！在国庆节的这一天，全国各地的人们都要为祖国妈妈庆祝生日，到处挂上红旗、红灯笼，喜气洋洋的！"

亮亮说："在幼儿园里，我们有《国庆节》的主题晨会，大家一起行注目礼、唱《国歌》，我还是升旗手呢！"

爸爸说："哇哦！那你一定像天安门国旗班的叔叔一样神气吧？"

亮亮说："那当然啦！我最喜欢看国庆阅兵里陆海空队列方阵了，解放军叔叔踏着整齐的正步，所有的动作是那么整齐，就像一个人似的！"

爸爸说："爸爸这里有一个国庆阅兵的视频，你来看看阅兵式上还有些什么？"

（亮亮很认真地观看视频，当看到国庆阅兵的坦克方阵、大炮方阵、导弹方阵经过天安门检阅台，战斗机方阵和武装直升机方阵从天安门上空飞过时，亮亮特别的兴奋和激动）

趁着亮亮还在兴奋和激动，看完视频后，爸爸马上给亮亮朗诵了一首一位五年级小学生写的诗《每当国旗升起的时候》。

每当国旗升起的时候，
我总会想起毛主席在天安门上宣布新中国成立。
飘扬的国旗，激动的人群，
那场面让人难以忘怀。

每当国旗升起的时候，
我总会想起祖国的大好河山。
巍巍的黄山，柔美的西湖，
那美景令人津津乐道。

每当国旗升起的时候，
我总会想起祖国的京剧国粹。
红脸的关公，黑脸的张飞，
那唱腔令人回味无穷。

每当国旗升起的时候，
我总会想起国庆阅兵仪式。
雄武的大炮，整齐的步伐，
那气势令人刻骨铭心。

祖国你历经太多悲惨时光，
身上早已布满伤痕！
就让我们，用这点心意
为你祝福……
祖国生日快乐！

亮亮听后，使劲鼓掌，也说了一句："祖国生日快乐！"

亮亮说："爸爸，我知道地球上还有很多其他的国家，他们有没有国庆节呢？是比我们祖国的年龄大呢？还是小呢？他们又是怎么庆祝节日的呢？……"

爸爸说："你这么的多问题可难住我了，不如我们一起查查资料了解一下吧！"

亮亮说："好呀！"

【"国庆节"的概念六要素分析】

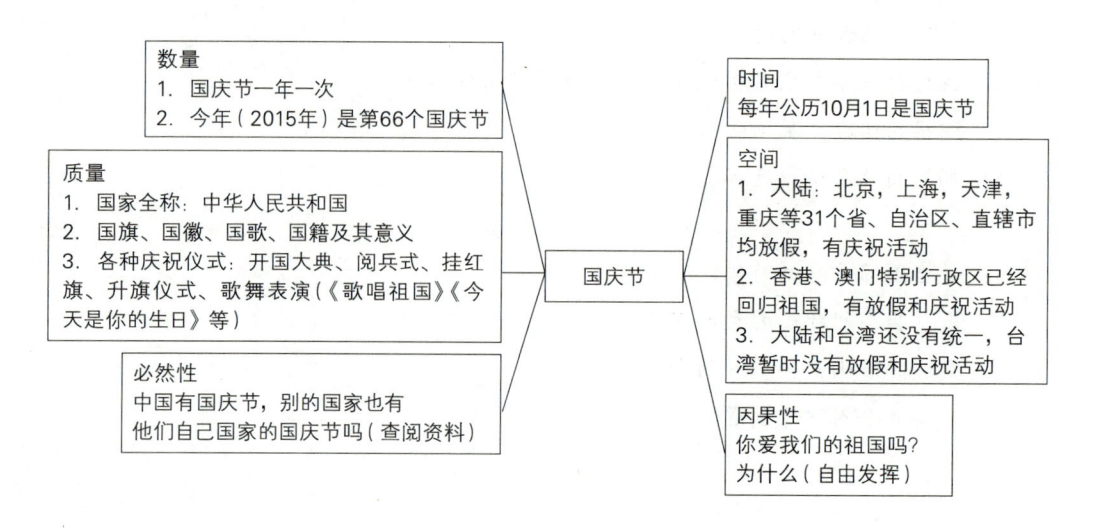

数量
1. 国庆节一年一次
2. 今年（2015年）是第66个国庆节

质量
1. 国家全称：中华人民共和国
2. 国旗、国徽、国歌、国籍及其意义
3. 各种庆祝仪式：开国大典、阅兵式、挂红旗、升旗仪式、歌舞表演（《歌唱祖国》《今天是你的生日》等）

必然性
中国有国庆节，别的国家也有他们自己国家的国庆节吗（查阅资料）

时间
每年公历10月1日是国庆节

空间
1. 大陆：北京，上海，天津，重庆等31个省、自治区、直辖市均放假，有庆祝活动
2. 香港、澳门特别行政区已经回归祖国，有放假和庆祝活动
3. 大陆和台湾还没有统一，台湾暂时没有放假和庆祝活动

因果性
你爱我们的祖国吗？
为什么（自由发挥）

→ 国庆节

【建议】

国庆节是让儿童了解国家，增强国家观念的好时机。如何利用每年的国庆节，帮助儿童掌握祖国的相关知识，增强儿童的归属感呢？除了观看国庆阅兵的视频资料，家长还可以和孩子一起观看毛泽东主席1949年主持的《开国大典》，帮助孩子了解祖国成立的具体时间。利用假期的亲子时光，带着孩子游览祖国的大好河山，帮助孩子们了解祖国的地理环境、人文风貌、名胜古迹等，加深孩子对祖国悠久历史、深厚文化的认知，也可以带孩子参观一下红色旅游胜地，让孩子们重温历史、牢记历史。对于低幼的孩子来说，家长可以和孩子讲讲我们国家的国旗、国歌、国徽、民族、版图等内容，让孩子从整体上知道有关我们国家的基本常识。

七、小小理财师

故事背景：星期六的下午，"英超曼联粉丝"亮亮爸爸，想起晚上10点钟有一场曼联的比赛，他想买一瓶汽水和一包花生在晚上看球赛时享用，可他又不想走动，于是给了20块钱给亮亮，支使他到楼下的小超市去买汽水和花生。

过了二十分钟，亮亮还没有回来，亮亮爸爸焦急了，正想出门去找，亮亮回来了。

爸爸说："怎么这么久？"

亮亮说："买了汽水和花生后，我和其他小朋友在下面的空地上踢球去了，他们都不看足球比赛，他们不会踢球的规矩，用手拿球，推人，乱踢，我教了他们一会儿，怕你焦急，踢了一阵子，就回来了。"

爸爸说："满头大汗的，去洗洗脸，换衣服。"

亮亮（洗完脸，换好衣服后）说："爸爸，给回你钱。汽水4元，花生6元，一共10元，还剩10元，给你。"

爸爸说："差点忘了，好，放在饭桌上。"

亮亮说："我刚刚想到一个问题，想问问爸爸。"

爸爸说："什么问题？"

亮亮说："为什么爸爸给我的20元钱可以买到花生和汽水，而且还找回10元钱？这20元钱不就是一张上面有图画、有数字的纸吗？"

爸爸说："这可不是一张普通的纸，这是中国人民银行专门印的，你知道这些钱的准确说法是什么吗？"

亮亮说："我知道，叫人民币。"

爸爸说："你知道人民币分为什么币吗？"

亮亮说:"什么币?"

爸爸说:"纸币和硬币。"

亮亮说:"这10元钱就是纸币,硬币就是我储钱罐里那些钱吗?"

爸爸说:"对,拿你的储钱罐来,看看有多少种硬币?"

亮亮(拿来储钱罐,打开)说:"爸爸,你来分。"

爸爸说:"这是一角,这是五角,这是一元。一个五角硬币等于五个一角硬币,一个一元硬币等于两个五角硬币。那我问问你,一个一元硬币等于多少个一角硬币?你要不要数一数?"

亮亮说:"不要,让我想一想,一个一元硬币等于两个五角硬币,一个五角硬币等于五个一角硬币,那五个加五个就等于十个,对吗?"

爸爸说:"对。另外人民币纸币有1角、5角,1元、2元、5元、10元、20元、50元、100元这几种。你已经知道了一个一元硬币等于两个五角硬币等于十个一角硬币……"

亮亮说:"我知道,一张一元纸币等于两张五角纸币等于十张一角纸币。"

爸爸说:"对,你刚刚买汽水和花生,懂得了4元加6元等于10元,20元减10元等于10元,以后上小学后,你会懂得更大数的加减法。"

亮亮说:"我还懂得,10加10加10加到100。"

爸爸说:"所有人民币,不管是硬币和纸币,都只能由中国人民银行负责造和印,如果其他人偷偷造或印,那是犯法的。"

亮亮说:"会被警察抓的。"

爸爸说:"你知道什么时候开始发行人民币的吗?"

亮亮说:"什么时候?"

爸爸说:"1948年。"

亮亮说:"1948年是什么时候?"

爸爸说:"我们不是一起去看过电影《开国大典》吗?毛主席在天安门城楼上宣布:中华人民共和国中央人民政府今天成立了……"

亮亮说:"哦,我知道,那天是1949年10月1日,10月1日是我们的国庆节。那1948年就是1949年的前一年,人民币还比我们国家成立大一岁。"

爸爸说:"你说你懂得10加10加10加到100,那你算一算人民币有多少岁了。从1948年到1958年,有十年,你就这样数下去。"

亮亮说:"1948年到1958年有十年,然后1958年到1968年、1968年到1978年、1978年到1988年、1988年到1998年,然后……"

爸爸说:"1998年到2008年,你算好没有,到2008年一共多少年?"

亮亮说:"60年。"

爸爸说:"然后,从2008年开始一年一年数下去。"

亮亮说:"2009年、2010年、2011年、2012年……今年2015年。我知道了,人民币已经67岁了。"

爸爸说:"亮亮,你还记得爸爸曾经教你看过中国地图吗?"

亮亮说:"记得。"

爸爸说:"中国除了中国大陆外,还有什么地方?"

亮亮说:"还有我们都去过旅游的香港、澳门、台湾这几个地方。香港的迪士尼、澳门的观光塔、台湾有好多好吃东西的夜市,我都好喜欢。"

爸爸说:"在中国大陆一定可以用人民币,那在香港、澳门、台湾这几个地方可以用吗?"

亮亮说:"我记得好多地方不能用,因为它们也有它们的币,香港有港币、澳门有澳币、台湾有台币,我记得去这些地方旅游时,爸爸妈妈都会用人民币换一些它们的币。可是我记得,有一些地方还是可以用的,对吧?"

爸爸说:"是的,有一些购物商店可以用。"

亮亮说:"可我还是不明白,为什么20元这张纸币可以买到6元钱的花生和4元钱的汽水,而且还找回10元钱?"

爸爸说:"这是一个比较复杂的问题,大人都未必弄得清楚,这样,我试着简单点说一说,看你能不能明白。"

亮亮说:"快讲。"

爸爸说:"在我们这个世界上,人们干活都有专门分工,有人专门种粮食,有人专门捕鱼,还有专门干其他工作的。假如专门种粮食的人种的粮食很多,他和家里人吃不完,专门捕鱼的人捕的鱼很多,他和家里人吃不完,那怎么办?"

亮亮说:"拿去卖呗。"

爸爸说:"拿去卖后,换回的是什么?"

亮亮说:"钱呗。"

爸爸说:"对,他们拿粮食和鱼去卖,并不是直接换回其他吃和用的东西,而是换回钱。换回钱后,他们才用钱去买其他他们需要的和他们想要的,比如说,猪肉、青菜、油、盐、电视等。钱的好处其中之一就是这样,方便人们卖东西和买东西。举个例子,假如没有钱这种东西的话,有人想将捕到的鱼卖出去,换一些粮食、青菜、猪肉、油盐回来,他就要去找那些正好想要一些鱼的卖粮食、卖青菜、卖猪肉、卖油盐的,拿手上的鱼一个一个地跟他们换,如果其中卖粮食、卖猪肉的,都不想要鱼,那他就换不了粮食和猪肉回来。"

亮亮说:"是哦,那他就没有饭和猪肉吃了。有了钱,他才能去买粮食、青菜、猪肉、油盐。"

爸爸说："是的。钱就有这种为买卖提供方便的作用。你刚才问道20元钱可以买到6元钱的花生和4元钱的汽水，还找回10元钱的这个问题……"

亮亮说："为什么？"

爸爸说："每一样可以卖的东西，都有它的用处，花生可以解馋，汽水可以解渴，这是它们各自的用处。同时每一样可以卖的东西，都有它的价值？"

亮亮说："什么叫价值？"

爸爸说："就是人们常说的，值多少钱。我们去麦当劳时，你不是也问，吉士汉堡多少钱一个，巨无霸多少钱一个，而且你不是也经常喜欢挑一些贵的汉堡包或者套餐吗？"

亮亮说：（无语）

爸爸说："这多少钱就表示这件东西的价值，这多少钱就是价格，而且，通常来说，越贵的也就是价格越高的东西，价值就越大。不过有些东西除外，比如，我们整天呼吸的空气，它不需要钱，可它是无价之宝。"

亮亮说："没有空气，我们会死的。空气不好，我们会病的。"

爸爸说："是的，有些东西，我们不能用价格来表示它的价值。"

亮亮说："那价格是怎样规定出来的？"

爸爸说："这个也挺复杂的，我简单说说吧。一般来说，很稀有的东西，就会很贵，比如宝石、黄金；做的很少得东西，就会贵，做的很多的东西就会便宜，爸爸上次给你买的限量版曼联球衣，就比其他的球衣贵；用贵的材料做的东西比用便宜的材料做的东西贵，用金造的变形金刚模型就比用塑料造的变形金刚模型贵；需要更多高科技造出来的东西，会比较贵，美国的航天飞机就比一般的飞机贵。还有，劳动时间长短、广告、想便宜一点让多点人来买等等，都会影响东西价格的高低。"

亮亮说："好复杂啊！"

爸爸说："这一包花生、这一罐汽水定价多少，就要想一想我上面所说的，要算一算才能定下来。最终这一包花生定下来值6元，这一罐汽水值4元。而爸爸工作赚回来的20元钱可以买回价值20元的东西，你拿去买价值总共10元的花生和汽水，楼下小超市的阿姨当然就会找回10元给你。找回来的10元，我们就可以拿它去买其他价值10元的东西。"

亮亮说："哦，这样子。"

【"人民币"的概念六要素分析】

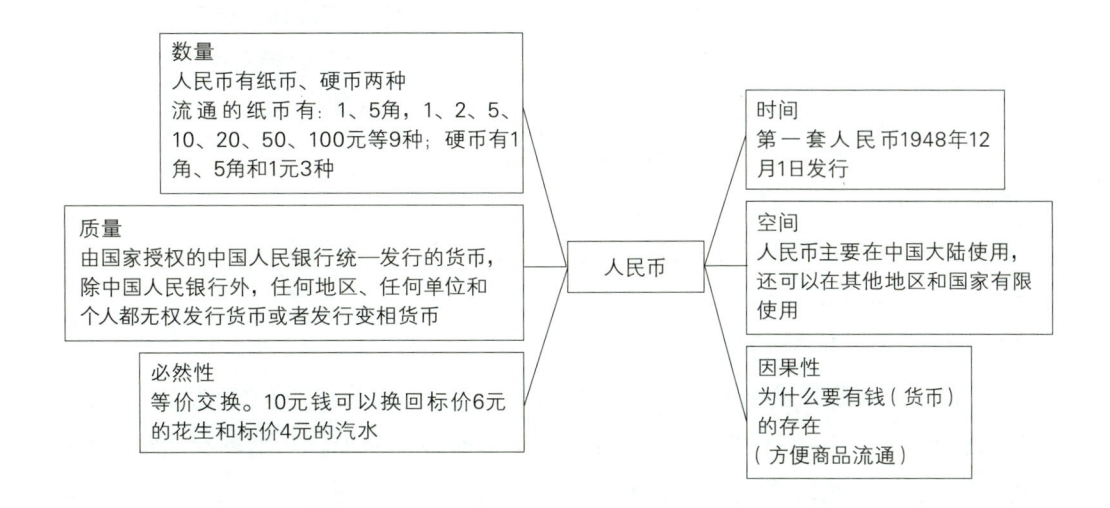

- **数量**：人民币有纸币、硬币两种。流通的纸币有：1、5角，1、2、5、10、20、50、100元等9种；硬币有1角、5角和1元3种
- **质量**：由国家授权的中国人民银行统一发行的货币，除中国人民银行外，任何地区、任何单位和个人都无权发行货币或者发行变相货币
- **必然性**：等价交换。10元钱可以换回标价6元的花生和标价4元的汽水
- **时间**：第一套人民币1948年12月1日发行
- **空间**：人民币主要在中国大陆使用，还可以在其他地区和国家有限使用
- **因果性**：为什么要有钱（货币）的存在（方便商品流通）

【建议】

如果问四五岁的孩子："钱是从哪里来的？"一定会有孩子告诉你，钱是从银行取出来的。这是因为孩子可能只看到父母从银行取钱的过程，而并不真正理解：钱是父母通过辛辛苦苦的工作而获得的酬劳。因此，从小帮助孩子树立正确的金钱观念是有益的。家庭中可以确定周末的双休日为"宝宝工作日"，可以按劳付酬，制定标准，报酬以1元为单位，不能过多，建议家长允许孩子把这些钱积攒起来自由支配，那么就可以给他们一个学习理财的机会，让他自己选择并决定购买一些日常生活用品。这不仅能培养孩子有计划地安排自己的生活，也锻炼了他的独立自主和自我控制的能力，这对宝宝是很积极的教育。等孩子再长大一些，还可以让他参与到家庭理财活动当中来，做一做小管家，在生活中学习关于钱币的运用。

八、星空之谜

周日，爸爸妈妈带亮亮一起观看电影《星际穿越》，观影过程中，亮亮对电影呈现出的"虫洞""黑洞""海浪""五维时空"等景象屡屡发出惊叹声。看完电影到旁边的餐厅就餐时，亮亮一口气问了几个问题："光速是什么？""星空好大好大到底有多大？""电影的最后爸爸去探望女儿时，为什么女儿看上去比爸爸老许多？"

爸爸意识到亮亮对"星空之谜"产生兴趣，具有强烈好奇心。回到家后，爸爸在网上找到了两个视频放给亮亮看，一个是有关大爆炸理论的，一个是有关浩瀚辽阔的星空的。看完视频后，父子展开了对话。

亮亮说："原来我们这个世界是因为一个很小、很小的点发生大爆炸后才有的。"

爸爸说："我们这个世界是因何而来的，至今还没有最终的定论，不过，这个大爆炸理论是现代被大多数科学家所认同的。视频上说大爆炸是什么时候发生的？"

亮亮说："好像137……"

爸爸说："137亿年前，有的说是140亿年前。"

亮亮说："137亿年有多长？"

爸爸说："137亿年就是137亿岁。你现在多少岁？"

亮亮说："6岁多，不到7岁。"

爸爸说："人一般能活到多少岁？"

亮亮说："我知道许多爷爷奶奶公公婆婆都是七八十岁，但是100岁的人很少、很少。"

爸爸说："对了，现在生活条件好了，人一般都能活到七、八十多岁，可是比起137亿岁，还是差的很远很远。个、十、百、千、万、十万、百万、千万、才到亿，以后上学时，你会学到的。至于你6岁多、爷爷奶奶公公婆婆七八十岁与137亿年相差有多远，打个比方吧，现在中国有多少人口？"

亮亮说："这个我知道，电视新闻上常说中国有13多亿人口。"

爸爸说："那6个人、七八十个人和全中国13亿相比如何？"

亮亮说："那相差太大、太大、太大了！我有点明白了，137亿年前就是很久、很久很久以前。不过，我有个问题想问一下，这个很小、很小的点发生爆炸之前，世界长什么样子的？"

爸爸说："问得好！这个问题有不同的解释，但还没有一个比较确定的说法。你长大以后，可以研究研究这个问题，不过研究这个问题需要很高深的学问，首先要学好数学、物理、化学等科学知识。"

亮亮说："嗯。那为什么这个很小、很小的点这么厉害，有这么大的威力？"

爸爸说："这个点被称为宇宙奇点，它有着人类无法想象的高密度和高温度。"

亮亮说："高温度我懂，就是好热，高密度是什么意思？"

爸爸说："可以理解为很重的意思。当这个奇点发生爆炸的一瞬间，产生了夸克、玻色子、轻子和质子、中子以及光子、电子、中微子等粒子，形成了氢、氦类化学元素。奇点爆炸之后不断地膨胀，导致温度很快下降，随着温度降低、冷却，逐步形成原子、原子核、分子，并复合成为通常的气体。气体逐渐凝聚成星云，星云进一步形成各种各样的恒星和星系，最终形成我们如今所看到的宇宙。"

爸爸说："大爆炸是很奇妙的，还有很多奥秘需要去探索。爸爸其实不太懂，刚刚和你说的，都是在网上找的资料。探索大爆炸很有意义，有科学家就因为找到证据证实大爆炸理论而获得诺贝尔奖，成为大科学家。你知道诺贝尔奖吧？我以前好像和你说过。"

亮亮说："是的，那是最厉害、最高、最大的奖。长大以后，等我发现了宇宙的大秘密，也能得这个奖哦！"

爸爸说："看了星空那个视频，你是不是觉得星空很大、很大？"

亮亮说："是的，这么多星球，数都数不过来，在上面根本找不着地球。"

爸爸说："我们打个比方，就像是在一眼看不到边的海旁的沙滩上，地球就像是其中的一粒沙，你想找出来很难很难。据1999年《世界科学》杂志报道，天文学家利用哈勃空间望远镜对星空进行了观测，估算出的星空的星系数量达1250亿个，而每个星系大约含有千亿颗恒星左右，况且哈勃空间望远镜并没有看到星空的边缘，不要说小孩很难想象星空有多大，即使是大人甚至是天文学家也很难想象它有多大！"

亮亮说："那星空有边吗？如果有，星空边边的外边是什么？星空边边的外边的外边又是什么？星空边边的外边的外边的外边……总之是星空的最外边到底是什么？"

爸爸说："这个问题和大爆炸之前世界长什么样子的问题一样，很难有一个肯定的回答，人们只能说星空无限。既然星空是无限的，也就是说会有无限个星球在这个星空中，因此就有人猜测其中有些星球会适合人类居住，只不过是受现在科学条件限制，人类不能到遥远的地方去寻找。《星际穿越》讲的是人乘着速度接近光速的宇宙飞行器穿越'虫洞'到另一个遥远的星系找寻可以让地球人居住的星球的故事。这只是一个幻想，人类现在不可能制造出如此高速的宇宙飞行器，'虫洞'也只是一种假设。对了，吃饭时你问到光速是什么？"

亮亮说："对啊，光速是什么？"

爸爸说："光速就是光的速度，它达到每秒30万公里，相当于光每秒可以围绕地球跑7圈。"

亮亮说："哇噻！太快了！"

爸爸说："目前还没有发现任何其它他东西的速度比光速快。"

亮亮说："我知道了，光是世界上跑得最快的东西。"

爸爸说："你还问到电影的最后爸爸去探望女儿时，为什么女儿看上去比爸爸老许多。"

亮亮说："是的。"

爸爸说："这跟爱因斯坦有关，你应该知道爱因斯坦。"

亮亮说："就是那个头发乱糟糟的大科学家吗？去年我们去上海科学馆小剧场看科学剧演出就有他。"

爸爸说："对了，你还记得科学剧的故事吗？"

亮亮说："记得，哥哥坐飞船去太空旅行，回到地球时，样子没变，弟弟却变成白发的老人家了。"

爸爸说："你想一想，这个故事和电影上爸爸去探望女儿时，女儿看上去比爸爸老许多的故事有什么相同的地方?"

亮亮说:"嗯……看样子没变老的哥哥和爸爸都坐过飞船,而且变老的都是年龄小的。"

爸爸说:"对了,这两个故事都是根据爱因斯坦发明的'相对论'创作的,爱因斯坦的"相对论"其中有说到,运动者所携带的时钟要比静止不动者所携带的时钟进行得慢,而且随着运动速度的加快而愈加明显。如果人在接近光速的飞船内生活工作。时间就会进行得很慢,人不容易变老。就像《西游记》里说的,天上一日、地上十年。"

亮亮说:"世界真奇妙!爸爸,我要好好学习,长大了做一艘光速飞船!"

【"星空"的概念六要素分析】

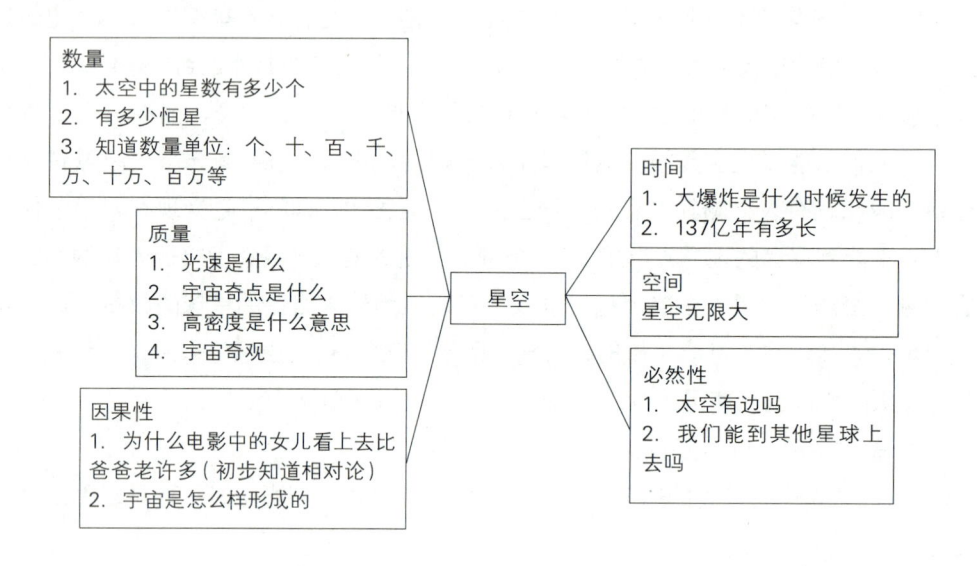

```
数量
1. 太空中的星数有多少个
2. 有多少恒星
3. 知道数量单位:个、十、百、千、
   万、十万、百万等

质量
1. 光速是什么
2. 宇宙奇点是什么              →  星空
3. 高密度是什么意思
4. 宇宙奇观

因果性
1. 为什么电影中的女儿看上去比
   爸爸老许多(初步知道相对论)
2. 宇宙是怎么样形成的

时间
1. 大爆炸是什么时候发生的
2. 137亿年有多长

空间
星空无限大

必然性
1. 太空有边吗
2. 我们能到其他星球上去吗
```

【建议】

有人说,孩子是"天生"的科学家。在培养孩子科学态度与科学精神方面,家长起着非常重要的作用。家长除了可以通过欣赏与鼓励来激发孩子的求知与创新欲望,也需要用科学系统的方法来引导孩子,系统的、科学的书籍、资料或优质视频应该是家庭教育必备的,例如《儿童宇宙奥秘小百科》一书,通过生动简洁的文字以及美丽的图片,向爱好天文的小读者展示了人类对宇宙研究的成果,这里不仅有美丽的星座、漂亮的星云还有著名的天文学家和航天器,可以大大激发孩子对星空奥秘的好奇心。日常生活中,家长还可以带孩子去一去天文馆,通过模型、仪器等专业设备,引导孩子增长知识;在晴朗的夜晚和孩子一起散步,教会孩子对照星空辨认星座,如"北极星、启明星"……收集我国"神舟"号飞船的相关信息,观看发射实况,了解宇航员的生活起居等,都是辅助孩子探索宇宙奥秘的良好方法。

附录二　认知心理学理论

一、皮亚杰的认知结构理论

皮亚杰（1896—1980）深受康德思想的影响，并且从认识的发生及发展的动态方面发展了康德的认识论。皮亚杰提出了人对事物的认知结构是通过人的认知活动中所产生的同化（正）、顺应（反）、平衡（合）辩证发展过程的作用，由简单到复杂、由具体到抽象，动态地建构起来的。

皮亚杰认为，在主体（思维者）与客体（思维对象）之间，知觉或概念作为中介物，在主体到客体，客体到主体之间相互作用中，起着中介的作用。知觉就是对思维对象刺激思维者所出现的信息的综合处理，概念就是对综合处理后的信息分类，用语言、文字、图画等符号表征。

而知觉和概念首先开始于活动，通过活动，主体内部认知结构得到有效的建构，形成了知觉和概念。通过知觉和概念的中介作用，客体的特性被认识。

人的认知结构就是通过活动，得到有效的不断的建构。人从出生至青少年期间，其认知活动分为四个阶段：感知运动时期（0~2岁）、前运演时期（2~6岁）、具体运演时期（7~10岁）、形式运演时期（11岁开始）。也就是人从生物反应—心理反应—活动概念化—直觉推理—逻辑推理—抽象运算的思维发展过程。

学龄前儿童通过活动，以及活动中所产生的同化、顺应、平衡过程的作用，其认知结构在不同阶段显现出不同的特点。皮亚杰在他的《认识发生论原理》（商务印书馆2009年版）中，总结了人从出生至青少年期间四个时期的不同特点，现着重介绍书中所描述的与学龄前儿童有关的几个时期的一些认知特点，其中涉及婴儿和学龄前儿童的时空观，以及对事物的数量、质量（事物属性）、因果性、必然性的认知，是如何在活动中发生和建构起来的。

（一）感知运动时期（0~2岁）

1. 0至18个月：生物反应向心理反应的过渡

（1）婴儿各种活动（例如吮吸、注视、把握等活动）尚未整个地彼此协调起来，主客体缺乏分化，显示出一种无意识的根本的自身中心化，婴儿把每一件事物都与自己的身体关联起来，好像自己的身体就是宇宙的中心一样，但却是一个不能意识其自身的中心。（2）没有客体永久的概念。

2. 18个月至24个月：具有客体永久性的心理反应

（1）发生哥白尼式革命，儿童开始具有了客体永久的概念，也就是说萌发了自我意识。儿童的活动不再以主体的身体为中心，主体的身体开始被看作是处于一个空间中的诸多客体中的一个。主体意识到自身是活动的来源，也是认识的来源，于是主体的活动得到协调。使活动取得协调，就是使客体发生位移，而这些物移被协调起来，这样逐步加工制作成的"位移群"就使得把客体安排在具有确定的先后次序的位置上成为可能。于是客体获得了一定的时空永久性，引起了因果关系本身的空间化和客观化。主客体的这种分化使得客体逐步地实体化，这说明了儿童视界的整个逆转，这种逆转使主体把自己的身体看作是处于一种时空关系和因果关系的宇宙之中的所有客体中的一个。（2）主体活动取得协调，既是主客体之间发生分化的根源，也是在实物动作水平上消除自身中心化过程的根源；消除自身中心化的过程同符号功能的结合，使表象或思维（限于实物动作水平）的出现成为可能。（3）主客体的与日俱增包含着：一方面儿童把主体的某些活动或这些活动的格局联合起来或分解开来，对它们进行归类、排列顺序，使它们发生相互关系。换言之，它们成为逻辑数学结构所依据的一般协调的最初形式。另一方面，从运动学或动力学的角度把客体在时空上组织起来，其方式跟使活动具有结构的方式相似，形成因果性结构的一个起点。

（二）前运演时期(2~6岁)

1．第一水平（2~4岁）：活动概念化

（1）随着语言、象征性游戏、意象等的出现，增添了一种内化了的并且更为精确地概念化了的新型活动。例如，主体不仅能从A移动到B，而且能用概念来表示AB这个位移，并且能在思维中显示出另外一些位移。也就是说，儿童开始掌握了用来称呼活动格局并在意识中把握它们的符号系统。儿童对符号系统的掌握和运用，可以使到活动内化（虽然是部分的），而活动的内化就是概念化，也就是把活动的格局转变为名副其实的概念，哪怕是非常低级的概念（前概念）。（2）一系列各自发生在特定瞬间的实物活动可以用一些表象系统完满地表征出来，这些表象系统能以一个差不多是同时性的整体形式把现在、过去和将来的活动或事件，把空间距离远的和近的活动都在头脑中显现出来。（3）能完成初步推理，把空间的图形分类，建立对应关系。（4）开始提出了"为什么"的问题，标志着因果性解释的开始。（5）概念加工制作过程的工具，不能只归因于语言，而一般地归因于符号功能，产生这种功能的根源则是在发展中的模仿行为。换言之，从感知运动性行为过渡到概念化的活动，不仅仅是由于社会生活，也是由于前语言智力的发展，同时也是由于模仿活动内化为表象作用的形式。（6）在主客体之间唯一存在的中介物仍然仅仅是一些前概念和前关系（在前概念中没有用"所有"和"某些"作量的规定，在前关系中则不存在概念的相对性）；另一方面，赋予客体的唯一的因果关系仍然是心理形态的，完全没有从主体的活动中分化出来。

2．第二水平（5~6岁）：直觉推理

（1）随着概念化活动的进行，儿童开始解除自身中心化，发现某些客观的关系，这是这一阶段的标志。这些客观关系是通过"组成性功能"发现的，"组成性功能"是指代表客体的互相关联的属性的两个项，其变化具有依存关系，一个变量通过它对另一变量在功能上的依存关系而引起变化。例如，一般可以相信，一个五岁到六岁的儿童会知道，如果他用一支铅笔去推一块直立着的长方形板子的中心，这块板子将作"直线式"的移动，但如果只推板子的一边，"它就会转"。（2）概念化活动之间的协调产生了一个重要的进步：儿童此时能稳定地区分个体和类，能把个体从类中分离出来。（3）对事物缺乏内在的可逆性、传递性、守恒性的理解。

（三）具体运演时期（7~10岁）

1．第一水平（7~8岁）：初步的逻辑推理

（1）这一阶段的儿童的标志，是对那些内化了或概念化了的活动，具有了可逆性运演的能力。例如，能同时运用">"和"<"这两个关系，不像之前那样，只能朝单一的方向（">"或"<"）来处理关系。可逆性意味着系统的自身闭合，系统的内部关系获得了必然性，这些内部关系就呈现出两个互相联系着的特性：传递性（A<B<C）和守恒性（如果A=B和B=C，则A=C）。儿童能从一个有系统而且自身闭合的整体进行思维，这标志着具体运演阶段的开始。（2）具体运演建构的三个方面：反身抽象，产生归类关系和顺序关系；新的协调，把两种关系联合成为一个整体；平衡，容许系统内的转换向两个方向进行（加和减的可逆性），从而保证每个整体或子整体的守恒。（3）因果关系运演的开始，把运演归因于客体，使客体上升到算子的地位。比如说，儿童认为，是在移动中的客体使得一行被冲击客体的最后一个产生移动，原因为在这一行中间的客体发生了轻微的位移，并且互相推动。同时，他又设想有一个"冲力"、一个"力流"等，通过这些中间物。

二、维果斯基的最近发展区理论

和皮亚杰一样，维果斯基（1896—1934）也强调儿童是积极主动地建构知识。但维果斯基认为心理功能具有社会背景。他认为，儿童与熟练的帮手进行对话能使儿童形成更为系统的、逻辑的、合理的概念。因此，维果斯基的理论中，他人和语言对儿童的认知发展发挥了重要作用。[1]

---
1 ［美］约翰·W. 桑特洛克. 儿童发展. 上海：上海人民出版社，2009：198.

维果斯基对社会尤其是指导对儿童认知发展的重视反映在最近发展区这一概念上。最近发展区是维果斯基用以描述某一任务范围的术语，这些任务对儿童来说太难，自己无法掌握，但在成人或熟练儿童的帮助和指导下又是能够学会的。因此，最近发展区的下限是儿童能够独立达到的技能水平，上限是在指导者帮助下儿童能够接受的附加任务水平。[1]

与最近发展区观点紧密联系的是脚手架概念。脚手架是指变化支持的程度。教学过程中，更有能力的人（老师或较高水平的同伴）要调整指导的程度以适应儿童当前的水平。如果学生在学习新任务，较高能力者可以进行直接的指导；当学生能力有所提高后，就要减少指导。对话是最近发展区中一个重要的脚手架工具。维果斯基认为儿童具有丰富的概念，但这些概念是不系统的、无组织的、自发的。对话时，这些概念就会遭遇较高能力者更为系统、逻辑、合理的概念。结果是，儿童的概念会变得更加系统、逻辑、合理。例如，老师运用脚手架帮助儿童理解"运输"这样的概念时，就可以在教师与儿童之间进行对话。[2]

三、行为主义认知理论

行为主义强调环境因素对人的行为所起的决定作用，它主要建基于机体的刺激—反应的机制。

（一）华生古典行为主义

行为主义创立人华生（1878—1958）在他的《行为主义者所认为的心理学》讲到，他要想尝试建立的心理学有两个出发点：第一，分析可观察到的事实，一切机体，包括人和动物都是一样的，都会顺应自己的环境；第二，某些刺激引起机体的反应。心理学的这种体系如果完全建立起来的话，知道反应，就可以预测刺激；知道刺激就可以预测反应。刺激指的是引起有机体产生反应的体内外变化，反应则是构成行为基本成分的肌肉收缩和腺体分泌。[3]

华生认为，人和动物较复杂的行为以及通常所谓的心理品质的形成，完全来自学习，其中早期的训练尤为重要。个体在行为上的差异主要由于他们在身体结构（这些结构制约了一定类型的刺激的某种反应）上的差异加上早期的训练差异所致。华生坚信有什么样的刺激便有什么样的反应，个体的行为是环境的产物。他说：给我一打健

---

1 ［美］约翰·W. 桑特洛克. 儿童发展. 上海：上海人民出版社，2009：198.
2 同上，199.
3 皮连山，王小明，王映学. 现代认知学习心理学. 北京：中国人民大学出版社，1998：3.

全而没有缺陷的儿童，让他们在我自己设计的特殊环境里成长，我可以用特殊的方法任意地加以改变，保证使他们任何一个成为医生，律师，艺术家、商业经理，或者使他们成为乞丐，盗贼，而不管他们是否具有这方面的天资、嗜好、趋向、能力、禀性以及祖先的种族。[1]

（二）巴甫洛夫经典行为主义

巴甫洛夫（1849—1936）经典行为主义可以定义为：两种刺激同时呈现于一个生物体，一个是无条件刺激（有关刺激），另一个是无关刺激（条件刺激），二者在出现时间上多次结合以后，实验动物对无关刺激形成条件反射，此种形成条件反射的方式与方法称为"经典性条件作用"。[2]

在条件刺激中，巴甫洛夫分为第一信号系统和第二信号系统两个系统。第一信号是指具体的刺激物，第二信号是指人类所特有的言语和文字。第一信号是人和动物共有的，而第二信号是人类所特有的，第一信号是第二信号的基础，第二信号对人的认知和思维发展有着更为重要的意义。

（三）斯金纳操作行为主义

斯金纳（1904—1990）于1938年在他的《有机体的行为》一书中，将机体行为分为两类：一类是应答性行为，即由已知的刺激所引起的反应，巴甫洛夫经典性条件作用中的行为反应即是应答性行为。斯金纳认为人类的大多数行为不能简单地以应答性行为来解释，于是他提出了另一类行为，即操作性行为。操作性行为不是由具体的刺激所引起，而是由有机体本身发出的，好像是自发的反应，因此操作性行为也可以叫做自发性行为。[3]

斯金纳强调操作性行为中的强化的作用。强化指伴随于行为之后并有助于增加该行为再次出现的事件。

斯金纳认为个体的行为反应，因其后所跟随的刺激不同，就决定了其后该行为再度出现的可能性。斯金纳的信念是，行为是完全可以塑造的，如果某个人的行为有缺陷，那是由于他所受的训练或外部的环境影响所致，几乎任何人的任何行为都可以塑造，而塑造行为的前提就是任何一种被塑造的、合适的行为出现之后予以重复强化。[4]

---

[1] 皮连山，王小明，王映学．现代认知学习心理学．北京：中国人民大学出版社，1998：6．
[2] 同上，39．
[3] 同上，67．
[4] 同上，87．

（四）托尔曼目的行为主义

托尔曼（1886—1959）的行为主义引入了目的行为的概念，托尔曼认为，动物和人的行为总是有目的性，这一点是客观的，而且这都是一些可观察的外显的目的性行为。而且，这种行为具有认知特征。这是说，有机体在特定环境中做出的整体行为总是利用了环境中的各种工具和途径作为达到目的的手段和方法。[1]

托尔曼在刺激—反应机制中，在可观察的刺激变量和行为变量之间，引入了中间变量的概念。

这些中间变量是内部的、不能直接观察到的，它们是行为的实际决定因子，是把刺激情境和行为反应联结起来的内部过程。它们是：需要系统、信念价值动机、行为空间。[2]

（五）班杜拉社会认知行为主义

一些心理学家发现，虽然条件反射能够解释行为的一些方面，然而，这一理论无法知道个体内部的心理活动。社会认知理论是同时关注了人的内在心理和外显行为的一种行为理论。这一理论把行为、环境和认知都纳入发展的重要因素。[3]

班杜拉（1925—　）是社会认知理论的重要代表人物。他最早开始研究观察学习，通过观察别人的行为习得这种行为。观察学习也被称为模仿。在观察学习中，观察者并没有外显的操作行为但有时却习得了这一行为。在新近研究中，班杜拉强调了行为、人/认知、环境之间的互动。行为和个体特征/认知因素之间相互影响，人的认知行为可以影响环境，环境也可以改变个体的认知。[4]

---

1 皮连山，王小明，王映学.现代认知学习心理学.北京：中国人民大学出版社，1998：9.
2 同上，10.
3 [美]约翰·W.桑特洛克.儿童发展.上海：上海人民出版社，2009：40.
4 同上.

关键术语
KEY TERMS

一、六要素法

"六要素法"是概念学习的方法,是以逻辑思维形式最基本的单位——概念为起点,让儿童通过对事物概念所蕴含的时间、空间、数量、质量、因果性、必然性六个要素进行分析和综合的运用,提高他们主动建构经验知识的自觉性,从而促进儿童逻辑思维发展的一种思维培养方法。

"六要素法"的六个要素来源于康德知识要素构成论,是对康德的四组十二种范畴的简化与改造。其中"时间"和"空间"是指概念发生和存在的时间和空间条件;"数量"是指概念的外延或者说概念的适用范围、概念所指对象;"质量"是指概念的内涵或者说内容、概念所反映的事物或事件的特有属性;而"因果性"是指概念产生和形成的原因;"必然性"是指对概念存在的模态的判断,即事物或事件是可能的,还是现实的,是必然的还是偶然的。儿童依据这六个要素来建构概念,从而发展其逻辑思维能力。在不同的年龄阶段,幼儿的认知特点不同,所能达到的认知水平也不一样,故六要素的内容也不同。

二、三位一体

"健康·德行·聪明"三位一体课程内容包括健康课程、德行课程和聪明课程,健康、德行、聪明这种划分是相对的,它们之间相对独立,然而又相互依存,并且互相影响和作用,是三位一体的统一。"健康·德行·聪明"三位一体课程是整合性的课程,而将它划分为健康课程、德行课程和聪明课程,主要是为了更好地进行分析,在课程的实施过程中,这三种课程是密不可分的,这便是三位一体的含义。

三、支架式教学

支架,原意是建筑行业中使用的"脚手架",是一种临时性的支撑架构。支架式教学源自维果斯基的历史建构主义,强调人类一切高级的心理机能都是在交往中产生,强调以儿童的现有水平为基础,教师为其提供支架、创设情境,支持学习者的自主与合作学习,以便于儿童自主建构知识意义,实现最优化发展。教师的教学任务也不仅仅只是简单地传递知识、关注怎样"教"的问题,而应该关注儿童怎样"学"的问题,最终要让儿童学会学习。

"健康·德行·聪明"三位一体课程所秉持的支架式教学的教师观认为,教师应该利用各种有效的方式创设真实情境，引导学生情境中通过自主探究、合作学习等方式进行有效的学习。在"健康·德行·聪明"三位一体课程中，教师的支架策略有情境支架、材料支架、问题支架和示范支架等。

四、一日活动与专题活动

一日活动包括幼儿从入园到离园这一天的所有活动的总称，一日生活环节多、时间长，是"健康·德行·聪明"三位一体课程实施的重要途径。

幼儿园一日活动包括生活活动、运动活动和学习活动。其中生活活动主要是让儿童在真实的生活情境（入园和离园、盥洗、午睡、进餐等）中自主、自觉地养成各种生活自理能力，形成健康的生活习惯和交往行为，在共同的生活中能够愉快、安全、健康地成长；运动活动主要有晨间锻炼、早操活动、体能锻炼、体育游戏以及自然因素锻炼活动等，旨在提高儿童身体素质、身体动作协调能力和环境适应的能力；学习活动主要是学习区活动和专题活动。

由上可知，专题活动属于一日活动的一部分。三位一体课程中，专题活动以"我、家庭、园区、家乡、中国、世界"的六个维度的内容为主。专题活动的开展主要以建构主义理论为基础，以探究方式进行，通过对"概念"所蕴含的"时间、空间、数量、质量、因果性、必然性"等要素的学习，让儿童主动建构有关的知性概念知识。在专题活动中，强调儿童的兴趣与经验，主张以完整的学习促进儿童的整体发展。

参考文献
REFERENCES

［1］［德］伊曼努尔·康德．纯粹理性批判．李秋零译注．北京：中国人民公安出版社，2011．

［2］邓晓芒．《纯粹理性批判》讲演录．北京：商务印书馆，2013．

［3］［德］伊曼努尔·康德．逻辑学讲义．许景行译．北京：商务印书馆，2010．

［4］皮连山，王小明，王映学．现代认知学习心理学．北京：中国人民公安出版社，1998．

［5］霍力岩．建国60年来国外学前教育思潮的影响与今日我国学前教育选择．幼儿教育，2009（9）．

［6］［美］约翰·杜威．我们如何思维．北京：新华出版社，2010．

［7］吴庆麟．教育心理学——理论与实践的整合观．上海：华东师范大学出版社，2009．

［8］［美］约翰·W.桑特洛克．儿童发展．上海：上海人民出版社，2009．

［9］［苏］库兹涅佐夫．爱因斯坦——生·死·不朽．刘盛际译．北京：商务印书馆，1988．

［10］［美］杜威．民主主义与教育/杜威和他的《民主主义与教育》．王承绪译．北京：人民教育出版社，2001．

［11］靳玉乐．现代课程论．重庆：西南师范大学出版社，1995．

［12］［日］波筑大学教育学研究会．现代教育学基础．钟启泉译．上海：上海教育出版社，1986．

［13］［俄］康斯坦丁·德米特里耶维奇·乌申斯基．论习惯的培养．见郑文樾编．乌申斯基教育文选．北京：人民教育出版社，1991．

［14］杨晓萍．学前教育回归生活课程研究．西南师范大学，2002．

［15］［英］约翰·洛克．教育片论．熊春文译．上海：上海人民出版社，2005．

［16］［英］伯特兰·罗素．西方的智慧．北京：文化艺术出版社，2005．

［17］［美］理查德·尼斯贝特．思维的版图．见汪丁丁作序．脑与人生．北京：中信出版社，2006．

［18］［瑞］让·皮亚杰．可能性与必然性．熊哲宏主译．上海：华东师范大学出版社，2005．

[19] 叶秀山．思·史·诗——现象学和存在哲学研究．北京：人民出版社，1988．

[20] [美] 劳伦斯·科尔伯格．道德发展心理学——道德阶段的本质与确证．郭本禹等译．上海：华东师范大学出版社，2004．

[21] [荷兰] E.J.戴克斯特霍伊斯．世界图景的机械化．张卜天译．郑州：河南科学技术出版社，2010．

[22] 李泽厚．批判哲学的批判．北京：人民出版社，1984．

[23] 朱家雄．我国幼儿园课程改革的应然发展趋向．幼儿教育，2008（1）．

[24] 范国睿．教育生态学．北京：人民教育出版社，2001．

[25] 华爱华．学前教育改革启示录．上海：上海社会科学出版社，2009．

[26] 华爱华等．上海市学前教育课程指南解读．上海：上海教育出版社，2005．

[27] [美] 塞缪尔·亨廷顿．文明的冲突与世界秩序的重建．周琪，刘绯，张立平，王圆等译．北京：新华出版社，2002．

[28] 李伟民．黑格尔对康德逻辑范畴辩证法思想的继承和发展．广西大学学报（哲学社会科学版），1988（2）．

[39] 耶鲁大学公开课．心理学导论．第五课 婴儿是如何思考的:思维的发展历程．见网易公开课：http://v.163.com/special/introductiontopsychology/

[30] 耶鲁大学公开课．天体物理学之探索和争议．第9课和11课 狭义相对论和广义相对论．见网易公开课：http://v.163.com/special/frontiersandcontroversiesinastrophysics/

后 记
POSTSCRIPT

　　三位一体课程是以培养"身心健康会生活、德行美好会做人、聪敏明理会思考"的儿童为目标，在对中国文化的坚守与西方哲学理论的学习中，通过创造性地整合康德知识论的哲学思想，提炼出"六要素法"的思维工具，并有针对性地使用在课程开发、教师专业发展等工作中，为课程的探索与实践提供了内在的逻辑框架。三位一体课程体现了理论者和实践者在汲取外来优秀成果的基础上，对于走中国特色课程模式之路的不懈努力和美好愿景。本书记录了莲花北幼儿园（以下简称"莲幼"）和第九幼儿园（以下简称"九幼"）两园课程建构的成果，从课程的理念和理论基础、课程实践以及教师的成长、家园共育等方面展现了我们的教育理想和教育实践。

　　三位一体课程从2007年开始构思，历经8年的实践探索，到今天成书出版，得到了莲幼和九幼两园一线教师的积极响应和赞同，是两园教师集体智慧和团队力量的结晶。在本书的编写过程中，她们将在8年教学实践中积累的大量的专题活动案例、观察记录等宝贵经验无私奉献，我们共收到了专题活动案例40份，观察记录200份。由于书籍篇幅有限，经过筛选修改，我们精选了11个专题活动案例和42份观察记录与大家分享，分别由莲幼秦谊、李红、何静霞、潘艳、陈晓燕、崔土江、邓茂婷、张燕云、王辰如、肖婷、黄燕凌、徐梦圆、罗婉冰、王田田、许兴玲、李华、陈夏棠、黎丹红和九幼李国丽、董兰兰、林窕璇、邹祥玉、文佳、张华苑、王信、彭琼辉等老师提供。正是有了一个又一个活生生的教学活动案例，使得本书更具生命力。

　　本书能够顺利完成，更离不开诸多专家朋友们的关心、支持与帮助。三位一体课程从构思开始，一直得到北京师范大学学前教育研究所霍力岩教授的关注，在理论的建构和教学实践过程中给予我们很多的鼓励和有价值的指导；在三位一体课程的"六要素法"理论建构方面，武汉大学哲学系杨云飞教授对我们进行了理论培训和学术指导，并为本书撰写了"六要素法的合理性与意义"等内容；武汉大学哲学系赵俊华教授在专题活动案例书写结构方面，给予热忱的指导，使得案例结构更加完整和清晰。此外，深圳市教育科学研究院教育政策和法规研究室潘希武主任、科研管理部黄积才主任、学前教育研究室刘华老师，福田区教研中心徐素倪主任、余云德老师等给予了我们学术和实践上的指导，让我们受益匪浅。深圳市投资控股有限公司管理中心从本书的筹备到最后的定稿印刷，在其中起着巨大的推动作用。

在此书完稿出版之际，感谢莲幼和九幼两园教师团队一直以来所付出的努力，感谢各位专家朋友对我们的大力支持和帮助！我们希望通过本书，能够与广大园长、教师及相关学者、专家分享我们的实践和喜悦。对三位一体课程的探索将会继续前行，我们亦希望通过本书与各位读者搭建宽松、活跃的对话平台，为中国儿童能够享受到价值内涵性、专业系统性、课程科学性的学前教育共同努力，为中国学前教育事业贡献力量！

深圳市莲花北幼儿园　史勇萍
2015年10月19日